Monique COUTURIER
Samy ODIN

BLEUETTE

Son trousseau d'origine Gautier-Languereau
Her original Gautier-Languereau fashions

1905-1960

Musée de la Poupée
Paris

Texte et légendes / Text and captions
Monique Couturier - Samy Odin

Photos / Photos
Monique Couturier (vêtements/fashions)
Samy Odin (poupées/dolls)

Flashages / Scans
Philippe Couturier

Edition / Edition
Samy Odin

Mise en pages / Lay out
Claudio Rubbi - Salvatore Pulina
Studio Grafico Impagina - Pinerolo (TO) - Italy

Traduction en anglais / Translation in English
Samy Odin - Doris Lechler

Corrections / Corrections
Mathilde Héritier (textes en français)
Doris Lechler (texts in English)

Impression / Printed by
Eurografica
Luserna San Giovanni (TO)
Italy

Copyright
© 2005 Musée de la Poupée-Paris
Nous remercions Hachette-Livre/Editions Gautier-Languereau
de nous avoir aimablement autorisés à reproduire des extraits de
La Semaine de Suzette et des catalogues du Trousseau de Bleuette.

Pour commander ce livre en Europe
contactez le Musée de la Poupée-Paris,
28 rue Beaubourg, 75003 PARIS
tel 01.42.72.73.11, fax 01.44.54.04.48
email: musee.poupee@noos.fr
site web: www.museedelapoupeeparis.com

To buy this publication in America
contact Doris Lechler,
949 E. Cooke Rd. Columbus, Ohio 43224 USA
(phone or fax) 614 261-6659
email: dorislechler@aol.com
web site: www.dorislechler.com

ISBN 2-913684-07-6

SOMMAIRE

Préface par Jean-Pierre Lelièvre . . . . p. 5

Je me souviens, par Monique Couturier . . . . p. 7

Introduction, par Samy Odin . . . . p. 9

Chapitre I   1905 . . . . p. 13

Chapitre II   1905/1915 . . . . p. 19

Chapitre III   1915/1919 . . . . p. 33

Chapitre IV   1919/1922 . . . . p. 63

Chapitre V   1922/1925 . . . . p. 81

Chapitre VI   1925/1928 . . . . p. 99

Chapitre VII   1928/1933 . . . . p. 123

Chapitre VIII   1933/1936 . . . . p. 173

Chapitre IX   1936/1939 . . . . p. 209

Chapitre X   1939/1946 . . . . p. 243

Chapitre XI   1946/1950 . . . . p. 293

Chapitre XII   1950/1955 . . . . p. 311

Chapitre XIII   1955/1958 . . . . p. 365

Chapitre XIV   1958/1960 . . . . p. 399

Annonceurs . . . . p. 411

Remerciements . . . . p. 415

SUMMARY

Preface by Jean-Pierre Lelièvre . . . . .p. 5

I remember, by Monique Couturier . . . . p. 7

Introduction, by Samy Odin . . . . p. 9

Chapter I   1905 . . . . p. 13

Chapter II   1905/1915 . . . . p. 19

Chapter III   1915/1919 . . . . p. 33

Chapter IV   1919/1922 . . . . p. 63

Chapter V   1922/1925 . . . . p. 81

Chapter VI   1925/1928 . . . . p. 99

Chapter VII   1928/1933 . . . . p. 123

Chapter VIII   1933/1936 . . . . p. 173

Chapter IX   1936/1939 . . . . p. 209

Chapter X   1939/1946 . . . . p. 243

Chapter XI   1946/1950 . . . . p. 293

Chapter XII   1950/1955 . . . . p. 311

Chapter XIII   1955/1958 . . . . p. 365

Chapter XIV   1958/1960 . . . . p. 399

Annonceurs . . . . p. 411

Remerciements . . . . p. 415

PREFACE

«Toute petite, j'étais d'une coquetterie incroyable». Monique Couturier, qui a reçu sa première Bleuette à l'âge de 5 ans, a toujours été passionnée par la mode. C'est la passion du beau et de l'élégance qui fit d'elle une collectionneuse de poupées. L'histoire du trousseau de Bleuette incarne donc pour elle l'histoire de la mode.

Le jouet reflète toujours le monde des humains, Bleuette ne fait pas exception. Ainsi, après l'apparition de la fée électricité, les chemins de fer mécaniques ou à vapeur des petits garçons ont été électrifiés ; de même, lors de la première guerre mondiale Bleuette a revêtu son habit d'infirmière par solidarité nationale, puis avec le développement des bains de mer, elle a arboré ses plus belles tenues de plage pour se promener à Deauville.

Licenciée en droit d'une grande faculté parisienne, c'est avec son mari galeriste en art contemporain que Monique Couturier s'est consacrée aux antiquités mais aussi à l'art moderne, après avoir suivi une formation d'antiquaire. Il y a plus de 15 ans, elle était demandée comme expert dans des ventes parisiennes pour les poupées Bleuette et Barbie.
Devant la ferveur montante des collectionneurs et le développement de ce marché, je lui ai demandé de venir nous aider à la Galerie de Chartres. Avec son élégance, sa gentillesse et sa discrétion, elle a bien sûr accepté.

Mais c'est surtout son travail scrupuleux, sa rigueur, ses compétences pointues sur les poupées et les vêtements diffusés par la maison Gautier-Languereau qui ont fait de Monique Couturier une référence pour les collectionneurs de Bleuette, aussi bien en France qu'à l'étranger.
Etudiante en droit, elle pensait à la magistrature : dire le droit!
Merci à elle d'avoir su déjouer les tentatives des faussaires et des bricoleurs qui avaient cru pouvoir abuser de la crédulité passionnée des collectionneurs de Bleuette.

Ce livre est la somme d'un énorme travail, qui apporte des éléments inédits à l'étude du phénomène Bleuette, mais qui apporte également une contribution à notre histoire collective, celle de plusieurs générations de jeunes françaises de la fin de la Belle Epoque à l'aube du monde moderne.

Merci aussi à Samy Odin. Grâce à son aide technique, à son sens pratique et à sa grande connaissance de tout l'univers de la poupée, ce jeune directeur du Musée de la Poupée à Paris à rendu possibles l'édition et la diffusion de ce livre. Bleuette petite poupée française est une ambassadrice de notre mode grâce à cet italien de naissance.

Outil de travail et de référence, plaisir des yeux et des sens, ce livre va susciter des passions, et des envies. Mais qu'en toute chose raison soit gardée…

Merci Monique et Samy.

Jean-Pierre LELIEVRE

PREFACE

As a child Monique Couturier was extremely clothes conscious. She received her first Bleuette when she was five years old and from then on she has had a real passion for fashion. It is her love of beauty and elegance that brought her into the doll collecting realm. The history of Bleuette's wardrobe means, to her, the equivalent of the history of French fashion.

Playthings are the reflection of the world of humans. Bleuette, the doll, is no exception. After electricity came into our lives, a young boy's life included the joy of electrified trains. The same was true for Bleuette; during WWI, she wore her nurse's uniform to show national solidarity. Later, with the development of sea bathing, Bleuette sported her best beach suits in Deauville.

After training as a lawyer in a prestigious Paris university, Monique Couturier became involved in antiques and contemporary art through her first husband who ran a famous art gallery in Paris. She was also trained as an expert in antiques and armed with these talents she started appraising Bleuette and Barbie dolls for some Parisian auctioneers. As this specialized market was quickly growing, we asked her to join us at the Galerie de Chartres and with elegance, gentleness, discretion, and grace, she accepted.

Monique Couturier is a living reference for Bleuette collectors in France and all over the world. Her scrupulous work, rigor, and her thorough competence are unanimously recognized. As a law student, she aimed to be appointed as a judge to state the law. We are very grateful to her for being able to elude and outsmart the forgers and tinkers who attempt to mislead Bleuette collectors.

This book is the result of a tremendous amount of work. It brings unpublished new elements to the study of the Bleuette phenomenon. It also brings a contribution to our common History, the one that concerns several generations of children from the end of Belle Époque to the beginning of Modern Era.

Thank you, Samy Odin. This young museum curator brought his technical support, his practical sense, and his great knowledge in doll matters helping this book to come to fruition. Bleuette, the little French doll, is now the ambassador of fashion thanks to this Italian by birth and Frenchman by choice.

This welcome book is a study and reference guide, a pleasure for the eyes and the senses. It will arouse passion and envy, but please, keep cool and simply enjoy it.

Thank you Monique and Samy.

Jean Pierre LELIEVRE

JE ME SOUVIENS

Nansouk, surah, zénana... les jolis mots d'autrefois évoquant le trousseau d'une délicieuse poupée. Cinquante-cinq ans de mode française vont défiler en quelques pages!
Certains retrouveront leur enfance, d'autres découvriront ces témoignages émouvants du temps passé, telle la beauté d'une robe dont ils ignoraient l'existence. Ainsi vont revivre chapeaux cloches et soieries des années Vingt, ou pyjamas de plage tant appréciés dix ans plus tard des élégantes en villégiature. Pendant la dernière guerre, l'imagination prit le pas sur la pénurie, mariant un vieux tissu à quelques boutons d'une autre décennie, le tout agrémenté d'un galon retrouvé au fond d'un tiroir. Puis, vinrent les années Cinquante avec ces modèles d'une coupe parfaite, reflet d'une époque plus heureuse. Toute création portait un nom, respectant en cela la tradition des défilés de haute couture. Ainsi fleurirent *Les Frimas* ou *Troïka* de l'hiver, *Plein Soleil* ou *Capri* de l'été, *Victoire* de 1918, *Restriction* des années noires. Toute une attitude exprimant la volonté de s'inscrire dans l'histoire d'une nation, en participant, par le biais de la mode, à l'éducation des petites filles.

Bien des années plus tard, la création d'un magasin d'antiquités me ramenait rue Jacob...
J'ai revu l'immeuble magique de mon enfance, lieu où se concrétisaient tant de rêves.
Je me souviens d'un escalier majestueux, le cœur battant j'en gravissais les marches. Au premier étage un univers attendu, et cependant renouvelé, me paralysait d'émotion. Les vitrines et les comptoirs peuplés de créatures charmantes... Plus encore, les superbes vêtements taillés dans des tissus sobres ou chatoyants, la fragile élégance d'une capeline en paille d'Italie, m'attireraient irrésistiblement. Souvenirs liés aux péripéties d'une vie de petite fille, chacun des objets reçus en cadeau avait une histoire, comme le joli tailleur échoué sur mon lit, un dimanche de Pâques où, prisonnière d'une maladie infantile, je languissais tristement.

Je me souviens de l'odeur de l'empois à base d'amidon des robes empesées et cependant légères.
Je me souviens d'un manteau si doux au toucher.
Je me souviens d'un chemin boisé de la vallée de Chevreuse, de Bleuette adossée à un arbre et immortalisée par le photographe malhabile que j'étais.
Je me souviens de la guerre, des bombardements, de l'accès aux caves voûtées. Bleuette m'accompagnait toujours, elle, comme moi, totalement inconsciente des risques encourus. Une nuit, dans la précipitation d'une fuite vers les abris, j'emportai ma poupée déchaussée. Quelle ne fut pas ma confusion, reléguant loin derrière moi l'angoisse provoquée par des chapelets de bombes... Les parachutes portant des fusées éclairantes embrasant le ciel semblaient mettre en évidence mon impardonnable oubli!

Et vint l'adolescence: poupées, trousseau, mobilier rustique donnés dans des ventes de charité...
Peut être un jour, dans une brocante, ai-je croisé, sans le reconnaître, un désuet témoin de mon enfance?
Rêver d'un objet, le rencontrer par hasard, retrouver les émotions perdues, le parfum d'autrefois, tel est le souhait de tout collectionneur. Le plaisir que donne la quête est-il plus grand que la possession? La possession est-elle un leurre? Rien ne peut combler le vide laissé par le passé, mais la joie de la redécouverte est infinie... magique!

Monique COUTURIER

I REMEMBER

Nansouk, surah, zenana…those nice words of the past remind me of the wardrobe of a cherished doll named Bleuette. In remembering, fifty-five years of the history of fashion will appear on the pages of this book. Some people will find their childhood memories again; some will discover the touching testimonies of a past age, like the beauty of a dress they had never before seen. Cloche hats from the twenties and beach pajamas, highly appreciated by the stylish women of the following decade will come to life again. During World War II imagination supplanted shortage by matching an old fabric with some buttons reminiscent of a previous generation. So, with a simple piece of braid found in the very bottom of a drawer a doll frock could be created. Then the fifties came with its fashions perfectly cut, reflections of a happier age. Every creation came with a name in the respect of the Haute Couture tradition. Blossoming in the winter time *Les Frimas* and *Troika*. In the summer time *Plein Soleil* and *Capri*. In 1918 *Victoire* and *Restriction* following the war years. These are all examples of an attitude aimed to fall within the time line of the history of a nation that contributed, by means of fashion, to the education of little girls.

Much later, the opening of an antiques shop brought me back to rue Jacob. I saw again the magical building where I used to come as a child, the place where so many dreams could come true. I remember the twisting staircases and the counters crowded with charming creatures. Above all, I was irresistibly attracted by the superb fashions that were cut into sober or glistening fabrics accented by the fragile elegance of an Italian straw hat. Memories connected with the events that marked the every day life of the little girl that I was. Every single object I received as a present had its own charming story, like the wonderful tailleur that ended up on my bed on an Easter Sunday when I was sadly languishing in my room, a prisoner of an infantile illness.

I remember so many things; the smell of starch on those dresses that were starched, yet so lightly. I remember a coat, so soft to the touch. I remember a wooded path in the Chevreuse Valley where the awkward photographer that I once was took pictures of Bleuette standing next to a tree. I remember too the war, the bombs, the vaulted basements where we rushed to get out of harms way. Bleuette always came with me as we hurried towards the shelters. One night, by mistake, I took my doll in her bare feet. I felt so embarrassed to have relegated her to a position of secondary importance. The error was provoked by the fear of bombs and the blazing sky, all seemingly to underscore my unforgivable oversight.

Adolescence came and the dolls and their wardrobe, their pieces of rustic furniture, everything was given to charity. Maybe one day, in a flea market, I might cross, without actually spotting, this testimony of my childhood. To dream of a lost object, to find it by chance, to feel a lost emotion, to smell a past perfume…such is the joy of rediscovery. It is unlimited. It is magical. It is collecting.

Monique Couturier

INTRODUCTION

Enfant, j'adorais les puzzles. Ces boîtes remplies d'une multitude de morceaux multicolores tous semblables et pourtant différents et complémentaires, le défi que comporte l'objectif du jeu, l'effort de concentration, d'observation, de compréhension qu'il implique, tout cela me grisait et m'occupa longtemps. La réalisation de cet ouvrage sur Bleuette et son trousseau m'a procuré le même plaisir, la même sensation d'accomplissement.

Lorsque j'ai fait la connaissance de Monique Couturier, elle travaillait déjà à ce projet. Secrète, méticuleuse, obstinée, déraisonnable, visionnaire, elle a su me faire partager son rêve. C'est ainsi que nous avons sauté ensemble à pieds joints dans la démesure. Voici le fruit de nos amours de «Bleuettophiles».

Si nous avons osé nous lancer dans cette folle entreprise, c'était avant tout pour combler une frustration partagée par beaucoup de collectionneurs de Bleuette: le manque d'un outil de travail permettant d'identifier avec rapidité et efficacité, la poupée des éditions Gautier-Languereau et sa fabuleuse garde-robe.
Nous saluons tous les auteurs qui, avant nous, ont contribué à faire de Bleuette le phénomène de collection qu'elle est aujourd'hui. Chacun nous a appris quelque chose, en apportant une contribution à l'histoire de cette petite poupée. Pour mener à bien notre travail, il fallait néanmoins oublier ce que d'autres avaient dit ou écrit sur Bleuette et recommencer depuis le début, du dépouillement systématique de *La Semaine de Suzette*, des *Veillées des Chaumières*, des *Vacances de Suzette*, des *Suzette en vacances*, des catalogues du «Trousseau de Bleuette» et, bien évidemment, de l'analyse des vêtements Gautier-Languereau authentiques que Monique Couturier 'traque' depuis quelques décennies déjà.

Le point de départ a consisté en l'impressionnante collection de photos des éléments du trousseau de Bleuette que Monique Couturier, par son rôle d'expert, a constituée au fil des années. Tandis qu'elle identifiait, datait et classait chaque vêtement, en s'adonnant à son sport préféré : la détection des faux, je dépouillais tous les documents disponibles afin d'établir une liste de référence, la plus exhaustive possible, des poupées et de leur garde-robe d'origine Gautier-Languereau.

Les pièces du puzzle se mirent ainsi progressivement en place, ce qui nous permit de repérer les éléments manquants. Leur quête, passionnante, n'est pas terminée. Le sera-t-elle un jour ? Cela relève probablement du domaine de l'impossible ou, tout du moins, de l'aléatoire. Nous sommes pourtant les premiers étonnés du pourcentage, frisant les 90%, des éléments retrouvés, que nous avons le bonheur de présenter dans les pages qui suivent.

Que tous les collectionneurs et les particuliers qui ont mis à notre disposition leurs poupées avec leurs trousseaux, ainsi que leur expérience sur Bleuette, soient ici chaleureusement remerciés. Sans leur participation, cet ouvrage ne serait pas.

Dans le processus d'identification, nous avons systématiquement essayé de mettre en relation les sources documentaires écrites et les objets authentiques avec les témoignages humains, indissociables de l'histoire de Bleuette. Le parti pris de refuser le témoignage du vécu, sous prétexte que la mémoire individuelle est parfois défaillante ou inexacte, est puéril et obtus. Il aboutit, en effet, à de mauvaises analyses d'une réalité historique qui, au contraire, se nourrit des expériences individuelles lorsque, dûment vérifiées, elles s'avèrent partagées par une collectivité.

Pour parvenir à nous fabriquer une conviction intime sur l'originalité de chaque Bleuette présentée dans cet ouvrage et de chacun de ses vêtements et accessoires, nous avons respecté certains critères qu'il nous paraît essentiel d'énoncer ici.

Comme nous avons procédé par le principe de la comparaison, nous n'avons retenu, pour notre étude, que les poupées entièrement d'origine qui n'ont pas été remontées et dont l'état est le plus proche possible de l'état neuf, avec une priorité aux poupées avec une provenance directe. Les poupées photographiées dans ces pages ont ainsi été sélectionnées parmi des centaines. Sans cette abondance, nous ne serions pas parvenus à comprendre les étapes de l'évolution de Bleuette, pourtant si claire lorsqu'on la considère dans le contexte global de la production de la Société Française de fabrication de Bébés et Jouets.

Le même principe de comparaison nous a guidés dans l'étude du trousseau de Bleuette. Des milliers de vêtements et accessoires ont ainsi été analysés dans leurs moindres détails. La comparaison des tissus, des galons, des rubans, des pailles, des feutres, des peaux, des boutons, des crochets, des finitions… nous a permis de déterminer une norme de la facture Gautier-Languereau.

Comme toute règle comporte parfois des exceptions, surtout lorsqu'elle découle d'une sensibilité subjective, nous invitons les collectionneurs à utiliser ce livre pour se faire leur propre opinion, pour se construire des convictions intimes et un jugement indépendant qui les guident dans la constitution de leur collection.

Ce livre est articulé en chapitres qui suivent la progression chronologique en présentant, au fur et à mesure, toutes les nouveautés proposées par l'éditeur, qu'il s'agisse des poupées ou de leurs vêtements.

Une pastille ronde et le caractère gras soulignent les éléments que nous avons retrouvés et qui sont présentés en photo dans ces pages.

Les textes en français sont imprimés en noir et les textes en anglais en bleu.

Chaque élément du trousseau de Bleuette a été décrit, en respectant le style sobre adopté par Gautier-Languereau dans ses catalogues. Lorsque nous avons cité les descriptifs rédigés par l'éditeur, nous les avons mis entre guillemets. Nous avons pris soin de décrire également tous les articles non répertoriés et nous invitons les lecteurs à se référer aux croquis des catalogues du trousseau pour se faire une idée de ce à quoi ces modèles peuvent ressembler.

Puisque les éléments du trousseau de Bleuette présentent un plus ou moins grand intérêt de collection, en fonction de leur état de complétude, nous avons pris le soin d'indiquer systématiquement les éléments «inséparables», vendus en tant qu'ensemble et non à l'unité. Nous avons aussi précisé, pour les modèles qui ont figuré dans plus d'un catalogue, la durée de leur diffusion, afin que chacun puisse juger du degré de rareté de chaque élément de ce trousseau exceptionnel.

Et maintenant, bonne découverte !

Samy Odin

INTRODUCTION

As I child, I adored puzzles. I was filled with anticipation when viewing those boxes filled with a multitude of multicolored pieces, all looking alike yet different and complementary. I adored the challenge of the game, the effort of concentration, of observation, of comprehension involved in solving each and every puzzle. The pleasure that writing this book about Bleuette and her wardrobe brought me was of the same kind of sensation, one of accomplishment.

When I met Monique Couturier for the first time, she was already working on this project. She is a secretive, meticulous, somewhat stubborn, but adorable, visionary who aims to get each and every detail right. She has been able to share her dream with me and that's how we both jumped into excessiveness. This is the fruit of our Bleuette fans love-story.

We dared experience this adventure, first of all, to fulfill a frustration felt by many Bleuette collectors: the lack of a useful working tool which would help with a quick and effective identification of the doll and her fashions distributed by Gautier-Languereau.

We salute all the authors who contributed, before us, to create the collecting phenomenon that concerns Bleuette today. Each of them taught us something in giving a contribution to the history of this little doll. Nevertheless, in order to do our own research, we had to forget what others had written or said about Bleuette and start from the very beginning again.
We went through all the issues of the La Semaine de Suzette, through Les Veillées des chaumières, through Les Vacances de Suzette, through Suzette en vacances and through all the Gautier-Languereau catalogues presenting Bleuette's fashions. Of course, we studied very closely the authentic Gautier-Languereau clothes and accessories that Monique Couturier 'tracked' for a few decades.

The starting point was the impressive collection of pictures that Monique Couturier took over the years through her expert involvement in the field of Bleuette and her fashions. While she was identifying each model, she devoted herself to her favorite sport: spotting fakes. I, in turn, was going through all of the available documents in order to determine an exhaustive list of the dolls and their fashions originally made by Gautier-Languereau.

Little by little, the pieces of the puzzle came together letting us spot the missing items. Her thrilling pursuit is not finished yet. Is it possible that, in the future, somebody will come up with a really complete reference book on Bleuette's clothes? If not impossible, this is for sure, highly uncertain. However, we are impressed by our percentage, close to 90%, of the items that we did find and photograph for this book.

Without the help of the collectors and private owners who put at our disposal their dolls and fashions, as well as their knowledge about Bleuette, this book could not have come to fruition.

Our identification process consisted of comparing the documentary sources with the objects and with the testimony of the people who played with Bleuette during their childhood. The research attitude that rejects the human testimony under the pretext that the individual memory is sometimes failing or inaccurate is childish and obtuse. It only brings wrong analysis of an historical reality, that is, on the contrary, the reunion of all these individual experiences, as shared by a community.

In order to build our own intimate conviction about every Bleuette doll presented in this book, about every scrap of cloth and accessory, we adopted the comparison criterion.
We only considered, for our study, the dolls that had been kept in their original condition. We especially gave top priority to the dolls with a provenance and to those that had never been re-strung and who kept their original wig, eyes and other body parts.

This is how the dolls presented in this book have been chosen among hundreds of Bleuette dolls. This abundance led us to a better understanding of the evolution of Bleuette when considered in the general context of the history of the SFBJ (Société Française de fabrication de Bébés et Jouets).

The same comparison criterion guided us into the study of Bleuette's fashions. Thousands of clothes and accessories have been analyzed to their finest detail. We compared the fabrics, the braids, the ribbons, the straws, the felts, the leathers, the buttons, the hooks, the finish, in order to determine the standards of the Gautier-Languereau manufacture.

As it's the exception that proves the rule, especially when the rules are so subjective, we encourage the collectors to use this book to build their own personal opinions about Bleuette and become independent in their judgment as to what constitutes a doll collection that reflects their taste and their personality.

This book has been organized in chapters that follow the chronological order to present every new doll and fashion.

A dot and bold inscription underline the items that we listed and photographed for this book.

The French texts are printed in black ink and the English in blue ink.

Every element of the wardrobe has been described respecting the sober and dry style of the Gautier-Languereau catalogues. When we quoted French descriptions from these catalogues we put them between quotation marks. We also described all the fashions that are still unlisted. We invite the readers to compare these descriptions with the sketches visible in the Gautier-Languereau catalogues, in order to have an idea of what these fashions look like.

As Bleuette's fashions are more valuable when they are complete, we always indicated the items that were sold as a set, as well as those sold separately. We also indicated the time frame during which each model has been sold, so that every collector can determine the rarity degree of each Bleuette fashion.

And now, have a good time!

Samy Odin

1905

1905

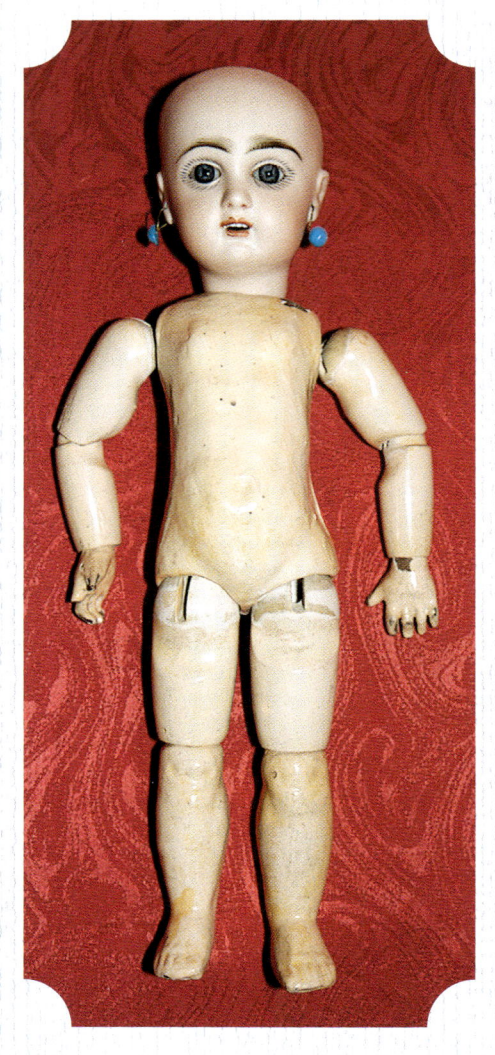

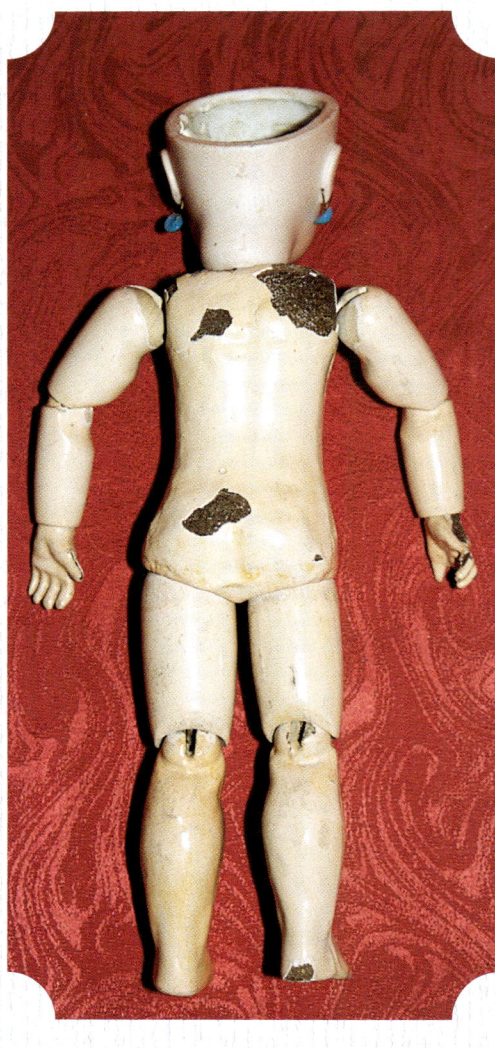

L'identification de la toute première Bleuette est hasardeuse, voire controversée. En l'état actuel de nos recherches, l'absence de documents écrits explicites et de témoignages humains dignes de foi nous entraîne à formuler de simples hypothèses sur la Bleuette de février 1905. Nous exposons ici le résultat de nos observations, conscients que notre conviction intime repose sur des éléments empiriques et non sur des preuves scientifiques.

Nous présentons dans ces pages trois poupées dont les caractéristiques correspondent à celles de Bleuette, telle qu'elle est présentée dans les publicités parues dans *Les Veillées des Chaumières* et dans *La Semaine de Suzette* début 1905. Chacune a un corps tout articulé en bois et composition de facture SFBJ et porte la première chemise de présentation, bien connue. Elles diffèrent néanmoins par le marquage de la tête en biscuit issue du moule Jumeau. La poupée présentée sur cette page est gravée en creux dans la nuque «2 sur 1».

To identify the premiere Bleuette is risky, indeed even much debated. According to our research, no written explicit documents nor trustworthy human accounts are presently available, so we can only share some hypothesis about the February 1905 Bleuette.
We expound the results of our observations being aware of the fact that our intimate conviction isn't based on scientifical proofs but on empirical elements.
We present in these pages three dolls whose characteristics correspond to Bleuette as it appears in the ads published by *Les Veillées de Chaumières* and *La Semaine de Suzette* at the beginning of 1905.
Each of these three dolls has a fully articulated wooden and composition SFBJ body and wears the first well known presentation chemise. Their marking on the bisque Jumeau head is diverse. The doll pictured on this page is incised on the neck «2 over 1».

14

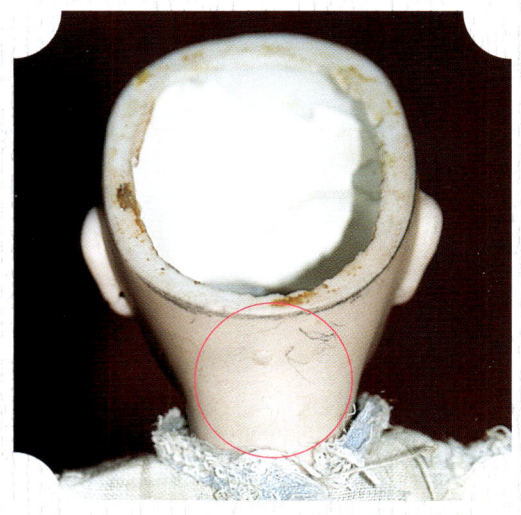

Celle photographiée en haut est marquée en relief dans la nuque: «2». Et celle présentée sur les deux photos du bas est gravée en creux dans la nuque: «1».
Les trois poupées mesurent 27 cm de hauteur et 18,5 cm de tour de tête. Toutes ont quatre dents, les oreilles percées et les yeux fixes en émail bleu. La question de la couleur des yeux de la première Bleuette est épineuse. Il est vrai que la majorité de celles répertoriées aujourd'hui ont des yeux bleus (ou gris-bleu) mais aucun document incontestable ne nous permet d'exclure les yeux marron. Les textes sur lesquels se fonde la légende des yeux bleus et de la perruque blonde de Bleuette sont des textes poétiques (voir page 18), nullement des publicités explicites. Nous ne pouvons donc pas exclure l'éventualité que certaines poupées du premier lot fourni par la SFBJ à Henry Gautier en février 1905 aient eu des yeux marron.

The one pictured on the top is marked with a raised character «2». The one on the bottom bears the incised number «1». The three of them are 27 cm tall and their head circumference is 18.5 cm long. All of them have 4 teeth, pierced ear lobes, and stationary blue paperweight eyes. The matter of the Premiere Bleuette's eye color is sensitive. It is true that the majority of the Premieres recorded today have blue (or gray-blue) eyes but who can tell for sure that brown eyes hadn't been used? The only two texts on which the legend of Bleuette's blue eyes and blonde wig is based are poetical texts (see page 18), in any case explicit advertisements. So we cannot exclude the possibility that in February 1905 SFBJ supplied Henry Gautier with some brown-eyed Bleuette dolls.

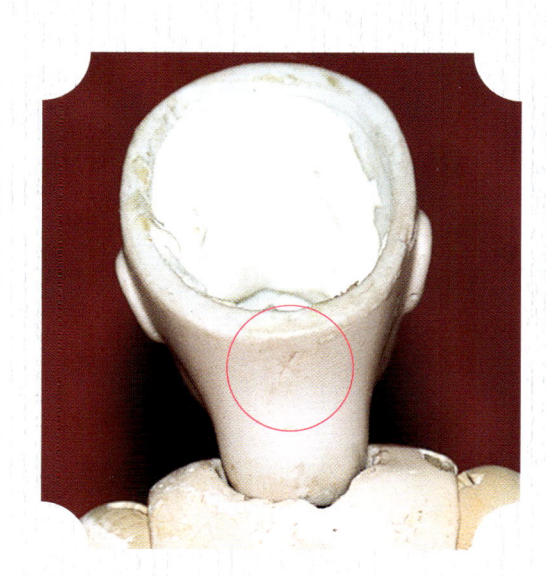

1905

15

1905

Quant au marquage du corps, le numéro de taille 2 est toujours inscrit en creux entre les omoplates (parfois difficile à déchiffrer) et le numéro de taille 1 (plus rarement le n° 2) sous les pieds.

Les perruques d'origine des premières Bleuette présentées ici sont en mohair blond. Les mèches sont cousues sur une toile de coton beige, collée sur une calotte en aggloméré visible sur la photo du bas. D'après nos observations, la perruque en mohair de la première Bleuette n'a pas été fixée sur une calotte en liège ni sur une calotte en carton pressé. Pour ce qui est de sa chemise de présentation, elle est l'élément le plus aisé à reconnaître puisque la publicité parue dans le n° 4 du 23 février 1905 (p. 63) est très explicite (voir ci-dessous).

Concerning the body marks, size number «2» is incised in the back (sometimes illegible) and the size number « 1 » under the feet.
The original Bleuette wigs shown here are made of blonde mohair. The locks are sewn over a raw cotton cloth, glued on a cork chip-board pate shown on the bottom photo. We think that the Premiere never had the mohair wig fixed over a regular cork or heavy cardboard pate.
Her presentation chemise is the easiest to recognize as the ad printed in n° 4 of La Semaine de Suzette dated February 23rd 1905 is very explicit (see below).

> **La délicieuse Poupée-Jumeau**
>
> **BLEUETTE**
>
> entièrement articulée, haute de 27 cent., est indispensable aux lectrices de la *Semaine de Suzette*.
>
> Les patrons que publie le journal sont calculés à sa mesure. Habiller Bleuette est le plus agréable passe-temps.
>
> Prix : dans nos bureaux, 3 francs. — franco en France, 3 fr. 95.
>
> Pour l'étranger, ajouter au prix de la poupée, 3 francs, 0 fr. 30 pour l'emballage et le montant du colis postal.
>
> Envoi contre mandat ou billets de banque.

1905

Enfin, le nombre présumé de 20.000 Bleuette issues du moule Jumeau est inexact puisque le seul élément sur lequel repose cette supposition est le texte «Les excuses de Bleuette», paru dans le n° 2 de *La Semaine de Suzette*: «En une semaine, on nous a demandé plus de vingt mille Bleuette».

Pragmatisme oblige: ce texte nous indique le nombre initial des abonnées à la revue, en aucun cas le nombre réel des poupées fournies par la SFBJ à Henry Gautier, à savoir un nombre bien inférieur à 20.000! Logiquement, l'éditeur a dû passer une première commande au fabricant de poupées à la hauteur de ses prévisions mais il est évident qu'il ne s'attendait pas à un tel succès. La SFBJ, face à une commande si considérablement accrue, a-t-elle pu fournir autant de poupées Bleuette identiques à celles initialement livrées? Et pour compléter cette première commande n'est-il pas vraisemblable qu'elle ait livré des têtes différemment marquées mais respectant la qualité Jumeau requise par l'éditeur? La question reste ouverte. En 1905, la SFBJ disposait des moyens techniques pour fabriquer des poupées de qualité en grande quantité mais ses délais de fabrication à l'usine de Montreuil étaient plus longs que ceux qu'elle pouvait obtenir des porcelainiers allemands avec qui elle était en rapport par son directeur Salomon Fleischmann.

Finally, the presumed 20.000 number of Premiere Bleuettes made for Gautier is inexact as the only document on which this supposition is based is the text «Les excuses de Bleuette» printed in *La Semaine de Suzette* n° 2 dated February 9th 1905. It read, "In one week, we were asked for more than 20.000 Bleuette dolls." Let's be pragmatic. This text tells us the initial number of subscriptions to La Semaine de Suzette. Not the real number of dolls delivered by SFBJ to Henry Gautier, certainly a number much smaller than 20.000. Logically, the publisher put a first order of dolls based on his reasonable expectations but it is evident that he had been overwhelmed by such a success.

If SFBJ was faced with such an increased order, was the company able to provide so many new Bleuette dolls identical to the ones previously supplied? To complete this first order, didn't it include doll heads differently marked but corresponding to the Jumeau quality required by the publisher? These are the big questions.

In 1905, SFBJ had the technical equipment to make quality dolls in great quantities but their production time in Montreuil was longer than the one that they could get by using the German porcelain factories under their manager Salomon Fleischmann.

> **LES EXCUSES DE BLEUETTE**
>
> Bleuette doit des excuses à beaucoup de ses petites mamans. Elles se faisaient une joie de la venue de Bleuette. Et voici que Bleuette met leur patience à l'épreuve. Bleuette est en retard.
>
> Qu'on le lui pardonne, car ce n'est pas sa faute.
>
> Pauvre Bleuette! elle a un malheur : celui d'être trop jolie. Dès qu'on l'a vue, dès qu'on a vu aussi sa gracieuse compagne la *Semaine de Suzette*, tout le monde a voulu avoir l'une et l'autre.
>
> Les lettres d'abonnement sont venues en foule, de France et de l'étranger. En une semaine, on nous a demandé plus de vingt mille Bleuette.
>
> Vingt mille Bleuette! Songez à ce qu'il faut d'ouvrières, de machines et de temps pour fabriquer vingt mille Bleuette!
>
> Maintenant, le mal est réparé, nos précautions sont prises pour l'avenir. Dans deux ou trois jours, Bleuette s'en ira, de toute la vitesse de ses petites jambes, vers ses gentilles mamans. Et celles-ci, en l'embrassant, oublieront le petit ennui qu'elle leur aura causé.

1905

Or, Henry Gautier, face au succès inespéré de sa poupée-prime, a-t-il exigé que toutes ses poupées soient identiques, au risque de trop faire patienter ses jeunes lectrices ou a-t-il accepté, dès février 1905, qu'on lui livre le plus rapidement des Bleuette, même si leur tête provenait d'Allemagne? Face à l'absence de documents à ce propos nous ne pouvons qu'émettre des hypothèses…

Selon toute vraisemblance, dès février 1905, Bleuette a pu avoir une tête issue du moule dit Fleischmann en taille 6/0. Cette dernière faisait le même tour de tête que la moule Jumeau, était d'une production plus rapide et, fait non négligeable, elle coûtait certainement moins cher qu'une tête équivalente fabriquée en France. Si l'authenticité des Bleuette à tête issue du moule Jumeau n'est pas en cause, nous sommes néanmoins persuadés que leur longévité a été minime, ce qui explique leur rareté, aujourd'hui, en tant qu'objets de collection.

We speculate further by wondering with all of the sudden success just how eager Henry Gautier was to either require that all of his Bleuettes be identical, risking the reality of a long wait for his young readers, or accepting as quickly as possible dolls that were needed even if their heads were made in Germany. The dolls were required as early as February 1905. Without documents concerning this very point we can only theorize.

In all likelihood as soon as February 1905 Bleuette probably had a 6/0 Fleischmann mold bisque head. This head would have the same circumference as the Premiere, it was faster to produce, and it was cheaper than the French made head. After all, Henry Gautier was a businessman first and this theory is certainly reasonable. Of course, there is no question about the authenticity of the Premiere Bleuette. However, we are convinced that its production was extremely short which explains the rarity of this collectible doll.

SÉRÉNADE A BLEUETTE

1
Bonsoir! Bleuette, ma poupée!
Poupée aux yeux d'azur, pareils
A la fleur des grands champs vermeils
Que la faux a trop tôt coupée.

2
Vos yeux ont le teint des bleuets.
Oui! même c'est pour ça, fillette,
Que vous avez pour nom Bleuette,
Nom de la reine des jouets.

3
Savez-vous que vous êtes belle
Et qu'on est jalouse de vous,
Parce que vos cheveux sont doux,
Et blonds comme l'or qui ruisselle!

4
On jalouse votre teint clair,
Vos lèvres d'un rouge écarlate,
Votre oreille si délicate
Et votre petit nez en l'air.

5
Mais, malgré cette envie extrême
Que l'on a de votre beauté,
Vous avez expérimenté,
Très souvent combien l'on vous aime!

6
Vous savez de combien de soins
L'on vous couvre, dites, mignonne;
Tous ces baisers que je vous donne
En sont la preuve, pour le moins.

7
Je vous gâte, mais en revanche
Il faut, pour me faire plaisir,
Tout de suite vous endormir,
Sous votre couverture blanche.

8
Dormez! Rêvez du paradis,
De Jésus plus brillant qu'un ange,
Tandis que moi, je vous arrange
Une robe pour les jeudis.

9
Et demain, si vous êtes sage,
Je vous la mettrai pour sortir,
Et nous irons aux champs cueillir
Des bleuets qui sont votre image.

10
Mais dormez! je vous en empêche!
Baisez encor votre maman:
Dormez aussi tranquillement
Que l'Enfant Jésus dans sa crèche.

RENÉE DE DREVES.

1905/1915

1905 • 1915

La tête de Bleuette issue du moule Fleischmann est marquée en creux dans la nuque des seuls chiffres «6/0», elle a les yeux (bleus, marron ou noirs) en verre (moins chers que les yeux en émail de la Première), toujours fixes, la bouche ouverte sur de petites dents, les oreilles non percées, la découpe crânienne en sifflet et la perruque en mohair blond, brun ou roux. La Bleuette photographiée dans cette page est contenue dans sa boîte en carton d'origine portant l'adresse des Editions Gautier et le cachet de la poste daté de 1907. Elle a été conservée neuve en boîte.

The Bleuette 6/0 head is made from the Fleischmann mold and it is incised on the neck with the 6/0 mark. This Bleuette's eyes are stationary in blue, brown or black. For economy's sake the eyes are made of glass rather than the more expensive paperweight eyes awarded to the Premiere. The 6/0 has an open mouth with tiny teeth. There are no holes in the earlobes. A sharp head cut accents the back of this doll's head. She wore a blonde, brown or red mohair wig from the beginning. The Bleuette pictured here has its original cardboard box bearing the Editions Gautier stamp and the postal service date of 1907. It came mint and in the box.

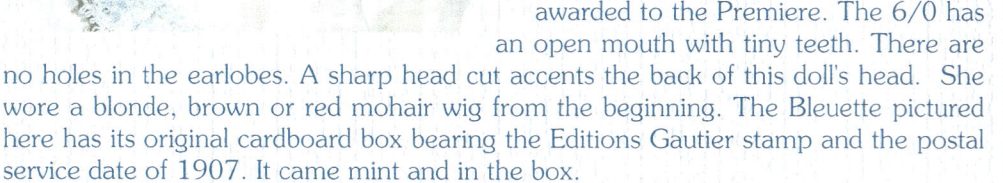

Le corps tout articulé de la 6/0 est identique à celui de la Première, à l'exception des pieds, les fameux «petits pieds» qui, dans la majorité des cas, ne sont pas marqués. Il existe néanmoins des 6/0 qui ont les plus gros pieds marqués 1. Ces poupées, qu'il est difficile de distinguer des séries ordinaires de la SFBJ destinées à porter des costumes folkloriques, sont des Bleuette de transition.

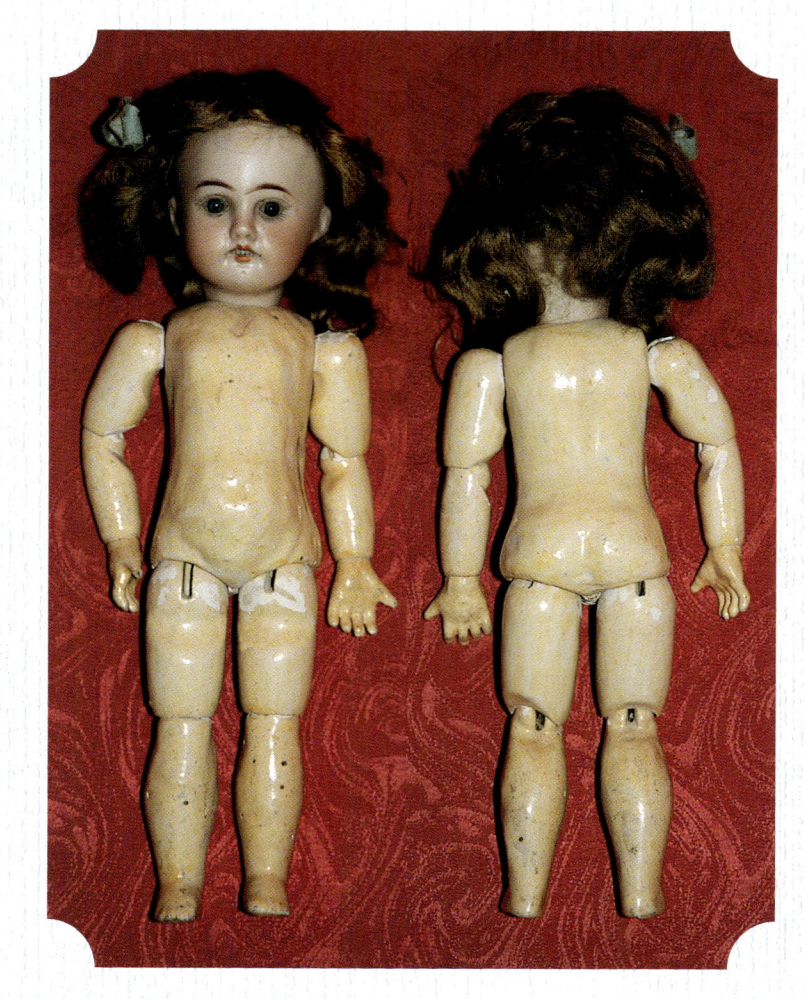

The body of the 6/0 is fully articulated and is identical to the body of the Premiere except for the feet. The 6/0 has, in many cases, very small unmarked feet but there are also those with feet marked with a 1. These transitional Bleuette dolls are difficult to distinguish from the ordinary souvenir dolls made by SFBJ to represent the various folklore costumes.

La perruque d'origine de la 6/0 est toujours en mohair. D'après le texte « Consolations à Lilette » paru dans le n° 42 de La Semaine de Suzette du 15 novembre 1906, la couleur de la perruque était au choix blonde, brune ou rousse.

The original wig of the 6/0 is always made of mohair. According to the text « Consolations à Lilette » published in n° 42 of La Semaine de Suzette, dated November the 15th 1906, the color of the wig was either blonde, brown or auburn.

LES DEBUTS DU TROUSSEAU DE BLEUETTE

En dépit des idées reçues, Henry Gautier a vendu des éléments du trousseau de Bleuette dès 1905. Il suffit de dépouiller la rubrique «Petite Poste» pour s'en persuader.

Le premier objectif de cette poupée-prime consistait à inciter les jeunes lectrices de *La Semaine de Suzette* à s'initier à la couture. L'éditeur dut donc avoir quelques scrupules avant de commercialiser une gamme de prêt-à-porter pour Bleuette qui se serait inévitablement posée en contradiction avec la politique première de la revue, qui incitait les petites filles à coudre des vêtements pour leur poupée à partir des patrons donnés.

Effectivement, tout au long de la première année, aucun indice ne nous permet d'affirmer qu'au Quai des Grands Augustins étaient proposés à la vente des vêtements ou des accessoires pour Bleuette. La première entorse aux principes initiaux date du 28 décembre 1905. Dans le n° 48 (p. 767) on peut lire ce surprenant message: «Germaine V. à Gerardmer – (…) Le trousseau de Bleuette se vend; dites-moi les objets que vous désirez et le prix que vous voulez y mettre». La machine commerciale était désormais en marche…

Avec quelques hésitations, toutefois: «Fleur de Lotus – (…) Nous n'avons pas de trousseaux tout faits. Nous donnons les modèles au journal pour qu'on les fasse soi-même. Cependant, à Paris, il y a des marchands d'objets de poupées. (…)» (Petite Poste du 1er Février 1906)

Dès le n° 7 du 15 Mars 1906, le commerce reprend de plus belle, comme le prouve ce message des plus explicites: «Gris-gris – (…) Les souliers de Bleuette coûtent 0fr70, les bottines 1fr25». et «Jasmin de France – (…) une perruque pour Bleuette coûte 1fr.».

Dans le n° 10 du 5 avril 1906: «M.lle Le Bas à Calais – (…) Les bas coûtent 50 centimes, les bottines 1fr25».

Dans le n° 19 du 7 juin 1906: «Lélé – (…) On peut avoir des chaussettes pour Bleuette pour 8 à 10 sous et des bottines à boutons pour 1fr25».

Dans le n° 24 du 12 Juillet 1906: «Flocon d'or – Une paire de chaussettes dix sous, une paire de souliers dix-huit sous. Nous n'avons ni robe ni chapeau».

Dans le n° 28 du 9 août 1906: «Patapon et Ratapoil – Bleuette coûte 2fr50 pieds nus ; chaussettes 0fr50, souliers 0fr60, bottines à boutons ou à lacets 1fr25».

Dans le n° 32 du 6 septembre 1906: «Fleurette d'Anjou – Souliers 0fr70, chaussettes 0fr50, corset 1fr50».

Dans le n° 46 du 13 décembre 1906: «Hirondelle Aveyronnaise – (…) Bottines blanches Bleuette 1fr75, chapeau Jean Bart 2fr50» et «Mésange du Rouergue – (…) Nous avons donné le patron de la robe de Casino mais nous ne la faisons pas».

En somme, de décembre 1905 à décembre 1906 Henry Gautier a, tout de même, proposé à la vente: des vêtements à la demande, des chaussettes et des bas, des souliers, des bottines à boutons et à lacets dans des coloris variés, des corsets, des perruques et des chapeaux de paille de type Jean Bart…

Le premier encart publicitaire de prêt-à-porter pour Bleuette paraît, enfin ! dans le n° 47 du 20 décembre 1906. Pendant les 10 premières années, qui correspondent à la diffusion de la Bleuette à tête 6/0, le trousseau de Bleuette fut disponible à la vente aux bureaux de l'éditeur et par correspondance. A cette époque, Jacqueline Rivière était la décisionnaire en matière de Bleuette et, à quelques exceptions près, elle diversifia l'offre de la gamme prêt-à-porter du trousseau que les jeunes Suzette confectionnaient à partir des patrons. Dès le début, Bleuette bénéficia donc d'une double garde-robe, qui continue, aujourd'hui, de faire sa force d'objet de collection.

Dans les pages qui suivent nous donnons la liste exhaustive de tous les articles du trousseau de Bleuette vendus par Henry Gautier ainsi que les photos et les descriptifs de tous les modèles répertoriés à ce jour.

BLEUETTE'S EARLY WARDROBE

In spite of some recent ideas, Henry Gautier sold Bleuette fashions as early as 1905. This evidence is easily read in the Petite Poste. The original focus of the *La Semaine de Suzette* weekly magazine for girls was to encourage the young readers to sew for the doll Bleuette. Once again the business mind of Henry Gautier engaged, priorities changed, and he developed a pret-a-porter (ready-made) line for Bleuette that inevitably came into direct contradiction with the magazine's original goals, that of publishing patterns for the little girls to dress their dolls. During that first long year nothing was mentioned in the magazine about the frocks and accessories for Bleuette that were being sold at Quai des Grands Augustins. The news was broken on December the 28th, 1905 in issue number 48. On page 767 where one can read this surprising message: «Germaine V. à Gerardmer- (...) Bleuette's wardrobe is for sale. Tell me which items you are interested in and how much you are ready to pay for them.» Another Gautier business venture was tentatively launched.

In the Petite Poste of February 1, 1906 with a hesitant beginning though: «Fleur de Lotus - (...) We have no wardrobe available. We gave the patterns to the magazine in order to get the readers to sew by themselves. However, in Paris you can find specialized shops dealing in various items for dolls (...)» (Petite Poste, February the 1st 1906)

March the 15, 1906 there was no question of positive activity going on in the field of Bleuette's fashions and accessories. Issue number 7 tells the tale: «Gris-gris: Bleuette's shoes cost 0fr70, bootines 1fr25.» and «Jasmin de France - Bleuette's wig costs 1fr.»

By April 5, 1906 in issue number 10 more evidence of activity is revealed: «M.lle Le Bas à Calais; Stockings cost 50 cents, bootines 1fr25.»

June 7, 1906, issue number 19 business is increasing: «Lélé - One can get Bleuette's socks for 8 to 10 pennies, and buttons bootines for 1fr25.»

July 12, 1906, issue number 24: «Flocon d'or - a pair of socks 10 pennies, a pair of shoes 18 pennies. We have no dress and no hat»

August 9, 1906, issue number 28: «Patapon et Ratapoil - Bleuette barefoot costs 2fr50, socks 0fr50, shoes 0fr60, buttons or lace bootines 1fr25.»

September 6, 1906, issue number 32: «Fleuerette d'Anjou - shoes 0fr70, socks 0fr50, corset 1fr50.»

December 13, 1906: «Hirondelle Aveyronnaise - White bootines for Bleuette 1fr75, hat Jean Bart 2fr50». and «Mésange du Rouergue - We gave the Casino dress pattern but we don't make it».

In short, Henry Gautier was in the business of selling Bleuette items from December 1905 through December 1906. Excitement mounted as Bleuette dresses, socks, stockings, shoes, buttons, and lace bootines in various colors appeared with corsets, wigs and Jean Bart hats.

The first pret-a-porter ad for Bleuette was finally published in issue number 47, dated December 20, 1906 (see page 22). During the first ten years that corresponds to the 6/0 Bleuette period, the doll's wardrobe was for sale at the publisher's office and by mail order.

At that time, Jacqueline Riviere was the manager of the Bleuette department. Except for some models, she varied the pret-a-porter line from the trousseau that the young Suzettes were meant to sew by themselves. From the beginning, Bleuette had a double wardrobe and it is the wardrobe that makes her so desirable today.

We give, in the following pages, the complete list of all the items that Henry Gautier sold for Bleuette, as well as the photos and descriptions of all the items listed at this day.

N°47 du 21/12/1906
  Chemise de nuit /night gown
- **Chemise de jour /underwear**
  Pantalon/pantie
  Jupon/petticoat
  Corset/corset
  Culotte-couche/diaper
  Serviette-bavoir/bib
  Robe Empire velours et dentelles/velvet and lace Empire dress
  Béguin velours/velvet bonnet matching the Empire dress
- **Costume soie et dentelle/silk and lace costume**
  Pèlerine en velours /velvet cape, matching the Empire dress
  Capulet/hood
  Col /collar

Chemise de jour /underwear

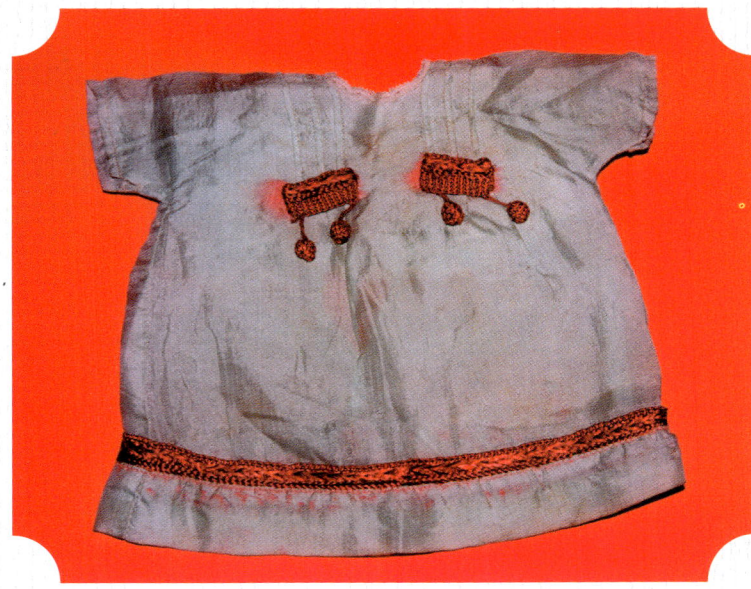

N° 51 du 17/12/1907
  Pelisse en drap/cloth cape
  Jacquette à revers en lainage fantaisie/ fancy woolen jacket with lapels
- **Robe de laine/woolen dress**
- **Chapeau-capote/bonnet shaped hat**
- **Tablier d'écolière/school apron**
  Bas/stockings
  Souliers/shoes

Costume soie et dentelle/silk and lace costume

Robe de laine - chapeau-capote
woolen dress - bonnet shaped hat

1906 · 1907

23

1906 · 1907

Tablier d'écolière
school apron

N° 8 du 28/03/1907
Costume marin (jupe, vareuse et béret) en étoffe bleu marine avec col et plastron toile/mariner costume, deep blue cloth with white cotton collar and front
Robe de dessous (Jackson) en nansouk et dentelle/cotton and lace underskirt
Paletot de voyage à pèlerine en lainage fantaisie/fancy woolen travel coat
Chapeau charlotte/charlotte bonnet
Chapeau cloche/cloche hat
Chaussettes/socks

N° 26 du 01/08/1907
Costume de bain (pantalon et blouse) en flanelle blanche, garnie de rouge/white flannel bathing suit – blouse and trousers - trimmed in red
Bonnet de bain assorti/matching bathing bonnet
Souliers de bain en toile/linen bathing shoes
Mante à capuchon en lainage/woolen hooded cape
Tablier élégant en nansouk blanc/elegant white cotton apron

Tablier élégant en nansouk blanc
elegant white cotton apron

Les bijoux et le réticule de Bleuette.
Le sac en cuir date du XIX siècle mais provient du même trousseau.
Bleuette's jewels and golden metal sac.
The leather purse is from the XIX century but was included in the same wardrobe.

N° 46 du 17/12/1908

- **Les bijoux de Bleuette**: un collier rubis cabochons et or, une montre avec sautoir, **une broche miniature, un peigne de nuque et deux épingles à cheveux, le tout en métal doré**
Bleuette's jewels: ruby, cabochon and golden necklace, watch with a chain, **miniature brooch, comb and hairpins, all of these items are made of golden metal.**

La parure de Bleuette: deux peignes de côté, une broche de nuque, un démêloir, un miroir, une brosse à habits, une brosse à tête (façon écaille et vernis Martin)
Bleuette's parure: side-combs, hair brooch, large-toothed comb, mirror, clothes brush, hair brush (imitation tortoiseshell and Martin varnish)

- La bourse et **le réticule de Bleuette à maillons métal or**
Bleuette's golden metal sac and purse
Armoire à linge avec tiroir
Bleuette's linen armoire with a drawer
Le lit de Bleuette: lit de fer doré, garni ou pas
Bleuette's golden metal bed, lined or plain.
Le lavabo de Bleuette: lavabo en fer, peinture émail, avec seau, cuvette à robinet, réservoir d'eau et miroir
Bleuette's bathroom enamelled iron sink with pail, faucet wash-bowl, water tank and mirror.

Chapeau en velours non identifié provenant d'un trousseau des toutes premières années.
This velvet hat included in an original early Bleuette wardrobe is not identified.

1908

25

1909

N° 12 du 22/04/1909

Marquis, paille blanche non garni ou garniture gaze et fleurs
Marquis, straw hat plain or trimmed with gauze and flowers

Rembrandt, paille blanche non garnie ou garniture gaze et fleur
Rembrandt, straw hat plain or trimmed with gauze and flowers

Cloche, paille blanche non garnie ou garnie de ruche soie
Cloche, straw hat plain or trimmed with silk ruche

Canotier, paille blanche non granie ou garnie ruban soie Pompadour
Canotier, straw hat plain or trimmed with Pompadour silk ribbon

N° 45 du 09/12/1909

- **Canotier, feutre rouge** ou vert, non garni ou **garni ruban soie claire**
  Canotier, red or green felt**, plain or **trimmed with a silk ribbon

  Hélyette, feutre bleu marine ou beige, non garni ou garniture paille
  Hélyette, blue or beige felt hat, plain or trimmed with straw

  Cyrano, feutre gris ou beige non garni, ou garniture ruban glacé deux tons
  Cyrano, grey or beige felt hat, plain or trimmed with a glossy two toned ribbon.

  Tricorne, feutre noir non garni, ou garni chou et ruban or
  Tricorne, black felt hat, plain or trimmed with a knot and a golden ribbon

Canotier en feutre rouge garni ruban soie claire
Red felt boater trimmed with a silk ribbon

BECASSINE
La plus ancienne version du costume de Bécassine pour Bleuette, proposée à la vente depuis 1909, a de la dentelle bordant la coiffe en toile blanche, le plastron découpé en V et le tablier en soie changeante (ce dernier n'est pas répertorié). Cette variante ne figurera plus dans le premier catalogue de l'hiver 1916/1917, remplacée par un costume de Bécassine simplifié.

BECASSINE
The oldest version of Becassine's costume for Bleuette, sold since 1909, has a lace trimming on the white cloth bonnet, a V shaped dickey and a silk changing apron (not pictured here). This version doesn't appear in the Winter 1916/1917 catalogue as it has been replaced by a simplified Becassine costume.

N° 46 du 16/12/1909

- Costume de Bécassine (jupe drap vert bordé de velours noir, tablier en soie changeante, **bonnet et guimpe lingerie, souliers en drap**)
  Bécassine costume (green wool skirt trimmed with a black velvet, two toned silk apron, **white cotton bonnet and bodice, green wool shoes**)
  Robe de ville, toile kaki, garniture et bandes rouges ou bleues, plissé éventail
  Urban dress, kaki cloth, red or blue braids and pleated trim
  Robe de chambre, forme empire, flanelle et soie
  Flannel and silk indoor dress, Empire shape
  Peignoir kimono en linon fleuri et nansouk
  Flowered linon and light cotton indoor kimono
- Souliers découverts / Summer shoes

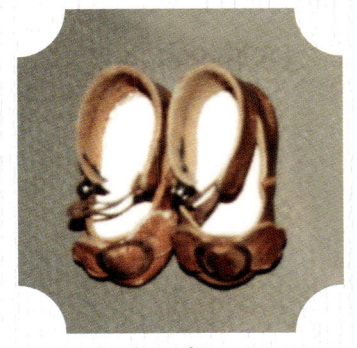

Souliers découverts
Summer shoes

Jacquette et polo en laine tricotée / Knitted wool jacket and bonnet

N° 38 du 20/10/1910

- Jacquette et polo en laine tricotée (blanc ou rouge)
  Knitted wool jacket and bonnet (white or red)

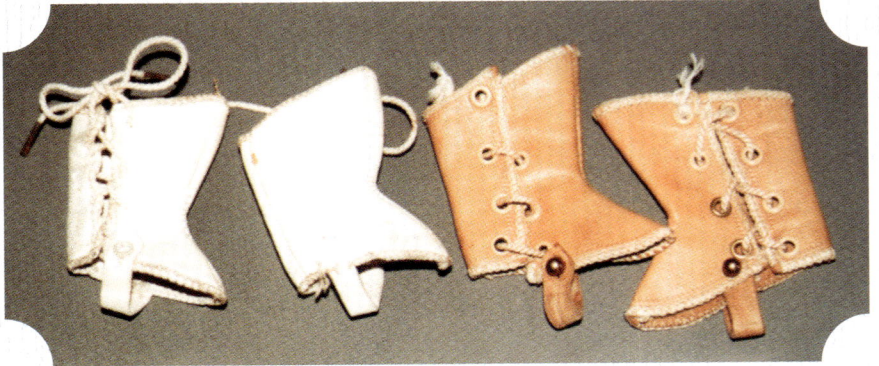

Guêtres peau
Leather guetres

Bottines à lacets
Leather bootines with strings

N° 47 du 21/12/1910

- Guêtres peau (blanc ou champagne)
  Leather guetres (white or champagne)
- Bottines à lacets (blanc, champagne ou **mordoré**)
  Leather bootines with strings (white, champagne or **golden**)

1910 • 1912

1910 · 1912

N° 26 du 25/07/1912

Jardinière, chapeau paille blanche, (...) couvert de dentelle, ruban Pompadour/Jardinière, white straw hat covered with lace, Pompadour ribbon trim

Pierrette, chapeau paille blanche, garniture bouquet de cerises et velours/Pierrette, white straw hat, cherries bouquet and velvet trim

Charlotte, dentelle Valenciennes, calotte satin bleu ciel ou rose/Charlotte, Valenciennes lace, blue or rose satin cap

Auvergnate, chapeau paille blanche, ruban moiré rouge/Auvergnate, white straw hat, red moire ribbon trim

Monte-au-ciel, chapeau paille blanche, large ruban soie ombrée/Monte-au-ciel, white straw hat, wide shadowed silk ribbon trim

Robe-tailleur, drap gris perle, garniture Pompadour/Robe-tailleur, pearl grey cloth Pompadour trim

Costume de baptême en batiste, entre-deux Valenciennes, flot de ruban satin blanc/Christening gown in batiste and Valenciennes lace with white satin ribbons

Bonnet de baptême, broderie, dentelle et rubans/Christening bonnet, trimmed with embroideries, lace and ribbons

Robe d'été, étamine mercerisée blanc et rose ou blanc et bleu, rubans satin rose ou bleu, col dentelle (poursuivie jusqu'au n 25 du 22/07/1915)
White and rose or white and blue summer dress in mercerized cotton trimmed with rose or blue satin ribbons, lace collar
(sold until July 22 1915, n° 25)

N° 46 du 12/12/1912
Manchon, laine tricotée rouge, ruban satin
Muff, knitted red wool, satin ribbon

- **Costume de garçonnet, petit drap rouge, garniture écossais**
  Boy costume, woolen red cloth, tartan trim.

Costume de garçonnet. Ce modèle figurera encore au catalogue de l'hiver 1916/1917.
Boy costume. This model is still featured in the catalogue of the winter of 1916/1917.

Cette Bleuette à tête en biscuit marquée 6/0 est également contenue dans sa boîte d'origine portant le cachet des Editions Gautier et la date de 1913.
Elle a les mêmes caractéristiques que la Bleuette présentée aux pages 19 et 20, sauf que sa perruque est en mohair plus foncé. Elle a également de petits pieds non marqués et n'a, visiblement pas, ou presque pas, servi.

This Bleuette doll with a bisque head marked 6/0 also came in her original box bearing the Gautier address and the date of 1913. It has the same characteristics as the Bleuette shown on pages 19 and 20. This pristine doll is wearing a brown mohair wig and her small feet are unmarked.

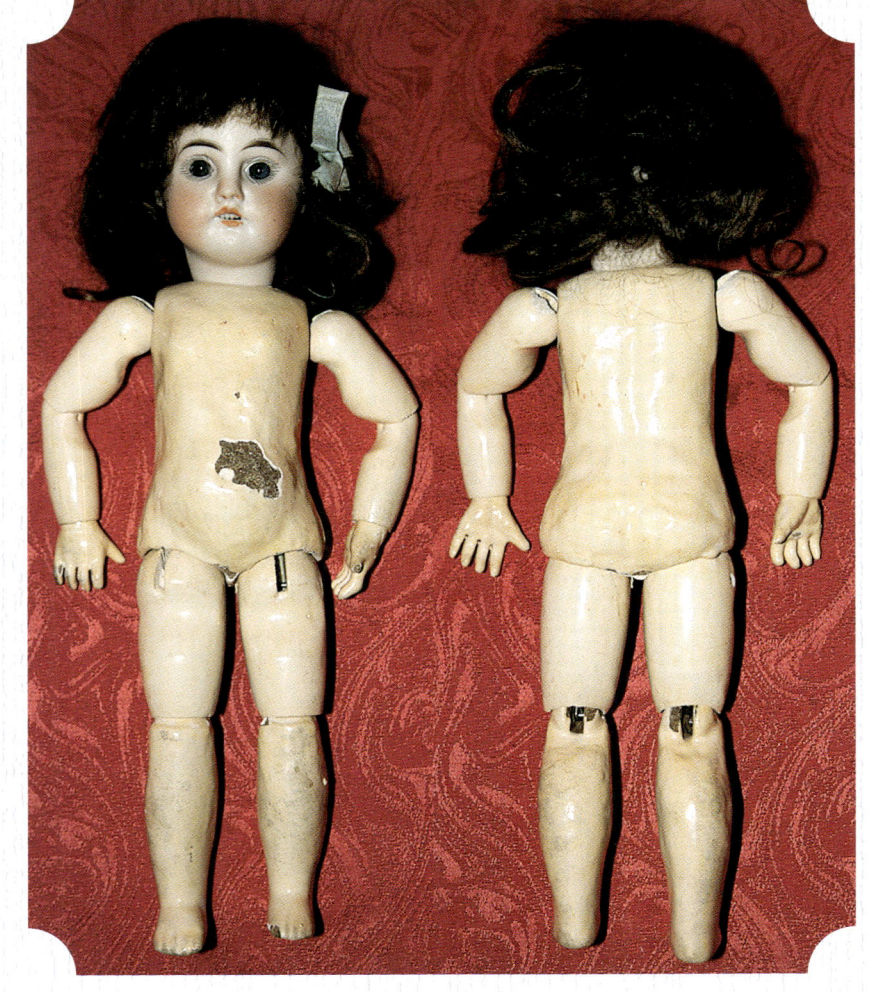

1913

29

1914

Bleuette 6/0 en costume de la Croix-Rouge
Bleuette 6/0 wearing the Red-Cross uniform

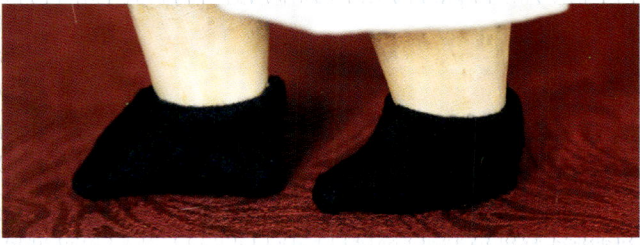

N° 45 du 10/12/1914
- Costume d'Infirmière de la Croix-Rouge, exact et complet, avec coiffe, mante et chaussons en drap (le tablier est précisé dans le numéro suivant).

Costume d'Infirmière de la Croix-Rouge, authentic Red Cross uniform with headdress, cape and matching slippers (the apron is mentioned in the next issue).

AVEC L'ARGENT REÇU POUR VOS ÉTRENNES, ACHETEZ

BLEUETTE INFIRMIÈRE

La poupée habillée du costume de la Croix-Rouge : 5 fr. 50 franco en France.
Le costume seul, comprenant : robe, tablier, coiffe, mante de drap, chaussons : 3 francs franco.

AUTRES ARTICLES DU TROUSSEAU DE BLEUETTE

CHAPEAUX DE FEUTRE

Canotier feutre vert ou rouge, ruban soie	» 85
Hélyette, feutre bleu marine ou beige, garniture soie	1 25
Cyrano, feutre gris ou beige, ruban glacé deux tons	1 10
Tricorne, feutre noir, chou et ruban or	1 10
Les quatre	3 75

Tous les chapeaux garnis sont livrés avec deux épingles à chapeaux, tête dorée ou perle.
Les mêmes : non garnis .. 0 50 pièce.
Les quatre...... 1 50

VÊTEMENTS

Charlotte, valenciennes et calotte bleu-ciel ou rose	1 75
Costume de Bécassine (jupe drap vert bordé de velours noir; tablier soie changeante; bonnet et guimpe lingerie, souliers en drap)	3 »
Costume marin (jupe, vareuse et béret) en étoffe bleu-marine avec col et plastron toile	2 45
Paletot de voyage à pèlerine en lainage fantaisie	» 95
Robe Empire velours et dentelle	» 95
Béguin velours	» 50
Costume soie et dentelle	» 90
Capulet	» 50
Pelisse en drap	» 75
Jaquette à revers en lainage fantaisie	» 65
Robe de laine	» 65
Mante à capuchon en lainage	» 95

Jaquette et polo en laine tricotée (blanc ou rouge)	1 75
Costume de garçonnet, petit drap rouge, garniture écossais	2 »
Robe tailleur, drap gris perle, garniture Pompadour	2 50
Robe de baptême, batiste, entre-deux valenciennes, flot ruban de satin	1 75
Bonnet de baptême, broderie, dentelle et ruban	1 »

LINGERIE

Robe de dessous (Jackson) en nansouk et dentelle	» 75
Chemise de nuit	» 50
Chemise de jour	» 45
Chaussettes	» 45
Pantalon	» 35
Jupon	» 50
Corset	» 45
Culotte-couche	» 50
Bavoir	» 45
Col	» 40
Tablier d'écolière	» 45
Tablier élégant en nansouk blanc	1 25
Peignoir, genre kimono, en linon fleuri et nansouk	» 75

CHAUSSURES

Souliers découverts	» 45
Bottines à lacets blanc, champagne ou mordoré, la paire	» 80
Guêtres peau (blanc ou champagne)	« 90

Toute demande de six objets à la fois, chapeaux exceptés, donne droit à un septième objet de 50 centimes, au choix de l'acheteur.

Tous les envois sont faits franco de port, en France. Adresser les demandes accompagnées du montant en mandat-poste, à M. Henri GAUTIER, directeur de la *Semaine de Suzette*, 55, quai des Grands-Augustins, à Paris.

Publicité parue dans *La Semaine de Suzette* n° 47 à 49 du 24/12/1914 au 07/01/1915
Ad published in La Semaine de Suzette n° 47 à 49 dated 24/12/1914 to 07/01/1915

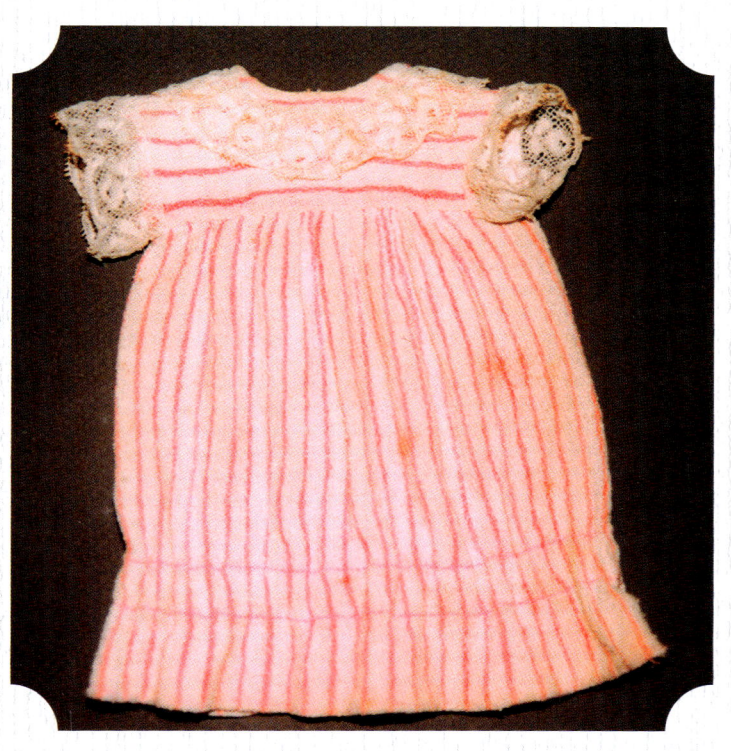

Robe crépon et dentelle/Crepe and lace dress

N°12 du 22/04/1915
- Robe crépon et dentelle
  Crepe and lace dress
- Manteau de voyage à pèlerine, lainage anglais (modèle identique au paletot précédent mais dans un lainage quadrillé)
  Hooded travel coat cut into an English tartan (the pattern is identical to the former « paletot » made in a different woolen cloth)
- Mante à grand capuchon Manon (nouveau modèle prénommé à la capuche plus ample)
  Manon wide cape (a new model with wider hood)
  Robe de chambre, flanelle rayée bleue
  Indoor striped blue flannel dress

Manteau de voyage à pèlerine/Hooded travel coat

Mante à grand capuchon Manon/Manon cape

1915

1915

Peignoir kimono
en linon et nansouk
*Lawn and nansouk
kimono shaped
dressing gown*

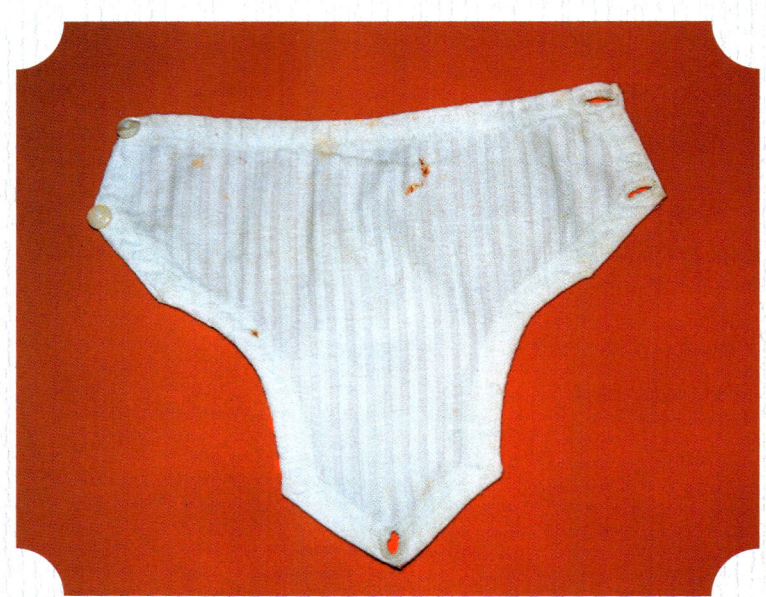

Layette, culotte-couche et bavoir/*Layette, bib and diaper*

Col nansouk/*Nansouk collar*

- **Peignoir kimono en linon et nansouk** (diffère du précédent car le linon n'est plus fleuri)
  Lawn and nansouk kimono shaped dressing gown (it differs from the previous as the lawn is not flowered)
- **Col nansouk, orné dentelles**
  Nansouk collar trimmed with lace
- **Layette, culotte-couche et bavoir**
  Layette, bib and diaper

N° 29 du 19/08/1915
Robe d'été, garnie rubans satin, col satin (remplace la robe d'été au col dentelle)
Summer dress, trimmed with ribbons with a satin collar (this dress replaces the previous summer dress with a lace collar)

N° 34 du 28/09/1915
Souliers découverts (blanc, champagne, noir, mordoré)
Flat shoes (white, champagne, black or bronze)

1915/1919

1915 • 1919

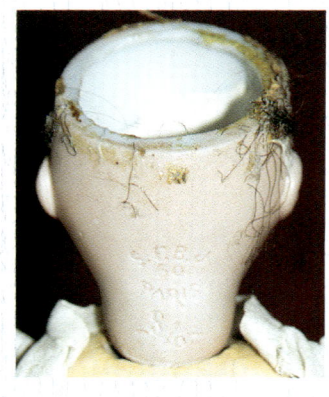

C'est à la rentrée 1915 qu'un vent rafraîchissant a soufflé sur Bleuette, qui refait peau neuve ! Désormais, sa nouvelle tête en biscuit de fabrication française remplace l'ancienne «6/0», dont la provenance posait certainement de sérieux problèmes en ces temps de conflit mondial.

La nouvelle tête de Bleuette est donc gravée dans la nuque «SFBJ 60 PARIS 8/0» surmontées parfois des lettres «R» ou «P.R.», elle a toujours la bouche ouverte sur une rangée de dents supérieures, les yeux en verre fixes (bleus, bruns ou noirs), la perruque en mohair (blonde, brune ou rousse), les lobes non percés et la découpe crânienne plus haute avec une calotte, désormais en carton. Cette Bleuette aux yeux fixes sera proposée jusqu'à l'été 1922.

In 1915, a refreshing wind blew towards Bleuette renewing her image. Henceforth, the former «6/0» German made bisque head, whose provenance had become critical during WWI, was replaced by the French made one marked «SFBJ 60 PARIS 8/0» with sometimes the letters «R» or «P.R.» at the crown. Bleuette always had an open mouth over an upper row of teeth, stationary glass eyes in blue, brown, or black and a blonde, brunette, or auburn mohair wig. She had unpierced earlobes and a higher head cut with a cardboard pate. This stationary eyed Bleuette sold until the summer of 1922.

Le corps tout articulé, toujours en bois et composition, suit l'évolution du corps du bébé classique de fabrication SFBJ. Il s'éloigne du cliché de la beauté féminine pour mieux représenter les proportions du corps enfantin. Le torse et les membres sont légèrement plus potelés que ceux de la «6/0», la taille moins marquée avec les hanches plus droites, les genoux soulignés d'un pli bien visible, le numéro de taille «2» toujours gravé dans le dos et le numéro «1» sous les pieds. Bleuette mesure 27 cm.

The fully articulated body, always made of wood and composition, followed the evolution of the regular SFBJ made bébé body. Moving away from the ideal of the feminine beauty, it represented more closely the proportions of the child's body. The torso and limbs were slightly plumper, the waistline was not as thin and the hips not as wide. The knees were underlined by a visible bend. Size number «2» was always incised on the back as well as number «1» under the feet. Bleuette's height was 27 cm.

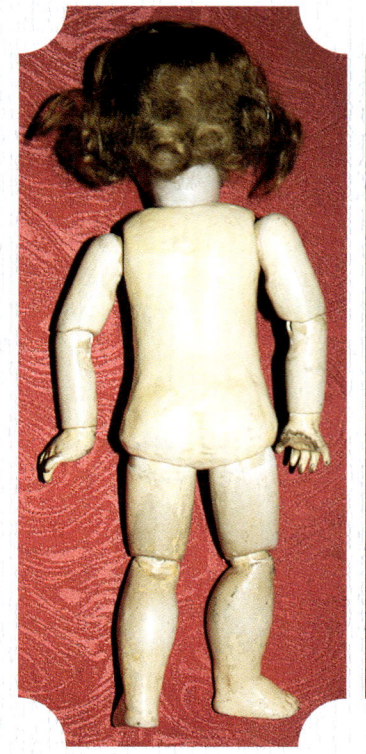

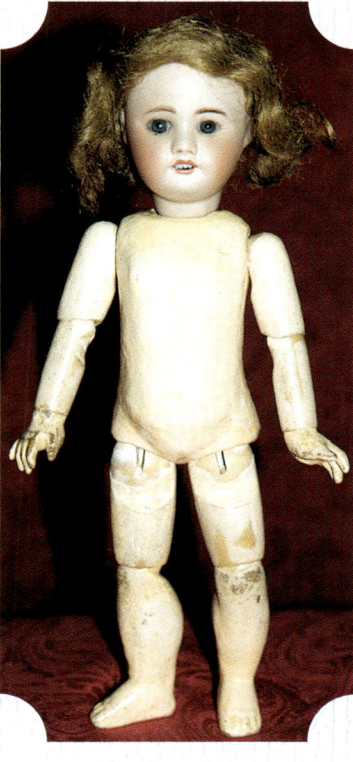

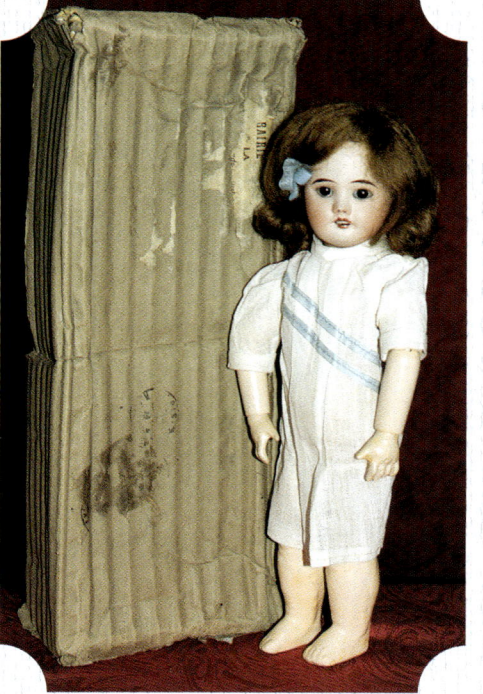

La poupée ci-contre, conservée en état neuf dans sa boîte d'origine, porte la deuxième chemise de présentation de Bleuette, utilisée de 1915 à 1925 (avec l'aimable autorisation de l'étude David Khan).

The doll pictured here, mint in her original box, wears the second presentation chemise made from 1915 to 1925. (Courtesy of the Etude David Khan).

N° 39 du 28/10/1915
- **Tipperary, costume, casquette** et bandes molletières
  Tipperary, uniform, hat and leg-warmers
- **Parc-Monceau, robe** et toque
  Parc Monceau, dress and hat
- **Frou-Frou, robe** et capote
  Frou-Frou, dress and bonnet

TIPPERARY – «Costume kaki à côtes: blouse officier anglais; jupe courte en forme, plis derrière, corps formant chemisette à col, tissu cellular, avec cravate kaki. Casquette d'ordonnance, jugulaire cuir, écusson brodé rouge et or. Bandes molletières roulantes». Un costume en hommage aux alliés de la France durant le Premier conflit mondial, vendu jusqu'à l'été 1917.

TIPPERARY – A military costume giving a tribute to the French Allies during WWI. It sold until the summer of 1917. It consists of a ribbed cotton kaki jacket, a short skirt pleated in the back and sewn on to a white cotton front panel, suggesting a shirt with a collar. There is a military hat tied with a leather band and embroidered in red and gold and rolling leg-warmers.

1915 • 1916

35

1915 • 1916

PARC MONCEAU – «Robe de promenade élégante, toile de laine filetée gris tourterelle, empiècement mode, ceinture, boutons et garniture soie écossaise. Toque assortie soie écossaise».
Tante Jacqueline destine cet ensemble à Bleuette «permissionnaire» dans un éloquent texte patriotique paru dans le n° 47 du 23 Décembre 1915 (p.334). La toque assortie en soie écossaise n'est pas répertoriée.

PARC MONCEAU An elegant dress that Tante Jacqueline tells, in a patriotic text published in issue n° 47 dated December 23, 1915 (p.334), was appropriate for Bleuette as a «soldier on leave». The matching tartan silk hat is still unlisted.

FROU-FROU - «Robe en paillette de soie rose ou ciel, garnie imitation Irlande, taille froncée, ornée chou ruban, capote assortie».

FROU-FROU, the rose or light blue silk dress trimmed with Irlande like lace and ribbon rosettes, with a matching bonnet.

LE JOFFRE, ce manteau militaire, appelé par la suite JOFFRE tout court, s'est vendu jusqu'à l'hiver 1917/1918. Le bonnet de police était inséparable du manteau. Il est plus rare que l'ensemble TIPPERARY. Les guêtres jambières ne sont pas répertoriées.

LE JOFFRE, later called simply JOFFRE, is a military coat sold until the winter 1917/1918. It is made of horizon blue woolen cloth with gold over red embroideries. The matching police cap and the high fawn-colored leather gaiters could not be sold separately. It is a much rarer model than TIPPERARY.
The leg warmers are still unlisted.

N° 44 du 01/12/1915

- **Le Joffre, manteau et bonnet**, guêtres jambières
  Le Joffre, coat, bonnet, leg-warmers
  Chez soi, robe d'intérieur rose ou bleue, à rayures (modèle identique au précédent mais re-nommé)
  Chez soi, striped blue or rose dressing gown (identical to the previous but now named)
- **Bottines hautes, à lacets, tout vernis, talons**
  Lace-up patent leather bootines with heels
- **Costume de baptême, robe, bonnet et douillette côte de cheval**
  Christening gown, dress, bonnet and ribbed cape

Bottines hautes à lacets tout vernis, talons
Lace-up patent leather bootines with heels

1915 • 1916

1915 • 1916

COSTUME DE BAPTÊME – «Robe batiste, entre-deux Valenciennes, flot ruban satin. Bonnet broderie fine, dentelles et ruban. Grande pelisse côte de cheval, points riches garnie dentelle genre Valenciennes».

COSTUME DE BAPTÊME – Batiste christening gown, Valenciennes lace, cascade of satin ribbons, matching bonnet, pique pelisse richly embroidered, Valenciennes lace trimming.

38

1915 • 1916

N° 45 du 09/12/1915

- Parisienne – manteau, robe et chapeau
  Parisienne – coat, dress and hat.

PARISIENNE - Ce rare ensemble trois pièces, chacune vendue séparément, est toujours en velours de soie bleu nuit. Le chapeau assorti est garni d'une rose fine, la robe est garnie de rubans de velours à l'arrière et aux manches en mousseline bleu nuit.

PARISIENNE - This rare three-piece ensemble is made of deep blue velvet lined with white 'surah'.
The authentic hat matches the blue silk velvet of the coat and dress and is embellished by a delicate rose. The dress is also made of blue velvet with silk muslin sleeves, wide pleated skirt richly decorated with ribbons in the back.

39

1915 • 1916

N° 50 du 13/01/1916

Pimpant – Toque velours grenat, plume pintade.

Pimpant (spruce) – burgundy velvet hat enhanced by a guinea-fowl feather.

Suzette – Chapeau habillé, velours sur fond souple garni plumes d'autruche.

Suzette – dressy chapeau made of soft velvet trimmed with ostrich feathers.

Bleuette – Charlotte velours, bord taffetas plissé, garni guirlande petites roses.»

Bleuette – velvet mop-cap with a pleated taffeta brim, trimmed with a flower garland.

N° 3 du 17/02/1916

Pimpant - Robe velours grenat et dentelles

Pimpant (spruce) – burgundy velvet and lace dress

N° 12 du 20/05/1916

- Primevere - robe et coiffure
  Primevere (primrose) - dress and head-dress

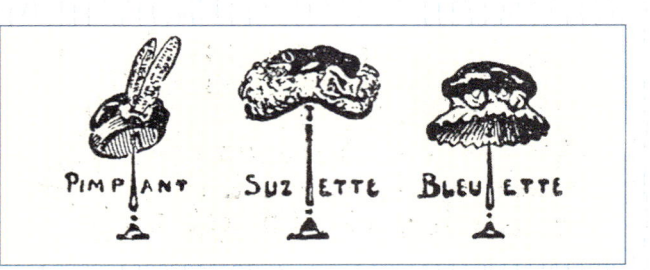

PRIMEVERE - «Charmante robe mousseline à pois, ornée imitation Valenciennes, ruban satin bleu à la taille. Coiffure assortie, mousseline plissée, dentelle et ruban». Le ruban bleu a pali sur la charlotte et disparu sur la robe.

PRIMEVERE (PRIMROSE) – Swiss dotted muslin dress with Valenciennes lace, blue satin ribbon belt. Matching pleated mulin, lace and ribbon bonnet. The blue ribbon faded on the head-dress and disappeared on the dress.

PRE-CATALOGUE ETE/SUMMER 1916

- Trottinette, tailleur et chapeau/Trottinette (Scooter), suit and hat
- Diablotin, jaquette et polo (ancien modèle renommé, voir p.27)
  Diablotin (Little Devil), jacket and bonnet (old model renamed, see p.27)
- Deauville, robe et chapeau/Deauville, dress and hat
- Daisy, manteau et chapeau/Daisy, coat and hat
- Marin, vareuse, jupe, béret (variante au col en piqué blanc)
  Marin, pea jacket, skirt and hat (version with a white pique collar)
- Touriste, manteau et chapeau/Touriste, coat and hat
- Pamela, chapeau/Pamela, hat

TROTTINETTE – «Costume tailleur dernière mode, jupe et jaquette serge bleue, bordure tresse noir et or, gilet chemisette en soie légère à fleurs, genre ancien. Chapeau (…) fond même tissu que la chemisette, passe bords et ornement paille fine bleu paon». Ce ravissant ensemble n'a curieusement pas été retenu pour le premier catalogue de l'hiver 1916/1917, alors que d'autres modèles bien plus anciens y figurent. Il est donc très rare. La chemisette n'est pas répertoriée.

TROTTINETTE (SCOOTER) – Trendy suit, skirt and jacket cut in a blue serge, black and golden braids, light flowered old fashioned silk blouse, deep blue straw hat trimmed with matching flowered silk crown. This ravishing ensemble was not included in the first 1916/1917 catalogue whereas other older models from Bleuette's wardrobe were featured in it. It is very rare. The blouse is still unlisted.

1916

41

1916

MARIN - Cette version du costume marin avec col et plastron en piqué blanc est annoncée pour la première fois dans le n°45 du 9 décembre 1915. Le modèle figurait dans le Trousseau de Bleuette depuis 1907 mais, au début, il avait le col et le plastron en simple toile blanche. Les trois éléments qui le composent sont toujours vendus ensemble. Il s'agit du premier modèle d' 'inséparables'.

MARIN - This version of the mariner costume with white pique collar and dickey is first announced in n° 45 of December 9, 1915). The older version had the collar and dickey made of simple white cloth. The three elements of the ensemble were sold together.

DAISY - Robe manteau en taffetas bleu garni boutons recouverts même tissu, froncillés au col et aux manches. Lorsque ce modèle parut pour la première fois, en Juillet 1916, on l'assortit avec un chapeau du même nom «forme bergère, paille de soie bise garni petites roses et comète velours», non répertorié. Successivement, ce même manteau sera conseillé avec les chapeaux MES COURSES (cat. Hiver 1916/1917), CHARMEUSE (cat Eté 1917) ROSE D'OR (cat Hiver 1917/1918) et figurera encore tout seul aux catalogues de l'été 1918 et de l'hiver 1918/19.

DAISY - When this deep blue taffeta coat appeared for the first time in July 1916, it had a matching hat made of beige silk straw trimmed with tiny roses and velvet ribbon, still unlisted. It also matched the hats MES COURSES «My purchases» (in the Winter 1916/17 catalogue) CHARMEUSE «Charmer» (in the Summer 1917 catalogue) ROSE D'OR «Golden Rose» (in the Winter 1917/1918 catalogue) and was still sold alone in the Summer 1918 and Winter 1918/1919.

PAMELA – «Chapeau paille fine bleu pastel, forme Directoire, nœud et grandes brides comète ombrée».

PAMELA – Light blue straw hat, Directoire shape, shaded blue ribbon trim.

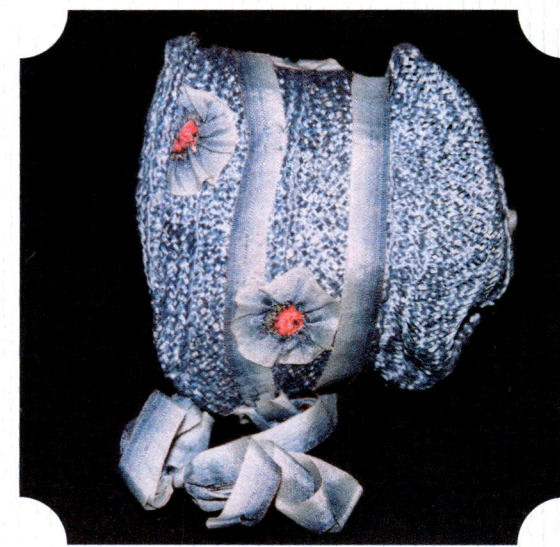

42

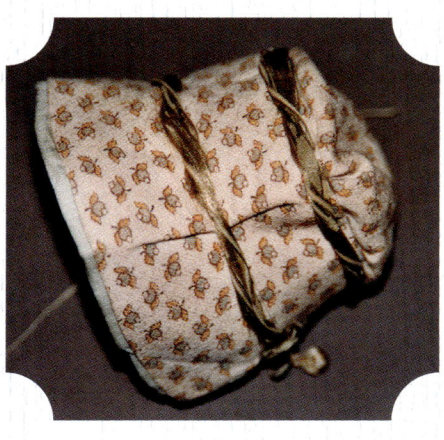

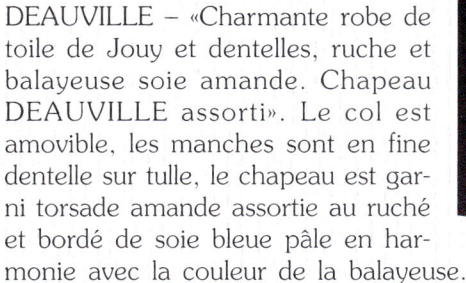

1916

DEAUVILLE – «Charmante robe de toile de Jouy et dentelles, ruche et balayeuse soie amande. Chapeau DEAUVILLE assorti». Le col est amovible, les manches sont en fine dentelle sur tulle, le chapeau est garni torsade amande assortie au ruché et bordé de soie bleue pâle en harmonie avec la couleur de la balayeuse. Ce rare modèle de l'été 1916, tout comme TROTTINETTE, ne figure pas dans le premier catalogue de l'hiver 1916/1917.

DEAUVILLE – This charming dress cut into a Jouy cloth with lace sleeves was trimmed with an almond green silk ruffle and fringed skirt edge. The matching hat appeared trimmed with twisted almond silk. This rare model from the Summer 1916, like TROTTINETTE, is not featured into the winter 1916/1917 catalogue.

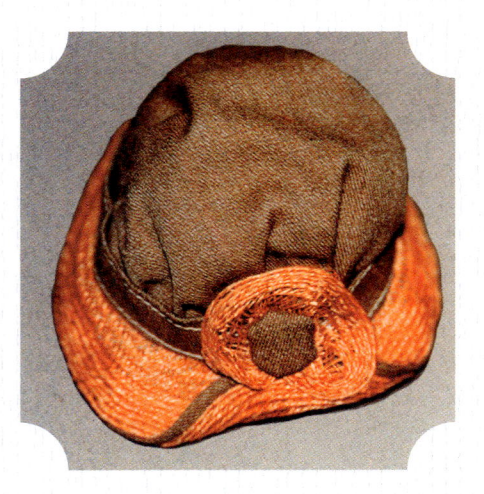

TOURISTE – «Manteau de voyage, coupe nouvelle, drap anglais gris-beige, col pèlerine, ceinture cuir verni noir. Chapeau TOURISTE, canotier mode, fond alfa bourru, larges bords tendus étoffe du manteau, passe étoffe». Seul le manteau sera reproposé dans le premier catalogue de 1916/1917 alors que le chapeau fut remplacé par le très élégant VENDEEN. Le croquis du chapeau est peu fidèle à l'original alors que nous n'avons aucun doute sur l'originalité de l'exemplaire photographié ci-dessus, qui correspond précisément au descriptif donné.

TOURISTE (TOURIST) – This journey coat of a new style is cut into an English grayish woolen cloth with a cape shaped collar and a black patent leather belt. The hat is made of natural straw with a wide brim, edged with the same woolen cloth as the coat and the crown. The coat alone will be featured in the first 1916/1917 catalogue. The elegant VENDEEN hat replaced the original hat. The first TOURIST hat pictured above, obviously original, matches perfectly with the description but looks slightly different from thesketch.

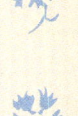

43

CATALOGUE HIVER/WINTER 1916/1917

- Mes courses, chapeau, jupe et chemisier/Mes courses (my purchases), hat, skirt and blouse
- Tsarine, manteau, toque, manchon/ Tsarine, coat, fur hat and muff
- Graciosa, robe, chapeau/Graciosa, dress and hat
- Bécassine, costume renouvelé/Bécassine, new version
- Moscovite, manteau, toque, manchon/Moscovite, coat, fur hat and muff
- Philippine, robe/Philippine, dress
- Rose d'or, chapeau/Rose d'or (golden rose), hat
- Vendéen, chapeau/Vendéen, hat
- Simplette, (ancienne «robe crépon et dentelle » renommée, voir p.30/31 Simplette (Simply Dressy), dress renamed (see p.30/31)
- Chez soi, robe d'intérieur/Chez soi (At home), dressing gown
- Mouchoir/Handkerchief
  Jupon élégant/Elegant petticoat
- Chemise de nuit/Night gown
- Chemise de jour/Underwear
- Corset-brassière/Corset
- Jackson/Underskirt
- Pantalon sabot/Pantie
- Bas blancs : White stockings
- Chaussettes, rose, bleu, mordoré /Socks, pink, blue or bronze

Nous incluons ici les photos des éléments du trousseau qui, tout en étant proposés à la vente précédemment, sont représentés en croquis pour la première fois dans ce catalogue.

We include here the pictures of the items that were already mentioned in previous ads but they are sketched for the first time in this catalogue.

MES COURSES - «Jupe trotteur, serge fine bleue, amples godets, garnie ceinture velours assorti. Chemisette toile de laine blanche, rayée satin ton sur ton, forme chemisier. Gros plis devant et poignets garnis boutons acier. Cravate ruban Louis XVI ton lavande. Toque haute, calotte velours bleu, cabossé dernier genre, bord étroit, garnie ruban Louis XVI bleu lavande». Le chapeau figure dans ce catalogue et dans celui de l'hiver 1918/1919 alors que la jupe et la chemisette seront reproposées sans discontinuer pendant deux ans.

MES COURSES (MY PURCHASES) - This pleated walking skirt is made of light blue serge with a matching velvet belt. The white woolen pleated blouse has a satin matching stripe. There are metal sleeve buttons accented with Louis XVI lavender ribbon bow. The skirt and blouse, sold from winter 1916/1917 to winter 1918/1919, are still unlisted. The top hat in blue velvet (battered style) has a narrow edge with Louis XVI lavender ribbon trim, very chic. Only sold in winter 1916/1917 catalogue and again in winter 1918/1919.

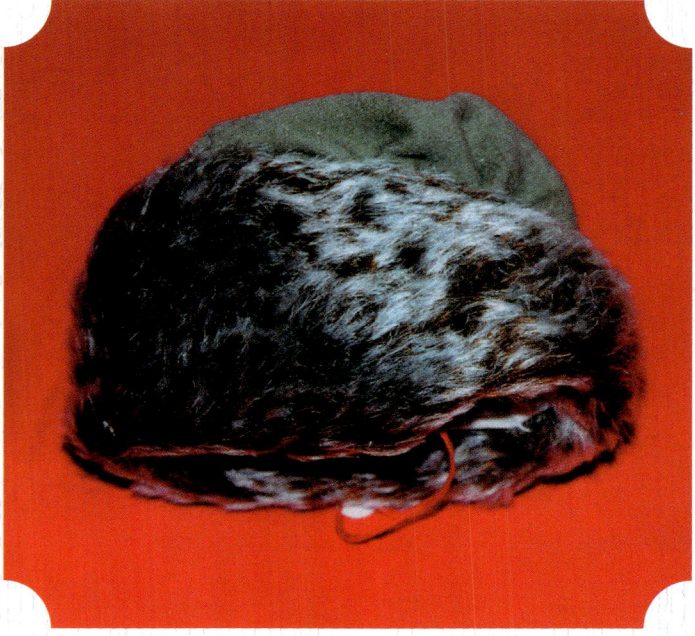

TSARINE - «Manteau cloche drap sable, garni haute bande façon lièvre samoyède. Col, poignets et boutons même fourrure. Entièrement doublé soie paille. Toque (...) fantaisie, fond drap sable garnie turban façon lièvre samoyède, assorti au manteau. Manchon (...) forme nouvelle même fourrure, doublé soie paille».

TSARINE - Sand cloth coat decorated with a Russian hare like fur and lined with a straw-colored silk. Matching fur hat and muff.

1916 · 1917

GRACIOSA - «Robe habillée, taffetas bordeaux. Double jupe plissée, formant pointe devant et derrière. Ceinture et bretelles velours même ton, rehaussées fantaisie brodée. Chapeau panne taupe, fond souple, bord relevé, garni cordelière argent». Ce superbe ensemble est très rare, surtout dans cet état de fraîcheur.

GRACIOSA (GRACIOUS): this elegant dress in burgundy taffeta has a double pleated skirt cut into points in the front and back. Matching velvet belt and straps are enhanced by an embroidered design. The hat is made in mole gray woolen panne with a soft crown and turned up brim that is accented by a silver cord trim. It is rare to find this model in such nice condition.

BECASSINE – Cette seconde variante du costume de Bécassine a toujours les chaussons assortis au lainage du costume, mais ils sont doublés de drap rouge. Il manque le tablier en lingerie.

BECASSINE: This is a dark green woolen costume with a red corselet enhanced by black velvet trim.
A white cotton apron, dickey and head dress come with slippers, cut from the same fabric as the dress. The slippers are lined with red cloth. The white cotton apron is missing.

1916 • 1917

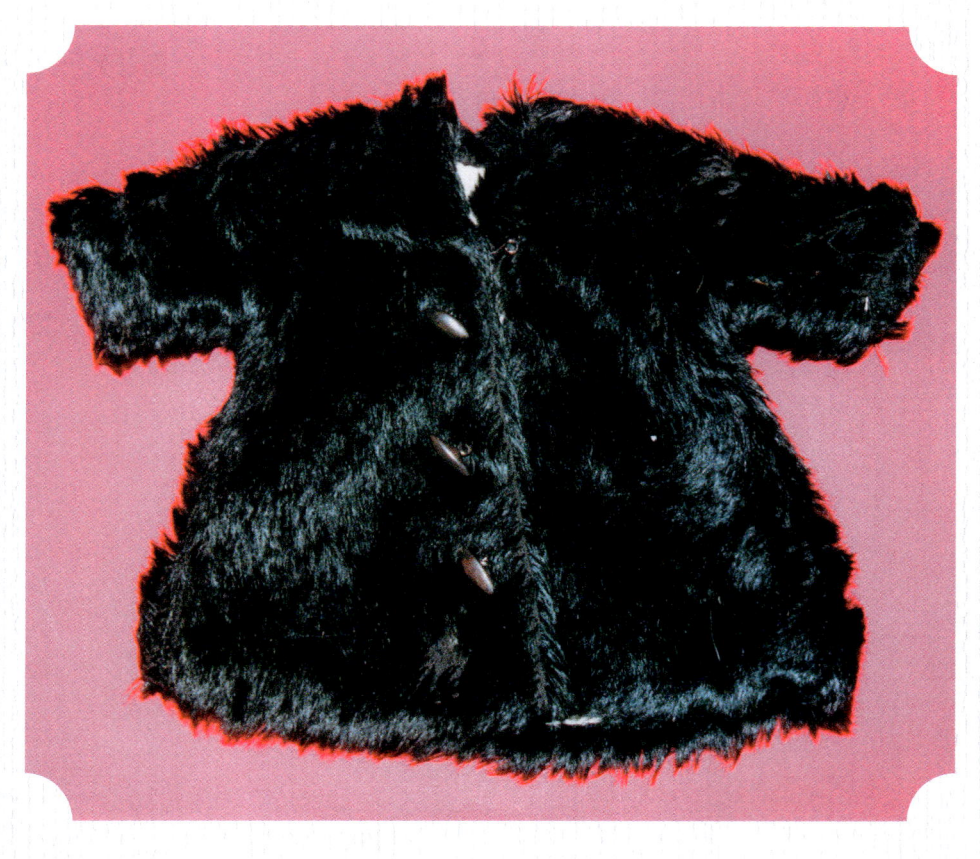

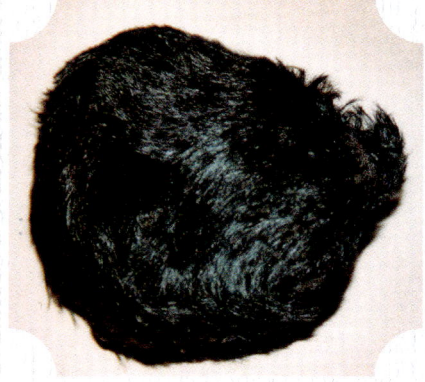

MOSCOVITE - «Manteau droit, tout fourrure, façon pattes astrakan. Boutons olives métal argenté. Entièrement doublé soie paille. Toque (…) côté relevé, façon pattes astrakan, assortie au manteau, garnie fantaisie émeraude. Manchon (…) même fourrure, formant sac; fermeture émeraude, doublé soie paille». Les trois pièces ne sont pas inséparables.

MOSCOVITE (MUSCOVITE) – This single breasted astrakan faux fur coat with oval silver metal buttons is entirely lined with straw-colored silk. The matching fur hat has a turned up brim on the side with an emerald (like) decoration. There is a matching fur piece sewn in a purse-shaped hand warmer with an emerald clasp. It's lined with straw-colored silk. These three items were sold separately.

47

1916 • 1917

PHILIPPINE – «Robe amande vert pâle en nubienne. Biais piqués soulignés plissé taffetas assorti. Corsage, devant et dos froncés, échancrés sur guimpe tulle crème. Basque et poignets, garnis taffetas».

PHILIPPINE – This pale almond green woolen dress with matching pleated bias trim has a gathered bodice in the front and back. It is made in taffeta and cut low over a cream tulle dickey with taffeta trimmed basque and cuffs.

ROSE D'OR – «Chapeau habillé, fond et bords tendus velours noir, passe taffetas mastic, garni d'une rose gaze or».

ROSE D'OR (GOLDEN ROSE) – This dressy hat with a tight black velvet crown and brim is lined with off-white taffeta and accented with a golden gauze rose trim.

VENDEEN – «Chapeau genre chapelier, tout drap feutre tabac, garni trois rubans velours rose ancien, nœuds chapeliers». Cet élégant chapeau pouvait s'assortir avec le manteau TOURISTE (voir p.43) Il ne paraît que dans ce catalogue.

VENDEEN (from the Vendee region) – This elegant felt top hat trimmed with three old rose ribbons and bows was made to match the TOURISTE coat pictured on page 43. This rare hat is only listed in the Winter 1916/1917 catalogue.

JACKSON - en lingerie, double volant à l'arrière.
JACKSON - white cotton underwear, two layers in the back, trimmed with Valenciennes lace.

CHEMISE DE JOUR - forme Empire, ornée Valenciennes et ruban.
CHEMISE DE JOUR - Undershirt in the Empire style trimmed with Valenciennes lace and ribbon bows.

CORSET-BRASSIERE - piqué machine, garni dentelle.
CORSET-BRASSIERE - Machine-stitched twill corset trimmed with Valenciennes lace.

CACHE-CORSET - forme Empire, garni Valenciennes et ruban.
CACHE-CORSET - Over corset in the Empire style, trimmed with Valenciennes lace and ribbon bows.

PANTALON SABOT - en lingerie garni dentelle et ruban.
PANTALON SABOT - Cotton panty trimmed with Valenciennes lace and satin ribbons.

JUPON LINGERIE - garni dentelle.
JUPON LINGERIE - Petticoat

1916 · 1917

49

1916 • 1917

CHEMISE DE NUIT - en lingerie, garnie Valenciennes à l'encolure et sur les manches.

CHEMISE DE NUIT - Night gown with Valenciennes lace trim at the collar and on the sleeves.

MOUCHOIR - en batiste garni Valenciennes.
MOUCHOIR - Lawn handkerchief trimmed with Valenciennes lace.

BAS blancs, CHAUSSETTES roses, bleues et mordorées.

White STOCKINGS, pink, blue and bronze SOCKS.

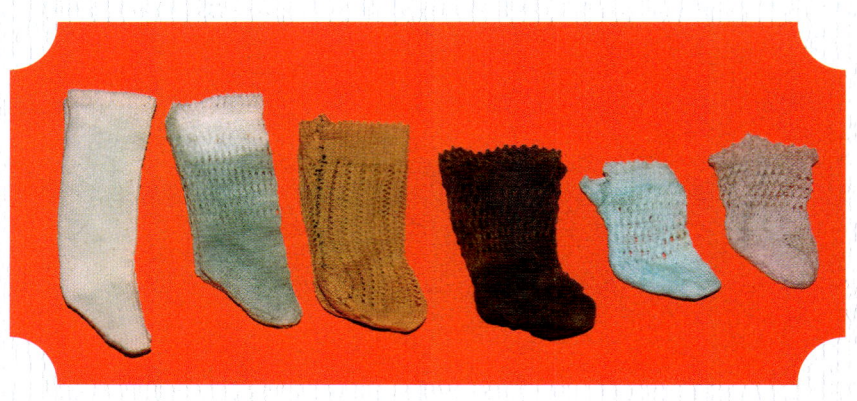

CHEZ SOI - «Robe d'intérieur en indienne mercerisée, impression fleurettes». Cette première version ne comporte pas encore de bonnet en dentelle.

CHEZ SOI (AT HOME) - Housecoat made of mercerized cotton with flowers printing and embroidered woolen collar, cuffs and belt. This first version doesn't include a lace bonnet as yet.

50

CATALOGUE ETE/ SUMMER 1917

- Pâquerette, robe, chapeau
- Pâquerette (Daisy), dress and hat
- Charmeuse, jupe et blouse, chapeau
- Charmeuse (charmer), skirt, blouse and hat
  Primevère, robe, chapeau
  Primevère (primrose), dress and hat
- Pervenche, robe, jaquette, chapeau
- Pervenche (Periwinkle), dress, jacket, hat
- Montagnard, chapeau
- Montagnard (Highland), hat
- Réticule
- Reticule
- Echarpe
- Echarpe (Scarf)
- Bonnet du matin
- Bonnet du matin (Morning bonnet)

1917

PAQUERETTE - «Robe habillée. Volants dentelle superposés sur transparent pongé rose. Haute ceinture et pans sur les côtés en riche ruban Pompadour
Chapeau forme capeline souple en crin champagne, double guirlande roses de mai». Ce seyant modèle est confectionné dans des matériaux très fragiles, ce qui explique sa rareté.
PAQUERETTE (DAISY) (This DAISY is not to be confused with the coat DAISY of 1915) – This fashionable dress consists of superimposed layers of lace over a rose silk pongee. Rich Pompadour ribbons highlight the high belt and side bows. The hat, made of champagne soft horsehair, has a wide brim trimmed with a double garland of May roses. This elegant ensemble is rare due to the fragile textiles used to complete the dress and hat.

51

1917

CHARMEUSE – «Jupe et blouse casaque, en satin bleu roi. Ceinture, col, et poignets en ruban fantaisie. Forme très nouvelle. Chapeau forme cabriolet. Paille fantaisie tressée, trois tons de bleu. Calotte et passe garnies d'un élégant ruban fantaisie».

CHARMER – This is a very trendy royal blue skirt and blouse with a fancy beribboned belt, collar and cuffs. The hat, with a Cabriolet shape, is made of three different hues of blue plaited straw and is completed by a fancy ribbon lining. Rare !

PRIMEVERE – Cette seconde variante au chapeau de paille et au ruban persan corail n'est par répertoriée..

PRIMEVERE (PRIMROSE) – This second version with a Persian coral ribbon trimming belt and a coral curly straw hat is still unlisted.

PERVENCHE – «Robe entière, crépon pékiné mauve et blanc, ample jupe garnie biais crépon mauve uni. Même garniture au corselet et aux manches. Jaquette crépon mauve uni, entièrement bordée bouillonnés. Chapeau toque garnie triple volant crépon pékiné mauve et blanc. Bord uni». Ce ravissant modèle est reproposé dans le catalogue de l'été 1918. Seul le chapeau pouvait être acheté séparément.

PERVENCHE (PERIWINKLE) - This is a mauve and white striped crepe dress with a wide skirt trimmed with mauve bias. It includes a mauve crepe jacket, edged with the same color ruffle, and a hat trimmed with a triple row of mauve and white crepe, edged in mauve. This ensemble, was offered again in the summer 1918 catalogue. The hat was the only item sold separately.

MONTAGNARD – «Chapeau dernier genre. Toquet droit en paille tressée bronze et vieil or». Cette rareté était soldée pendant l'été 1918.

MONTAGNARD (HIGHLAND) – This hat is straight and made of plaited bronze and old gold straw. It is rare, it came in this catalogue and was sold off during the summer 1918 (see sketch on page 48).

BONNET DU MATIN – Fond tulle fantaisie, bord volant dentelle, torsade de ruban vieux rose.

BONNET DU MATIN - This morning bonnet is made of fancy tulle trimmed with lace and old twisted rose colored ribbon.

RETICULE – «soie ancienne brochée, cordelière satin»

RETICULE - brocade old silk reticule closed by a satin cord

ECHARPE – «crêpe de Chine cachemire, ourlet à jours, haute frange de perles d'or»

ECHARPE - Cachemire looking crepe scarf fringed with golden pearls.

1917

53

CATALOGUE HIVER /WINTER 1917/1918

- **Frileuse, ex-Tsarine re-nommée, voir p. 45**
  Frileuse (Shiver) ex-Tsarine renamed, see p. 45
- **Charmeuse**, modèle reproposé avec un ruban dans les cheveux à la place du chapeau de l'été 1917 (voir p. 52)
  Charmeuse (charmer), same model as 1917 but with a head ribbon instead of the former hat (see p. 52)
  Chrysanthème, robe, chapeau
  Chrysanthème (Chrysathemum), dress, hat
- **France, manteau, chapeau**
  France, coat, hat

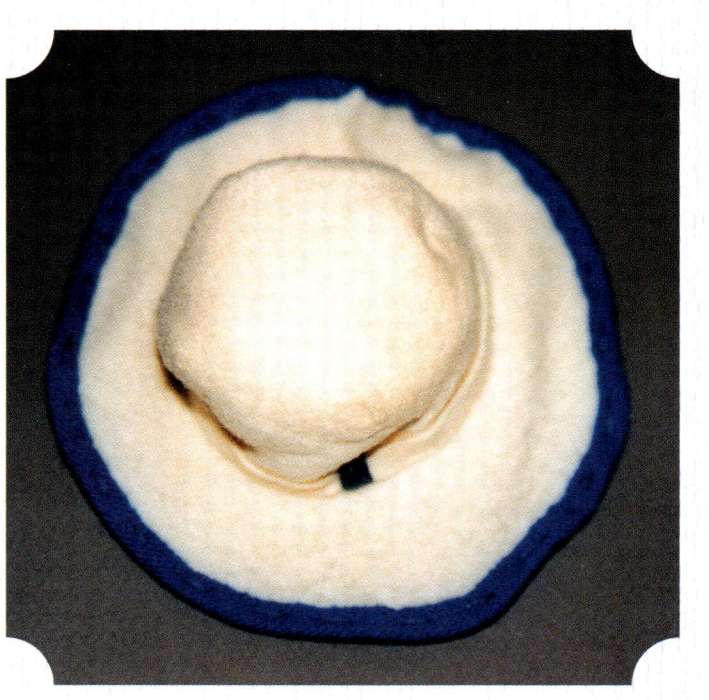

FRANCE - «Manteau de cheviotte-molleton blanc garni d'un dépassant bleu vif et souligné d'un double point glissé en laine bleu vif. Haut col nouveauté. Ceinture ornée motif laine, même ton de bleu». Ce joli modèle, proposé jusqu'à l'hiver 1919/1920, n'est pas si rare mais on le trouve souvent en mauvais état. Il en existe une version ornée de liseré bleu clair.

FRANCE – This white cotton fleece coat is enhanced by an intense blue embroidery, a high collar and a matching belt. To add extra interest a wide blue edged hat with soft crown was offered. This model, which sold until the winter 1919/1920, is often found in poor condition, which makes those intact very desirable. It also came with a pale blue decoration.

CATALOGUE ETE/SUMMER 1918

- **Fauvette, robe et chapeau**
  Fauvette (Warbler), dress and hat
- **Stella, robe et chapeau**
  Stella, dress and hat
  Passe-partout, chapeau
  Passe-partout, hat
  Escarpins vernis
  Glossy shoes

FAUVETTE - «Robe en jersey mercerisé gris argent, jupe ample froncée, portant deux larges poches souples d'une allure très nouvelle et bordées de crépon mandarine. Même bordure au col et aux poignets. Corsage garni deux rangs boutons mandarine». Cette première version se compose d'une robe et d'un chapeau de paille, tels que décrits ci-contre. Dans le catalogue de l'hiver 1918/1919 n'est présentée que la robe, reproposée l'été suivant assortie au chapeau initial mais aussi à un nouveau béguin (voir p.61).

FAUVETTE (WARBLER) – This first version consists of a silver gray jersey wide dress, with big pockets edged with a tangerine crepe matching the collar, the cuffs, and the two rows of buttons sewn onto the bodice. A straw hat is also edged with the same crepe and decorated with a gray and tangerine flower bouquet. In the following catalogue the dress came alone but during the summer of 1919 it was sold again with the straw hat and/or a new matching embroidered jersey bonnet (see p. 61)

1918

1918

STELLA – «Jupe cloche en surah fleurettes bigarrées, soulignée d'un rang perlé. Kimono vague, crêpe de soie bleu pastel, d'une coupe originale, contours soulignés de perles. Toque, petit turban en faille bleu Nattier parsemé de fleurettes vieux rose, fond crêpe pastel, bordure de perles». Ce joli ensemble est particulièrement fragile, compte tenu des matériaux dans lesquels il a été confectionné.

STELLA – This bell-shaped flowered and beaded silk skirt and its gray crepe beaded kimono are matched with a fragile Nattier blue flowered silk turban that is beaded on the edge.

PASSE-PARTOUT – «Canotier en paille fantaisie bronze et vieil or, le bord relevé par devant est retenu par des nœuds de paille». Chapeau non identifié.

PASSE-PARTOUT – This bronze and old gold straw hat with a turned-up brim fixed by straw knots has not been identified.

ESCARPINS VERNIS - croqués dans le catalogue suivant.

ESCARPINS VERNIS - varnished leather shoes, sketched in the following catalogue.

CATALOGUE HIVER/WINTER 1918/1919

- Teddy, chapeau
  Teddy, hat
- Pastel, manteau
  Pastel, coat
- Marin, costume en jersey vert, bleu ou lin
  Marin, costume in green, blue or beige jersey
- Yvette, robe
  Yvette, dress

TEDDY – «Grand canotier en taffetas noir. Les bords sont garnis d'une bande effilochée. Fond souple retenu par un groupe d'effilés». Conseillé avec le manteau PASTEL et l'hiver 1919/1920 avec la cape NAPOLI.

TEDDY- This sublime black taffeta hat, widely brimmed, has frayed edges and a soft crown. Suggested with the coat PASTEL and, during the winter of 1919/1920, with the cape NAPOLI.

PASTEL - «Manteau original en gabardine bleu ciel, de très belle qualité. Un ourlet retourné garni grosses piqûres blanches laisse s'évaser d'amples poches. Gilet blanc. Capuchon noué devant par croisillons velours noir. Boutons nacre». Des piqûres blanches ornent le dos.

PASTEL – This original light blue gabardine coat, of excellent quality, has the hem turned inside out with white overstitched seams back and front. It has wide pockets, a white undershirt, mother-of-pearl buttons and a hood, attached on the front by a black velvet ribbon.

1918 • 1919

1918 • 1919

YVETTE – «Robe entière en crêpe de soie bleu pâle, montée sur bretelles et garnie bouillonnés soulignés d'un point rose. Gilet crêpe soie rose; collerette dentelle genre Valenciennes teintée». Lors de sa première apparition, cette robe est associée au chapeau ROSE D'OR (voir p.48). L'été 1919, on lui assortira un béguin du même nom coupé dans le même tissu (voir p.61)

YVETTE – This pale blue crepe dress, assembled with straps, is enriched by a ruffle and further enhanced by a pale pink seam matching the color of the silk crepe vest finished by a Valenciennes lace collar. When it first appeared, it was suggested to be worn with the GOLDEN ROSE hat (see p. 48). The following summer, it came with a new bonnet cut from the same fabric (see p. 61).

MARIN - «Nouveau modèle. Costume complet en jersey, jupe plissée montée sur corps linon. Vareuse ample garnie nœud ruban. Col et plastron piqué blanc. Béret étroit entouré ruban avec nom gravé or.» A noter que les trois éléments sont inséparables. Dans le catalogue de l'hiver 1919/1920 on en précise les couleurs : verte, gros bleu (tels que photographiés) et bleu lin (non répertorié).

MARIN – This new version is made of jersey. The pea jacket is wide and trimmed with a black ribbon bow. The collar and dickey are made of white piqué. The narrow beret is trimmed with a ribbon with golden inscription. The three items were not sold separately. According to the Winter 1919/1920 catalogue, it came in green and blue (as pictured here) but also in paler blue, still unlisted.

CATALOGUE ETE/SUMMER 1919

- Victoire, robe, chapeau
- Victoire (Victory), dress and hat
- Pastorale, robe, chapeau
- Pastorale (Pastural), dress and hat
- Fauvette, béguin
- Fauvette (warbler), bonnet
- Yvette, béguin
- Yvette, bonnet
- Fancy, chapeau
- Fancy, hat
- Marin, costume en coutil blanc uni, col bleu
- Marin, costume in white cotton and blue collar
- Marin, costume en coutil rayé bleu et blanc, col bleu
- Marin, costume striped in blue and white, blue collar

Marin, costume en serge marine, col blanc
Marin, costume in blue serge, white collar

FANCY - «Fantaisie de paille tressée deux tons de bleu. Bord relevé devant». Chapeau non répertorié.

FANCY - Plaited straw hat in two tones of blue, turned up brim on the front. Still unlisted.

VICTOIRE – «Robe droite en satin blanc, garnie de plis. Ourlet rehaussé d'une guirlande de laurier brodé or. Ceinture cordelière or. Chapeau VICTOIRE. Capeline souple en paillette satin blanc. Jarretière de laurier brodé or». Patriotisme oblige, ce modèle fait la couverture de ce catalogue et sera reproposé dans les deux suivants.

VICTORY – Here is a white satin pleated dress with the hem embroidered with golden bay leaves, a golden cord belt and a wide matching white satin hat. This patriotic ensemble was featured on the cover of this catalogue and was offered until the summer 1920.

1919

1919

PASTORALE - «Robe entière. La jupe, montée sur corps, est en joli pongé, motif fleurettes. La longue tunique sac est en pongé uni assorti de couleur. Se fait en géranium, rouge franc, vert dur. Chapeau PASTORALE - Cloche gros paillasson, garnie d'un nœud papillon assorti à la jupe». L'ensemble s'est vendu jusqu'à l'été 1920.

PASTORALE (PASTURAL) – The nice flowered pongee skirt of this dress is sewn on a bodice and covered by a long tunic cut into a matching plain colored pongee. It comes in geranium, flame red, and deep green. The matching straw hat is trimmed with a piece of the same flowered silk. The hat is as yet unlisted. This model also has been sold until the summer 1920.

60

FAUVETTE – «Robe en jersey mercerisé gris argent ; jupe ample froncée portant deux larges poches souples d'une allure nouvelle et bordée de piqûres mandarine. Corsage garni boutons mandarine. Béguin FAUVETTE - Petit bonnet encadrant bien le visage, pointes sur les oreilles, en jersey mercerisé, garniture orange». Le patron du bonnet FAUVETTE est identique à celui du bonnet YVETTE.

FAUVETTE (WARBLER) – This is the second version consisting of the same silver gray jersey dress. It has big pockets edged with a tangerine crepe matching the collar, the cuffs, and the two rows of buttons sewn onto the bodice. A new matching embroidered jersey bonnet covers the ears and is cut out of the same pattern as the bonnet YVETTE.

YVETTE – «Robe entière en crêpe de soie bleu pâle, montée sur bretelles et garnie bouillonnés soulignés d'un point rose. Gilet crêpe soie rose; collerette dentelle genre Valenciennes teintée. Béguin en crêpe bleu pastel. Garniture pompons et motif rose».

YVETTE – This pale blue crepe dress, assembled with straps, is enriched by a ruffle enhanced by a pale pink seam matching the color of the silk crepe vest finished by a Valenciennes lace collar. In this catalogue, it comes with a new bonnet cut from the same fabric using the same pattern as the bonnet FAUVETTE.

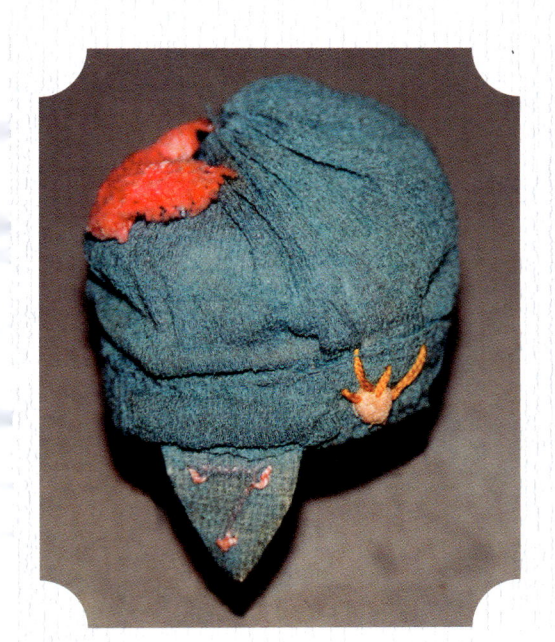

1919

61

1919

MARIN – «Costume complet. Jupe entièrement plissée, montée sur corps en linon blanc. Ample vareuse, garnie d'un nœud ruban, col et plastron. Béret étroit entouré ruban avec nom gravé or en coutil blanc uni, col bleu». Les trois éléments de ce costume sont inséparables.

MARIN - This white twill version has the regular wide pea jacket trimmed with a black ribbon bow. The collar and dickey are cut from a blue twill. The narrow beret is also trimmed with a ribbon with golden inscription. The three items were sold together.

MARIN - Version en coutil rayé bleu et blanc, col bleu. Il existe aussi une version en serge marine, non photographiée.

MARIN – This version is made of striped twill, white and blue. It also came in a mariner blue serge but the picture is not included.

1919-1922

1919 · 1922

Cette Bleuette aussi a été conservée en état neuf dans sa boîte d'origine, datée du 27 Décembre 1919 et portant une étiquette qui précise «yeux mobiles à cils». Elle est marquée en creux dans la nuque «2 SFBJ 60 PARIS 8/0» (voir photo ci-contre).

This Bleuette came mint in her original box dated December 27 1919 and labeled « sleeping eyes with lashes ». The doll is incised on the head «2 SFBJ 60 PARIS' with the size number 8/0» on the neck (see picture on the right).

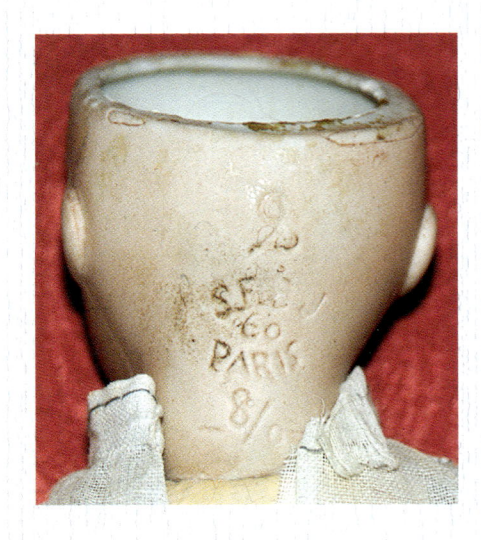

Les yeux en verre bleu sont fixés sur un balancier en métal et retenus par deux coulées de plâtre. Les cils supérieurs sont toujours peints, comme pour les poupées aux yeux fixes, toujours disponibles durant ces années. Nous avons néanmoins répertorié des Bleuette millésimées 21 avec les paupières supérieures sans cils, tout comme d'autres millésimées 26 avec les cils supérieurs peints, les deux variantes étant donc contemporaines.
La perruque en mohair blond est collée sur une calotte en carton. Les tons brun et châtain étaient également disponibles. Jusqu'à l'hiver 1923/1924 la perruque de Bleuette a été exclusivement en mohair et, en dépit des croquis, la coupe n'était pas encore courte.

The sleeping blue glass eyes are fixed on a metal weight and are held by plaster sides. The upper lashes are painted like those seen on the stationary eyed dolls, always available during those years. We listed Bleuette dolls marked 21 with no upper lashes and other ones marked 26 with painted upper lashes, which means that both of these make-ups were used at the same time. The blonde mohair wig is pasted on a cardboard pate. Brown and chestnut wigs were also available. Until the winter of 1923/1924 Bleuette always had a mohair wig, and, in contradiction with the drawings of that period, the hair cut wasn't short.

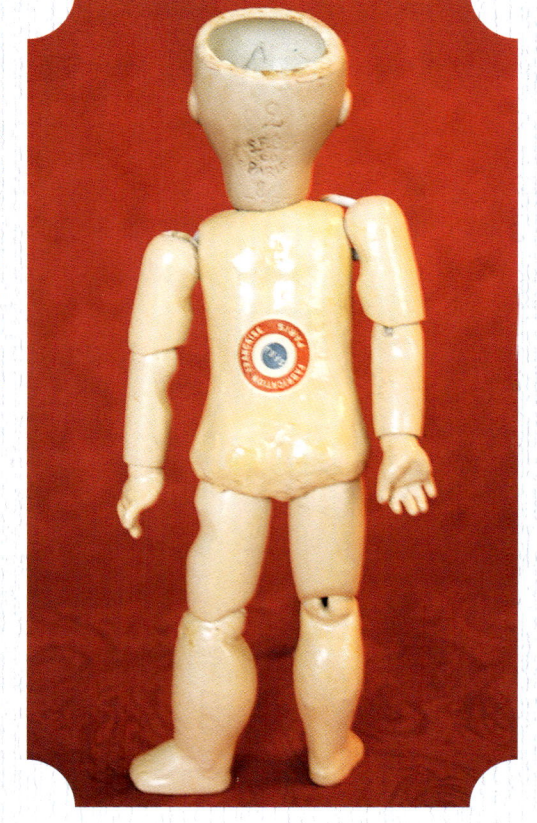

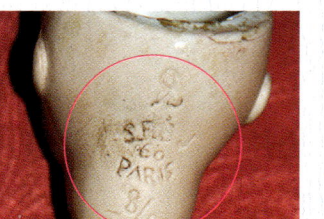

Le corps, toujours tout articulé en bois et composition, est marqué 2 entre les omoplates, 1 sous les pieds et porte l'étiquette en papier tricolore de la SFBJ collée dans le dos.

The wood and composition body is fully articulated, it is marked 2 in the back and 1 under the feet. The paper SFBJ blue, red, and white round label is pasted on the back.

64

CATALOGUE HIVER/WINTER 1919/1920

- Giboulée, capuchon / Giboulée (Showers), cape
- Bourrasque, manteau
  Bourrasque (Squall), rain coat
  Parapluie / Umbrella
- Pastel, chapeau / Pastel, hat
- Mules en cuir fauve / Leather mules
- Pantoufles en feutre rouge / Red felt slippers
- At home, peignoir fleuri, bonnet, mules
  At home, flowered house-coat, bonnet, mules
- Bécassine, nouvelles mules / Becassine, new mules
- Diplomate, chapeau / Diplomate, hat
- Napoli, cape / Napoli, cape
- Clochette, robe brodée pétale de rose, vert Nil, mauve
  Clochette (Bluebell), dress in rose, green, mauve
- Clochette, robe ruban Pompadour
  Clochette (Bluebell), Pompadour ribbon dress

BOURRASQUE – Le manteau imperméable, tel que décrit ci-dessus, est plus rare que GIBOULEE, il s'est vendu jusqu'à l'hiver 1923/1924. Il est ici représenté avec un chapeau non décrit et non identifiable.

BOURRASQUE (SQUALL) – This quality raincoat, rarer than GIBOULEE, was sold until the winter of 1923/1924. It has a shawl collar, a belt and is enriched by buttons covered with a matching rubberized fabric.

GIBOULEE – Ce classique de la garderobe de Bleuette a connu un succès durable. Reproposé jusqu'à l'hiver 1938/1939, il s'est fait en différentes variantes de tissu caoutchouté.

GIBOULEE (SHOWERS) – This classic hooded raincoat was very successful and was sold until the winter of 1938/1939. It was cut from various rubberized fabrics and sewn with pasted invisible seams.

PARAPLUIE – «En simili-soie. Gros manche mode. Dragonne cuir». Accessoire répertorié mais non photographié.

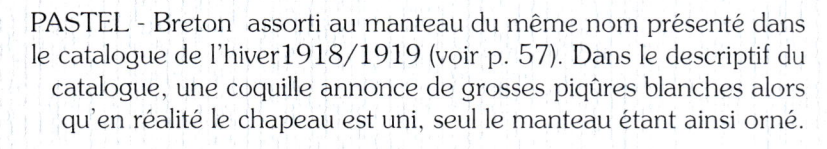

PASTEL - Breton assorti au manteau du même nom présenté dans le catalogue de l'hiver 1918/1919 (voir p. 57). Dans le descriptif du catalogue, une coquille annonce de grosses piqûres blanches alors qu'en réalité le chapeau est uni, seul le manteau étant ainsi orné.

PASTEL – This hat, cut from the same fabric as the coat sold during the winter of 1918/1919 (see p.57), is not enriched by seam decorations, as erroneously stated in this catalogue.

1919 • 1920

65

1919 • 1919 • 1920

BECASSINE - Les chaussons de Bécassine ont été remplacés par des mules en même tissu que la robe.

BECASSINE – According to the drawing included in this catalogue, Becassine's slippers are replaced by mules cut from the same fabric as the costume.

PANTOUFLES - «feutre rouge».
PANTOUFLES (SLIPPERS) - red felt.

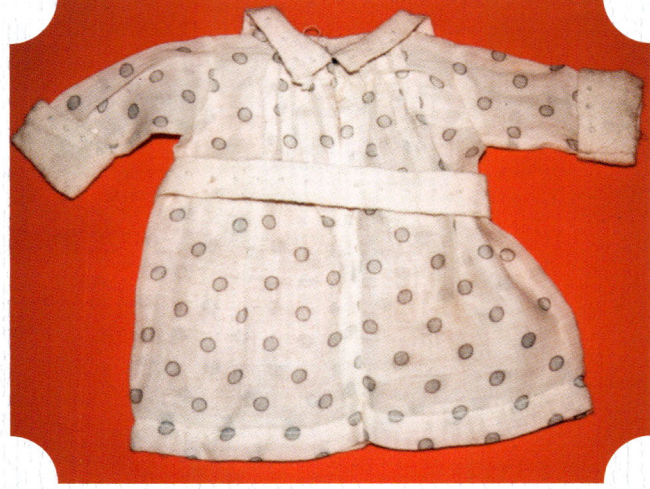

AT HOME – «Tenue d'intérieur composée d'un peignoir, d'un bonnet du matin, tulle et dentelle et d'une paire de mules cuir fauve». Cet ensemble est composé d'éléments inséparables jusqu'à l'été 1924. Les mules en cuir fauve (havane) étaient aussi vendues séparément mais il faut attendre l'hiver 1924/1925 pour que le peignoir soit vendu seul.

AT HOME – This housecoat with matching tulle and lace bonnet and tobacco brown leather mules is a classic. These three items were sold all together until the summer of 1924. The mules could be purchased separately but the dressing gown wasn't until the winter of 1924/1925. This model has never been a prototype dress and Gautier-Langeureau never sold it with a matching outdoor hat.

DIPLOMATE – «Chapeau souple de faille noire, garni picot teintes diverses». Il sera reproposé dans le catalogue de l'été 1920.

DIPLOMATE (DIPLOMAT) – This black light silk hat is trimmed with colored picot. It was sold until the summer of 1920.

66

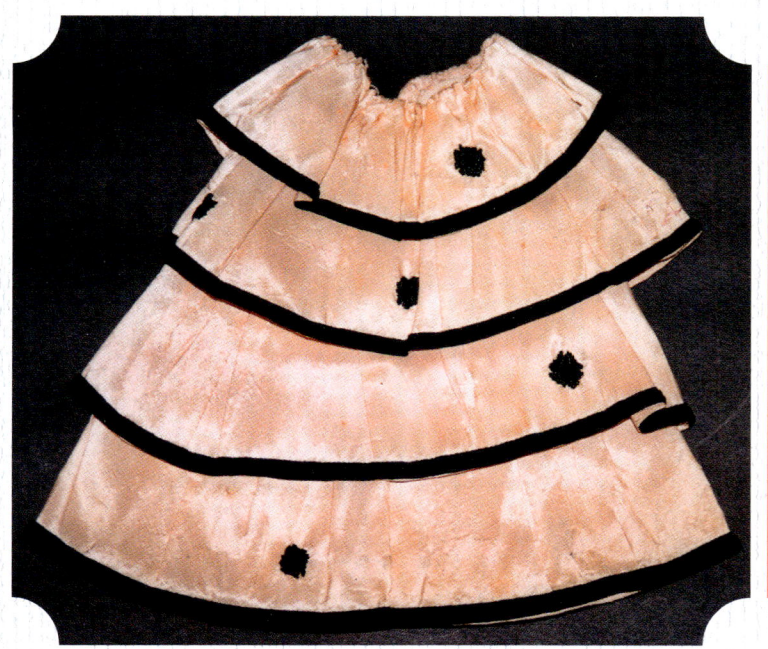

CLOCHETTE – «Charmante robe composée de volants superposés ourlés de velours noir. Broderie pastilles cordonnet noir. Se fait en pétale de rose, vert Nil, mauve. La même robe se fait en ruban pompadour nattier, sans pastilles ni velours». La première version, photographiée en haut à gauche, s'est encore vendue l'été 1920 tandis que la deuxième, à droite, ne figure que dans ce catalogue.

CLOCHETTE (BLUEBELL) – This charming dress consists of four layers of pink, green or mauve fabric, edged with black velvet and embroidered with a black braid. This version was sold until the summer of 1920 (see photo above). A second version was featured in the winter of 1919/20 made with a plain blue pompadour ribbon, without embroidery or velvet edges. (see photo on the right.)

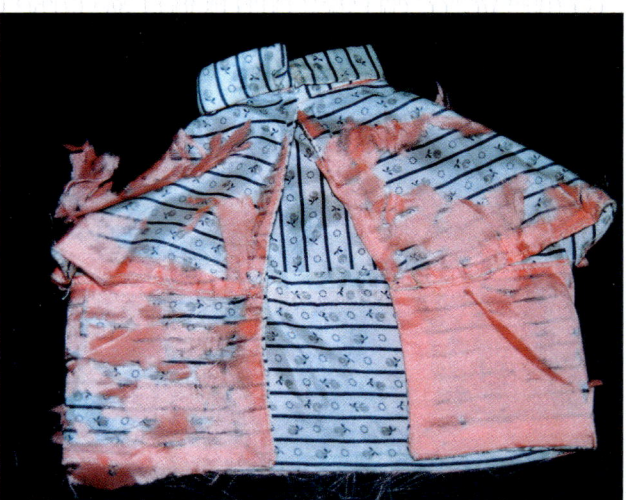

NAPOLI
«Cape paillette merveilleuse, en bleu nattier ou vieux rose. Doublure pongé fleurettes, modèle riche». Assorti au chapeau TEDDY (voir p. 57), ce modèle rare et très fragile est reproposé l'été 1920 avec le chapeau DIPLOMATE.

NAPOLI – This rare and fragile blue or old rose silk cape, lined with flowered pongee was a rich model matching the TEDDY (see p. 57) hat in this catalogue and the DIPLOMATE hat during the summer of 1920.

1919 • 1920

67

CATALOGUE ETE/SUMMER 1920

- En route, manteau, chapeau
  En route, coat, hat
- Biarritz, robe, vareuse, béret
  Biarritz, dress, vest, hat
- Rosine, robe / Rosine, dress
- Zéphyr, chapeau / Zephyr, hat
- Elégant, tablier en plumetis
  Elegant, plumetis apron
  Marin, costume en coutil rayé beige et blanc
  Marin, beige and white striped mariner costume
  Malle de Bleuette / Bleuette's trunk

MARIN - «Costume en coutil rayé beige et blanc». Ce modèle, identique aux autres marins de la même époque par sa coupe, n'est pas répertorié dans cette variante de tissu.

MARIN - This striped beige and white version of the classic mariner costume is still unlited.

EN ROUTE – «Manteau de voyage écossais noir et blanc. Pèlerine mobile avec deux boutons et vraies boutonnières. Ceinture cuir noir et boucle. Chapeau paillasson bis relevé devant, et garni d'un nœud chapelier noir». Ce confortable manteau, assorti avec un chapeau de paille dans ce catalogue, a été reproposé l'hiver 1920/1921 avec la toque en taffetas noir NIGRETTE (voir p. 72).

EN ROUTE – This comfortable travel coat has a removable cape fixed by two buttons, a black leather belt and is matching a straw hat with a turned-up brim decorated with an oilskin bow. In the winter of 1920/1921, this coat was recommended with the black taffeta hat NIGRETTE (see p. 72).

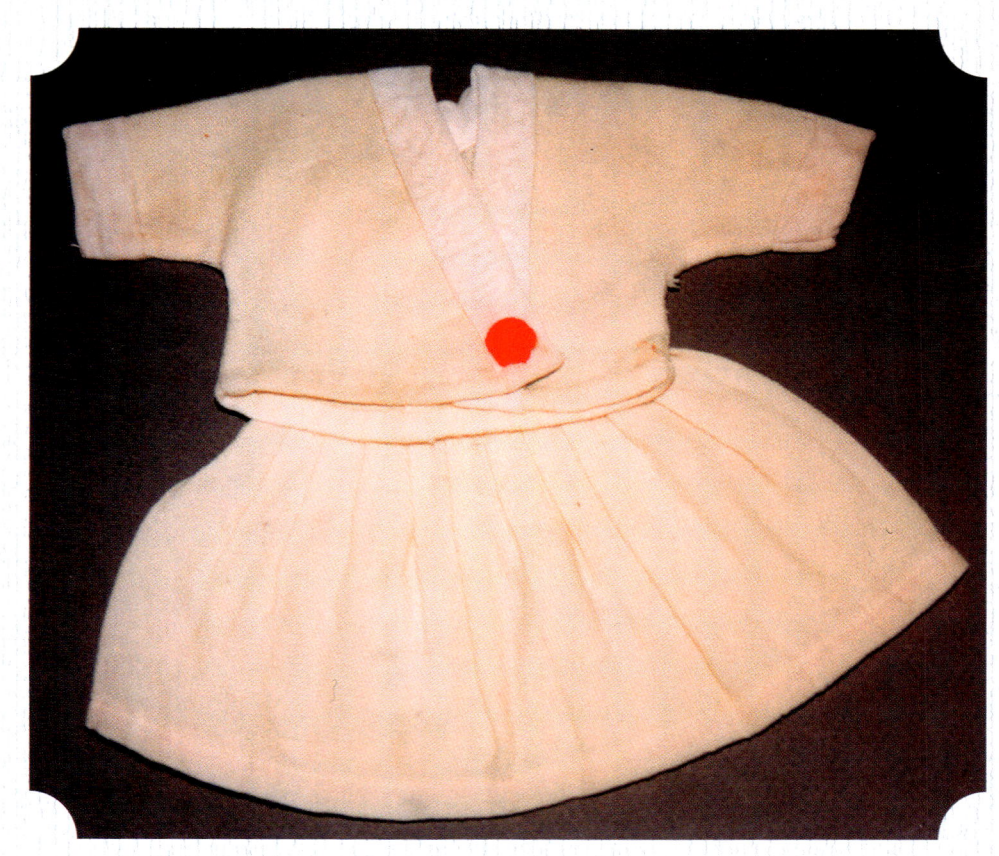

BIARRITZ – «Charmant ensemble se composant 1° d'une robe en flanelle blanche, jupe plissée soleil, corsage croisé, fermeture bouton rouge vif, 2° d'une jaquette en nubienne rouge vif, 3° d'un béret basque même nubienne».
Ces quatre éléments (la jupe et le corsage ne sont pas cousus ensemble) sont inséparables.
Ils figurent aussi au catalogue de l'hiver 1920/1921.

BIARRITZ – This charming ensemble consists of a pleated white skirt, a matching blouse decorated with a red button, a red woolen jacket and matching Basque beret. These four elements were only sold all together and are still featured in the catalogue of the winter of 1920/1921.

LA MALLE DE BLEUETTE – «pouvant contenir une partie du TROUSSEAU de la poupée est couverte d'une ravissante toile bleue. Montants en bois. Coins métalliques, Double compartiment à l'intérieur. Serrure fermant à clé. Jouet solide et très soigné».

BLEUETTE'S TRUNK - Blue fabric covered trunk with wooden decorations and metal edges. Double compartimet to put part of Bleuette's wardrobe. It can be closed with a metal key.

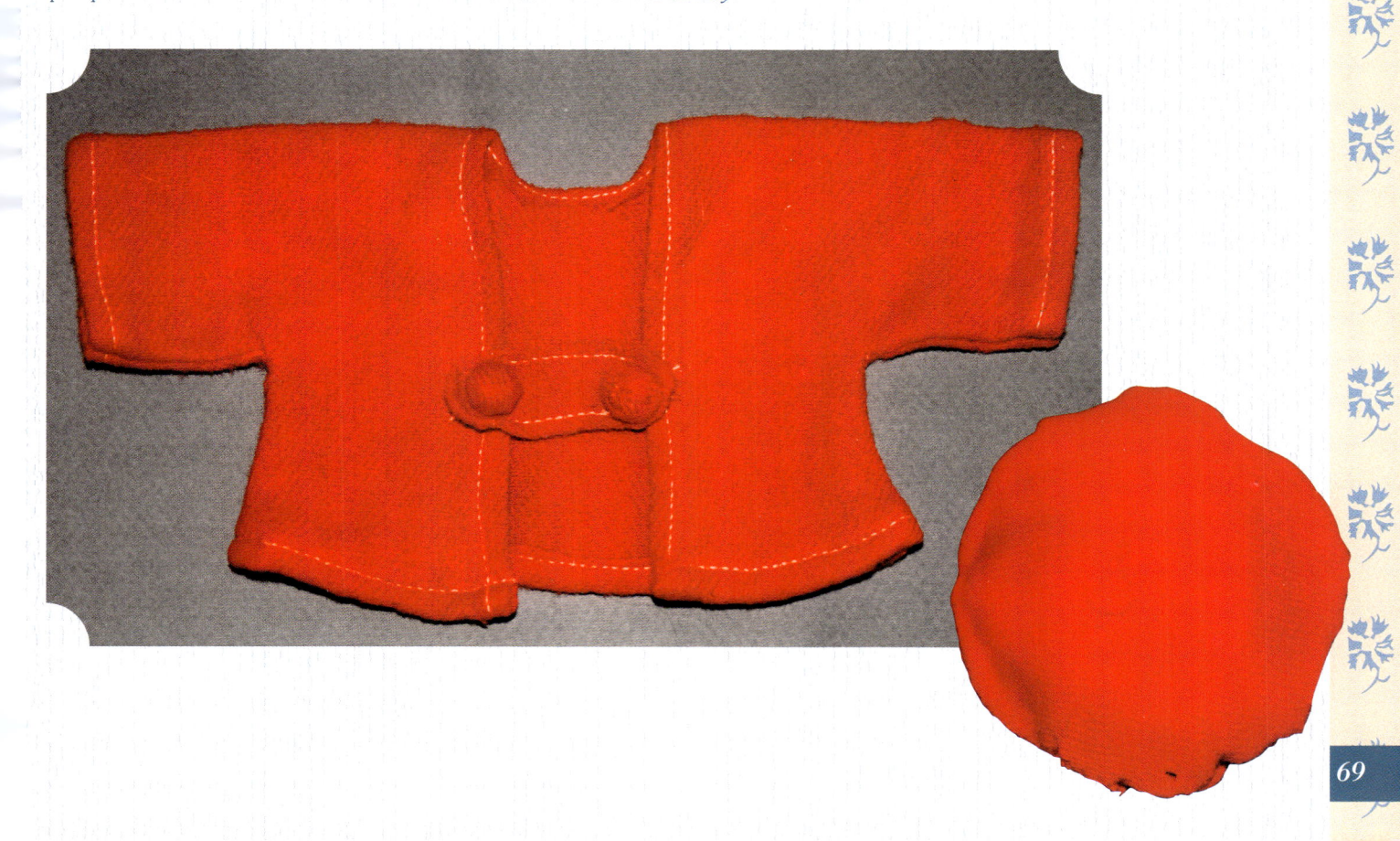

1920

69

1920

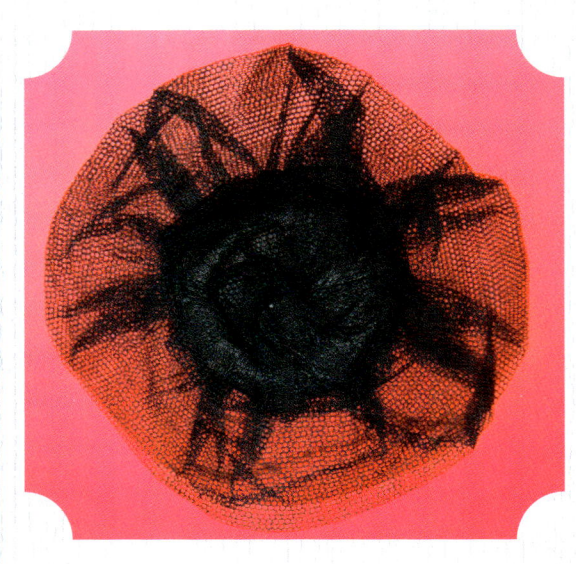

ZEPHYR – «Elégant chapeau de tulle noir, fond souple et grands bords. Garniture petites roses». Ce chapeau s'est vendu jusqu'à l'été 1921.

ZEPHYR – This elegant black tulle hat hast a soft crown with a large brim and is trimmed with small roses. It sold until the summer of 1921.

ROSINE – «Gracieuse robe en jersey rose vif. Poches évasées. Galon crochet bleu cru. Gilet de lingerie, garni petits plis». Proposée dans ce seul catalogue de l'été 1920.

ROSINE – This gracious dress is cut from an intense pink jersey. It has wide pockets, enhanced by a crocheted blue trim and a cream pleated bodice. It sold only during that summer of 1920.

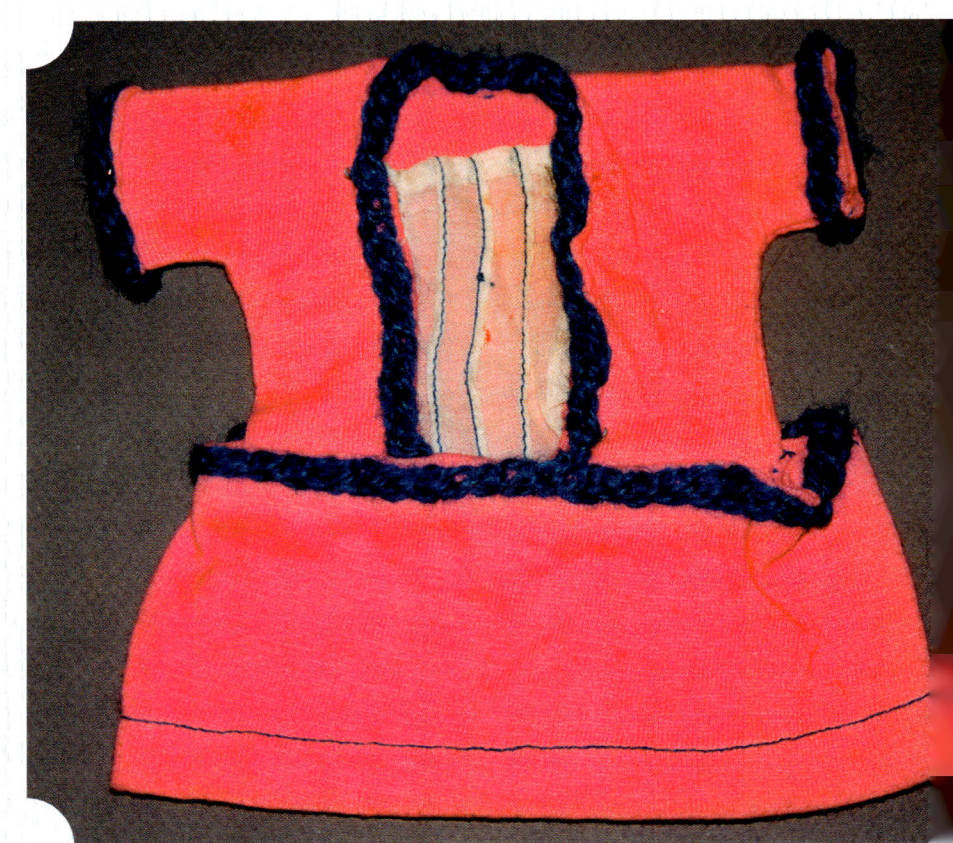

TABLIER ELEGANT
Première apparition de la ve en plumetis, proposée jusqu'à l'été 1935.

TABLIER ELEGANT (ELEGANT APRON)
The plumetis version of this classic apron appears for the first time in this catal It will last until the summer of 1935.

CATALOGUE HIVER/WINTER 1920 /1921

- Givrette, manteau, toque, manchon / Givrette (Frosty), coat, hat, muff
- Golf, robe, chapeau / Golf, dress, hat
- Nigrette, toque / Nigrette (Blackish), hat
- Aurore, robe, chapeau / Aurore (Sunrise), dress, hat
- Libellule, robe / Libellule (Dragonfly), dress

GOLF – Ce modèle au tricot (décrit ci-dessus), composé de deux éléments inséparables, s'est vendu jusqu'à l'été 1922.

GOLF – This hand knitted ensemble consists in a two tones dress and matching bonnet made in various fashionable colors. It sold until the summer of 1922.

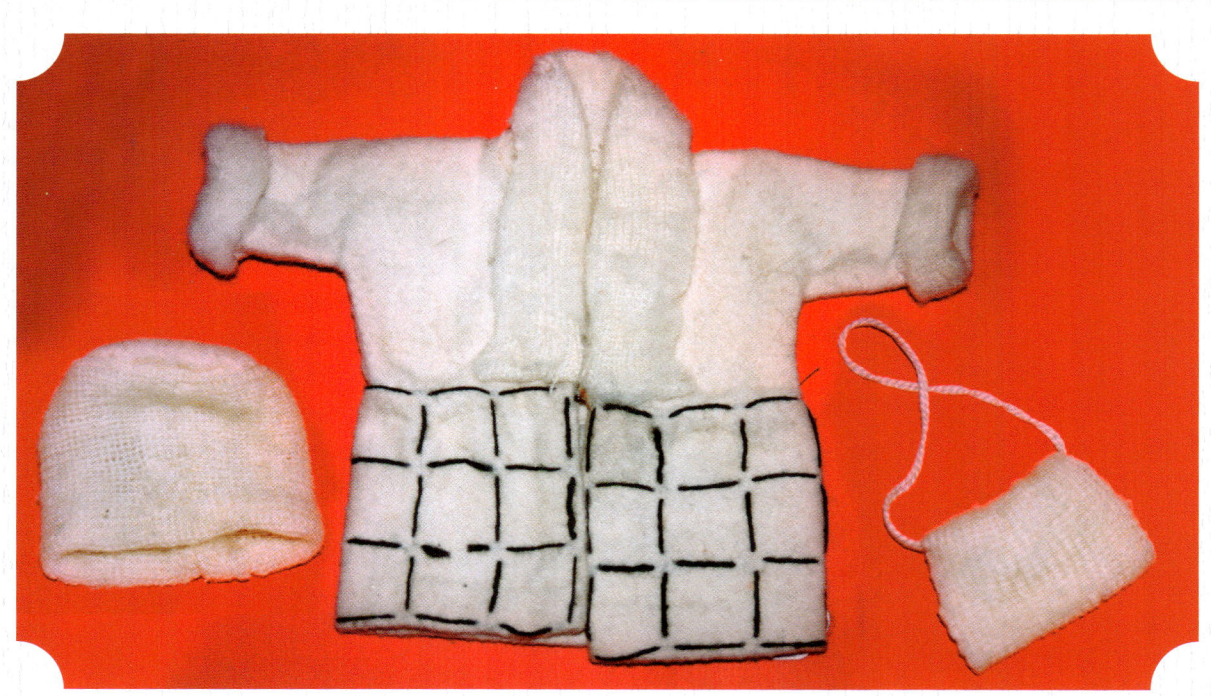

GIVRETTE – Les éléments de cet ensemble hivernal, décrit ci-dessus, pouvaient être achetés séparément. Ils ne sont proposés que dans ce seul catalogue.

GIVRETTE (FROSTY) – The white cotton fleece coat has a very trendy square embroidery and combed wool collar and cuffs. The matching hat and hand warmer are lined with white satin.

1920 • 1921

71

1920 • 1921

AURORE - «Robe genre popeline, combinée de vieux tons rose et bleu. Jupe plissée, points laine. Chapeau capeline seyante assortie à la robe, fond souple, bord plissé».

AURORE (SUNRISE) – This old rose and blue poplin dress has a pleated skirt and is enhanced by contrasting wool seams. Matching hat with soft crown and pleated brim. It was only featured in this catalogue.

NIGRETTE – «Toque en taffetas noir, garnie de coque même tissu».Conseillée avec le manteau EN ROUTE (voir p.68)

NIGRETTE (BLAKISH) – Black taffeta hat with a knot in the same fabric. Sold to match the coat EN ROUTE (see p. 68)

LIBELLULE – «Robe de taffetas champagne ou vert Nil. Paniers de tulle, ton assorti. Points de bouclette au bas de la jupe et à l'encolure». Encore proposée la saison suivante. La version vert Nil n'est pas répertoriée.

LIBELLULE (DRAGONFLY) – This champagne or green taffeta dress has matching tulle panniers and cable stitches on the skirt and around the neck. It sold until the summer of 1921. The green version is still unlisted.

72

CATALOGUE ETE/SUMMER 1921

- Page, kimono, toque, jupe / Page, kimono, hat and skirt
  Brise, robe, charlotte / Brise (Breeze) dress, lace hat
- Jeannette, manteau, chapeau / Jeannette, coat , hat
- Jeannot, culotte, chemise, chapeau / Jeannot, pant, blouse, hat
- Farfadet, chapeau / Farfadet (Sprite elf), hat
- Simplette, robe / Simplette, dress
- Sandales bains de mer / Beach shoes
- Pantoufles feutre bleu / Blue felt slippers
- Chapeau de pluie / Rain hat

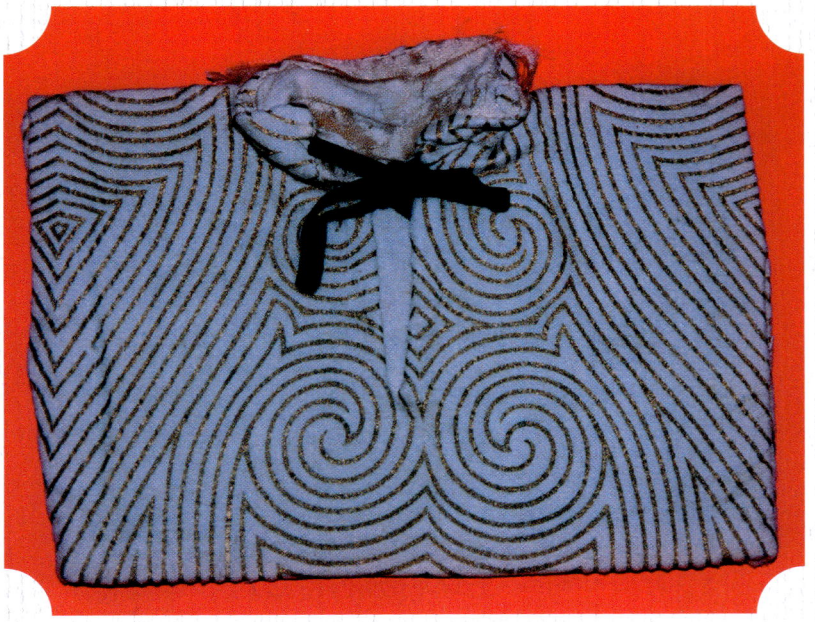

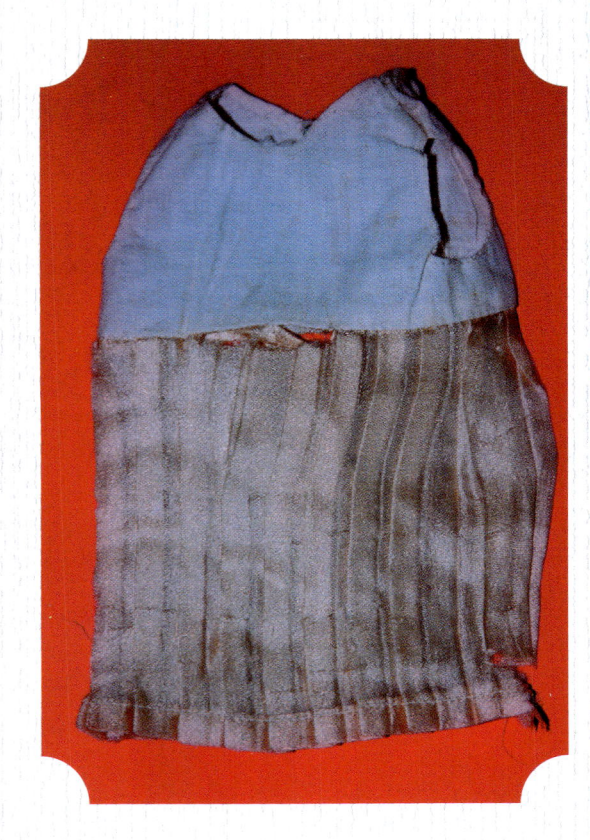

PAGE – Ce costume, tel que décrit ci-dessus, est composé de trois éléments inséparables. Il était reproposé l'hiver 1921/1922. Nous n'avons retrouvé que la jupe en satin bleu.

PAGE – This delightful costume consists of a golden kimono trimmed with white satin and black velvet tie. It has a plain white or blue satin skirt and matching golden lamé turban. The three items were inseparable and were still sold during the winter of 1921/1922. Here is pictured the blue satin skirt.

1921

73

1921

BRISE – «Légère robe de dentelle posée sur transparent rose pâle. Rubans flottants bleu lavande. Charlotte de dentelle assortie à la robe». Ces inséparables, non répertoriés, étaient proposés ce seul été 1921.

BRISE (BREEZE) – This light dress made of lace over a pale rose pongee and trimmed with lavender ribbons has a matching mobcap. Both of these inseparable items are still unlisted and were only featured in the catalogue dating from the summer of 1921.

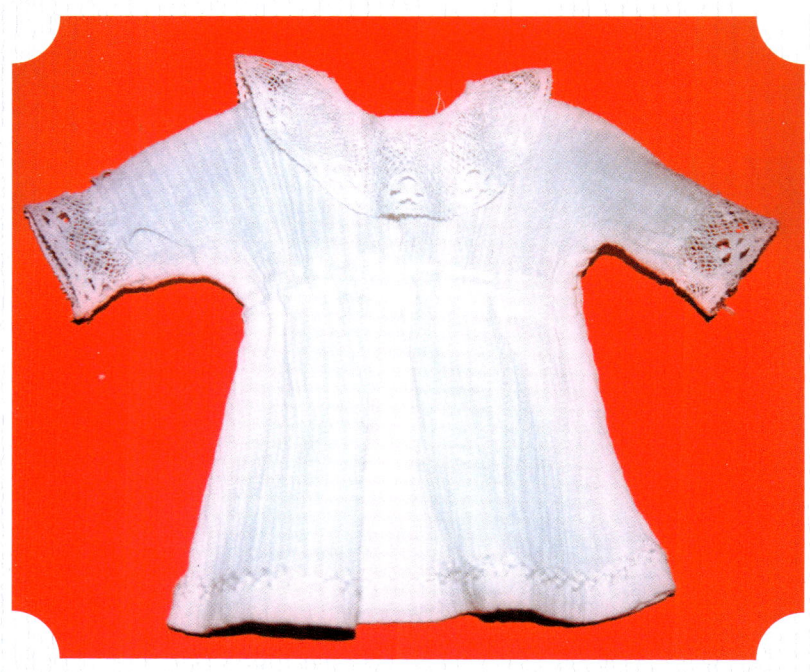

Ce chapeau de pluie, représenté mais non décrit, existe bien, il est en tissu caoutchouté marron (jaune dans la terminologie de l'époque) sans piqûres sur le bord.

This rain hat in brown rubberized fabric with no seams on the brim is only represented and not described in this catalogue.

SIMPLETTE – Cette robe bien connue est décrite pour la première fois avec une garniture points d'épine. Elle sera suivie avec ces caractéristiques jusqu'à l'hiver 1923/1924.

SIMPLETTE (SIMPLY DRESSY) – This dress already mentioned is trimmed for the first time with feather stitches. This new version sold until the winter of 1923/1924.

FARFADET – Ce chapeau, décrit dans ce seul catalogue mais non représenté en croquis, n'est pas répertorié.

FARFADET (SPRITE ELF) – This cabriolet shaped hat made of green horsehair and trimmed with black velvet, is described but not represented by a drawing in this catalogue. It is still unlisted.

SANDALES DE BAIN DE MER – première apparition sans croquis des nu-pieds à lanières, appelés par la suite Kneipp et vendus jusqu'à l'été 1940.

SANDALES DE BAIN DE MER (BATHING SHOES) - These leather shoes were later called Kneipp and sold until the summer of 1940.

PANTOUFLES
en feutre bleu

SLIPPERS
made of blue felt

1921

JEANNETTE – Ce superbe modèle, décrit à la page 65, a été re-proposé jusqu'à l'été 1922. Le chapeau assorti était vendu aussi séparément.

JEANNETTE – This superb coat-dress made of rust-colored shantung has embroidered floating panels and belt. The bodice is made of white cotton. It sold until the summer of 1922. The matching white straw hat was trimmed with two straw roses in contrasting colors. This hat could be purchased separately.

JEANNOT – Ce costume est constitué de trois éléments inséparables dont seule la culotte est photographiée ci-dessus. Il figure aussi au catalogue de l'hiver 1921/1922.

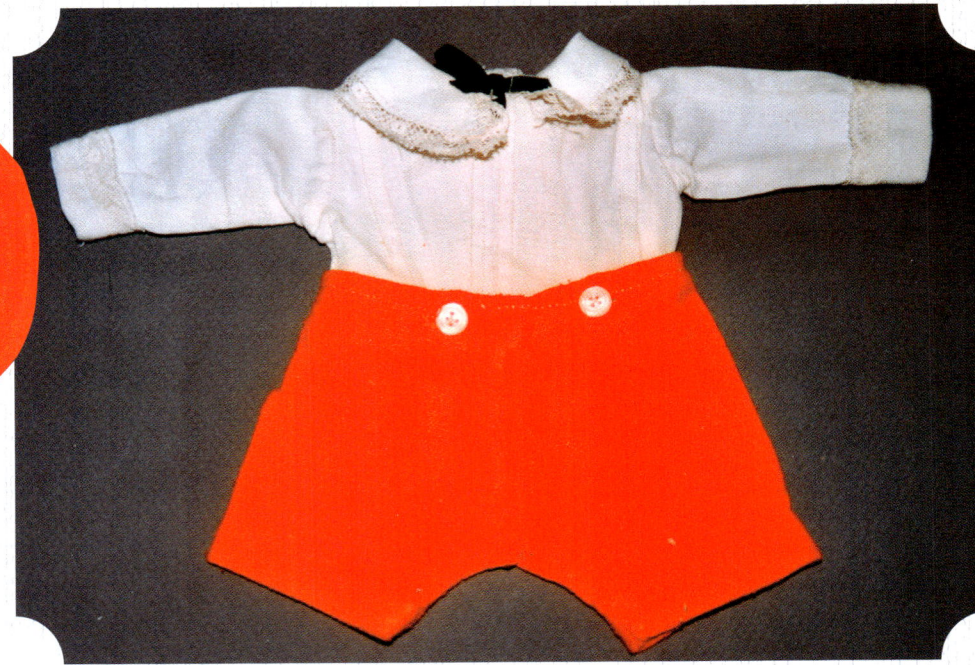

JEANNOT – This boy outfit consists of rust-colored shantung shorts (pictured above), a white batiste blouse trimmed with lace and four buttons to hold the shorts and a matching shantung hat. It was also included in the 1921/1922 catalogue.

CATALOGUE HIVER/WINTER 1921/1922

Marin garçonnet, costume en nubienne marine/ Boy mariner, navy blue wool costume
- Marin garçonnet, costume en jersey vert, ou bleu /Boy mariner, blue or green jersey costume
- Marin garçonnet, costume en coutil blanc /Boy mariner, white cotton costume
- Chemise de nuit, (manches simplifiées) / Night gown (simplified sleeves)
- Jeannette, chapeau tricorne / Jeannette, three-cornered hat
- Jade, robe / Jade, dress

Escholier, béret / Escholier (Sholar), hat
- Frimas, manteau et toque
Frimas (Wintry weather), coat and hat
- Chaperon rouge, déguisement
Chaperon rouge (Little red Riding Hood), fancy costume
- Paysan normand, déguisement
Paysan normand (Normandy paesant), fancy costume
- Pierrot, déguisement / Pierrot, fancy costume
- Pierrette, déguisement / Pierrette, fancy costume

CHEMISE DE NUIT – Modèle aux manches simplifiées.

CHEMISE DE NUIT (NIGHT GOWN) – This model has no lace trimming on the sleeves.

MARIN – La nouveauté consiste dans le pantalon alternatif à la jupe. Ci-dessus, la variante en coutil blanc. Il existe aussi en nubienne bleu marine et en jersey bleu ou vert (non répertoriés à ce jour).

MARIN – This new 'boy' version includes a pair of troursers instead of the regular skirt. It came in white cotton (pictured above), blue wool and blue or green jersey (still unlisted).

JADE – «Elégante robe en bourrette de soie de ton jade. Grande guimpe unie d'organdi blanc. Ceinture taffetas alourdie de perles». Ce modèle, photographié sans sa ceinture, était encore vendu la saison suivante.

JADE – This choice jade colored silk dress has a white organdy bodice, matching cuffs and a taffeta beaded belt (not pictured here). It continued to be sold during the summer of 1922.

ESCHOLIER – «Petit béret étudiant en taffetas tête de nègre». Non répertorié, ce béret n'a été proposé que l'hiver 1921/1922.

ESCHOLIER (SCHOLAR) - This little student bonnet, made of brown taffeta, is still unlisted and was only sold during the winter of 1921/1922.

FRIMAS – «et sa Toque. Parure d'hiver en velours de laine clair garni taupine. Très élégant». Ce rare coordonné est composé d'éléments inséparables et ne s'est vendu que l'hiver 1921/1922.

FRIMAS (WINTRY WEATHER) – This lush woolen velvet coat trimmed with a silk mole like fur has a matching hat that was meant to accompany the coat as a set. The set was sold during the winter of 1921/1922 only.

JEANNETTE – «Petit tricorne assorti en shantung rouille garni d'un pompon soie noire». Ce chapeau d'hiver ne figure que dans ce seul catalogue.

JEANNETTE – Three-cornered hat cut into the same fabric as the coat, trimmed with a black silk pompon. This winter hat is featured into this catalogue only.

1921 • 1922

1921 • 1922

Déguisements annoncés par La Semaine de Suzette du 23 Février 1922.
Costumes advertised in La Semaine de Suzette of February 23, 1922.

PAYSAN NORMAND - «Descriptif à citer». Le mouchoir n'est pas d'origine, il manque le chapeau. Voir les sabots page 79.
PAYSAN NORMAND (NORMANDY PAESANT) – This costume consists of a blue smock, white and blue striped roomy trousers, a handkerchief (not original here), a cotton bonnet (missing) and a pair of wooden clogs (pictured on page 79)

CHAPERON ROUGE –. «Descriptif à citer». Voir les sabots page 79.
CHAPERON ROUGE (LITTLE RED RIDING HOOD) – This costume consists of a flowered skirt, a red corselet with a matching bonnet, a tiny basket for the butter pot and a pair of clogs (pictured on page 79).

PIERRETTE – Costume deux pièces en satin blanc, pompons noirs, collerette tulle.
PIERRETTE – This white satin dress is trimmed with big black buttons and a tulle collar. The three-cornered hat is trimmed with matching buttons.

PIERROT – Costume trois pièces assorti à Pierrette avec calot noir.
PIERROT – Classic costume with roomy trousers and blouse made of white satin trimmed with big black buttons matching the black satin cap.

78

CATALOGUE ETE/SUMMER 1922

- Pique-nique, robe, veste, chapeau
  Pique-nique (Picnic), dress, vest, hat
- Sabots de bois / Wooden clogs
- Campanule, robe, chapeau
  Campanule (Campanula), dress, hat
  Jardinier, tablier / Jardinier (Gardener), apron
  Emeraude, manteau, toque
  Emeraude (Emerald), coat, hat
  Bas noirs / Black stockings
- Chaussettes noires / Black socks

Chaussettes noires

PIQUE – NIQUE - Cet ensemble, tel que décrit à la page 80, comporte deux éléments inséparables: la jaquette et le chapeau. Les deux chapeaux photographiés ci-dessus, quoique différents, sont bien authentiques.

PIQUE-NIQUE (PICNIC) – This delightful model consists of a white dress (not pictured), a pink woolen velvet jacket edged in white and a double pointed matching hat with soft crown and straw brim.
The two versions of the hat pictured above are both authentic (see p. 80).

BECASSINE - Premiers sabots tout en bois, identiques à ceux inclus dans les déguisements de CHAPERON ROUGE et PAYSAN NORMAND.

BECASSINE – These first wooden clogs are identical to those included in the LITTLE RED RIDING HOOD and NORMANDY PAESENT costumes.

1922

79

JARDINIER – Cette première version non répertoriée du classique tablier est représentée en croquis avec un bord uni mais le descriptif ci-dessus ne le précise pas. Existe-t-elle vraiment?

JARDINIER (GARDNER) – This first unlisted version of the classic apron is made of printed cretonne and is crossed in the back. According to the sketch, it is edged in plain color but the description doesn't give this detail. Does it really exist?

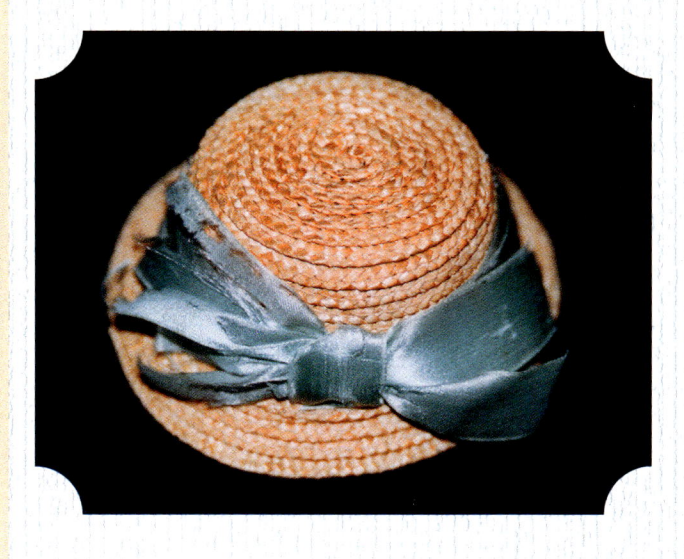

CAMPANULE – Cette robe, telle que décrite ci-dessus, n'est pas répertoriée. Seul le chapeau a été photographié. L'ensemble n'est pas reproposé dans les catalogues suivants.

CAMPANULE (CAMPANULA) – This blue or rose silk dress, still unlisted, has the skirt made of three layers trimmed with small picot. The white straw hat, pictured above, is enhanced by a matching silk bow.

EMERAUDE – Ce rare ensemble, tel que décrit ci-dessus, n'est pas répertorié et figure dans ce seul catalogue.

EMERAUDE (EMERALD) – This elegant green woolen coat, with wide lapels enhanced by white seams and twin buttons is matching an inseparable woolen hat trimmed with straw cabochons.

1922-1925

1922 • 1925

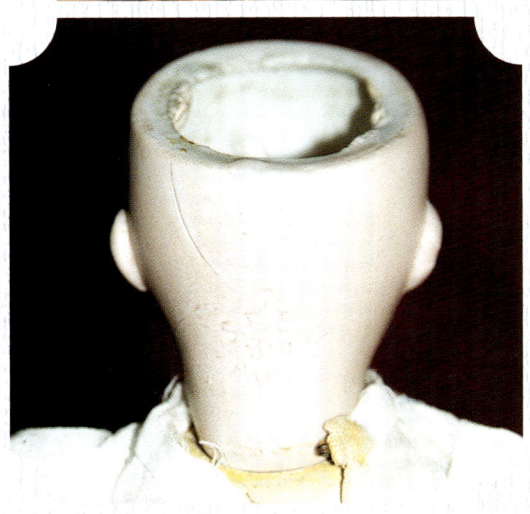

La Bleuette à tête marquée «SFBJ 301 PARIS 1» date du début des années Vingt. Elle est contemporaine de celle marquée «SFBJ 60 PARIS 8/0» aux yeux dormeurs qui, comme elle, est souvent millésimée et qui, à cette époque, n'a généralement pas de cils supérieurs peints.

The Bleuette with a head marked «SFBJ 301 PARIS 1» dates from the early Twenties. This doll is contemporary to the «SFBJ 60 PARIS 8/0» Bleuette with sleeping eyes, generally with unpainted upper lashes and often marked with the year's last two numbers.

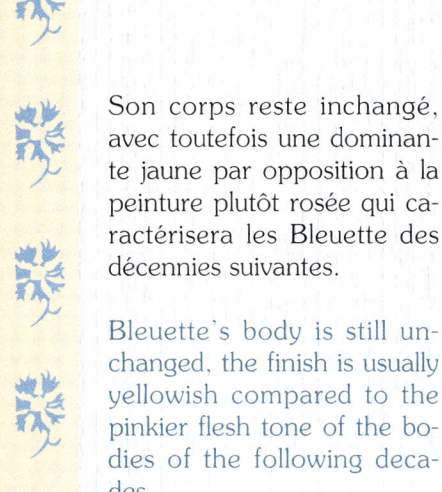

Son corps reste inchangé, avec toutefois une dominante jaune par opposition à la peinture plutôt rosée qui caractérisera les Bleuette des décennies suivantes.

Bleuette's body is still unchanged, the finish is usually yellowish compared to the pinkier flesh tone of the bodies of the following decades.

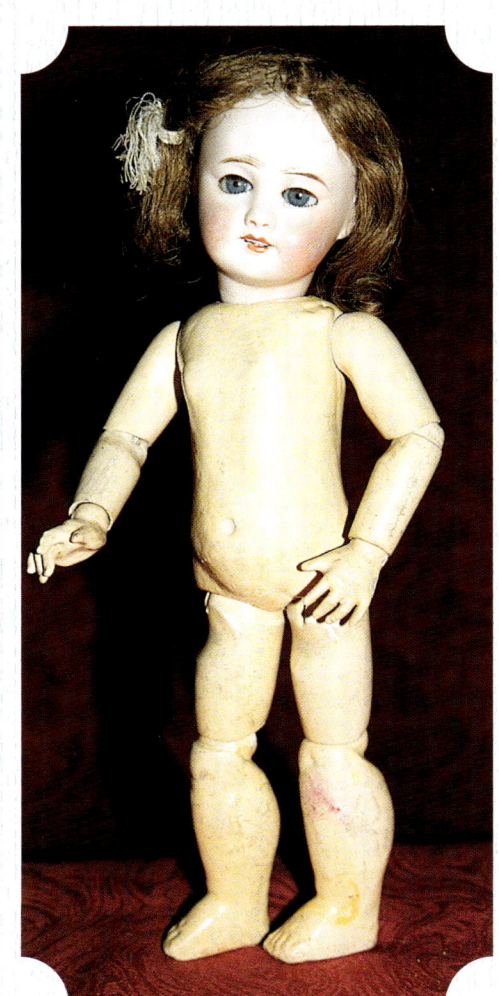

Sa perruque peut être aussi bien en mohair, dans les tons blond, brun ou châtain, qu'en cheveux naturels à partir de l'été 1924.

Bleuette's wig is either made of mohair, in blonde, brunette and auburn, or of human hair, starting during the summer of 1924.

82

CATALOGUE HIVER/WINTER 1922/23

Scotland, robe, chapeau / Scotland, dress, hat
- **Pratique, robe bleu paon,** ou lie-de-vin, **chapeau** /
  Pratique (Practical), blue or purple dress, **hat**
- Negro, chapeau / **Negro, hat**
- Blanchette, robe (version blanche) / **Blanchette, dress (in white)**
- Douillette, cape, toque, manchon
  Douillette (Cosy), cape, hat, muff
- Nivôse, manteau, toque / **Nivôse (Snowy), coat, hat**
- Combinaison, corsage en pointe / **Petticoat, pointed bodice**
- Jardinier, tablier / **Jardinier (Gardener), apron**
- Cendrillon, déguisement
  Cendrillon (Cindarella), fancy costume
- Arlequine, déguisement / **Arlequine, fancy costume**

SCOTLAND – «Robe très nouvelle avec son corselet perlé en velours rouille, et sa jupe de taffetas écossais dans le ton. Le chapeau SCOTLAND est inséparable de la robe». Cet ensemble, proposé dans ce seul catalogue, n'est pas répertorié.

SCOTLAND – This afternoon ensemble matches a rust-colored beaded bodice with a tartan taffeta skirt and a soft velvet and taffeta wide brimmed hat. These unlisted items were sold together and only appear in this catalogue.

NEGRO – «Souple capeline en taffetas tête de nègre». Modèle proposé cette seule saison.

NEGRO – This deep brown taffeta wide-brimmed hat only appeared in this catalogue.

PRATIQUE – La variante en serge bleu paon, photographiée ci-contre, est rare mais pas autant que celle en lainage lie-de-vin, non répertoriée à ce jour. Le même chapeau est assorti aux deux variantes de robe, toujours gansée de velours noir.

PRATIQUE (PRACTICAL) – This peacock blue serge or wine-colored wool dress with black velvet braiding matches a fancy pompon hat. The version pictured here is rare but not as much as the wine-colored one, still unlisted.

1922 · 1923

DOUILLETTE – Ensemble trois pièces inséparables en «taupine garnie de fourrure fantaisie» proposé dans ce seul catalogue.
DOUILLETTE (COSY) – This mole colored woolen cape trimmed with fun fur was sold together with a matching hat and a hand warmer during this winter of 1922/1923.

BLANCHETTE – «Elégante robe de souple voile blanc, cernée en bas de médaillons de cretonne gaie». Reproposée l'été 1923 en version rose (voir p. 86).

BLANCHETTE – This elegant dress is made of white net decorated with fancy cretonne medallions. A pink version was sold during the summer of 1923 (see p. 86).

NIVÔSE – Ce coordonné d'inséparables, «en jolie veloutine (violet, vert ou mastic, au choix)» garni «fourrure élégante de haute fantaisie», a été proposé ce seul hiver.

NIVÔSE (SNOWY) – This elegant woolen coat and matching hat trimmed with fun fur came in violet, green or off-white. It was sold only during the winter of 1922/1923.

84

JARDINIER – «Tablier en cretonne fleurie. Pattes croisées derrière. Grande poche par devant». Ce modèle, proposé jusqu'à l'été 1934, est dessiné jusqu'en 1928 avec l'encolure arrondie, ensuite avec l'encolure carrée.

JARDINIER (GARDENER) – This flowered cretonne apron has a big pocket in the front and crossed straps in the back. It was sold until the summer of 1934. The sketches prior to 1928 show a circular neck cut and a square neck cut afterwards).

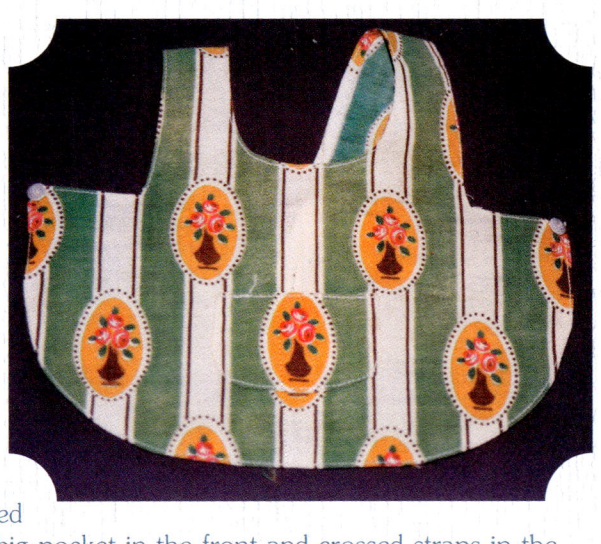

ARLEQUINE - Déguisement annoncé dans *La Semaine de Suzette* du 22 Février 1923.
Il nous manque le chapeau et les souliers.

ARLEQUINE - This costume was advertised in *La Semaine de Suzette* of February 22, 1923. The hat and shoes are missing.

COMBINAISON – «corsage en pointes. Voile de coton et jours machine». Version proposée jusqu'à l'été 1927.

COMBINAISON – This petticoat with a pointed bodice is made of white cotton veil trimmed with mechanical openwork. It sold until the summer of 1927.

CENDRILLON
Déguisement annoncé dans *La Semaine de Suzette* du 22 Février 1923.

CENDRILLON (CINDARELLA)
This costume was advertised in *La Semaine de Suzette* of February 22, 1923.

1922 • 1923

85

CATALOGUE ETE/SUMMER 1923

- Sport, manteau, chapeau / Sport, coat, hat
- **Garden-party, robe,** jaquette, chapeau / Garden-party, dress, vest, hat
- Claude, robe, **chapeau** / Claude, dress, hat
- Blanchette, robe en rose / Blanchette, dress in rose
- Printania, robe / Printania (Spring print), dress
- Unique, chapeau / Unique, hat
- Costume de bain, vareuse, culotte, bonnet vert Swim suit, top, short, bonnet in green
- Peignoir de bain, en éponge / Sponge towelling cape

SPORT – Ce beau modèle non répertorié, composé d'un manteau «de lainage quadrillé garni de rouge» et d'un chapeau «en poiluchon», n'a paru que dans ce catalogue.

SPORT – This travel coat, made of checkered wool trimmed in red and matching a hairy wool hat, is still unilsted and was sold only during the summer of 1923.

CLAUDE – Cet ensemble de l'été 1923, hommage à la jeune Claude Languereau, comporte une robe «en linon mercerisé bleu lin ou citron mûr. Un peu de dentelle, un grand ruban, c'est très simple», non répertoriée, et un chapeau «en paille assortie garni d'un motif fantaisie» photographié ici.

CLAUDE – This ensemble, a tribute to the young Claude Languereau, consists of an unlisted light blue or lemon yellow lawn dress trimmed with lace scallops and a floating ribbon bow, and a matching straw hat enhanced by a fancy decoration (pictured here). It is featured only in the catalogue of the summer of 1923.

BLANCHETTE – Cette robe, déjà proposée dans le catalogue précédent dans sa version blanche, est ici présentée aussi en rose (voir p. 84).

BLANCHETTE – Here is the pink version of the dress sold in white in the previous catalogue (see p. 84).

GARDEN PARTY – De ce chic ensemble, proposé ce seul été 1923, est répertoriée la «robe entière à fleurettes» tandis que «la jaquette souple vieux rose gansée de blanc, et un chapeau en pailline assorti, garni d'une écharpe» restent inconnus. Le croquis le représente dans les tons rouille mais il s'agit d'une liberté du dessinateur.

GARDEN PARTY – This rich model consists of a flowered silk dress (pictured above), a soft old rose jacket with white braiding, and a thin straw hat trimmed with a matching scarf, still unlisted. In the catalogue, it is sketched in red but this is an artist licence.

PEIGNOIR – «éponge». On peut remarquer un col rapporté sur ce premier modèle, il sera supprimé quelques années plus tard.

PEIGNOIR (BATH ROBE) – This first white towelling cape has a sewn-on collar that will disappear in later versions.

PRINTANIA – Cette robe «en toile de soie blanche à gilet de shantung fleuri» existe en quelques variantes de couleur, dont deux sont photographiées ici. Elle ne figure que dans ce catalogue.

PRINTANIA – This chic dress, sold during the summer of 1923, is made of white silken linen enhanced by a flowered shantung. Two different versions are pictured above.

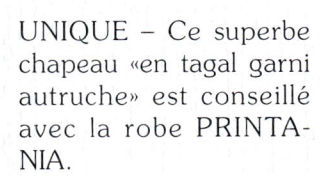

UNIQUE – Ce superbe chapeau «en tagal garni autruche» est conseillé avec la robe PRINTANIA.

UNIQUE – This black straw hat, enhanced by an ostrich white feather, was sold to match the dress PRINTANIA.

COSTUME DE BAIN – «Costume et bonnet en jersey». Inséparables. Sans précision de couleur la première année. Nous ne le connaissons qu'en vert.

COSTUME DE BAIN (BATHING SUIT) – This first version consists of three pieces made of jersey and sold as a set. We only listed a green version.

1923

87

CATALOGUE HIVER/WINTER 1923-1924

1923·1924

- **Edith, robe** / **Edith, dress**
- **Citadin, manteau, chapeau** / **Citadin (Citizen), coat, hat**
- **Marin, jupe serge bleue, vareuse rouge, bonnet pompon**
  Marin, blue serge skirt, red vest, pompon beret
- Lugette, robe / **Lugette (Sledding), dress**
- **Mousquetaire, chapeau** / **Mousquetaire (Musketeer), hat**
- **Pastel, manteau sans capuchon** / **Pastel, hood-less coat**
- **Giboulée, chapeau** / **Giboulée (Showers), hat**
- Frisquet, robe, jaquette / **Frisquet, dress, jacket**
- **At home, version au peignoir en duvetine et bonnet forme nouvelle**
  At home, downy cotton house-coat and new shaped bonnet
- Petite fée, robe, chapeau / **Petite fée (Little Fairy), dress, hat**
- **Seyante, cloche de feutre blanc ou noir /**
- **Seyante (Becoming), white or black felt cloche**

CITADIN – «Manteau en sobre draperie d'un gris clair, l'ourlet et les parements sont liserés, au choix, d'une tresse bouton d'or ou bleu-vert. Le chapeau est un breton à quatre côtés, assorti au manteau». Inséparables. Il existe également une variante en drap gris à gros chevrons.

CITADIN (CITIZEN) – This light grey woolen coat with yellow or green-blue braiding makes a set with his matching four sections hat. It also came in a V shaped grey wool.

EDITH – «Robe en flanelle blanche agrémentée de quadrillés au galon or ou jade».

EDITH – This white flannel dress is trimmed with golden or jade braid.

MARIN - Premier modèle bicolore, en serge bleue, vareuse rouge et beret à pompon. Les modèles unis sont toujours vendus et proposés avec jupe ou pantalon.

MARIN – This first two-colored version consists of a blue serge pleated skirt, a red vest and a pompon beret. The one-colored versions were always sold, either with a skirt or a pair of trousers.

LUGETTE – Cette robe n'est par répertoriée et difficilement authentifiable, comme c'est souvent le cas des modèles réalisés au tricot.

LUGETTE (SLEDDING) – This knitted wool and silk dress came in pink, blue, green, violet and apricot. It is still unlisted as the knitted models are difficult to authenticate.

FRISQUET – Ce chaud ensemble, tel que décrit ci-dessus, n'est par répertorié.

FRISQUET (CHILLY) – Still unlisted, this tenderly colored wool and silk knitted dress has a matching knitted jacket.

MOUSQUETAIRE – «Un gracieux tricorne noir, garni d'une cocarde d'argent». Conseillé avec la nouvelle version du manteau PASTEL.

MOUSQUETAIRE (MUSKETEER) – This three-cornered balck hat, enhanced by a silver rosette, was recommended with the new version of the coat PASTEL.

PASTEL - Reprise du modèle de l'hiver 1918-1919 (voir p. 57) mais son capuchon a été supprimé.

PASTEL - This is a new version of the coat sold during the winter of 1918-1919 (see p. 57) but without the hood.

1923 • 1924

89

1923·1924

PETITE FEE – «C'est une souple robe de marocain soyeux rubis ou jade, parcourue sur sa longueur par de chatoyants galons d'argent. Le chapeau Petite Fée est une cloche blanche qu'auréole une écharpe.

PETITE FEE (LITTLE FAIRY) – This soft dress of red or jade silky fabric is lusciously decorated with silver stripes. White felt hat with matching trim.

MARQUISE - Déguisement annoncé dans La Semaine de Suzette de Février 1924.

MARQUISE (MARCHIONESS) – This costume was advertised in La Semaine de Suzette of February 1924.

AT HOME - Nouveau modèle de peignoir en duvetine accompagné d'un élégant bonnet de dentelle et d'une paire de mules en cuir.

AT HOME – This is a new version of the classic house coat made of downy cotton that always matches a lace trimmed bonnet and a pair of leather mules.

SEYANTE – «Une cloche de feutre noir ou blanc, garnie d'un ruban» la version blanche est identique à celle assortie avec la robe PETITE FEE mais garnie d'un ruban de ton différent. La version en noir n'est pas répertoriée.

SEYANTE (BECOMING) – This white or black felt cloche, trimmed with a colored ribbon is identical to the cloche matching the dress called PETIT FEE. The black version is unlisted.

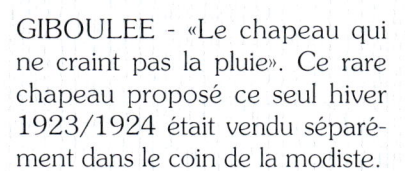

GIBOULEE - «Le chapeau qui ne craint pas la pluie». Ce rare chapeau proposé ce seul hiver 1923/1924 était vendu séparément dans le coin de la modiste.

GIBOULEE (SHOWERS) – This rare water-proof hat, sold during the winter of 1923/1924.

ORIENTALE - Déguisement annoncé dans La Semaine de Suzette de Février 1924.

ORIENTALE (ORIENTAL) - This costume was advertised in La Semaine de Suzette of February 1924.

CATALOGUE ETE/SUMMER 1924

Matinal, tailleur, toque / Matinal (Early hour), suit, hat
Voyageur, manteau / Voyageur (Traveler), coat
Sophie, robe / Sophie, dress
Un souffle, robe / Un souffle (Puff) dress
La prairie, chapeau / La prairie (Prairie), hat
Jean Bart, chapeau / Jean Bart, hat
Costume de bain, vareuse, culotte et bonnet rouge / Swim suit, top, short, bonnet in red
Pluviôse, ciré raglan, chapeau / Pluviôse (Rainy), rain coat, hat
Yvonne, robe, chapeau / Yvonne, dress, hat
Un rien, robe / Un rien (A little nothing), dress
Pantoufles feutre beige ou havane / Beige or havane felt slippers
Orientale, déguisement / Orientale, fancy costume
Marquise, déguisement / Marquise (Marchioness), fancy costume

MATINAL – «une duvetine blanche ou bleu pâle, au choix, la chemisette fantaisie l'éclaire encore à l'encolure et dans l'entrebâillement de la jaquette». Ensemble conseillé avec une toque de paille avec pompon fantaisie, vendue séparément.

MATINAL (EARLY HOUR) – This charming ensemble, consists of a woolen jacket and matching skirt, enlivened by a fancy blouse. These three elements were sold during the summer of 1924 as a set. A straw hat with a multicolored pompon, could be purchased separately.

VOYAGEUR – Ce manteau en «ratine grise ou côteline rouille», a été proposé ce seul été de 1924.

VOYAGEUR (TRAVELER) This gray wool or rust colored, ribbed fabric coat sold only during the summer of 1924.

1924

91

1924

PLUVIÔSE – «est un raglan de ciré jaune. Il est confortable et enveloppant. Un bouton, une poche, en font le sobre ornement. Le chapeau PLUVIÔSE, en jaune assorti». En contradiction avec ce descriptif, tous les modèles que nous avons répertoriés n'ont pas de poche sur le côté. Quant à la couleur jaune, il s'agit, évidemment, d'un marron à tonalité chaude. Vendu jusqu'à l'hiver 1927/1928.

PLUVIÔSE (RAINY) – This comfortable brown oilskin raglan coat is described with a side pocket and a button. Actually, all the models we saw had no side pocket. It came with a matching rain hat. It sold until the winter of 1927/1928.

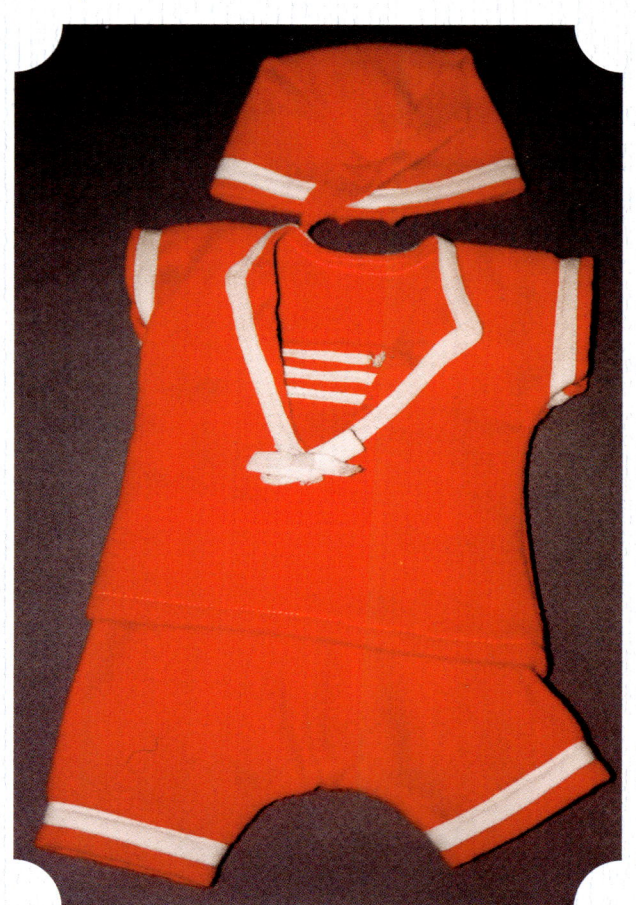

COSTUME DE BAIN - «en beau lainage rouge gansé de blanc». Trois pièces inséparables.
Même patron que le costume de bain de l'été 1923, confectionné en lainage rouge et appelé CREVETTE dès l'été 1925.

COSTUME DE BAIN (BATHING SUIT) – This red wool suit with white braidin, a version of the former green jersey bathing suit, consists of three items sold as a set. It was called CREVETTE as early as the summer of 1925.

JEAN BART - Chapeau de paille avec ruban noir gravé or, à porter avec le MARIN, fillette ou garçonnet.

JEAN BART – This straw hat, trimmed with a black ribbon with golden inscription, matches the MARIN girl or boy costume.

YVONNE – «Robe-manteau de cachemire rouge ou blanc. Un joli galon de soie fantaisie en dessine le contour. Ceinture de cuir». Modèle proposé dans ce seul catalogue.

YVONNE – This coat dress is cut from a red or white cashmere and trimmed with a fancy braid. It has a leather belt. This model sold during the summer of 1924.

YVONNE - Breton de paille avec son ruban et sa bordure marine, rouge ou blanche.

YVONNE – A straw hat with blue, red, or white braiding matches the coat dress sharing the same name.

1924

1924

UN RIEN – Curieusement, cette robe, proposée en une si grande variété de coloris, et reproposée dans le catalogue suivant, quoique garnie différemment et sans sa ceinture de velours noir, n'est toujours pas répertoriée.

UN RIEN (A LITTLE NOTHING) – This simple muslin dress decorated with wool stitches and enhanced by a low, black velvet belt, came in rose, blue, green, mauve or yellow. In spite of the fact that it was still sold (without the belt) during the winter of 1924/1925, it is yet unlisted.

UN SOUFFLE – Très mode, cette robe «en crêpe Georgette, dans la gamme des roses, des bleus ou des mauves. Des rococos de laine aux tons vifs (...)», était conseillée avec le chapeau LA PRAIRIE. Elle a été reproposée dans le catalogue suivant, à l'exception de la variante en bleu.

UN SOUFFLE (PUFF) – This light crepe 'georgette' dress is embroidered with multicolored wool. It came in pink (pictured above) blue, or mauve and was suggested with the LA PRAIRIE hat. It was still sold during the winter of 1924/1925 in the pink and in the mauve versions.

LA PRAIRIE – Cette rare capeline «en jolie paille souple garnie de fleurs champêtres» est apparue dans ce seul catalogue.

LA PRAIRIE – This wide brimmed, soft straw hat, embellished with countryside flowers, was recommended to be worn with the dress UN SOUFFLE. This rare hat only sold during the summer of 1924.

SOPHIE – Ce sobre modèle figure dans ce seul catalogue.

SOPHIE – This simple checked veil dress, with an organdy collar and ribbon bow can be seen in this single catalogue.

SEYANTE – Cette cloche de feutre diffère du modèle PETITE FEE par la couleur du ruban chapelier. Elle est reproposée l'hiver 1924/1925 avec le manteau CONFORTABLE.

SEYANTE (BECOMING) – This felt cloche is identical to the one called PETITE FEE except for the color of the ribbon. During the winter of 1924/1925 it was sold with the coat CONFORTABLE.

CATALOGUE HIVER/WINTER 1924/1925

- **Confortable, manteau en ratine grise, ou en tricotine chaudron**
  Confortable (Comfortable), gray or copper coat
- **Séyante, cloche** / *Séyante (Becoming), cloche*
  Tennis, jupe, sweater / *Tennis, skirt, sweater*
- **Scotland, robe,** cloche / *Scotland, dress, cloche*
- **Patinette, manteau, toque et manchon en beige,** gris ou vert amande
  Patinette (Scooter), coat, hat, muff in beige, grey or almond green
- **Mes visites, manteau,** chapeau / *Mes visites (My visits), coat, hat*
- **Flore, robe jaune, fuchsia,** bleue / *Flore (Flora), yellow, fuchsia, blue dress*
- **Ottoman, chapeau** / *Ottoman, hat*
- **At home, peignoir poches pointues, pantoufles et bonnet renouvelé**
  At home, house-coat with pointed pockets, slippers and new bonnet
- **Bonne nuit, combinaison galon rouge** / *Bonne nuit, red braided overall*

TENNIS – Ce modèle, quoique reproposé l'été1925, n'est pas répertorié. Il est difficile à identifier à cause du tricot main et de la jupe plissée en soie, à ne pas confondre avec celle classique en fin lainage. Les deux éléments qui composent cet ensemble sont inséparables.

TENNIS – This model consists of a pleated white silk skirt and a hand knitted white silk sweater, sold as a set. It was also sold during the summer of 1925 but it is still unlisted today, as the hand knitted clothes are always difficult to identify.

SCOTLAND – «Quelle gentille et simple robe pour aller au cours que cette écossaise (…). Des volants en forme en font tout le chic. Un nœud de velours donne une note gaie. Un liseré d'organdi réveille l'encolure. La cloche noire». Le chapeau n'est pas répertorié.

SCOTLAND – This tartan day dress is enhanced by asymmetrical flounces, by a velvet rose on the hip, and by an organdy border at the neck and sleeves. The matching black hat is decorated with a colored ribbon. The hat is still unlisted.

SEYANTE – «La cloche de feutre blanc, garnie ruban chapelier». Conseillée avec le manteau CONFORTABLE.

SEYANTE (BECOMING) – Felt cloche trimmed with a ribbon matching the coat CONFORTABLE.

CONFORTABLE – Manteau «de ratine grise (…) ou de tricotine chaudron, et garni d'une duvetine blanche qui l'égaye. Un gros bouton fantaisie en fait l'ornement avec de jolies piqûres de soie». Ce modèle était conseillé avec la cloche SEYANTE, dont le ruban est assorti à la couleur de la piqûre du manteau.

CONFORTABLE (COMFORTABLE) – This gray or copper wool coat with light white wool lapel and cuffs is enhanced by silk seams and a big fancy button. It was sold also with the cloche hat SEYANTE, trimmed with a ribbon matching the color of the blue seam on the coat.

1924 • 1925

95

1924 • 1925

MES VISITES – «Robe-manteau, en lainage blanc souligné d'une tresse de soie jade, corail ou jaune. Un mouchoir de crêpe de Chine dans l'entrebâillement de la poche». «Chapeau de crin blanc ou pain bis». Le chapeau et le mouchoir ne sont pas répertoriés.

MES VISITES (MY VISITS) – This white wool coat is complemented by a jade, coral or yellow silk braid. A silk hanky and a white or beige horsehair hat (not pictured) complete the ensemble.

PATINETTE – Le manteau et la toque sont inséparables, le manchon pouvait être vendu séparément. Ce rare ensemble n'a été proposé que l'hiver 1924/1925.

PATINETTE (SCOOTER) – This coat came in gray, beige or almond green with a fun lamb fur decoration. It had a matching hat and muff and was sold only during the winter of 1924/1925.

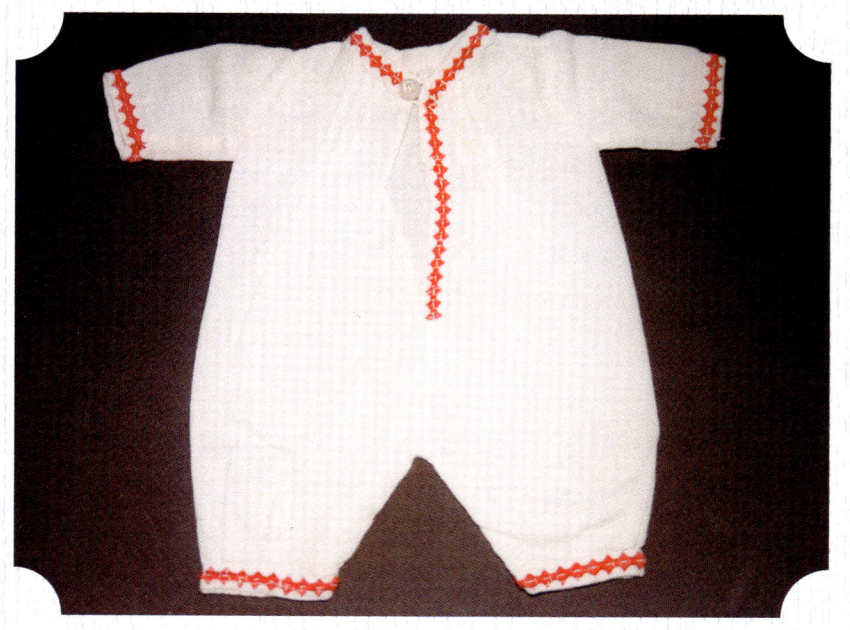

BONNE NUIT – Grande combinaison de nuit égayée par un joli galon rouge.

BONNE NUIT (GOOD NIGHT) – White cotton overall trimmed with a red braid.

FLORE – «Robe à fleurs imprimées sur une bourrette de soie, un tablier plissé. C'est un délicieux modèle». qui fit aussi la couverture du catalogué de l'été1925. Il a été réalisé en trois tonalités différentes (jaune, fuchsia, bleu) et conseillé avec le chapeau OTTOMAN.

FLORE (FLORA) – This flowered silk dress, decorated by a pleated apron cut from the same fabric came in yellow, fuchsia, and blue. It matches the OTTOMAN hat. It is also featured on the cover of the catalogue dated summer of 1925.

OTTOMAN – Capeline souple en ottoman noir ou nègre. Recommandé avec la robe FLORE.

OTTOMAN – This soft black or deep brown silk hat is recommended with the dress FLORE.

1924 • 1925

97

1924 • 1925

AT HOME – La forme pointue des poches plaquées est caractéristique de ce nouveau modèle réalisé dans des tissus différents et proposé jusqu'à l'été 1927. Le peignoir se vend désormais seul mais forme toujours un ensemble avec les pantoufles et le bonnet de dentelle, lui aussi renouvelé.

AT HOME – The new version of this house coat has triangular pockets. It came in various fabrics and could be purchased separately as well as matched with the slippers and a newly shaped lace bonnet. It sold until the summer of 1927.

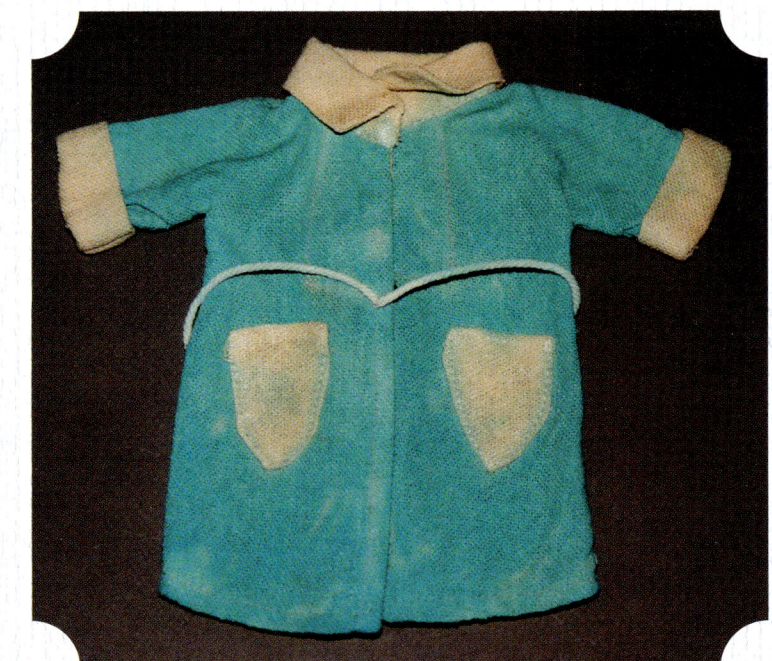

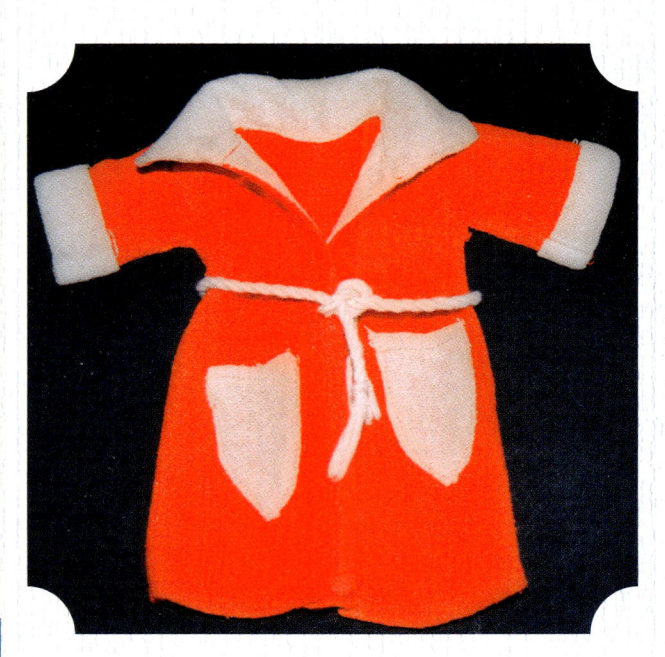

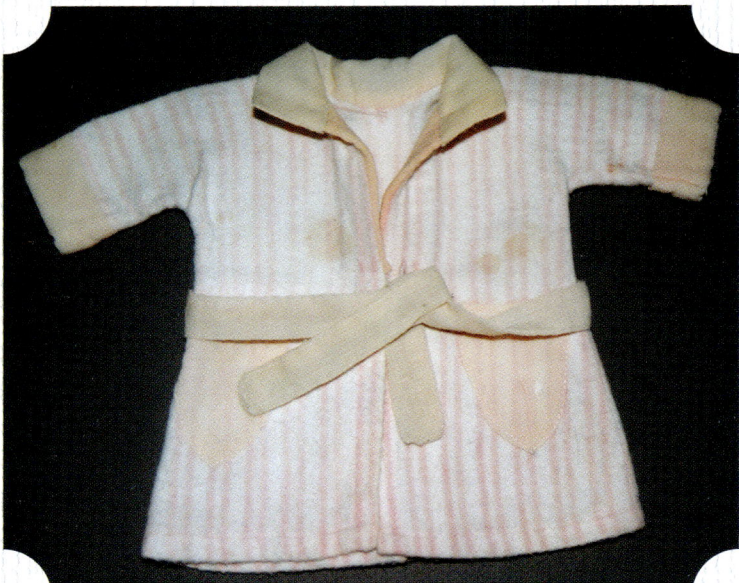

98

1925-1928

1925 • 1928

Pendant ces trois années, Bleuette a toujours une tête en biscuit issue des deux moules classiques de la SFBJ, le 60 en taille 8/0 et le 301 en taille 1. La nouveauté est dans le marquage: désormais l'inscription «SFBJ PARIS» est remplacée par celle «71 UNIS FRANCE 149».

During these three years, Bleuette's bisque head was always made out of the classic SFBJ 60-8/0 and 301-1 molds. The former «SFBJ PARIS» marking was replaced by the «71 UNIS FRANCE 149» one.

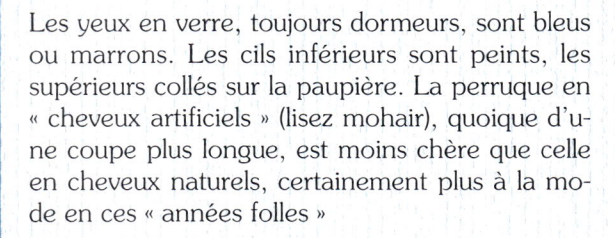

Les yeux en verre, toujours dormeurs, sont bleus ou marrons. Les cils inférieurs sont peints, les supérieurs collés sur la paupière. La perruque en « cheveux artificiels » (lisez mohair), quoique d'une coupe plus longue, est moins chère que celle en cheveux naturels, certainement plus à la mode en ces « années folles »

Bleuette's blue or brown glass eyes have become sleep eyes. The lower lashes are painted and the upper ones are glued on the eyes. The mohair wig, even with longer hair, was cheaper than the short cut human hair wig, but considered to be more fashionable in those years.

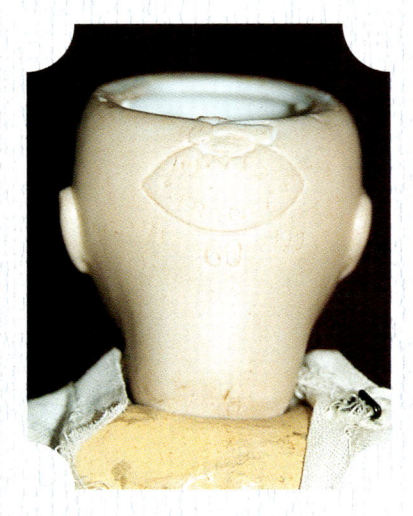

Le corps reste inchangé. Il est toujours tout articulé avec de jolies mains aux doigts déliés, le n° de taille «2» toujours gravé entre les omoplates et le «1» sous les pieds. La peinture utilisée à cette époque est plutôt pâle, tendant vers le jaune plus que vers le rose. Certaines Bleuette de cette époque portent encore l'étiquette tricolore «SFBJ PARIS» collée dans le dos.

The body hasn't changed. Fully articulated, it has nice hands with well detailed fingers. The size number «2» is always placed in the back as well as the «1» under the feet. The finish is pale, more yellowish than pinkish. Some Bleuette dolls from this period still bear the «SFBJ PARIS» paper sticker glued on the back.

CATALOGUE ETE/SUMMER 1925

- **Paris, robe et marquis tango, jaune,** vert amande, rouge, vert, lavande
  Paris, tangerine, yellow, almond green, red, green, lavender **dress and hat**
- **Gracieuse, robe bleu roi,** citron, groseille, vert, cloche
  Gracieuse (Gracious), royal blue, lemon, cherry, green **dress,** cloche
- Liseron, robe violine/rose, vert tendre/vert dur, citron /mandarine, chapeau
  Liseron (Bindweed), violet/rose, pale green /acid green, lemon /tangerine, hat
- Champs-Elysées, manteau galon rouille, bleu-roi ou vert cru, chapeau
  Champs-Elysées, coat with rust, royal blue, acid green braid, hat
- Promenade, jupe, blouse / Promenade, skirt, blouse

  Estival, robe et cabriolet, saumon ou champagne /Estival (Summery), dress and hat, salmon or champagne
  L'ondée, pèlerine en blanc, tango ou vert vif / L'ondée (Rain shower), white, tangerine or green cape
- Chamonix, chapeau, écharpe et gilet / Chamonix, hat, scarf, vest
- Bonne nuit, combinaison galon bleu / Bonne nuit (Good night) blue braided overall

1925

PARIS – «(...) robe élégante (...) en tissu très nouveau de petits pavés. Un gilet blanc, agrémenté de boutons, donne une note gaie. En tango, vert amande, rouge, jaune, vert et lavande. Le marquis PARIS en paille de riz». Il est rare de trouver cette robe avec son chapeau de paille garni même tissu que la robe (voir ci-dessus et sur la couverture).

PARIS – Elegant dress made of tangerine, almond green, red, yellow, green or lavender checked velvet with white front panel brightened by buttons. Rare straw hat trimmed with matching velvet knot. (see above and on the front cover).

101

1925

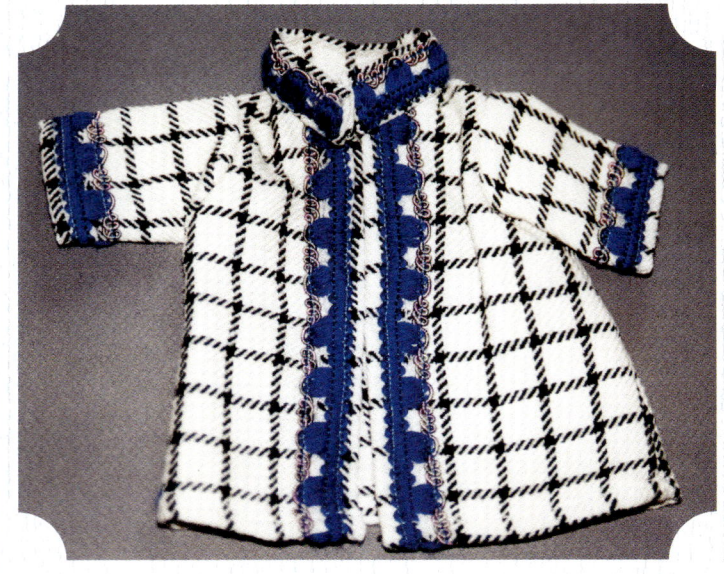

CHAMPS ELYSEES – «Manteau (…) en très beau lainage souple. Grands carreaux noirs sur blancs. L'éclat est donné par un riche galon rouille, bleu-roi, ou vert cru. Le chapeau dernier cri (…) est une paille souple ornée d'un nœud papillon de taffetas noir». Le chapeau, aussi vendu séparément, n'est pas répertorié. Modèle présenté dans ce seul catalogue.

CHAMPS ELYSEES – Soft black and white large checked wool coat with rust-colored, royal blue or acid green braid. Trendy soft straw hat trimmed with a black taffeta bow. The hat, also sold separately, is still unlisted. It sold during the summer of 1925 only.

LISERON – «Gracieuse robe (…) Des volants superposés sont dégradés de tons et taillés dans de soyeux rubans. Il y a les combinaisons de tons suivantes: violine et rose, vert tendre et vert dur, citron et mandarine. Le chapeau de paille, de forme nouvelle est garni de rubans effilés assortis de ton». Les deux éléments sont inséparables. Le chapeau n'est pas répertorié. Modèle présenté dans ce seul catalogue.

LISERON (BINDWEED) – Lush dress/five layers of graduating silk ribbons: from violet to rose; pale green to acid green; lemon yellow to tangerine. Trendy straw hat trimmed with matching fringed ribbons. Dress and hat sold as a set. The hat is still unlisted. It sold during the summer of 1925 only.

GRACIEUSE – Robe «Bleu-roi, citron, groseille, ou vert. (…) De l'organdi aux parements, un double galon de soie en bas de la robe (…) Le feutre blanc garni du galon semblable à celui de la robe». Le chapeau n'est pas répertorié. Proposé ce seul été.

GRACIEUSE (GRACIOUS) – Deep blue, lemon yellow, cherry-red or green dress with organdy facings, double silk braid on bottom of the skirt. Unlisted white felt cloche with matching braid. This model sold during the summer of 1925 only.

ESTIVAL – Robe «d'une dentelle fine posée sur un transparent saumon ou champagne» et cabriolet «coulissé assorti au transparent de la robe». Ces deux pièces inséparables ne sont pas répertoriées.

ESTIVAL (SUMMERY) – Lace dress over a salmon or champagne underdress matching a drawstring hat. The tho items, sold as a set, are still unlisted.

L'ONDEE - «Un capuchon extra léger et lavable en gomme souple» et «translucide». Ce modèle non répertorié, paru en croquis dans les catalogues de l'hiver 1925/1926 et de l'été 1926, était proposé en blanc, tango et vert vif.

L'ONDEE (RAIN SHOWER) – A transluscent white, tangerine or green rubber cape, also sketched in the following two catalogues. This model is still unlisted.

CHAMONIX – «Un ensemble exquis dont les trois pièces sont entièrement tricotées à la main (jaune , rose, vert, au choix)», reproposé les deux saisons suivantes. L'écharpe et le chapeau sont inséparables. Le gilet et l'écharpe ne sont pas répertoriés.

CHAMONIX – Knitted yellow, rose or green wool set, still sold during the following two seasons It includes a jacket, a hat and a scarf. The jacket could be purchased separately. The scarf and the jacket are still unlisted.

PROMENADE – «Bleuette est fière d'avoir son monogramme sur sa blouse en toile de soie, qui complète la jupe cloche de draperie épaisse». Modèle présenté dans ce seul catalogue.

PROMENADE – Silk cloth blouse embroidered with Bleuette's monogram. Woolen bell- shaped skirt. Sold during the summer of 1925 only

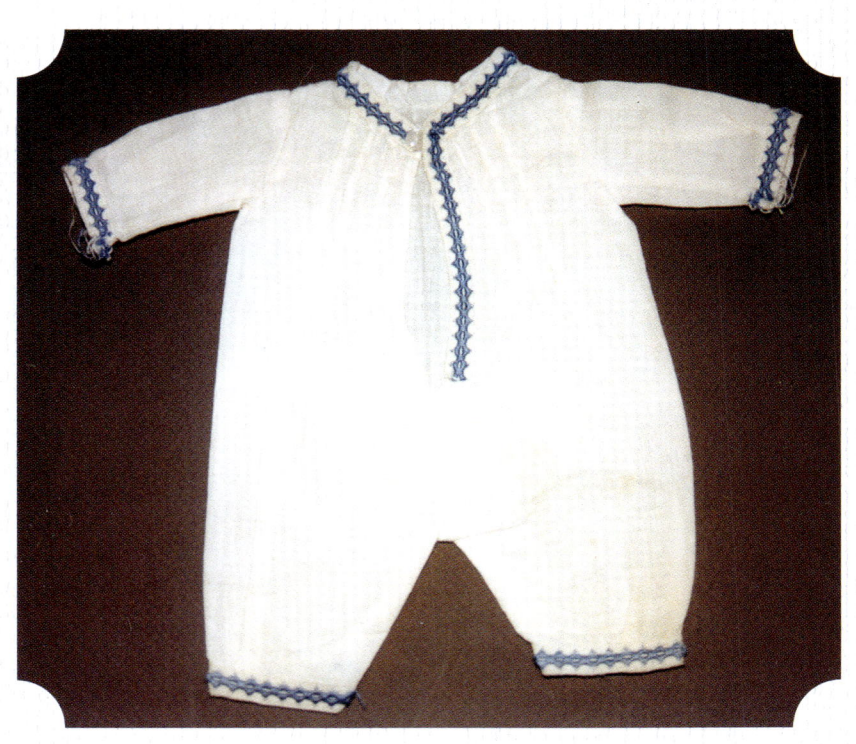

BONNE NUIT - Combinaison de nuit ornée, au choix, d'un galon rouge (voir catalogue hiver 1924/1925) ou bleu.

BONNE NUIT (GOOD NIGHT) – White cotton one-piece overall, red (see catalogue of the winter of 1924/1925) or blue braid.

1925

CATALOGUE HIVER/WINTER 1925-1926

- Nivôse, manteau et toque / Nivôse (Snowy) coat and hat
  Mah-Jong, robe / Mah-Jong, dress
- Noir et blanc, robe / Noir et blanc (Black and white), dress
  Pomponette, chapeau / Pomponette, hat
- Papillon, robe / Papillon (Butterfly), dress
- Feutre blanc, cerclé ruban / White felt hat, ribbon trim
- Bonjour, redingote et chapeau, variante rose ou cachou
  Bonjour, coat and hat, in rose or tangerine
- Giboulée, variante en caoutchouc quadrillé
  Giboulée (Showers), checked version
- Mitoufle, toque, cravate, manchon / Mitoufle (Wrap-up), hat, scarf, muff
- Jackson, simplifié / Jackson (Petticoat), simplified model
- Pantalon, simplifié / Pantalon (Pantie), simplified model
- Chemise de jour, simplifiée / Chemise de jour (Underwear), simplified model
- Paysanne des balkans, déguisement / Balkans paesent, fancy costume

NIVÔSE – Manteau «en velours de laine moelleux souligné d'un galon vif» inséparable de sa toque assortie, dont le fronton est en pointe. Ce modèle, rebaptisé «PASSE PARTOUT», figure au catalogue de l'hiver 1931/1932 (voir p.158).

NIVÔSE (SNOWY) – Woolen velvet coat, bright colored braid. The coat and the pointed brim hat were sold as a set. This model was renamed «PASSE PARTOUT» in the catalogue from the winter of 1931/1932 (see p. 158).

NOIR ET BLANC – «Un amour de robe en velours pékiné (…) Un gilet blanc, une écharpe du même ton égayent la sévérité du noir». Recommandée avec POMPONNETTE dans ce catalogue et avec un «picot blanc garni velours noir» l'été 1926.

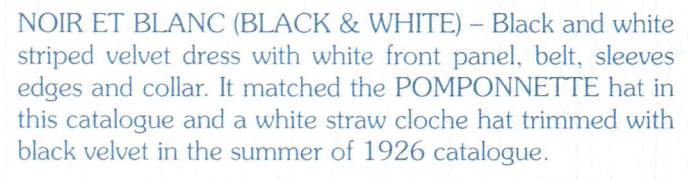

NOIR ET BLANC (BLACK & WHITE) – Black and white striped velvet dress with white front panel, belt, sleeves edges and collar. It matched the POMPONNETTE hat in this catalogue and a white straw cloche hat trimmed with black velvet in the summer of 1926 catalogue.

POMPONNETTE – «Grande capeline tendue en ottoman, surmontée d'un amusant pompon effilé». Recommandée avec NOIR ET BLANC. Figure dans ce seul catalogue et n'est pas répertoriée.

POMPONNETTE – Wide brim black ottoman hat with fancy fringed pompon. It appears only in this catlogue and it is still unlisted.

MAH-JONG – «Légère robe de crêpe soyeux». Modèle proposé ce seul hiver, non répertorié

MAH-JONG – Light silky crêpe dress, sold during that winter only and still unlisted.

PAPILLON - Robe de crêpe faite d'un léger plissé soleil, un ruban à l'encolure et en pendentif. Nous la connaissons en vert et en jaune. Elle n'apparaît que dans ce catalogue.

PAPILLON (BUTTERFLY) – Soft and light pleated dress trimmed with a ribbon around the neck and floating on the front. It is listed in green and yellow. It sold during the winter of 1925/1926 only.

FEUTRE BLANC «cerclé d'un simple ruban»

FEUTRE BLANC (WHITE FELT HAT) trimmed with a simple ribbon.

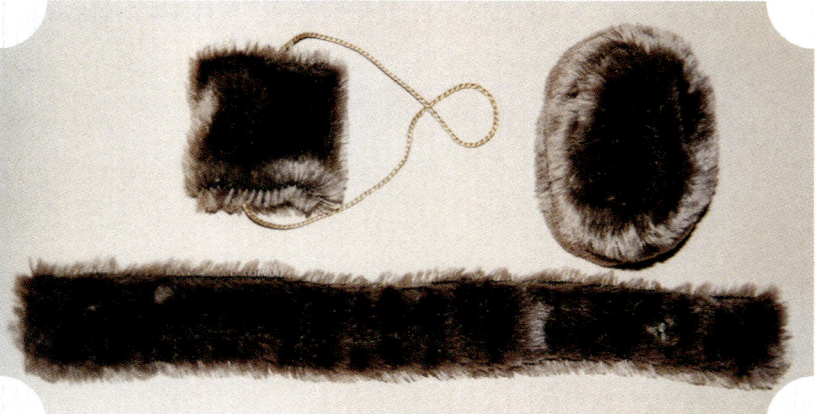

MITOUFLE - Toque, cravate et manchon façon fourrure. Trois pièces inséparables, reproposées jusqu'à l'hiver 1926/1927.

MITOUFLE (WRAP-UP) –Fun fur hat with matching scarf and hand warmer. Sold as a set until the winter of 1926/1927.

BONJOUR – «Une redingote (…) pincée à la taille, évasée de la jupe; 4 boutons pour toute parure. En rose, d'un ton indéfinissable, ou en cachou. Le feutre, cabossé avec art, est assorti à la redingote» Inséparables. Reproposé jusqu'à l'hiver 1926/1927. (Voir la variante en lainage écossais brique de l'été 1926 à la p. 109).

BONJOUR - Fitted coat with darts at the waist line, 4 buttons on the front. It came in old rose and deep brown and sold as a set with a matching battered felt hat until the winter of 1926/1927. A brick red tartan version was sold during the summer of 1926 (see p. 109).

GIBOULEE – «capuchon de caoutchouc quadrillé». Dans le catalogue suivant on précise qu'il est noir et blanc. Inchangé jusqu'à l'hiver 1934/1935.

GIBOULEE (SHOWERS) – Checkered black and white rubber hood. This popular model sold in this color until the winter of 1934/1935.

1925 • 1926

105

1925 • 1926

JACKSON - Lingerie, forme simplifiée.
UNDERSKIRT – simplified model

CHEMISE DE JOUR - Lingerie, forme simplifiée.
UNDESHHIRT – simplified model

PANTALON - Lingerie, forme simplifiée
PANTIE – Simplified model.

PAYSANNE DES BALKANS - Déguisement annoncé dans *La Semaine de Suzette* de Février 1926. La coiffure et le fichu ne sont pas répertoriés.

PEASENT FROM THE BALKANS - Costume advertised in *La Semaine de Suzette* of February 1926. The headdress and the scarf are still unlisted.

CATALOGUE ETE/SUMMER 1926

Alerte, robe, chapeau / Alerte (Agile), dress, hat
- Champêtre, robe et chapeau / Champêtre (Rural), dress and hat
- Chemin faisant, manteau / Chemin faisant (On the way), coat
- Bonjour, redingote et chapeau assorti, variante écossais brique /Bonjour, rust colored tartan coat and hat
- Au bois, robe / Au bois (In the woods), dress
- La jolie saison, robe, chapeau / La jolie saison (The nice season), dress, hat
- Chapeau, picot blanc orné ruban ou carré cretonne / White straw hat trimmed ribbon or cretonne
- Chapeau, paille rouge orné carré cretonne / Red straw hat, trimmed cretonne
- Chapeau, feutre blanc cerné ruban fantaisie /White felt hat, fancy ribbon trim
- Peignoir éponge sans revers / Bathing cloth with no turned-up collar

AU BOIS - Robe en crépon à volants garnis de ruban. Nous avons répertorié deux variantes de couleur, en jaune et en bleu. Reproposé l'hiver 1926/1927.

AU BOIS (IN THE WOODS) – Crepe dress with two layers edged with a ribbon. We know a yellow and a blue versions. It sold until the winter of 1926/1927.

LA JOLIE SAISON - «Délicieuse robe de tobralco émaillée de fleurettes vives. (…) Souple capeline en lacet souligné d'un ruban vif». La robe est inséparable du chapeau mais le chapeau était aussi vendu tout seul, il n'est pas répertorié.

LA JOLIE SAISON (THE NICE SEASON) Flowered tobralco dress edged with bright colored ribbon. Matching soft straw wide brimmed hat. Sold as a set. The hat only, still unlisted, was sold separately.a

1926

107

1926

PEIGNOIR EPONGE - Nouvelle version du col, sans revers.
BATHING CLOTH – New version without turned down collar.

CHAPEAU, «feutre blanc cerné ruban fantaisie»
White felt hat, surrounded by a fancy ribbon.

CHAPEAU, «picot blanc orné ruban ou carré crétonne», non répertoriés.
White straw hat, ribbon or cretonne decoration, still unlisted.

ALERTE – «Un boléro cerné de galon de soie vive sur une jupe à plis creux (...), chapeau de paille assorti». Ces trois éléments inséparables et non répertoriés figurent dans ce seul catalogue.

ALERTE (AGILE) – A jacket trimmed with a bright silk brim, a box pleated skirt and a mathing straw hat. Sold as a set and still unlisted.

CHAMPETRE – «(...) robe de coton gros grain uni garni de cretonne (...) Chapeau picot blanc garni de cretonne». Ces éléments inséparables ont été proposés cette seule saison. La robe n'est pas répertoriée.

CHAMPETRE (RURAL) – Plain petersham cotton dress trimmed with cretonne. White straw hat with matching cretonne. Sold as a set during the summer of 1926 only. The dress is still unlisted.

CHAPEAU, «paille rouge ornée carré de cretonne»
Red straw hat with cretonne trim.

108

BONJOUR – «La redingote tailleur en forme, d'un écossais brique aux tons très doux. Le feutre cabossé est assorti de ton». Inséparables (voir p. 105).

BONJOUR – The brick red tartan version of the coat and hat described on page 105 was sold during this summer only.

CHEMIN FAISANT – «Manteau (…) en vélusine frappée barrée en triangle d'un très beau galon». Proposé dans ce catalogue seulement.

CHEMIN FAISANT (ON THE WAY) Short pile cotton velvet coat trimmed with a rich braid. Sold during this season only.

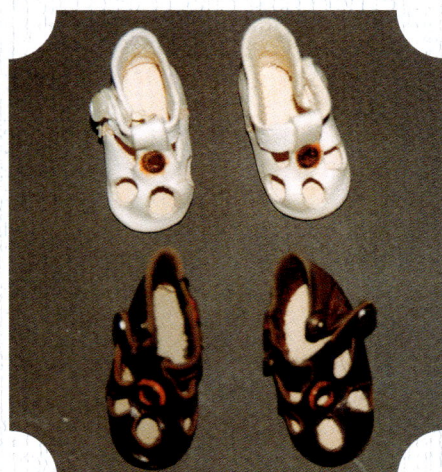

SANDALES genre Kneipp – deuxième version des nu-pieds à trous, proposée de l'été 1927 jusqu'à l'été 1940.

SANDALES genre Kneipp - This second version of the beach shoes had round holes and sold from 1927 to 1940.

1926

109

CATALOGUE HIVER/WINTER 1926/1927

- La côte basque, blazer, jupe et béret / La côte basque (The basque coast), blazer, skirt, beret
- Mon beau page, manteau et toque / Mon beau page (My pretty page), coat and hat
- La steppe, manteau tricoté maïs, céleste, pervenche ou saumon
  La steppe (Steppe), knitted coat in corn yellow, sky blue, periwinkle, salmon
- Sportive, jupe et pull-over azalée, turquoise, jade, bouton d'or
  Sportive, skirt and pull-over azalea, turquoise, jade, golden yellow
- Le Bon Petit Diable, jupe, blouse, jaquette, béret
  Le Bon Petit Diable (The Nice Little Devil) , skirt, boulse, jacket, beret
- Son anniversaire, robe / Son anniversaire (Her birthday), dress
- Un conte de fées, robe et béret / Un conte de fées (A fairy tale), dress, hat
- Une visite, robe et chapeau / Une visite (A visit), dress and hat
- Huit heures, pyjama / Huit heures (Eight o'clock), pajama
  Bouquetière, déguisement / Bouquetière (Flower seller), fancy costume.

COTE BASQUE – «Un ensemble composé d'une jupe plissée blanche, d'un blazer rayé, et d'un béret basque blanc» 3 pièces inséparables. En plus de ces trois variantes, il existe aussi un blazer rayé orange vif et blanc. Proposé jusqu'à l'été 1928.

COTE BASQUE (THE BASQUE COAST) – This set, sold until the summer of 1928, includes a striped blazer, a pleated white skirt and a white felt basque beret. We also listed a version with orange and white striped blazer, not pictured here.

110

1926 • 1927

MON BEAU PAGE – «Manteau de fantaisie en beau velours de laine, galonné en créneaux (…) Et la toque suit ce mouvement crénelé». Inséparables.

MON BEAU PAGE (MY PRETTY PAGE) – Fancy woolen velvet coat with crenelations edged with a black ribbon. Matching hat. Sold as a set during the winter of 1926/1927.

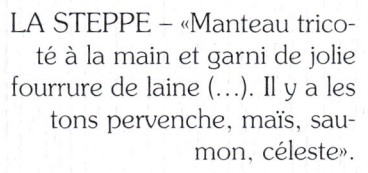

LA STEPPE – «Manteau tricoté à la main et garni de jolie fourrure de laine (…). Il y a les tons pervenche, maïs, saumon, céleste».

STEPPE – Hand knitted coat trimmed with fun fur. It came in periwinkle, corn, salmon and sky blue.

111

1926 · 1927

SON ANNIVERSAIRE – «Robe en beau jersey de soie d'un ton très tendre dont l'ampleur est ressaisie à la jupe par un galon riche». Nous la connaissons en saumon, en turquoise et en safran (non photographiée).

SON ANNIVERSAIRE (HER BIRTHDAY) – Silk jersey dress, rich braid. We listed a salmon, a turquoise and a safran (not pictured) versions.

SPORTIVE – «(…) pull-over, en tricot à la main, dessins fantaisie. Des tons azalée, jade, bouton d'or, turquoise, au choix. Jupe plissée blanche montée sur corps de lingerie». Le pull-over et la jupe pouvaient être acheté séparément. Modèle reproposé l'été 1927.

SPORTIVE – Set including an azalea or jade or golden yellow or turquoise hand knitted pull-over and a white pleated skirt. The pull-over and the skirt could be purchased separately and were still available during the summer of 1927.

112

1926 • 1927

UN CONTE DE FEES – Robe en velours «tout quadrillé d'impression métallique, petit serpentin en feston au col et à la jupe. Béret assorti». Inséparables. Proposé cette seule saison.

UN CONTE DE FEES (A FAIRY TALE) – Velvet dress squared with metallic dots, streamer trim at the neck and skirt. Matching beret. Sold as a set during the winter of 1926/1927.

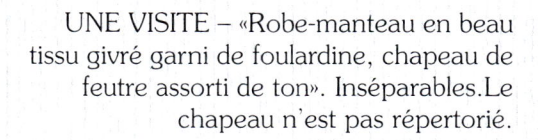

UNE VISITE – «Robe-manteau en beau tissu givré garni de foulardine, chapeau de feutre assorti de ton». Inséparables. Le chapeau n'est pas répertorié.

UNE VISITE (A VISIT) – Elegant coat-shaped dress made of frozen like fabric and printed silk with a matching felt hat. Sold as a set during the winter of 1926/1927. The hat is still unlisted.

LE BON PETIT DIABLE – «(…) une jupe plissée écossaise, une blouse lingerie blanche, une jaquette de beau velours noir et le petit bonnet de police aux rubans flottants». 4 pièces inséparables. Le bonnet n'est pas photographié.

LE BON PETIT DIABLE (THE NICE LITTLE DEVIL) – A tartan pleated skirt, a white cotton blouse, a black velvet jacket and a police matching bonnet with floating ribbons (not pictured) were sold as a set during the winter of 1926/1927.

1926 • 1927

HUIT HEURES - Pyjama rayé, garni ton uni, brandebourgs. Nous l'avons répertorié en céleste et en cyclamen.

HUIT HEURES (EIGHT O' CLOCK) – Striped cotton pajama, trimmed with plain cotton and frogs. We listed a blue and a cyclamen versions.

BOUQUETIERE - Déguisement annoncé dans *La Semaine de Suzette* de Février 1927.

BOUQUETIERE (FLOWER SELLER) – Costume advertised in *La Semaine de Suzette* of February 1927.

CATALOGUE ETE/SUMMER 1927

- Simplicité, robe et chapeau / Simplicité (Simplicity), dress and hat
- Comme autrefois, robe, capeline / Comme autrefois (Retro styled), dress, hat
- Brise printanière, robe / Brise printanière (Spring breeze), dress
- Coquetterie, chapeau / Coquetterie (Stylishness), hat
- Au grand air, jaquette et robe / Au grand air (In the open), jacket and dress
- Chapeau de paille assorti à Au grand air / Straw hat matching Au grand air
- Partir, manteau / Partir (Leaving), coat
- Chapeau de paille garni ruban chapelier / Straw hat trimmed ribbon

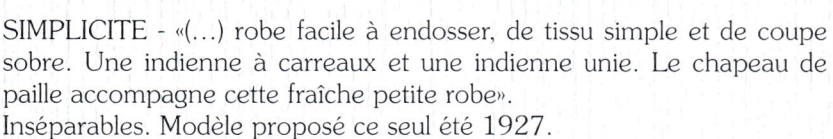

SIMPLICITE - «(…) robe facile à endosser, de tissu simple et de coupe sobre. Une indienne à carreaux et une indienne unie. Le chapeau de paille accompagne cette fraîche petite robe».
Inséparables. Modèle proposé ce seul été 1927.

SIMPLICITE (SIMPLICITY) – Easy-to-wear dress made of squared and plain cotton. Sober line. Matching straw hat. Sold as a set during the summer of 1927.

COMME AUTREFOIS
«Robe de style à fleurettes. La capeline bonne femme» assortie. Modèle proposé ce seul été 1927.

COMME (AUTREFOIS RETRO STYLED) – Flowered cotton retro dress and matching hat. Sold during the summer of 1927.

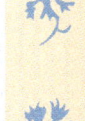

1927

BRISE PRINTANIERE – «Robe floue de crêpe de Chine». Nous avons répertorié ce modèle en rose/bleu paon et en vert amande/marron glacé. Proposé cette seule saison.

BRISE PRINTANIERE (SPRING BREEZE)
Loose-fitting crepe de Chine dress. We listed a pink/blue and green/marron glacé versions. It sold during one season only.

AU GRAND AIR – «Une délicieuse jaquette de nubienne sur une robe entière rayée».
Inséparables et figurant dans ce seul catalogue.

AU GRAND AIR (IN THE OPEN)
Nubian wool jacket over a striped dress. Sold as a set during the summer of 1927 only.

CHAPEAU DE PAILLE – Conseillé avec l'ensemble AU GRAND AIR.

CHAPEAU DE PAILLE (STRAW HAT)
Straw hat matching AU GRAND AIR.

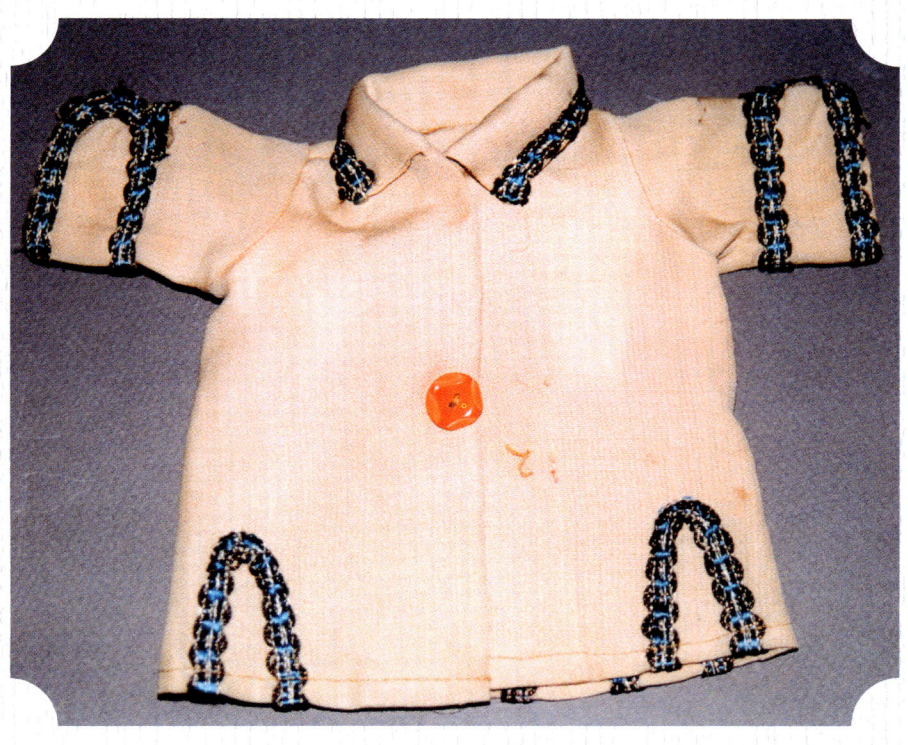

PARTIR – «Manteau de beau lainage rouille, caramel au lait et garni de beau galon fantaisie».

LEAVING – Rust colored or milk caramel colored coat, rich fancy braid and button. Available during the summer of 1927 only.

1927

«Chapeau paille garni ruban chapelier»

Straw hat trimmed with fancy ribbon.

117

CATALOGUE HIVER/WINTER 1927/1928

- Les Frimas, bonnichon, étole, manchon / Les frimas (Wintry weather), Hat, stole muff
- Longchamp, manteau / Longchamp, coat
- Ecolière, robe / Ecolière (Schoolgirl) dress
- Trottinette, tailleur rouge ou bleu-vert / Trottinette (Walker), suit
- Papillon, chapeau / Papillon (Butterfly), hat
- Match, gilet / Match, vest
- Soigneuse, tablier / Soigneuse (Careful), apron
- Tasse de thé, robe / Tasse de thé (Cup of tea), dress
  Grand Chic, manteau, feutre / Grand Chic, coat, felt hat
- Bambine, robe / Bambine, dress
- Skating, manteau azur, rose, maïs / Skating, sky blue, rose, corn yellow coat
- Pluviôse, variante avec bouton au chapeau
  Pluviôse (Rainy), version with a button on the hat
- Mélusine, feutre haute boucle / Mélusine, felt hat with big buckle
  Feutre noir garni créneaux galalithe / Black felt hat with galalithe decoration
- Feutre gris, garni boucle / Grey felt hat with a buckle
- Feutre marron, garni boucle / Brown felt hat with a buckle
- Danseuse, déguisement / Danseuse (Dancer), fancy costume
  Culotte et chaussons en laine tricotée / Knitted slip and socks
- Elégant, tablier en plumetis quadrillé / Elegant checkered plumetis apron

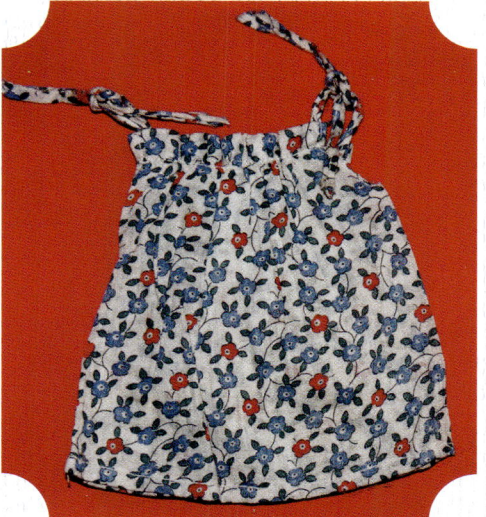

ELEGANT – Tablier en plumetis quadrillé. Le croquis représente bien cette variante mais le descriptif est toujours le même.

ELEGANT – this checkered plumetis apron corresponds to the sketch but the description doesn't change.

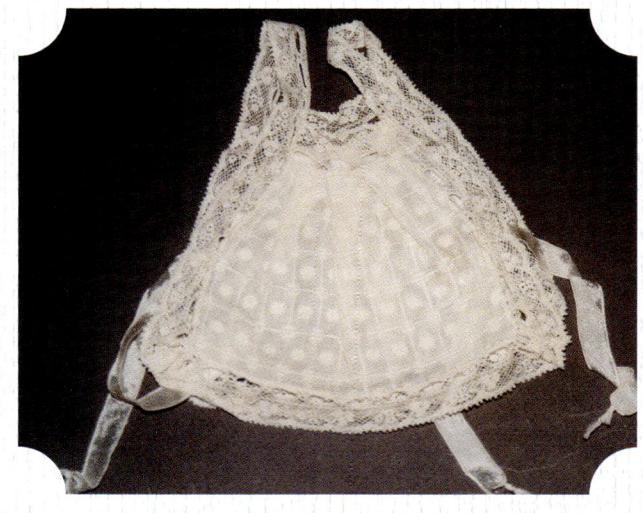

SOIGNEUSE – «Joli (…) tablier bien enveloppant». Existe en des cotonnades variées et figure au catalogue jusqu'à l'hiver 1932/1933.

SOIGNEUSE (CAREFUL) – Wrapping printed cotton apron sold until the winter of 1932/1933.

118

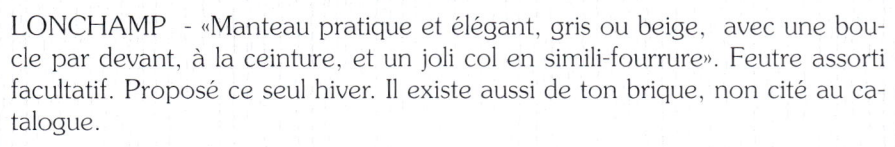

LONCHAMP - «Manteau pratique et élégant, gris ou beige, avec une boucle par devant, à la ceinture, et un joli col en simili-fourrure». Feutre assorti facultatif. Proposé ce seul hiver. Il existe aussi de ton brique, non cité au catalogue.

LONCHAMP – Grey or beige coat, front buckle at the belt, fun-fur collar. A matching felt hat was sold separately. This model was available during the winter of 1927/1928. It also exists a rust-colored version, not mentioned in this catalogue.

Feutre gris ou marron garni boucle

Grey or brown felt hat with a metal buckle.

Feutre Mélusine, garni haute boucle.

Plushy felt hat with a wide metal buckle.

LES FRIMAS – «L'ensemble se compose d'un bonnichon, d'une étole et d'un manchon en bouclettes de laine blanche». 3 pièces inséparables, reproposées l'hiver 1928/1929.

LES FRIMAS (WINTRY WEATHER) – Curly wool fun fur hat, stole and muff. Sold as a set until the winter of 1928/1929.

1927 • 1928

119

1927 • 1928

ECOLIERE – «Robe écossaise. Une ceinture de cuir, un col en pointe, blanc, une régate, voilà les ornements». Existe en tissus de tons différents. Modèle proposé ce seul hiver.

SCHOOL DRESS – Tartan dress. Leather belt, pointed white collar, black tie. It came in various fabrics and sold during the winter of 1927/1928 only.

TASSE DE THE – «Robe de nuance tendre, en très beau crêpe de Chine, garni de dentelle et gilet blanc». Proposé pendant une saison seulement.

CUP OF TEA – Tender colored crepe and lace dress with a white pleated fron panel. Sold during the winter of 1927/1928 only.

GRAND CHIC – «Beau manteau de velours royal garni aux parements de simili fourrure. Chapeau de feutre assorti». Ce modèle non répertorié ne figure que dans ce catalogue.

GRAND CHIC – Royal blue velvet coat, funfur at the collar and sleeves, matching felt hat with galalith crenelations. This unlisted model appears in this catalogue only.

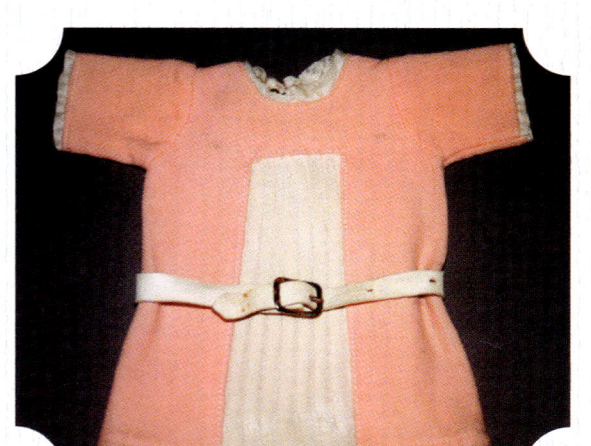

BAMBINE – «Gaie et pimpante, cette petite robe de nubienne d'un ton pâle a pour garniture un devant plissé en soie et une jolie ceinture de peau blanche». Proposé cette seule saison.

BAMBINE – Soft tone wool dress with front pleated panel and white leather belt. Sold during the winter of 1927/1928 only.

MATCH – «Joli gilet sans manches d'un tissu façon Jacquart, bordé d'une ganse assortie, en carmin et blanc, ou roi et blanc». Une jupe plissée blanche était vendue séparément. Vendu cette seule saison.

MATCH – Jacquart vest edged with a red and white or blue and white braid. A pleated white skirt was sold separately. Available during the winter of 1927/1928 only.

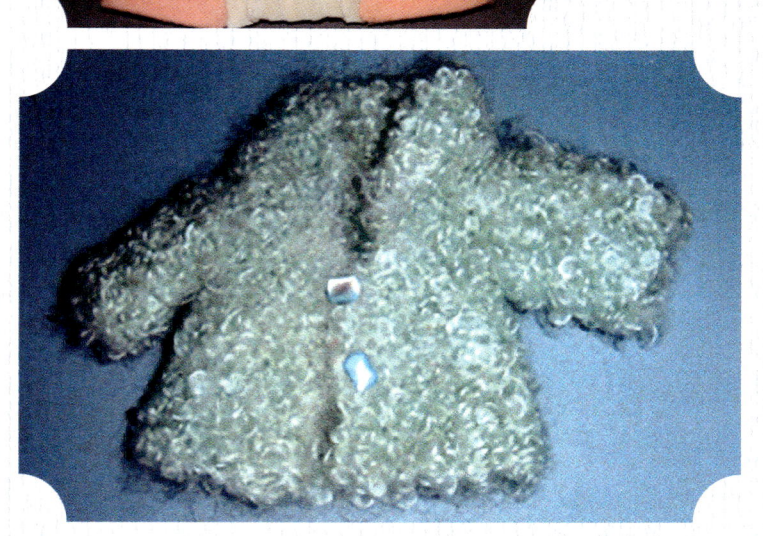

SKATING – «Merveilleux trois-quarts en boucle de laine, tricoté main, dans des tons rose, azur, maïs». Proposé cette seule saison.

SKATING – Three-quarter hand knitted curly wool coat offered in rose, sky blue and corn. . Sold during the winter of 1927/1928 only.

120

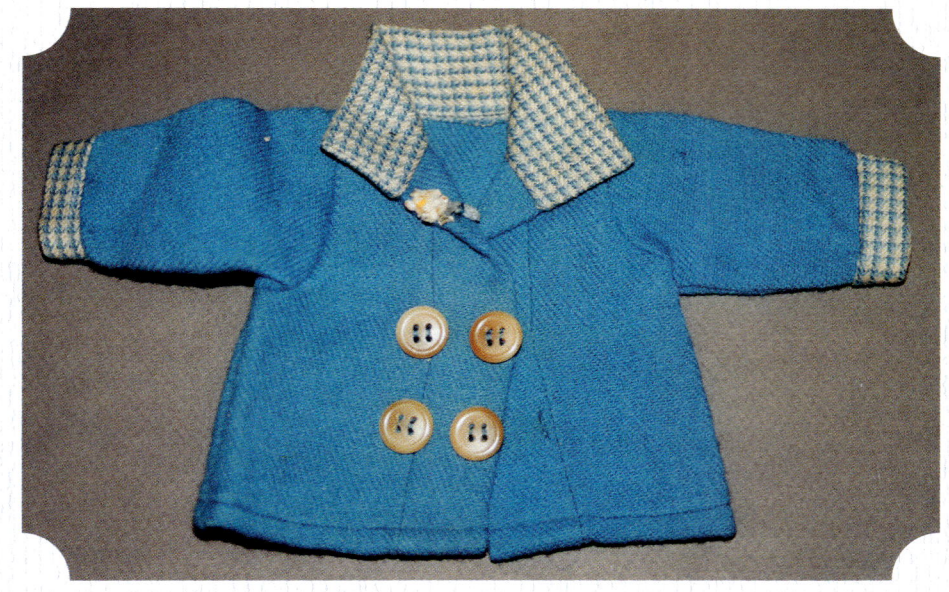

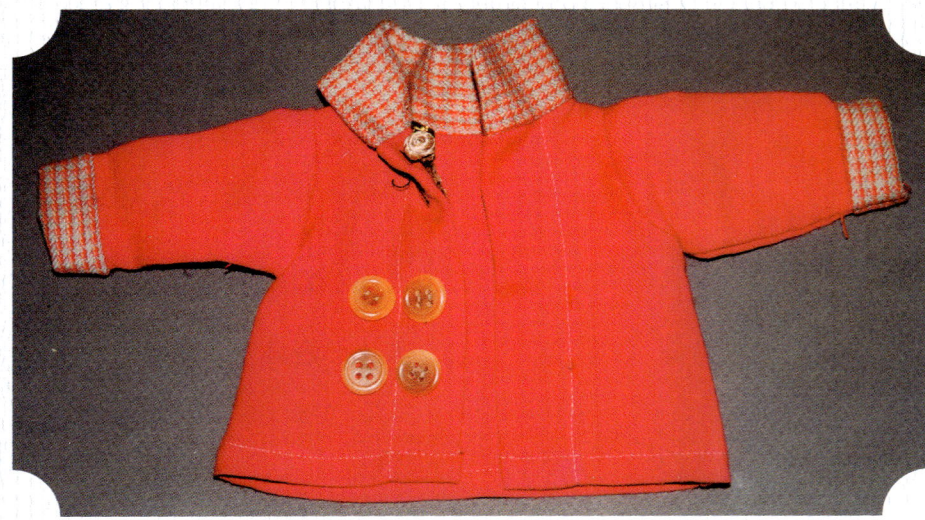

PAPILLON – «Toquet de ganse cirée noire, garni boucle métal».

PAPILLON (BUTTERFLY) – Black oilskin braid bonnet with a bow and a metal buckle.

TROTTINETTE – «Tailleur, jupe pied de poule, jaquette de ton uni assorti. Nuance rouge ou bleu-vert». Conseillé avec le toquet PAPILLON. Proposé cette seule saison.

TROTTINETTE (WALKER) – Suit including a pied-de-poule skirt and a plain red or green-blue matching jacket. Suggested with the hat PAPILLON. Available during the winter of 1927/1928.

1927・1928

121

1927 • 1928

PLUVIÔSE, variante du classique imperméable avec bouton au chapeau.

PLUVIÔSE (RAINY) – A variation of the classic rain coat with a button on the hat.

LA SAUVAGESSE et LA FLEUR
Déguisements annoncés dans La Semaine de Suzette du 2 Février 1928 et non répertoriés.

LA SAUVAGESSE et LA FLEUR – (THE LITTLE SAVAGE and THE FLOWER) Two carnival costumes still unlisted.

BECASSINE - Variante de sabots correspondant exactement au croquis de la saison.

BECASSINE – This version of clogs corresponds exactly to the sketch.

DANSEUSE - Déguisement annoncé dans La Semaine de Suzette du 2 Février 1928, présenté ci-dessus en deux variantes de couleur.

DANSEUSE (DANCER) – A fancy costume advertised in La Semaine de Suzette dated February 2, 1928. Two color variations are presented.

1928-1933

1928 • 1933

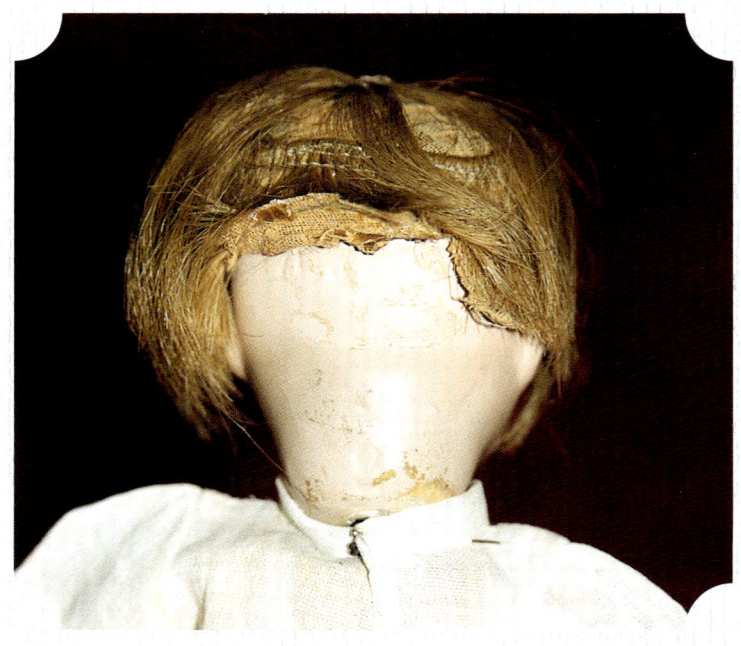

La nouveauté en cet été 1928 consista en une Bleuette à tête en carton bouilli. D'après nos recherches, le seul moule utilisé par la SFBJ pour la Bleuette incassable antérieure à 1933, et mesurant donc 27 cm de hauteur, est le 251 en taille 2. Cette Bleuette, dont l'authenticité est évidente et prouvée par de très nombreuses sources incontestables, a toujours les yeux dormeurs en verre, les cils inférieurs peints et les supérieurs en cheveux naturels, la bouche ouverte sur 2 dents supérieures et la langue apparente, la perruque en cheveux naturels courts, généralement blonds, coiffés sans frange avec une mèche sur le côté.

The summer of 1928's newest release was the unbreakable Bleuette doll. According to our research, the only authentic Bleuette doll with an unbreakable head produced before 1933 and measuring 27 cm of height has the head made out from the 251 mold in size 2. This Bleuette, whose authenticity is proved by a large number of unquestionable provenances, always has sleeping glass eyes, lower painted lashes, upper human hair lashes, open mouth with 2 upper teeth and a visible tongue and human hair short cut and side part wig, generally blonde with no fringe.

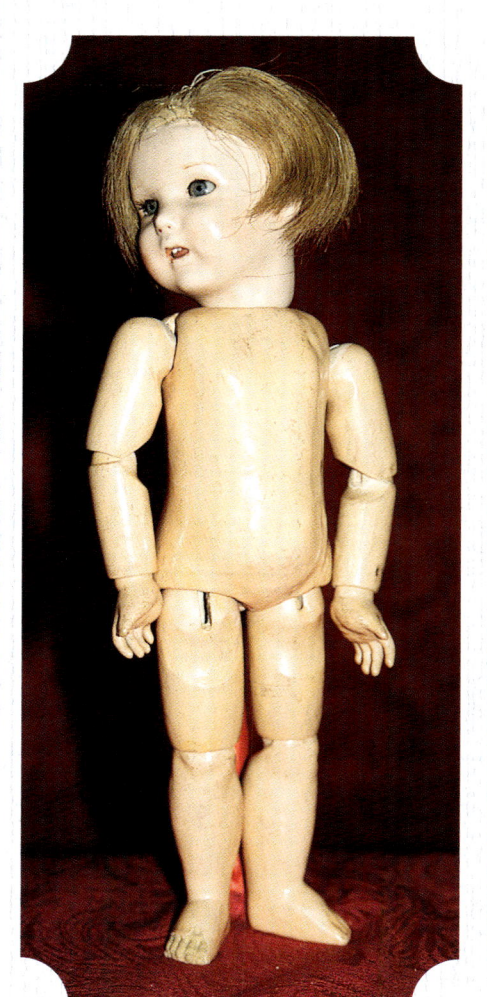

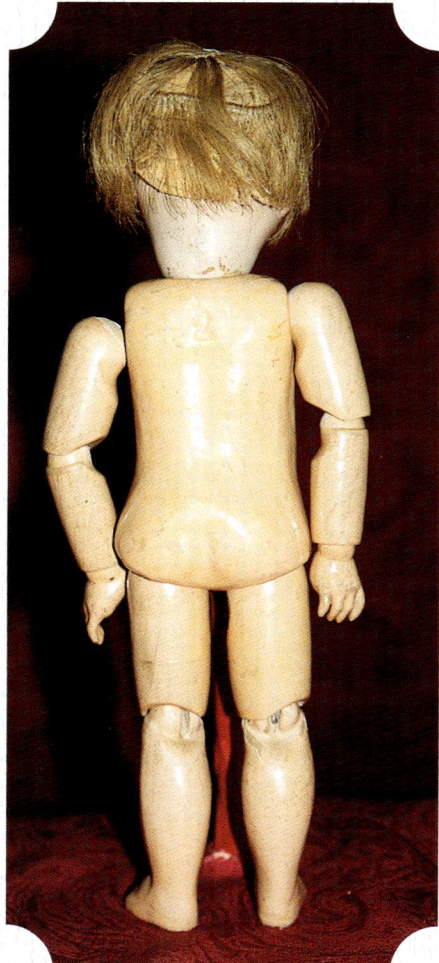

Le corps de cette Bleuette est identique à celui de sa contemporaine à tête en biscuit issue des moules 60-8/0 ou 301-1. Le numéro de taille «2» est toujours gravé, plus ou moins lisiblement, entre les omoplates et le numéro «1» sous les pieds. La peinture est encore claire, d'un ton tendant plus au jaune qu'au rosé.

The body of this Bleuette doll is identical to the classic body of the bisque headed Bleuette made from the 60-8/0 or 301-1 molds. The number «2» is always engraved, but sometimes not very visibly, in the back, as well as the number «1» under the feet. The finish is still more yellowish than pinkish.

CATALOGUE ETE/SUMMER 1928

Nous irons au bois, robe / Nous irons au bois (To the woods), dress
- Jenny, robe / Jenny, dress
- Footing, manteau / Footing, coat
- Petite fille modèle, robe et capeline / Petite fille modèle, dress and hat
- Espiègle, robe et canotier / Espiègle (Impish), dress and hat
- Championne, pull et jupe / Championne, pull-over and skirt
- Coupe-vent, filet de cheveux / Coupe-vent (Hairnet)
- Chapeau paillasson canotier, cravaté d'un galon fantaisie / Boater straw hat trimmed with a fancy braid
- Chapeau paille et crin relevé devant en bis, rouge, vert / Straw and horse hair hat in grey-beige, red, green
- Petit crabe, costume de plage / Petit crabe (Little crab) beach outfit
- La rafale, trench-coat, breton / La rafale, trench-coat, hat

PETITE FILLE MODELE – «Toilette de soie bordée ton opposé, une fleur à la taille. Grande capeline de paille aux rubans flottants».

PETITE FILLE MODELE – Silk dress edged in a contrasting color, a flower at the waist. Large straw hat, floating ribbons.

FOOTING – «Sobre manteau de velours à côtes, de ton gris, garni d'un galon qui le rehausse».
FOOTING – Sober gray corduroy velvet coat brightened up with braid.

CHAPEAU PAILLASSON canotier de paille cravaté d'un galon fantaisie. Cet article, qui figure dans le coin de la modiste, est conseillé avec FOOTING lorsqu'il est garni d'un galon assorti au manteau. Le même canotier, garni d'un autre ruban, forme un ensemble avec la robe ESPIEGLE.

STRAW HAT – straw boater trimmed with a silk ribbon. This hat, sold separately, comes with two different silk ribbons matching the coat FOOTING or the dress ESPIEGLE.

1928

125

1928

NOUS IRONS AU BOIS – «Robe de crépon gaufré en pavés (bleu, vert, tango). Garniture flanelle blanche et boutons fantaisie». Modèle non répertorié conseillé avec le CHAPEAU RELEVE, paille et crin (voir ci-contre).

TO THE WOODS – Blue, green or tangerine embossed crepe dress. White flannel trimming and fancy buttons. Suggested with the straw and horse hair hat pictured on the right.

CHAPEAU RELEVE DEVANT – «Paille et crin en rouge, vert ou bis» Conseillé avec NOUS IRONS AU BOIS et TROTTINETTE.

CHAPEAU RELEVE DEVANT (STRAW HAT) Straw and horse hair hat in red, green or greyish-brown matching the models NOUS IRONS AU BOIS and TROTTINETTE

JENNY – «Robe bien parisienne en étamine pure laine ornée de broderies au point de croix entièrement faites à la main». Un «mouchoir beau crêpe de Chine pour la poche» était facultatif mais pas vendu séparément.

JENNY – Very parisian woolen dress hand embroidered. A matching crepe hankerchief could be included but not sold separately.

ESPIEGLE – «Robe de duvetine, ton rose ou bleu, cravatée d'écossais, ceinture de peau blanche. Canotier assorti à la robe». Inséparables.

ESPIEGLE (IMPISH) – Blue or rose velveteen dress trimmed with a plaid silk ribbon, white leather belt. Sold as a set with a matching straw boater.

126

CHAMPIONNE – Modèle remplaçant l'ancien SPORTIVE. Ce pull tricoté main comporte un dessin de bandes horizontales. Une jupe plissée blanche était vendue séparément ainsi que le filet de cheveux ci-contre.

CHAMPIONNE – This new hand knitted sweater replaces the older SPORTIVE and is decorated by horizontal stripes. A white pleated skirt was sold separately as well as the hairnet COUPE VENT.

PETIT CRABE - «Costume de bain bicolore: gilet en flanelle blanche, culotte en flanelle bleu dur.» Un petit crabe imprimé orne le gilet.

PETIT CRABE (LITTLE CRAB) – Blue and white bathing suit with a crabe decorating the bodice.

COUPE VENT - Filet de cheveux de tons différents, conseillé avec SPORTIVE.

COUPE VENT (WINDBREAKER) – Hairnet suggested with SPORTIVE. It came in various colors.

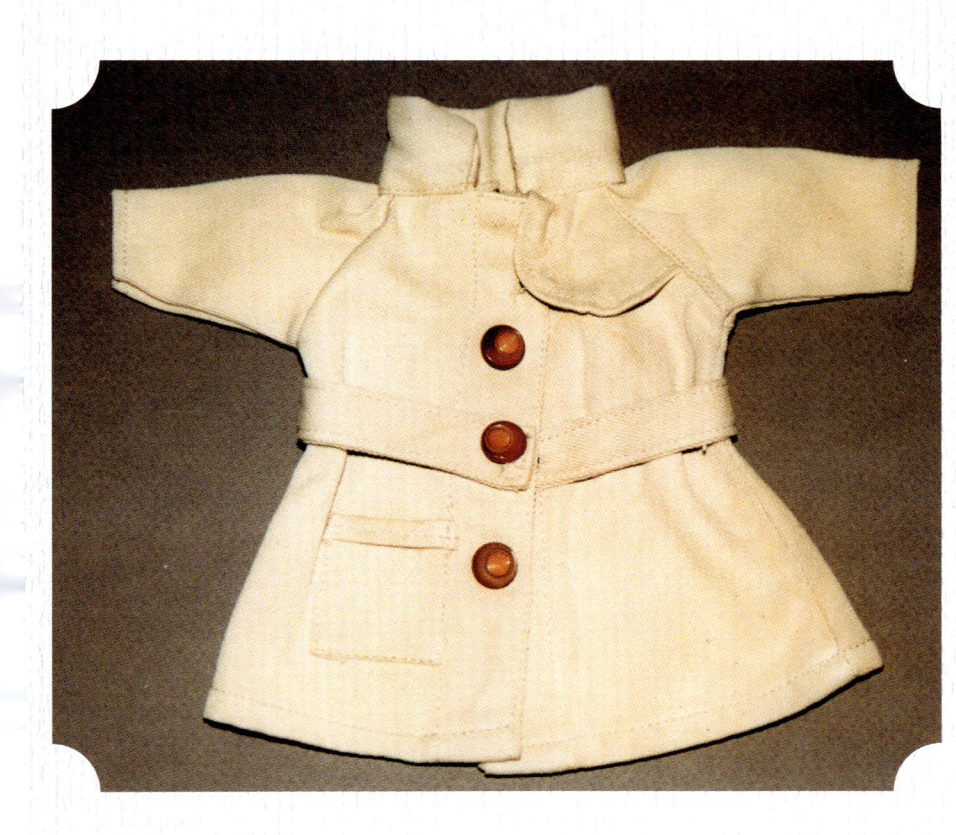

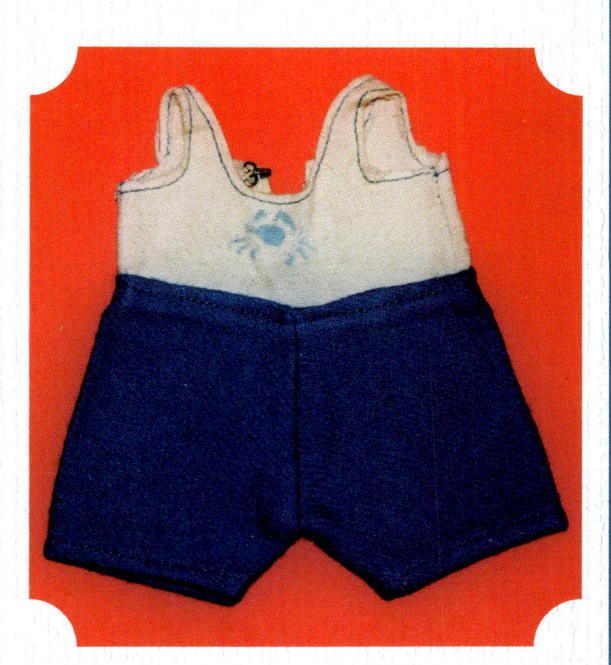

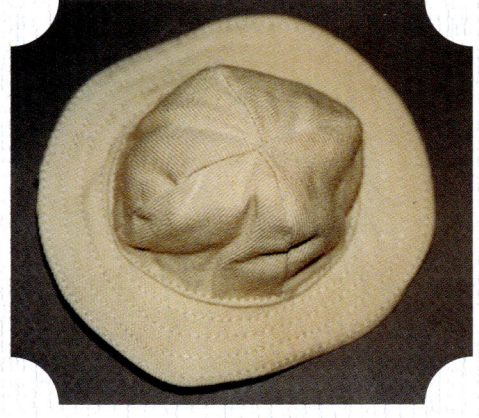

LA RAFALE – «Le dernier cri du manteau imperméable, le vrai trench-coat, en gabardine de coton mastic». Chapeau breton assorti au trench coat. Un classique de la garde-robe de Bleuette, reproposé jusqu'à l'été 1935.

LA RAFALE (GUST) – Trendy trenchcoat cut into a greyish gabardine. Waterproof hat matching the trench-coat. This succesful model sold until the summer of 1935.

GIBOULEE - variante en bleu et blanc, non répertoriée

GIBOULEE (SHOWERS) - the blue and white variant is still unlisted.

1928

127

1928

AT HOME - variantes simples en coton, sans poches. / AT HOME - simpler cotton version with no pockets.

AT HOME - variante de luxe en velours côtelé, sans poches
AT HOME - De luxe corduroy velvet dressing gown with no pockets.

JARDINIER - Variante en cretonne imprimée correspondant au croquis de la saison.

GARDENER – This version exactly corresponds to the sketch included in this catalogue.

128

CATALOGUE HIVER/WINTER 1928/1929

- Un Petit rien, robe / A little nothing, dress
- Floue, robe / Loose fitting, dress
- Très sage, robe / Very well behaved, dress
- Esquimau, costume de ski / Eskimo, ski set
- Arc-en-ciel, robe, jaquette / Rainbow, dress, jacket
- Poil de chameau, chapeau / Camelhair, hat
- Capeline chenille soie / Silk chenille wide-brimmed hat
  Très seyant en pailletine / Very becoming, straw hat
- Très seyant an chenille de soie / Very becoming, silk chenille hat
- Chiquito bleu roi, rouge, blanc / Chiquito in blue, red, white
- Douillette, manteau / Cosy, coat
- La sobre ligne, robe, toquet / Sober line, dress, hat
- Troïka, jauette, jupe chapeau / Troïka, jacket, skirt, hat
- Le beau voyage, manteau, chapeau / Beautiful trip, coat, hat
  Malle 1 compartiment (L'express 24) / Trunk with one sections
  Malle 2 compartiments (Le Rapide 48) / Trunk with two sections
  Nurse anglaise, déguisement / English nurse, fancy costume
  Nounou, déguisement / Nanny, fancy costume

ESQUIMAU – «Costume de ski tricoté à la main, parements de laine grattée et rasée, bonnet pull-over, et culotte- guêtres». Nous ne le connaissons qu'en blanc cassé.

ESQUIMAU (ESKIMO) – Hand knitted costume edged with fur-like wool, bonnet, pull-over and gaiter-trousers.

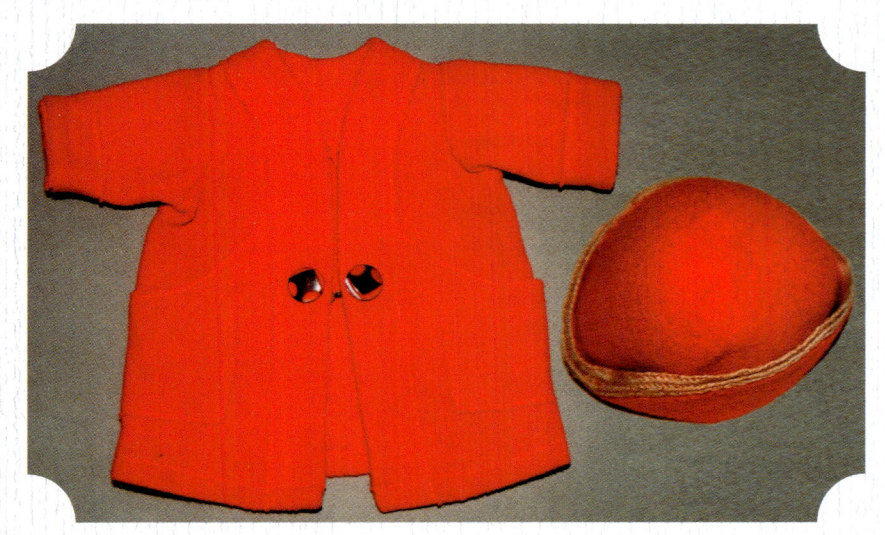

LE BEAU VOYAGE – «Confortable manteau en velours de laine, d'une si jolie coupe, et complété d'un chapeau de feutre assorti».
LE BEAU VOYAGE (BEAUTIFUL TRIP) – Comfortable soft wool coat, matching felt hat.

CHIQUITO
Béret basque en véritable molleton bleu-roi, rouge vif, blanc.

Basque beret cut in soft royal blue, flame red or white cotton fleece.

1928 • 1929

UN PETIT RIEN – «Robe de lainette imprimée à collerette d'organdi ourlée de ruban uni».

UN PETIT RIEN (A LITTLE NOTHING) – Light printed wool dress with a organdi collar hemmed with a plain colored ribbon.

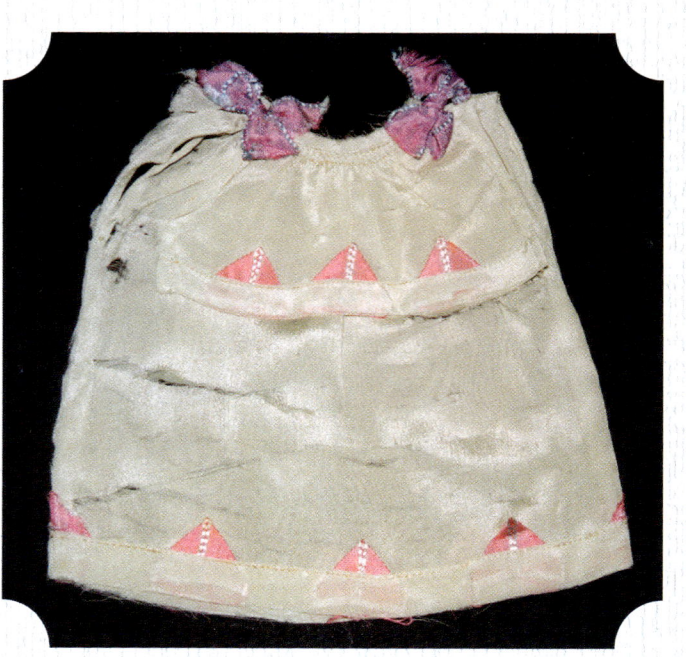

FLOUE – Robe en beau crêpe de Chine, garnie d'un galon fantaisie de ton contrasté.
FLOUE (LOOSE-FITTING) – Crêpe de Chine dress trimmed with a fancy braid in a contrasting color.

130

1928 • 1929

SOBRE LIGNE - «Robe de duvetine, ceinture de reptile avec le chapeau POIL DE CHAMEAU, souligné de reptile». La jupe peut être bleu tendre ou sable. POIL DE CHAMEAU est garni reptile si assorti avec SOBRE LIGNE et non garni si vendu séparément.

SOBRE LIGNE (SOBER LINE) – Soft woolen dress, with tender blue or sand skirt. POIL DE CHAMEAU hat trimmed with fun reptile when matching this model, otherwise sold with no trim.

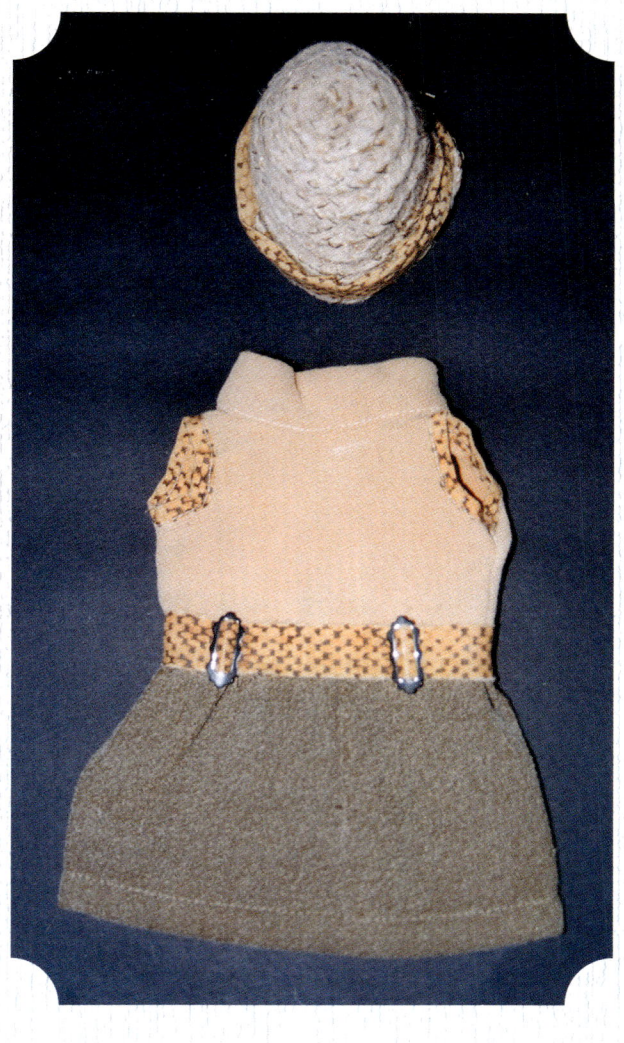

CHAMPIONNE - Pull de soie tricoté à la main, jupe plissée. Non répertorié dans cette variante.
CHAMPIONNE (CHAMPION) – Hand knitted silk pull-over, matching silk pleated skirt. Still unlisted in this version.

ARC-EN-CIEL – «Robe plissée aux tons fulgurants sur laquelle une jaquette de velours noir jette une note élégante».

ARC-EN-CIEL (RAINBOW) – Pleated dress in flashing colors, elegant black velvet jacket.

POIL DE CHAMEAU - Chapeau conseillé avec ARC-EN-CIEL mais facultatif.

POIL DE CHAMEAU (CAMELHAIR) – This hat, sold as a set with ARC-EN-CIEL, could also be ordered separately.

131

1928 • 1929

TRES SAGE – «Robe de velours épais éclairée d'un col de guipure». Répertoriée en vert émeraude et en rouille.

TRES SAGE (VERY WELL BEHAVED) – Thick velvet dress lighted up by a lace collar. Known to exist in emerald green and rust color.

TRES SEYANT «En pailletine ou en chenille de soie». Le modèle en chenille, très à la mode, coûtait plus cher que celui en pailletine. Il sera re-proposé dans le catalogue de l'hiver 1929/1930 sous le nom de VERONIQUE, cette fois garni d'un ruban blanc.

TRES SEYANT (VERY BECOMING) – The silk chenille version was more fashionable than the silk version of this hat. It was still sold during the winter of 1929/1930, trimmed with a white ribbon and called VERONIQUE.

TROÏKA - «Un ensemble de nubienne gansée de bouclette blanche». Jaquette, jupe et chapeau, inséparables. Le chapeau n'est pas photographié.

TROÏKA – Woolen top and skirt edged with white curled wool. Matching bonnet still unlisted.

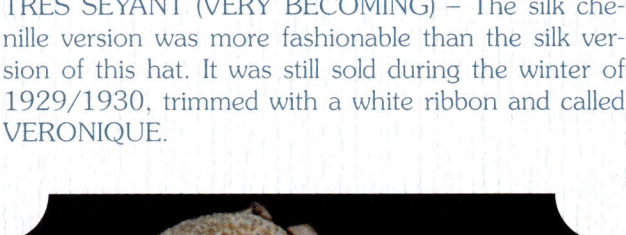

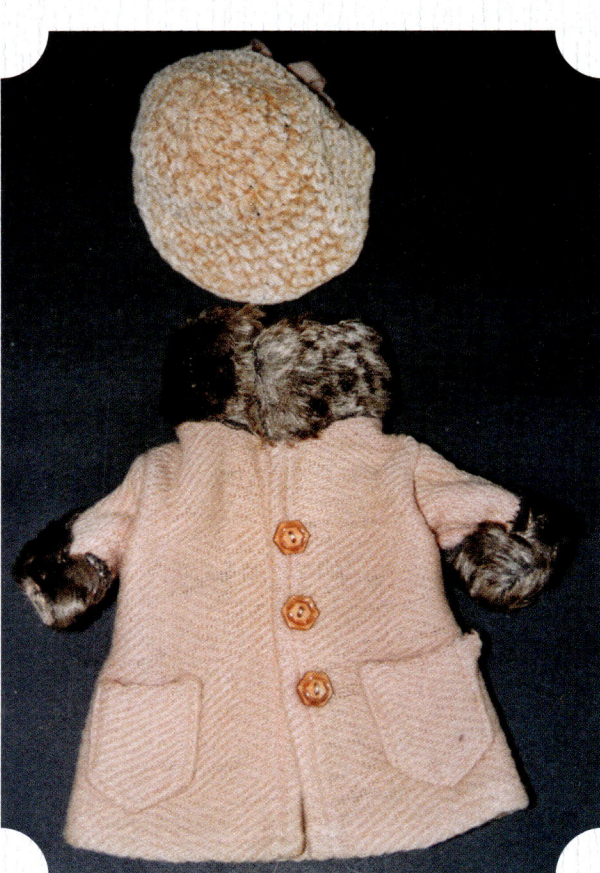

DOUILLETTE «Manteau en angora de teinte pastel garni de tigrette.» Ce manteau est conseillé avec le chapeau TRES SEYANT, facultatif.

DOUILLETTE (COSY) – Light colored angora coat trimmed with tiger fun fur. The hat TRES SEYANT could match this coat.

NURSE ANGLAISE - Déguisement annoncé dans La Semaine de Suzette du 31 Janvier 1929.

NURSE ANGLAISE (BRITISH NURSE) – Fancy costume advertised in La Semaine de Suzette of January 31st 1929.

NOUNOU - Déguisement annoncé dans La Semaine de Suzette du 31 Janvier 1929.

NOUNOU (NANNY) – Fancy costume advertised in La Semaine de Suzette of January 31st 1929

CATALOGUE ETE/SUMMER 1929

- Léger souffle, robe / Light breeze, dress
  Pépite d'or, deux pièces / Golden nugget, two pieces ensemble
- Pivoine, robe / Peony, dress
- Cow-boy, robe / Cow-boy, dress
- Fraîcheur, dress / Coolness, dress
- Ibéria, châle / Iberia, shawl
- Cent à l'heure, manteau / Speeding, coat
- Torpédo, manteau, chapeau / Torpedo, coat, hat
- Le disque, pull, jupe, béret / The disk, pull-over, skirt, hat
- Combinaison Empire / Empire underwear
- Costume de baptême / Cristening gown
- Chapeau paille et crin blanc / White straw and horsehair hat
- Mouchoir en crêpe de Chine / Crepe de Chine handkerchief

Cloche PAILLASSON fantaisie - «se recommande avec COW-BOY, PEPITE D'OR et CENT A L'HEURE».

Cloche PAILLASSON fantaisie - Fancy straw hat matching the following models : COW-BOY, PEPITE D'OR and CENT A L'HEURE.

COW BOY - «Petite robe simple en crépon mercerisé avec fichu de soie, en pointe noué sur l'épaule. Un chapeau de paille assorti». La robe et le chapeau ne sont pas inséparables.

COWBOY – Simple mercerized crepe dress, silk scarf fastened on the shoulder. Matching straw hat. The dress and the hat were sold separately.

LE DISQUE - «Pull-over de belle laine blanche tricoté à la main orné d'un disque rouge et bleu, jupe plissée blanche ou kascha. Béret de pailletine tricoté main, garni de disques bleu et rouge». Chacun de ces éléments pouvait s'acquérir séparément.

LE DISQUE (THE DISC) - Hand knitted pull-over decorated by a blue and a red disc, plated white or greyish beige skirt. Knitted straw-like béret with bleu and red discs. Each item was sold separately.

1929

LEGER SOUFFLE - «Robe de lingerie, finement brodée, éclairée de nœuds de rubans sur l'épaule».

LEGER SOUFFLE (LIGHT BREEZE) – Embroidered linen dress, ribbon knots on the shoulders.

CHAPEAU PAILLE et CRIN blanc «(se recommande avec LEGER SOUFFLE et FRAICHEUR)».

WHITE STRAW AND HORSEHAIR HAT, recommended with LEGER SOUFFLE and FRAICHEUR.

PIVOINE - «Gracieuse robe d'organdi, à volants soulignés de dentelle fantaisie».

PIVOINE (PEONY) – Organdi dress, each layer edged with fancy lace.

FRAICHEUR - «Une robe de toile bleue ou rose bordée de piqué blanc».

FRAICHEUR (COOLNESS) – Blue or rose cloth dress edged with white piqué.

IBERIA - «Châle en pointe, à franges et grandes fleurs, entièrement tricoté à la main».

IBERIA – Hand knitted pointed shawl, decorated with flowers and high fringe.

PEPITE D'OR - «Deux pièces de lainage jaune et vert, fileté métallique, pattes et boutons».

PEPITE D'OR (GOLDEN NUGGET) – Two pieces yellow and green wool ensemble, metal thread, straps and buttons.

134

CENT à L'HEURE - «Cache-Poussière à pèlerine, en alpaguette de tons changeants, garniture galon. Un chapeau». Le chapeau n'est pas inséparable du cache-poussière. Non décrit, il est néanmoins de couleur assortie.

CENT à L'HEURE (SPEEDING) – Travel cape coat, light changing alpaga, braid trimming and matching hat sold separately.

TORPEDO - «Manteau de voyage en tissu fantaisie pied de poule, avec galon ciré. Chapeau de paille». Le toquet était en vente séparément du manteau.

TORPEDO – Hound's tooth chack travel coat, oilskin braid trimming and straw hat sold separately.

1929

135

1929

COMBINAISON EMPIRE avec jours. Répertorié en blanc et en rose.

COMBINAISON EMPIRE – White or pink underwear with an open-work border.

MOUCHOIR en crêpe de Chine.

HANDKERCHIEF – version in crepe de Chine.

HUIT HEURES - «Un PYJAMA de zéphyr, brandebourgs et boutons».

HUIT HEURES (EIGHT O'CLOCK) – Zéphyr pajama with frogs and buttons.

ROBE ET PELISSE de BAPTEME – La robe ne change pas tandis que la pelisse est désormais en piqué blanc.

CHRISTENING GOWN – The dress is unchanged but the cape is now cut in white piqué.

AT HOME - Cette variante d'été ne présente pas de nouveautés au niveau du patron mais l'impression du tissu léger correspond exactement au croquis du catalogue.

AT HOME – This variant is not new for its pattern but identical by its printed cotton to the sketch of this season.

CATALOGUE HIVER/WINTER 1929/1930

- Mephisto, manteau, bonnet / Mephisto, coat, bonnet
- En flanant, manteau, feutre / En flanant (Strolling), coat, hat
- Pour mes courses, manteau, chapeau / Pour mes courses (For shopping), coat, hat
- Poil de chameau, chapeau / Poil de chameau Camelhair), hat
- Je vais au bal, robe / Je vais au bal (I go to dance), dress
- Bagatelle, tailleur, chapeau / Bagatelle (Trinket), suit, hat
- La flute de Pan, robe, chapeau / La flute de Pan (Pan's flute), dress, hat
- Véronique, chapeau / Véronique, hat
- Les petits carreaux, robe / Small checks, dress
- Très simple, robe / Very simple, dress
- Côte d'azur, robe / Côte d'azur, dress
- Cloche de lanières feutre piquées / Felt stitched straps cloche
- Orientale, déguisement / Oriental, fancy costume

POUR MES COURSES - «Manteau garni de lainette mousseuse. Chapeau poil de chameau».

POUR MES COURSES (FOR SHOPPING) – Woolen coat trimmed with plus-like band. Matching the hat POIL DE CHAMEAU (CAMELHAIR).

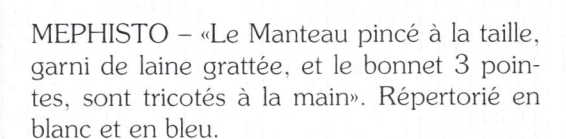

MEPHISTO – «Le Manteau pincé à la taille, garni de laine grattée, et le bonnet 3 pointes, sont tricotés à la main». Répertorié en blanc et en bleu.

MEPHISTO – Knitted coat tight at the waist, trimmed with faux-fur and matching a three pointed bonnet. Listed in white and in blue.

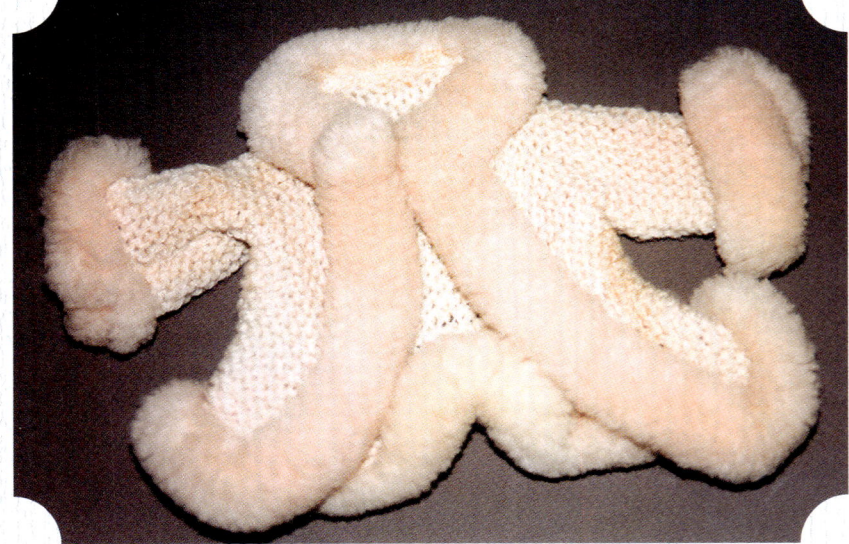

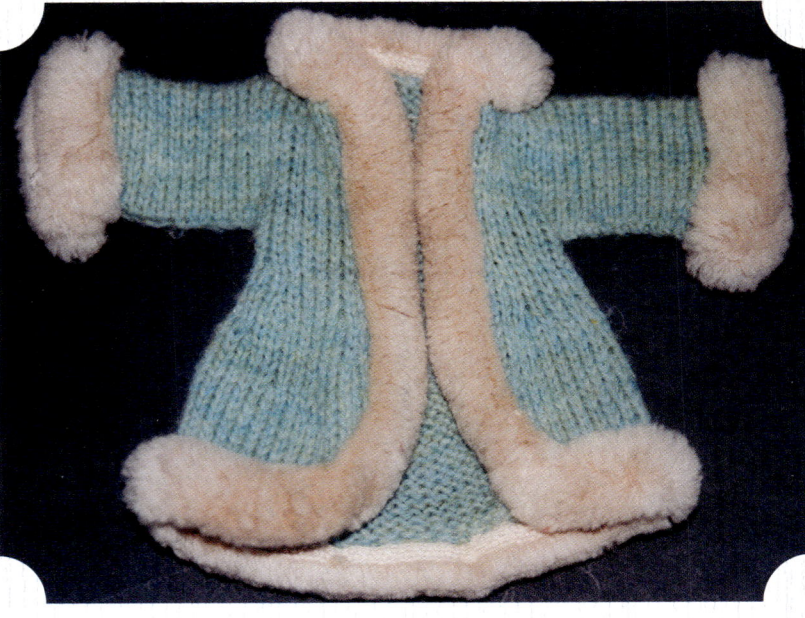

1929 • 1930

TRES SIMPLE - «Robe en velours côtelé souligné par un galon».

TRES SIMPLE (VERY SIMPLE) – Corduroy fancy velvet dress trimmed with a braid.

COTE D'AZUR - «Robe en nubienne souple, jupe plissée, une rose en cretonne sur l'épaule».

COTE D'AZUR – Soft wool dress with a pleated skirt and a printed cretonne rose on the shoulder.

LA FLUTE DE PAN - «Robe tricotée à la main avec une garniture de points de soie alignés en flûte de Pan. VERONIQUE - Cabriolet tricoté main dans le ton de la garniture de la robe».

LA FLUTE DE PAN (PAN'S FLUTE) – Hand knitted dress trimmed with silk stitches in the shape of Pan's flute. VERONIQUE – Knitted silk hat matching the dress.

LES PETITS CARREAUX - «Robe avec jupe cloche, dont les petits carreaux bleutés ou rosés, sont tissés dans la robe».

LES PETITS CARREAUX (SMALL CHECKS) – Bell shaped dress, checkered woven fabric in blue or rose.

1929 · 1930

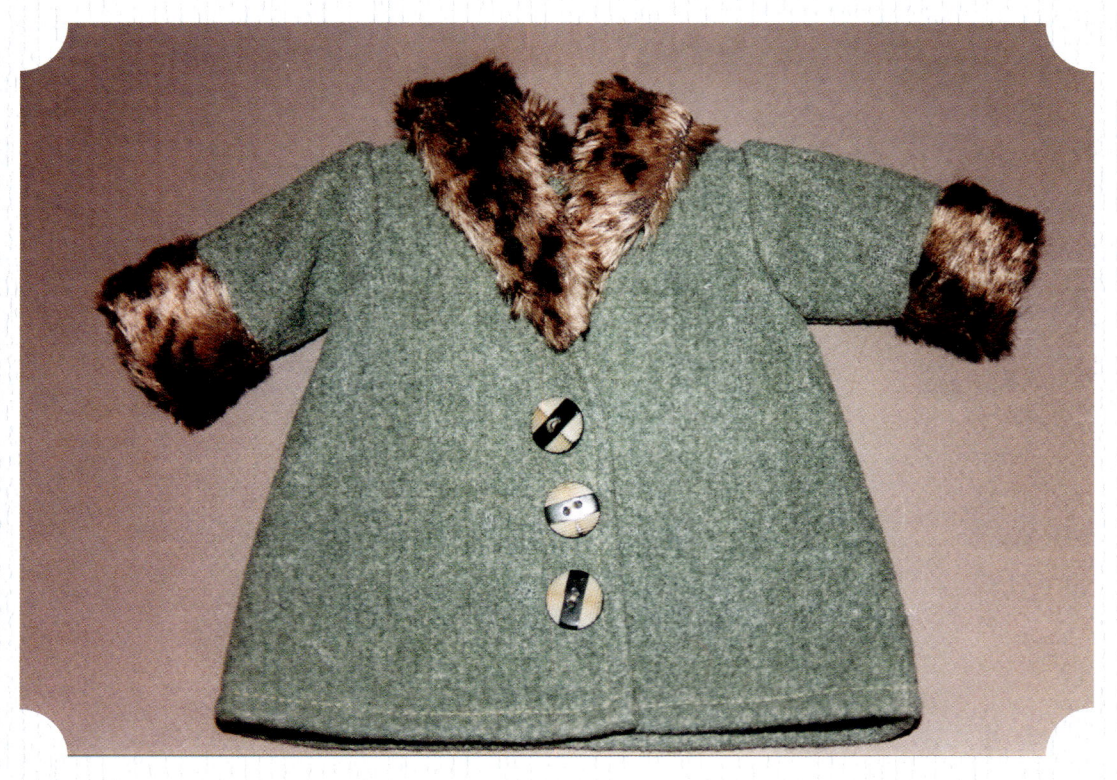

EN FLANANT – «Manteau en velours de laine, garni imitation fourrure. Le feutre est du ton (horizon, ou vert-amande)».

EN FLANANT (STROLLING) – Soft wool coat trimmed with fun fur. Matching felt hat in blue or green.

1929 • 1930

VERONIQUE - «Cabriolet en chenille de soie, tricoté main, nuances mode, garni ruban blanc».

VERONIQUE – Hand knitted silk hat in trendy colors, trimmed with a white ribbon.

CLOCHE – « En lanières feutre piquées, se fait en blanc».

Stiched white felt straps cloche.

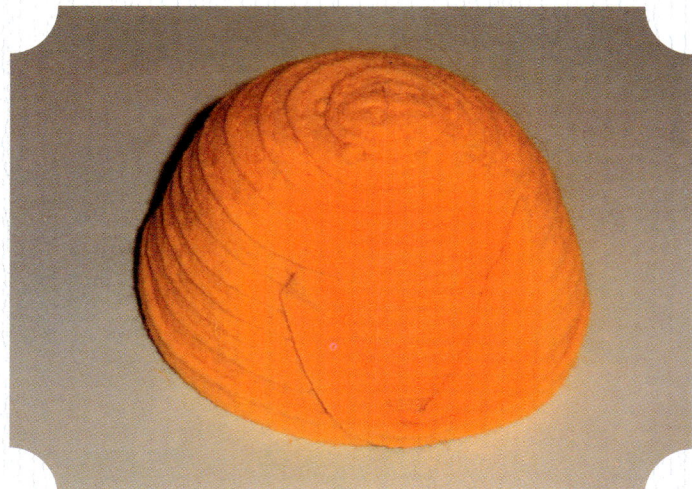

CLOCHE – Cette variante correspond au descriptif excepté pour la couleur banane.

CLOCHE – This version corresponds to the description except for the banana color.

CLOCHES EN PAILLE – Ces trois chapeaux, d'origine certaine Gautier-Languereau, ne sont pas identifiables par rapport aux catalogues. Nous pensons néanmoins qu'ils datent de la fin des années Vingt, nous les présentons donc dans cette section.

STRAW HATS – These three straw hats, evidently Gautier-Languereau are not easy to identify according to the catalogues. However, we think they date aroud the late Twenties, so we include them into this section.

140

BAGATELLE - «Tailleur à jupe à carreaux, jaquette unie, gilet à régate. Avec un chapeau POIL DE CHAMEAU».
Nous avons répertorié deux variantes de couleur: bleue et rouille.

BAGATELLE – Tailleur with checked wool skirt, plain jacket, white blouse with tie. Matching POIL DE CHAMEAU (CAMELHAIR) hat. It came in blue or rust color.

1929 • 1930

141

1929 • 1930

ORIENTALE - Déguisement paru dans *La Semaine de Suzette* en Février 1930.

ORIENTAL – This fancy costume was advertised in *La Semaine de Suzette* in February 1930.

JE VAIS AU BAL - «Toilette en taffetas de belle qualité, écharpe sur l'épaule». Modèle répertorié en paille et en saumon.

JE VAIS AU BAL (I GO TO DANCE) – Top quality taffeta dress with a scarf on the shoulder. This model is listed in pale yellow and salmon pink.

CATALOGUE ETE/SUMMER 1930

- Marie-José, robe, manteau, chapeau
  Marie-José, dress, coat, hat
- Sac de cuir / Leather sac
- Douce brise, robe, chapeau
  Soft breeze, dress, hat
- La prairie émaillée
  La prairie émaillée (Flowered meadow)
- Les confetti, robe et chapeau
  Les confetti, dress, hat
- Les chevrons, robe, bonnet en radialaine ou soie
  Les chevrons (Herringbone), dress and bonnet in wool or silk
  Au golf, pull-over, jupe et jaquette
- La Baule / La Baule
- Cloche de paille tombante sur les côtés
  Straw hat with side edges
- Peignoir luxe même tissu que la robe FLORE
  Housecoat in the same fabric as FLORE
- Chiquito en marine / Navy blue chiquito

MARIE-JOSE - «Manteau côte de cheval agrémenté de pied de poule, six boutons. Robe pied de poule ceinturée de peau blanche, col organdi. Chapeau en pailline de soie. Le tout dans le ton vieux bleu ou vieux rouge». Ces trois pièces sont inséparables l'été 1930 tandis que l'hiver 1930/1931 le chapeau ne figure plus et on conseille cet ensemble avec une cloche de feutre blanc facultative.

MARIE-JOSE - Ribbed coat trimmed with dog's tooth check wool, six buttons. Matching dress with a leather belt, organdi collar. Silky straw cloche hat. In blue or red. Sold as a set during the summer of 1930 and without the hat during the winter of 1930/1931. It was then suggested with a white felt hat.

CLOCHE PAILLE
Ce modèle, réalisé en paille dure, rappelle la cloche MARIE-JOSE en paille et feutre.
Il n'est pas représenté dans les catalogues mais il est incontestablement d'origine Gautier-Languereau.

CLOCHE PAILLE (STRAW CLOCHE HAT) – Stiff straw hat reminding the shape of the felt and straw cloche called MARIE-JOSE. Even if it is not featured in any Gautier-Languereau catalogue, it is undoubtedly authentic.

CLOCHE PAILLE - «dernier genre, plus tombante sur les côtés et garnie d'un ruban chapelier».

CLOCHE PAILLE (STRAW CLOCHE HAT) – Trendy hat with wider side-brim, ribbon trim.

1930

DOUCE BRISE - «Robe (...) en mousseline-organdi de couleur, garnie de blanc. Capeline souple assortie de ton». Les deux pièces sont inséparables. Le catalogue n'en précise pas la couleur, nous les présentons en rose saumon.

DOUCE BRISE (SOFT BREEZE) – Soft organdi like muslin, white trimming. Matching hat. Sold as a set. The catalogue doesn't specify any color, we listed a salmon version.

LES CONFETTI - «Toilette de surah pointillée de couleur, et garnie de bleu uni. Chapeau de paille, garni galon». Les deux éléments étaient vendus séparément.

LES CONFETTI (CONFETTI) – Dotted colorful silk outfit trimmed with vivid blue silk. Straw hat, ribbon decoration. The dress and hat were sold separately.

LA PRAIRIE EMAILLEE - «Simple robe de cretonne, garnie de piqué blanc et points de cordonnet».

LA PRAIRIE EMAILLEE (FLOWERED MEADOW) – Cretonne dress, white pique and braid seams trimming.

AU GOLF - «Ensemble de trois pièces, la jupe plissée est en belle nubienne. Le pull-over sans manches, la jaquette à manches sont tricotés à la main. Se fait en jaune, rose pâle, et ciel». Modèle non répertorié.

AU GOLF - Knitted pull-over and jacket set matching a light wool pleated skirt. It came in yellow, pale pink and blue. Still unlisted.

CHIQUITO - Béret basque marine, rouge, blanc, ou bleu roi.

CHIQUITO - Basque béret available in 4 colors: navy blue, red white and royal blue.

AT HOME - Peignoir confectionné dans le tissu de la robe FLORE de 1925, reconnaissable sur le croquis de cette saison.

AT HOME – This house-coat is cut into the same fabric as the dress FLORE of 1925, as shown on the sketch of this season.

LA BAULE - «Robe de plage en combinaison de tissu uni et de tissu rayé en rouge ou en bleu».

LA BAULE - Beach outfit cut into a striped and plain cotton. Available in red or in blue.

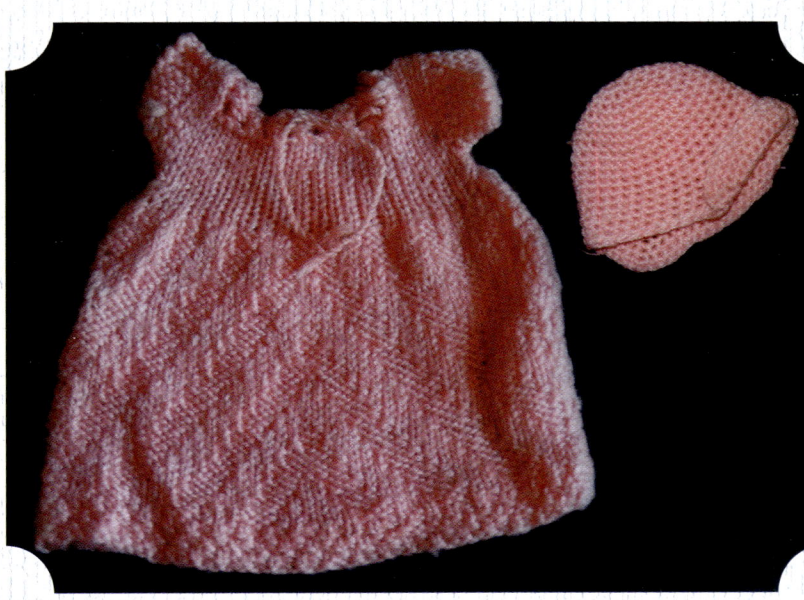

LES CHEVRONS - «Robe de tricot, avec côtes en chevrons, entièrement exécutée à la main. Le chapeau bonnet est assorti». Ensemble en radialaine (voir photo) ou en soie (non répertorié), se fait en rose, ciel, abricot ou amande.

LES CHEVRONS - (HERRINGBONE) Hand knitted dress with matching bonnet. It came in wool (as pictured) or silk (still unlisted) in the following colors: rose, blue, apricot or almond green.

1930

CATALOGUE HIVER/WINTER 1930/1931

1930 • 1931

- Elégance / Elegance
- Caprice / Caprice (Whim)
- Cortège / Cortège
- Cravate de fourrure / Stone Martin
- Point d'interrogation, manteau et chapeau
  Point d'interrogation (Questioning), coat, hat
- Pré Catelan, tailleur et chapeau
  Pré Catelan, suit and hat
  Sac de cuir / Leather sac
- Très sport, pull / (Very sporty), sweater
- Megève, ensemble de ski / Megève, ski set
- Petit Bob, bleu marine / Petit Bob in navy blue
- Skis et batons / Skis and sticks
  Echarpe en soie / Silk scarf
- Tout Dou… Tout Doucement / (Gently now)

CAPRICE - «Robe de velours de soie simple et chic, égayée d'un devant et de parements en crêpe marocain blanc, ceinture de peau blanche».

CAPRICE (WHIM) – Silk velvet dress enhanced by a white moroccan crepe and a white leather belt.

CORTEGE - «Toilette de cérémonie en taffetas de tons clairs. Robe de style, longue à la cheville, est garnie d'un galon de soie qui dessine le feston. Petit bonnichon assorti à la robe». Inséparables.

CORTEGE - Ceremony long gown cut into a light colored taffeta. A silk braid trims the scallops. Matching bonnet. Two pieces sold as a set.

ELEGANCE - «Robe habillée (…) en crêpe de Chine, garnie d'un froncillé de rubans». Répertoriée en rose et violet.

ELEGANCE - Dressy dress in crepe trimmed with ruffled ribbon. Listed in rose and violet.

POINT D'INTERROGATION - «Le bon manteau de lainage (…) beau tissu épais beige franc ou beige rosé, ceinture cuir et boutons. Avec chapeau feutre assorti garni chapelier». Inséparables, remarquez le travail du dos.

POINT D'INTERROGATION (QUESTIONING) – Beige or rosy thick wool coat with buttons and leather belt. Matching felt hat, silk braid. The shape of the back is particularly remarkable.

CRAVATE de FOURRURE - «avec tête naturalisée».

CRAVATE de FOURRURE (STONE MARTIN) – Faux-fur collar with stuffing head.

1930 • 1931

147

1930 • 1931

PRE CATELAN - «Robe tailleur, lainage rouille ou rosé garni galon; gilet de flanelle blanche et cravate assortie au galon. Un chapeau feutre blanc garni». Le tailleur et le chapeau sont vendus séparément. Au catalogue de l'été 1931, le tailleur est conseillé avec un chapeau de paille non garni.

PRE CATELAN – Rust colored or pinkish wool suit trimmed with a braid. White flannel front panel, silk tie matching the braid. White felt hat trimmed with the same braid. The suit and the hat were sold separately. In the summer 1931 catalogue this suit was suggested with a plain straw hat.

148

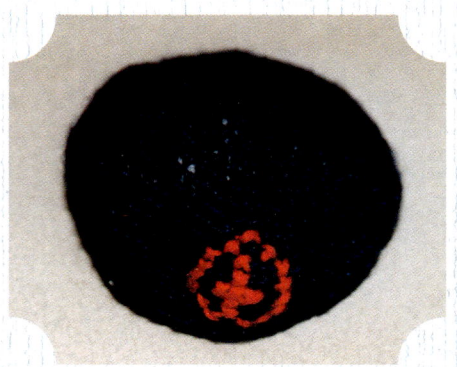

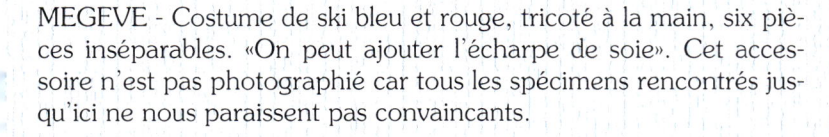

MEGEVE - Costume de ski bleu et rouge, tricoté à la main, six pièces inséparables. «On peut ajouter l'écharpe de soie». Cet accessoire n'est pas photographié car tous les spécimens rencontrés jusqu'ici ne nous paraissent pas convaincants.

MEGEVE - Blue and red knitted ski costume including six pieces. A silk scarf could be bought separately. This last accessory is not pictured as all the examples we listed didn't seem convincing.

PAIRE de SKI et bâtons - Cet accessoire est représenté en croquis dès ce catalogue mais il ne figurera nominativement, avec l'indication de son prix, que l'hiver 1936/1937.

SKIS and sticks – This accessory is sketched in this catalogue but it only appeared namely with a price in the catalogue dated of the winter of 1936/1937.

1930 • 1931

149

1930 • 1931

HUIT HEURES - «Pyjama, brandebourgs et boutons». Ce modèle, souvent à rayures, existe en différentes couleurs.

HUIT HEURES (EIGHT O'CLOCK) – Striped cotton pajama with frogs and buttons. It is listed in various colors.

TOUT DOU....TOUT DOUCEMENT Berceau démontable, pour Bambino et Bleuette, en carton vernissé, décoré par Maggie Salcedo.

TOUT DOU....TOUT DOUCEMENT (GENTLY NOW !) – Knockdown cradle for Bleuette or Bambino. Made of heavy cardboard, decorated by Maggie Salcedo.

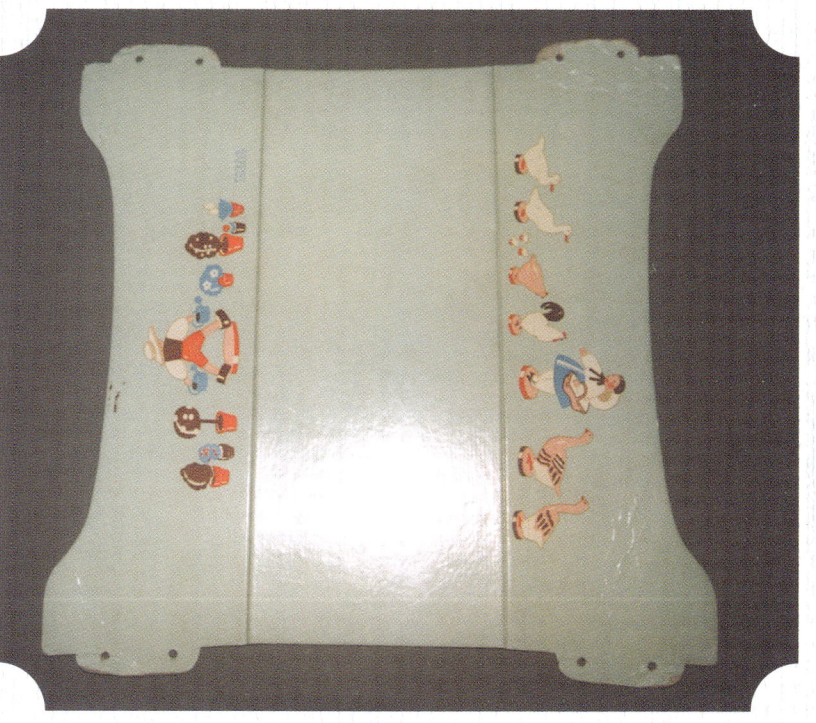

Premières couvertures pour le berceau.
First blankets for the cradle.

150

PETIT BOB - Vareuse marine à boutons or. Polo américain garni de petits galons blancs. Ce manteau classique et son béret ne quitteront plus la garde-robe de Bleuette. Ils y figurent, en effet, jusqu'en 1960.

PETIT BOB – Navy blue coat with golden anchor buttons, matching hat trimmed with white braid. This classic Bleuette model sold until the very end in 1960.

CLOCHE - «Cloche feutre blanc non garnie». Conseillée avec le modèle MARIE-JOSE, reproposé sans son premier chapeau.

CLOCHE – White felt hat with no trim. Suggested with the model MARIE-JOSE when it didn't include its first straw hat.

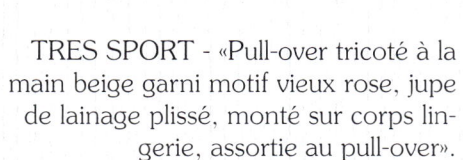

TRES SPORT - «Pull-over tricoté à la main beige garni motif vieux rose, jupe de lainage plissé, monté sur corps lingerie, assortie au pull-over».

TRES SPORT (VERY SPORTY) – Hand knitted beige pull-over with old rose design. Matching pleated white skirt with white cotton front panel.

1930 • 1931

151

1930 · 1931

SAC A MAIN - «cuir travaillé et décoré». Différents modèles du sac à main mentionné pour la première fois l'hiver 1932/1933 et vendus jusqu'au milieu des années Trente.

HAND BAG – made of decorated leather. All of the models listed here were mentioned for the first time during the winter of 1932/1933 but sold until the mid-Thirties.

CATALOGUE ETE/SUMMER 1931

- Réception, robe / Réception (Reception), dress
- Fantaisie, robe, chapeau / Fantaisie (Fantasy), dress, hat
- Jeunesse, robe / Jeunesse (Youth), dress
- Matinale, robe et toquet / Matinale (Early morning), dress and hat
- Derby, manteau et cloche / Derby, coat and hat
- Angora, veste / Angora, veste
- Chauds rayons, robe et cloche de paille / Chauds rayons (Warm rays), dress and straw cloche
- Chaperon rouge, jupe, veste, pull, béret
Chaperon rouge (Little Red Riding Hood), skirt, vest, pull-over, bonnet
- Cloche en paille rustique / Rustic straw cloche

FANTAISIE - «Robe (…) en lainage fileté d'or, nuance verte ou banane. La robe est galonnée de soie blanche». Une cloche de paille blanche est conseillée avec ce modèle.

FANTAISIE (FANTASY) – Green or banana wool dress with golden threads and white silk braid. A white straw cloche was suggested with this model.

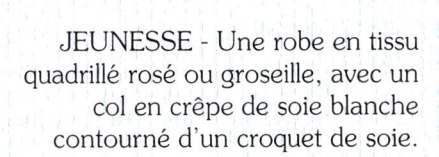

JEUNESSE - Une robe en tissu quadrillé rosé ou groseille, avec un col en crêpe de soie blanche contourné d'un croquet de soie.

JEUNESSE (YOUTH) – Pinkish or cherry-red checked fabric dress with a white crepe collar edged with a silk croquet.

1931

1931

CHAPERON ROUGE - Ensemble comprenant: un pull-over et un béret tricotés à la main (inséparables), une jupe plissée blanche (identique à celle photographiée à la page 112) et une vareuse de ratine rouge à boutons dorés.

CHAPERON ROUGE (LITTLE RED RIDING HOOD) – A hand knitted pull-over and bonnet sold as a set, a white pleated skirt, identical to the one pictured on page 112, and a red ratine jacket with golden buttons.

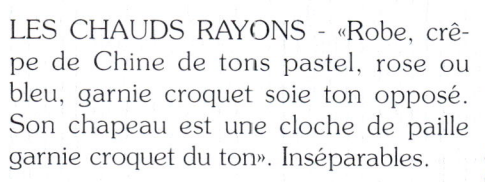

LES CHAUDS RAYONS - «Robe, crêpe de Chine de tons pastel, rose ou bleu, garnie croquet soie ton opposé. Son chapeau est une cloche de paille garnie croquet du ton». Inséparables.

LES CHAUDS RAYONS (WARM RAYS) – Rose or blue crepe de Chine dress, contrasting croquet trimming. Matching straw cloche hat.

ANGORA - «La veste, sans manches, en délicieuse laine angora tricotée main». Conseillée avec LES CHAUDS RAYONS.

ANGORA – Hand knitted angora wool sleeveless jacket to match LES CHAUDS RAYONS.

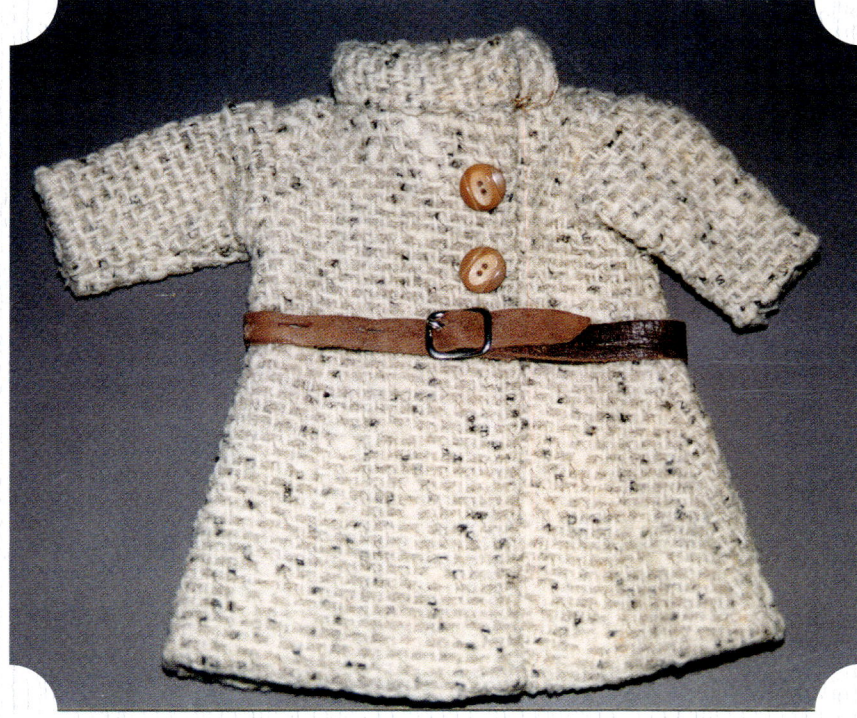

CHAPEAU de PAILLE - Recommandé avec DERBY.

CHAPEAU de PAILLE (STRAW HAT)
Suggested with DERBY.

DERBY - «Manteau de tweed à fond bleu ou beige, ceinturé du ton, et garni de boutons assortis». Conseillé avec une cloche de paille blanche ou un toquet de nuance assortie (voir p. 156).

DERBY – Blue or beige tweed coat with matching belt and buttons. Suggested with a white cloche or a small hat in a matching color (see p. 156)

CLOCHE PAILLE RUSTIQUE

CLOCHE PAILLE RUSTIQUE (RUSTIC STRAW CLOCHE)

CLOCHE EN PAILLE BLANCHE
Conseillée avec FANTAISIE.

CLOCHE EN PAILLE BLANCHE (WHITE STRAW CLOCHE)
Suggested with FANTAISIE.

1931

1931

MATINALE - Robe en crépon gaufré, garniture ruban. Pour accompagner cette robe, on conseille un «toquet» vraisemblablement identique à celui conseillé avec DERBY.

MATINALE (EARLY MORNING) – Goffered crepe dress trimmed with a ribbon. Matching straw round hat, certainly identical to the one suggested with DERBY.

TOQUE de PAILLETINE – Vendu séparément et conseillé avec DERBY et MATINALE.

TOQUE de PAILLETINE (STRAW HAT) – Sold separately and matching DERBY and MATINALE.

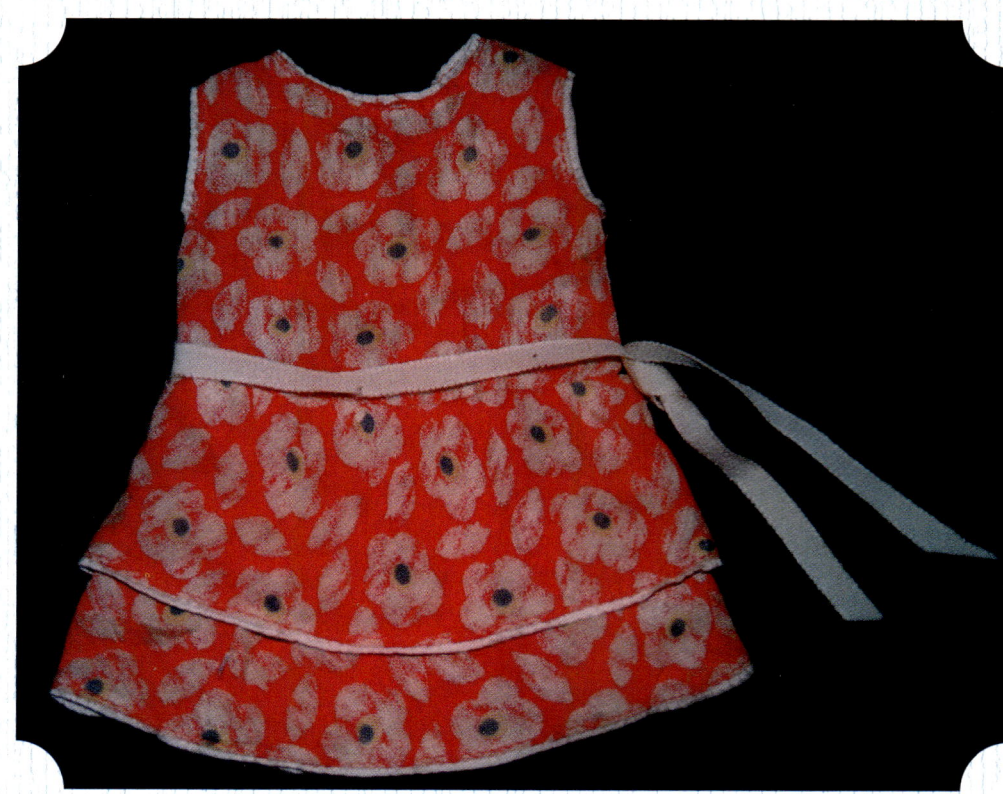

RECEPTION - «Robe floue en soisette imprimée, bordée de blanc».

RECEPTION – Loose printed silk like cotton dress with white edging and white ribbon belt.

156

CATALOGUE HIVER/WINTER 1931/1932

- Soyons sérieuse, robe / Soyons sérieuse (Get serious), dress
- On dansera, robe et capeline / On dansera (We will dance), dress and hat
- Invitation, robe / Invitation, dress
- Passe-Partout, manteau, toquet
  Passe-Partout (All occasion) coat, hat
- Où allons-nous? manteau, robe, toquet
  Où allons-nous? (Where do we go?) coat, dress, hat
- L'air est vif, pull, bonnet, jupe
  L'air est vif (Fresh air), pull-over, bonnet, skirt
- Tout simple, pull, bonnet, chaussettes
  Tout simple (Very simple), pull-over, bonnet, socks
- Un sourire, robe / Un sourire (A smile), dress
- Capeline souple en lacet soyeux blanc
  White silky braid hat
- Capeline souple en lacet feutre blanc / White felt braid hat
- Chapeaux en solde / Hats sold as sales
  La Belle au bois dormant et Peau d'âne, déguisements
  La Belle au bois dormant (Sleeping Beauty) and Peau d'Ane (Donkey Skin), fancy custumes

SOYONS SERIEUSE
Robe et boléro alliant lainage et crêpe de Chine, fond écossais. Complété par une ceinture non mentionnée dans le catalogue.

SOYONS SERIEUSE (GET SERIOUS)
Tartan wool, crepe de Chine and lace dress with matching bolero ; the original belt is not mentioned in the catalogue.

ON DANSERA - «Robe habillée, de faille blanche ou rosée, garnie de rubans froncillés en médaillons. Capeline blanche avec ruban assorti». Inséparables. Nous avons répertorié une variante en vert bronze, non mentionnée au catalogue.

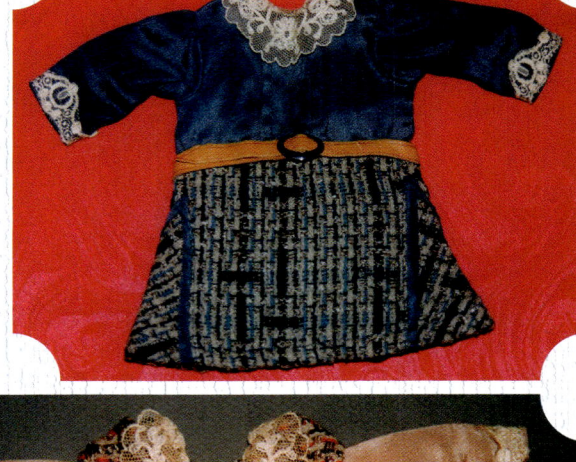

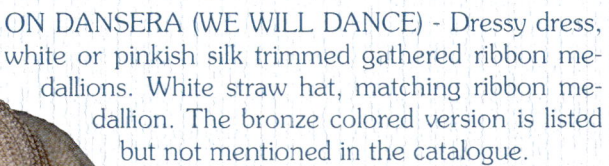

ON DANSERA (WE WILL DANCE) - Dressy dress, white or pinkish silk trimmed gathered ribbon medaillons. White straw hat, matching ribbon medallion. The bronze colored version is listed but not mentioned in the catalogue.

1931 • 1932

1931•1931-1932

PASSE PARTOUT - Manteau de lainage de tons variés, reprise de l'ancien NIVÔSE de l'hiver 1925/1926.

PASSE-PARTOUT - Wool coat formerly called NIVÔSE (see catalogue 1925/1926). It came in various colors.

158

LA BELLE AU BOIS DORMANT et PEAU D'ANE - Déguisements annoncés dans *La Semaine de Suzette* du 4 Février 1932. PEAU D'ANE consiste en une fausse fourrure à porter sur le costume de LA BELLE AU BOIS DORMANT. Modèles répertoriés mais non photographiés.

LA BELLE AU BOIS DORMANT et PEAU D'ANE - Famcy costumes advertised in *La Semaine de Suzette* dated February 4, 1932. PEAU D'ANE consists into a fun fur to be worn over the Sleeping Beauty costume. These models are listed but not pictured.

OU ALLONS-NOUS? - Robe garnie de boutons et ceinture. Manteau en lainage garni de simili-fourrure, ceinture de cuir. Le feutre assorti complète la toilette. Tonalité brique ou vert. Les trois éléments inséparables.

OU ALLONS-NOUS? (WHERE DO WE GO?)
Brick red or green dress trimmed with buttons and belt. Wool coat with fun-fur. Matching felt hat.

1931 • 1932

1931 • 1932

L'AIR EST VIF - Pull-over et béret tricotés à la main, sur jupe plissée de lainage, bleu roy, ou vieux rose. Les trois pièces sont inséparables.

L'AIR EST VIF (FRESH AIR) - Hand knitted pull-over and beret, matching pleated royal blue or old rose woolen dress. Sold as a set.

TOUT SIMPLE - Pull-over, bonnet, chaussettes, tricot machine en mercerisé bleu-ciel, rose, vert-nil. Les trois pièces sont vendues ensemble.

TOUT SIMPLE (VERY SIMPLE) - Machine knitted pull-over, bonnet and socks in sky blue, rose or green. Sold as a set.

160

INVITATION - Robe de velours rouge, groseille, bleu ou jaune. Col, empiècement et bords des manches en soie crème, garniture croquet.

INVITATION - Flame red, cherry red, blue or yellow velvet dress. Cream silk collar, front panel and sleeves edges, croquet trim.

UN SOURIRE - «Robe entière en fine toile de laine, ou nubienne, garnie Georgette blanc, ciel ou rose». La version bleue n'est pas en photo. La variante rose existe en différents tons.

UN SOURIRE (A SMILE) - Sky blue, rose or pink light wool dress trimmed white crepe Georgette. The blue version is not pictured.

1931 • 1932

161

1931 • 1932

CAPELINE - Souple en lacet soyeux.
CAPELINE (WIDE BRIMMED HAT)
Made with soft and silky braid.

CAPELINE - En lacet de feutre.
CAPELINE (WIDE BRIMMED HAT)
Made with felt braid.

CAPELINE - Fantaisie en blanc.
CAPELINE (WIDE BRIMMED HAT)
Fancy decoration.

«Voir à notre rayon Soldes des formes diverses, à des prix avantageux». Tous ces chapeaux authentiques peuvent correspondre à ceux soldés cette saison.

This season several hats were sold off. These authentic models can correspond to the period.

CATALOGUE ETE/SUMMER 1932

- Postillon, manteau et chapeau / Postillon (Postilion) coat and hat
- Crânement, tailleur et toquet / Crânement (Show off), suit and hat
- Tanagra, robe et chapeau / Tanagra, dress and hat
- Grand Chic, robe et gilet / Grand chic, dress and vest
- Au jardin, robe / Au jardin (At the garden), dress
- Petit Bob, manteau et béret / Petit Bob, coat and beret

Vent du nord, pull / Vent du nord (North wind), pull-over
La valise de Bleuette / Bleuette's suitcase

- Juan-Les-Pins, pyjama de plage, béret
Juan-Les-Pins, beach pajama, beret
- Sur le sable, peignoir / Sur le sable (On the sand), bathrobe

Toquet de pailletine crochetée / Crocheted straw hat

- Capeline en paillasson / Rustic straw wide-brimmed hat
- Capeline en lacet paille fine / thin straw wide-brimmed hat

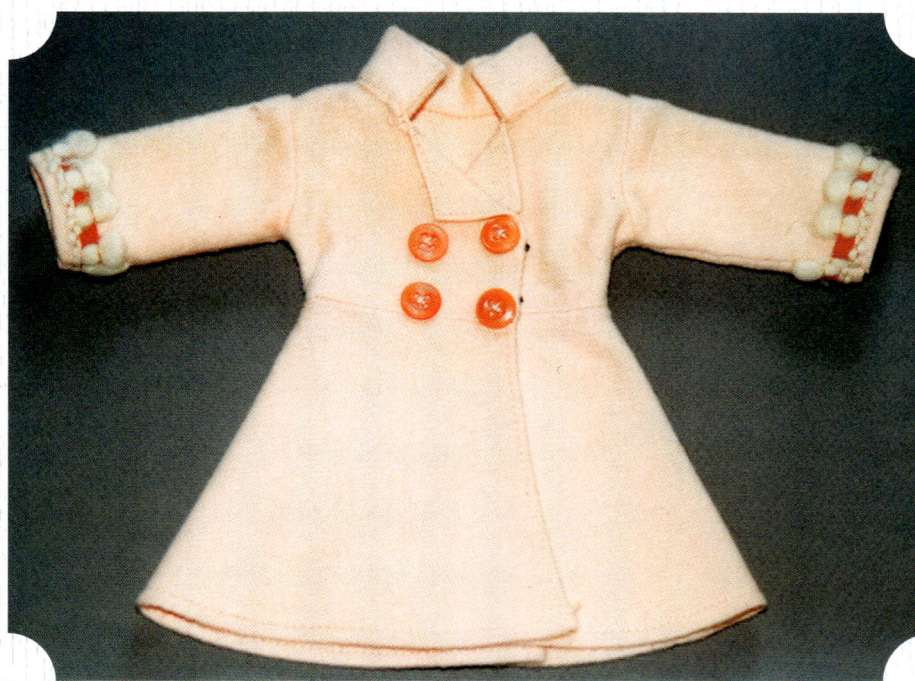

POSTILLON - «Manteau cintré à la taille, quatre boutons du ton, galon assorti. Se fait en drap amazone rose, ciel, ou Nil. Le chapeau est en paillasson, garni galon». Inséparables.

POSTILLON (POSTILION)
Close-fitting coat cut from a rose, sky blue or pale green cloth, four matching buttons and braid. Straw hat trimmed matching braid. Sold as a set.

1932

163

1932

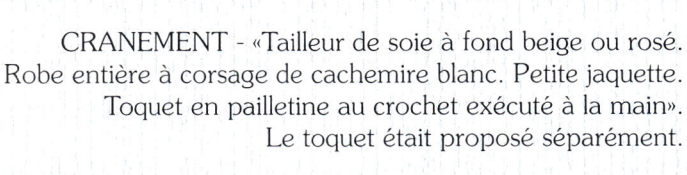

CRANEMENT - «Tailleur de soie à fond beige ou rosé. Robe entière à corsage de cachemire blanc. Petite jaquette. Toquet en pailletine au crochet exécuté à la main». Le toquet était proposé séparément.

CRANEMENT (SHOW OFF) - Beige or pinkish silk suit. White cachemire blouse sewn to the skirt. Small jacket. Hand crocheted light straw hat. The hat was sold separately.

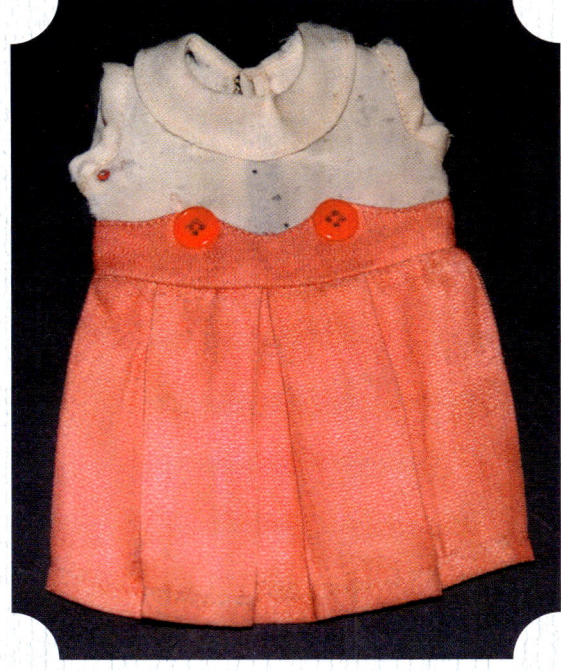

TANAGRA - «Une souple toilette en crêpe de soie gaufré blanc, ceinture tresse vieil or. Chapeau de paille à tresse d'or».

TANAGRA - Soft goffered white crêpe, golden twisted belt. Straw hat, golden twisted trim.

1932

GRAND CHIC - «Robe soyeuse à fronces et à plis, col de crêpe blanc, tonalités: bleue, rose, verte, ou beige. Gilet croisé en tricot, du ton de la robe». Ces deux éléments étaient vendus séparément.

GRAND CHIC - Silky pleated and gathered dress, white crepe collar. It came in blue, rose, green or beige. Folded knitted vest in matching color. Each item was sold separately.

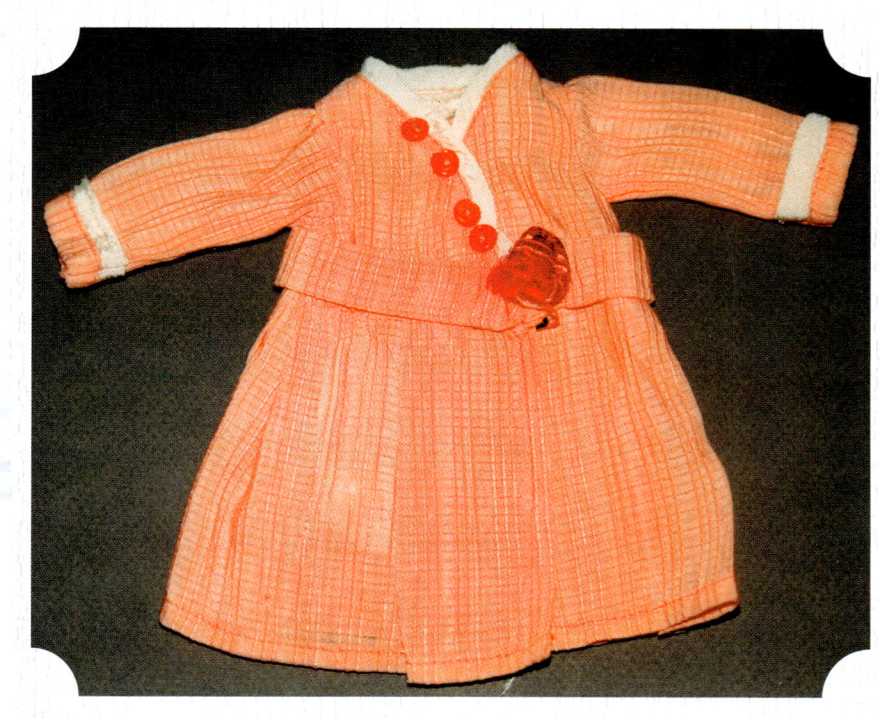

HEUREUSE - «Robe de soie artificielle crevette ou bleue».

HEUREUSE (HAPPY) - Blue or shrimp pink artificial silk dress.

165

1932

AU JARDIN - «Robe de ligne sobre en lainette gaie, fleurettes de tons vifs». Plusieurs variantes de tissu et de couleur ont été répertoriées.

AU JARDIN (AT THE GARDEN) - Gay flowered wool sober dress. It came in various colors.

CAPELINE - En paillasson.
CAPELINE - Wide brimmed straw hat.

CAPELINE - En paille fine
CAPELINE - Wide brimmed light straw hat.

CAPELINE - En lacet de paille fine
CAPELINE - Wide brimmed straw braid hat.

166

1932

JUAN LES PINS - Pyjama de plage en cachemire blanc, souligné de galon bleu roy. Béret Chiquito de couleur assortie au galon.

JUAN LES PINS - White cachemire beach pajama trimmed royal blue braid, Matching blue chiquito beret.

PETIT BOB - Vareuse à boutons d'or, polo américain. Modèle désormais proposé en marine ou rouge.

PETIT BOB - Classic coat and beret sold now in navy blue and red.

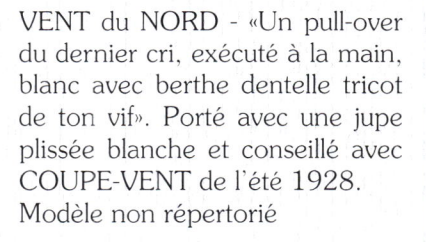

VENT du NORD - «Un pull-over du dernier cri, exécuté à la main, blanc avec berthe dentelle tricot de ton vif». Porté avec une jupe plissée blanche et conseillé avec COUPE-VENT de l'été 1928. Modèle non répertorié

VENT du NORD (NORTH WIND) - White knitted pull-over with bright colored knittet collar, pleated white skirt. Suggested with COUPE-VENT, the windbreaker of the summer of 1928. Model still unlisted.

SUR LE SABLE - Un peignoir de duvetine à rayures roses ou bleues.

SUR LE SABLE (ON THE SAND) - Blue or rose striped bathrobe.

167

HIVER 1932/1933

- Surprise-Partie, robe / Surprise-Partie (Surprise Party), dress
- Réunion intime, robe / Réunion intime (Small Get-together), dress
- Discrète, robe / Discrète (Discreet), dress
- Parc Monceau, manteau, robe, chapeau / Parc Monceau, coat, dress, hat
- Auteuil, robe, veste, chapeau / Auteuil, dress, vest, hat
- Juvénile, robe / Juvenile, dress
  Cartable de cuir / Leather school bag
- Terre-Neuve, ciré et chapeau
  Terre Neuve, rain coat and hat
  Bottes à revers blancs / Black boots with white top
- En plein air, jupe et pull
  En plein air (Outdoor), skirt and pull-over
- Sur les cimes, pantalon, veste, pull, bonnet
  Sur les cimes (Down the slope) pant, vest, pull-over, bonnet
  Béret mode incliné sur le côté en lacet de feutre et soie blanc
  Trendy side leaning beret in white felt braid and silk
  Nouvelles chaussettes faites à la main: blanches ou beiges
  New hand knitted white or beige socks
  Couverture crochet main / Hand crocheted blanket
- Mexicaine, déguisement / Mexican, fancy costume

EN PLEIN AIR - Jupe plissée, ton écossais très pâle, et pull-over tricot main à jours dentelle.

EN PLEIN AIR (OUTDOOR) - Pale tartan pleated skirt, hand knitted pull-over.

REUNION INTIME - Robe à plis creux, tissu soyeux à fleurettes, guimpe blanche.

REUNION INTIME (SMALL GET-TOGETHER) - Box pleat dress, flowered silky cloth, white blouse.

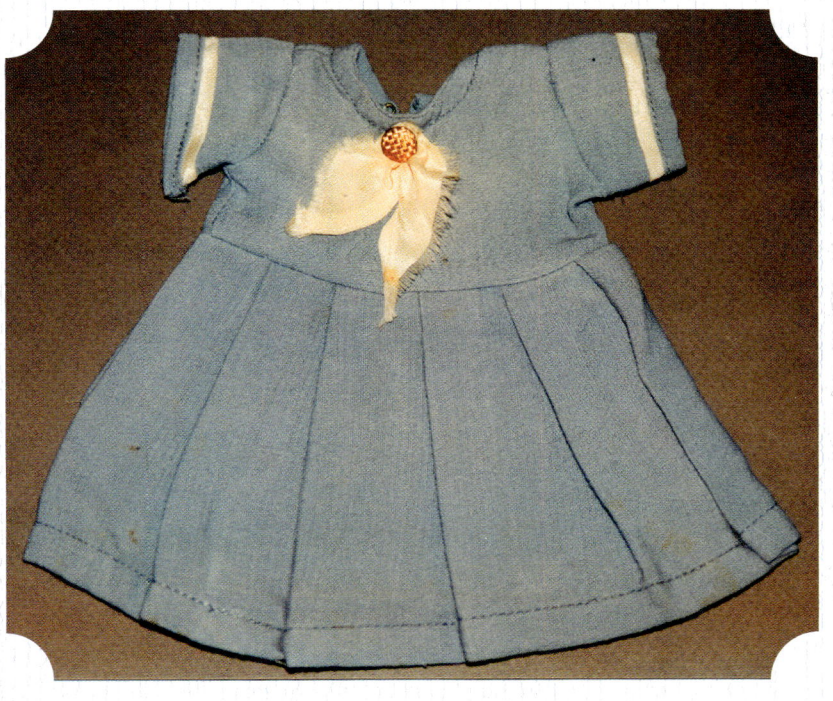

PARC MONCEAU - «Un ensemble (robe, manteau, chapeau) en beau lainage, ton bleu, rose, ou vert. Le manteau en tweed quadrillé, la robe unie du ton, le chapeau de lacet feutre». Les trois éléments sont inséparables. Le chapeau n'est pas répertorié.

PARC MONCEAU - Blue, rose or green wool set. Tweed coat, plain dress, felt braid hat (still unlisted).

1932 • 1933

169

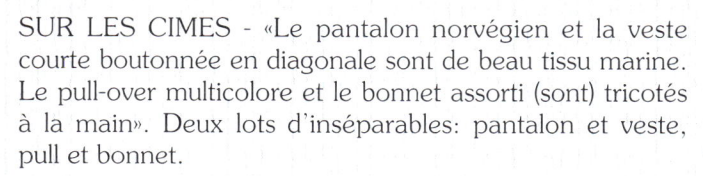

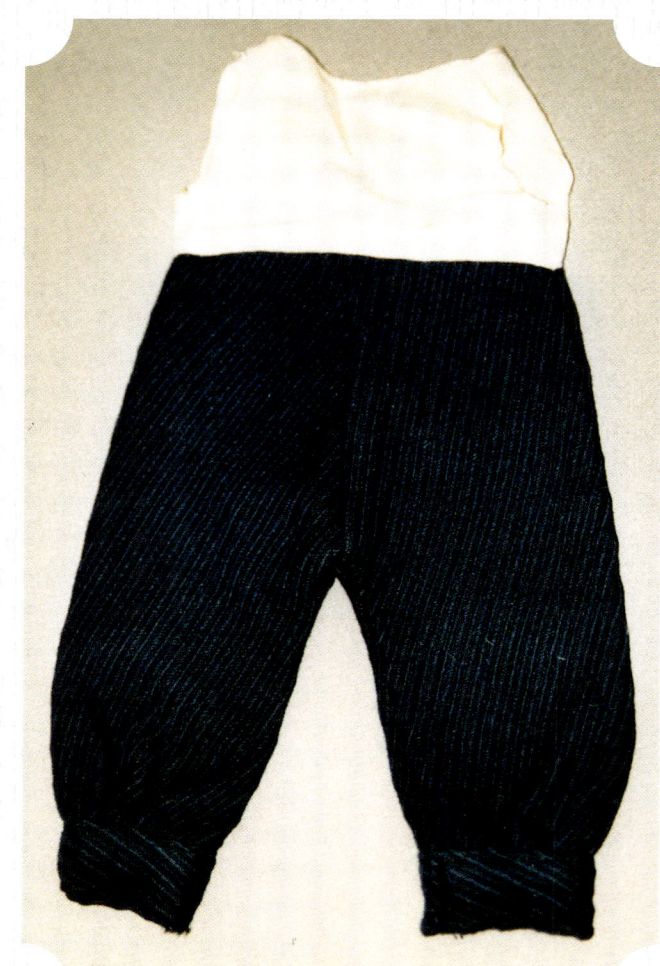

1932 • 1933

SUR LES CIMES - «Le pantalon norvégien et la veste courte boutonnée en diagonale sont de beau tissu marine. Le pull-over multicolore et le bonnet assorti (sont) tricotés à la main». Deux lots d'inséparables: pantalon et veste, pull et bonnet.

SUR LES CIMES (DOWN THE SLOPE) - Navy blue norvegian pant, short diagonal buttoned vest. Multicolored hand knitted pull-over and bonnet.

170

AUTEUIL - «Robe de kascha ceinturée de galon crocodile, petite veste et béret velours nègre». La veste n'est pas photographiée

AUTEUIL - Raw silk dress trimmed faux-crocodile, brown velvet vest and beret. The vest is not pictured.

CARTABLE - «de cuir». Les spécimens connus ne correspondent pas exactement au croquis de ce catalogue.

SCHOOL BAG - the models we listed do not exactly correspond to the sketch in this catalogue.

JUVENILE - Robe en lainage à grands carreaux noirs et blancs, haute ceinture en moleskine rouge. Ce modèle à été commercialisé également en tissu fin, photographié ci-dessus. Conseillé avec un béret Chiquito rouge.

JUVENILE - Checked woolen black and white dress, high red oilskin belt. This model also came in a lighter checkered cloth, pictured here above. Suggested with a red Chiquito.

DISCRETE - «Robe de kaschinette grège garnie de galon vif et de boutons».

DISCRETE (DISCREET) - Raw silk dress trimmed vivid color braid and buttons.

SURPRISE-PARTY - «Robe de ravissant crêpe de Chine, ton pâle, montée à double volant garni de joli galon».

SURPRISE-PARTY (SURPRISE PARTY) - Pale colored crepe dress, two layers trimmed fancy braid.

SAC A MAIN - «cuir travaillé et décoré». Les sacs authentiques de cette époque répertoriés à ce jour ne correspondent pas exactement au croquis de ce catalogue. Voir une sélection de sacs authentiques à la page 152.

HAND BAG - made of decorated leather. The authentic models we listed do not correspond exactly to the sketch of this season. See p. 152 for a selection of authentic Bleuette's hand bags.

1932 • 1933

171

1932 · 1933

MEXICAINE - Déguisement paru dans *La Semaine de Suzette* du 16 février 1933. Jupe de franges de couleur, corsage blanc, boléro noir, grand sombrero noir porté sur un foulard du même ton, non répertorié.

MEXICAINE - Fancy costume advertised in *La Semaine de Suzette* dated February 16, 1933. Multicolored fringed skirt, white blouse, black bolero, wide sombrero worn over a scarf, still unlisted.

TERRE NEUVE - «un imperméable avec fermeture éclair. Chapeau suroît de loup de mer. Rouge, bleu ou vert».

TERRE NEUVE - Rain coat with a zip. It came in red, blue or green with a matching hat.

«Nouvelles chaussettes faites à la main, blanches ou beiges». Article difficile à identifier.

«New hand knitted white or beige socks». Item difficult to identify.

BERET «mode, incliné sur le côté, en lacet de feutre et soie, blanc». Modèle non répertorié.

BERET - side leaning beret made of white felt and silk braid. Still unlisted.

172

1933-1936

1933 • 1936

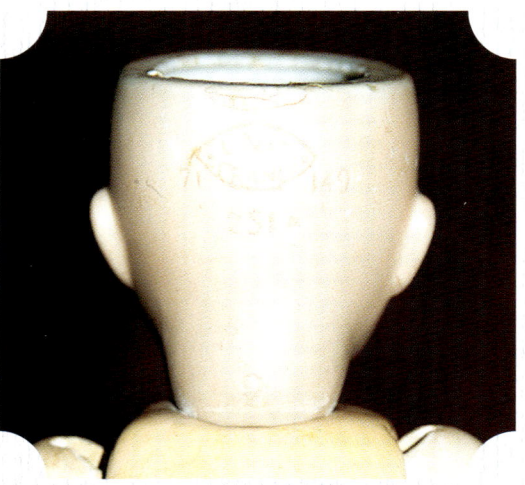

La nouveauté, en cet été 1933, consiste en la taille de Bleuette, qui grandit de 2 cm.
Il n'y a pas de changement de moule pour la tête. Bleuette ne prend pas ses deux centimètres supplémentaires dans les seules cuisses. Son corps évolue, tout simplement, vers une forme plus élancée : sont tronc est plus mince et légèrement plus long, ses cuisses s'allongent, tout comme ses mollets qui s'affinent. Bleuette joue ainsi les demoiselles et sa nouvelle coiffure l'annonce. L'ancienne coupe enfantine, courte ou bouclée, avec la mèche portée sur un côté, cède progressivement le pas à une coiffure à frange, avec des boucles tout autour de la nuque, comme le montrent bien les croquis de l'époque.

In 1933, Bleuette has grown 2 cm. From 27 to 29 cm. Her entire body evolves and becomes more slender. Actually, not only her thighs grew longer but her torso and lower legs elongated as to give to the doll a grown-up appeareance, also enhanced by her new hair-cut.
The previous short or curly side-part cut, progressively gave way to a new fringed cut with curls all around the neck, as shown on the ads from the period.

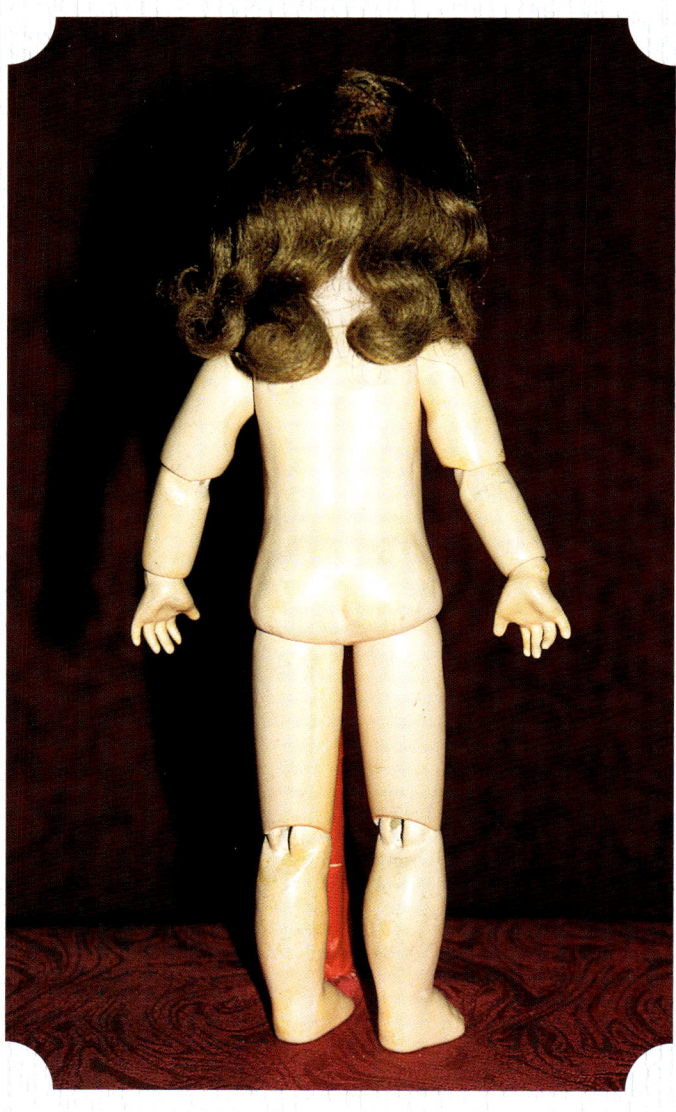

La tête de Bleuette, donc, ne change pas. Elle est toujours issue du moule 301 ainsi que du moule 251 en taille 2, désormais décliné AUSSI en biscuit. Loin d'être l'assemblage des stocks invendus des anciennes Benjamine de 1926, ces poupées Bleuette à tête 251 et mesurant 29 cm datent, d'après nos recherches, des années 1933-1936. Ce moule fut définitivement remplacé par le 301 (en biscuit, composition ou carton bouilli), dès l'hiver 1936/1937. Toutes les Bleuette «pures» issues du moule 251 en 29 cm que nous avons pu examiner avaient, sans exception, un trousseau d'origine datant de ces années. Cette information se trouve confirmée par les témoignages concordants de nombreuses ex-Suzettes, que nous remercions pour nous avoir confié leurs souvenirs d'enfance.

Bleuette's head hasn't changed. It is always made out of the 301 mold as well as from the 251 mold in size 2, now produced ALSO in bisque. It is obvious, now, that these authentic Bleuette dolls were not assembled using the unsold stocks of Benjamine's heads from 1926. They were the regular 29 cm tall Bleuette dolls made from 1933 to 1936. According to our research, this mold was replaced for good by the heads marked 301 (in bisque, compo or paper mache) during the winter of 1936/1937. All of the «pure» 29 cm tall 251 Bleuette dolls we studied came, with no exception, with original wardrobes from that very period. This information is confirmed by the testimony of several ex-Suzettes. We thank them all for sharing with us their childhood memories.

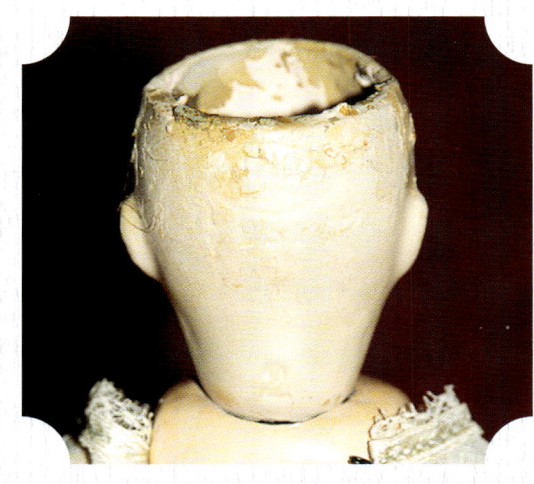

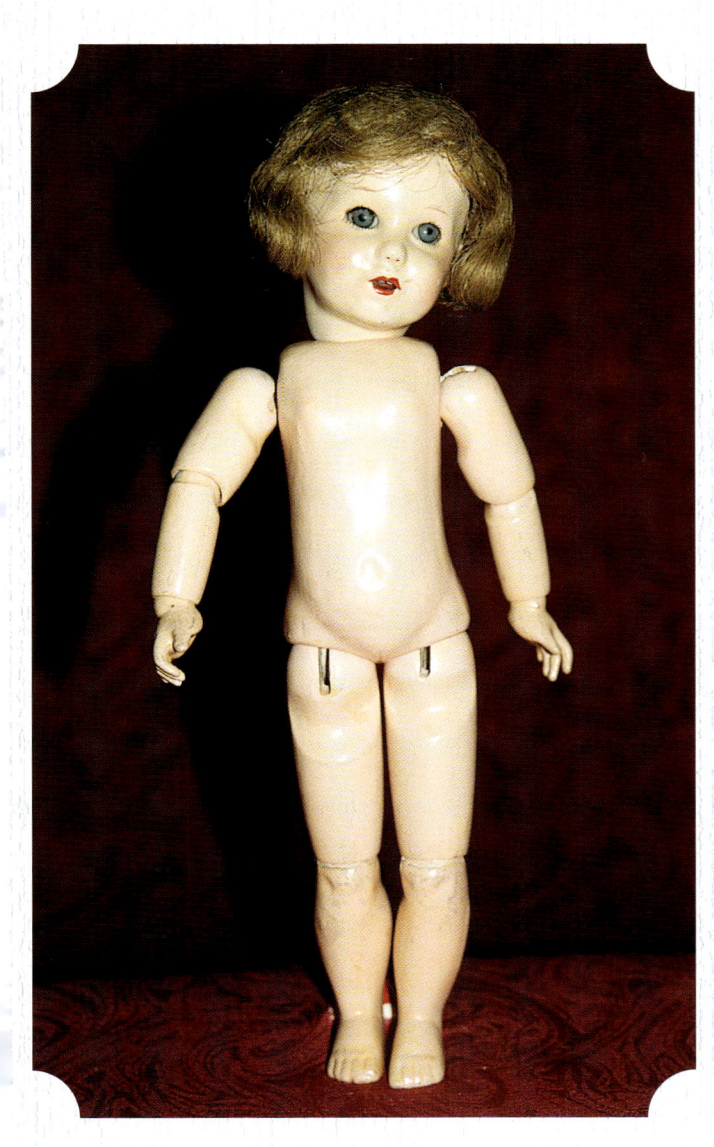

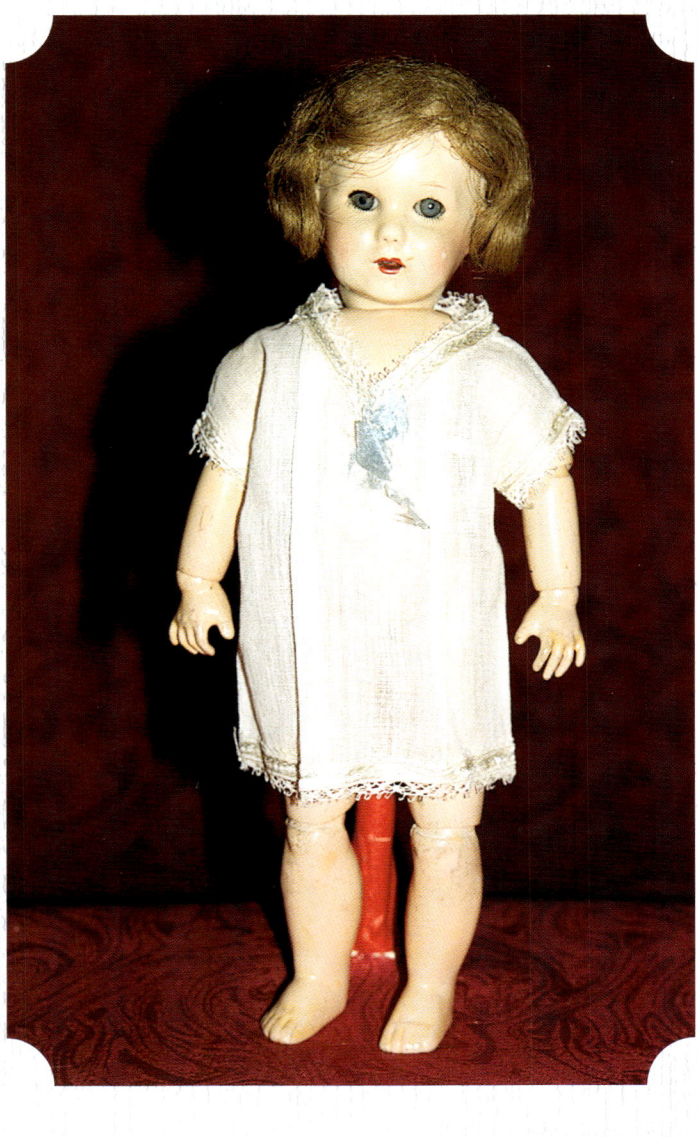

1933 • 1936

175

ETE 1933

- Gentillette, tailleur et chapeau / Gentillette (Nice), suit and hat
  Bonjour, robe / Bonjour, dress
- Cérémonie, robe du soir / Cérémonie, evening dress
- En vacances, jupe, blouson, béret
  En vacances (On holiday), skirt, blouse, beret
- Yo-yo, robe et chapeau / Yo-yo, dress and hat
- Excursion, manteau et toquet / Excursion (On a trip)
- At home, peignoir / At home, housecoat
- Coupe Davis, robe / Coupe Davis, dress
- Petit Crabe, version rouge / Petit Crabe (Little Crab), red version
- L'enfant sage, tablier / L'enfant sage (Good girl), apron
- Breton de paille picot naturel non garni / Plain straw hat
- Capeline lacet grège et souple non garnie
  Plain braid wide-brimmed hat
  Valise en moleskine rouge vif ou bleu roy
  Red or royal blue oilskin suitcase

1933

EXCURSION - «Le manteau sport-voyage en beau lainage écossais beige ton sur ton. Manche-pèlerine. Parements duvetine, ceinture de cuir fauve. Toquet assorti en crochet à la main».

EXCURSION (ON A TRIP) - Beige tartan hooded travel coat. Woolen contrasting facings. Leather belt. Hand crocheted hat.

GENTILLETTE - Tailleur en lainage granité et son chapeau de paille assorti.

GENTILLETTE (NICE) - Pebbleweave wool suit, matching straw hat.

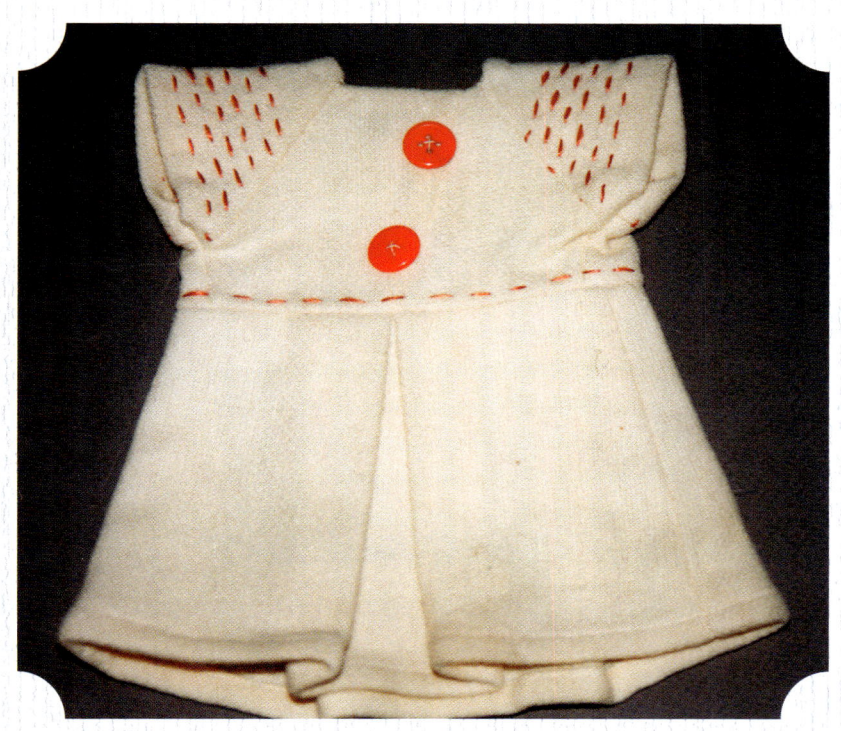

COUPE DAVIS - Robe de sport en natté blanc à points glissés rouges ou verts.

COUPE DAVIS - Sporty dress in white braided cloth with red or green decorative seams.

BRETON - Chapeau de paille picot naturel, non garni

BRETON - Plain stitched straw hat.

BONJOUR - Robe en lainage deux tons, à empiècement bordé simili.
Modèle non répertorié.

BONJOUR - Woolen two-toned dress with top edged with fun-leather. This model il still unlisted.

CAPELINE - En paille lacet grège et souple

CAPELINE (WIDE BRIMMED HAT) - made of soft raw straw braid.

1933

1933

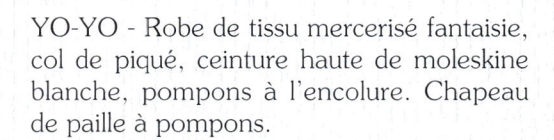

YO-YO - Robe de tissu mercerisé fantaisie, col de piqué, ceinture haute de moleskine blanche, pompons à l'encolure. Chapeau de paille à pompons.

YO-YO - Fancy mercerised fabric dress with piqué collar, high white oilskin belt, pompon decoration. Straw hat with same pompons.

CEREMONIE - «Robe habillée en beau taffetas soutenu, se fait en rose et en bleu».

CEREMONIE - Evening dress made of bright rose or blue taffeta.

PETIT CRABE - Désormais, ce maillot est proposé en bleu et blanc ou en rouge et blanc.

PETIT CRABE (LITTLE CRAB) - This classic swim suit comes now in blue and white and red and white.

EN VACANCES - Ensemble en tricot, jupe à bretelles et blouson de ton clair, non répertorié.. Béret assorti, en corail ou bleu-lin. Inséparables.

EN VACANCES (ON HOLIDAY) - Knitted set including coral red or tender blue straps skirt and paler blouse, still unlisted. Matching beret.

1933

179

1933

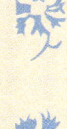

AT HOME - Ce classique ensemble d'intérieur, toujours composé d'un peignoir simple ou luxe, d'un bonnet et d'une paire de pantoufles, est décliné en une grande variété de tissus différents.

AT HOME - This classic house coat is always available in two versions (simple and deluxe) together with a pair of slippers and a bonnet. It came in a variety of fabrics.

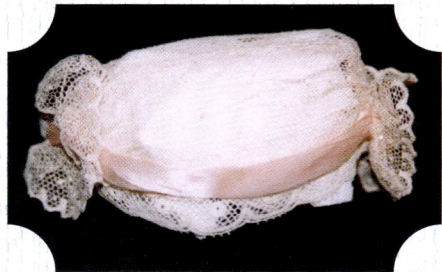

L'ENFANT SAGE - «L'authentique tablier de Vichy à carreaux bleus ou rouges». Ce classique de la garde-robe de Bleuette a été proposé jusqu'à l'été 1953.

L'ENFANT SAGE (GOOD GIRL) This classic blue or red checked gingham apron sold until the summer of 1953.

180

HIVER 1933/1934

- Causerie, robe / Causerie (Chat), dress
- Molitor, robe, toquet / Molitor, skating dress and hat
- Avalanche, ensemble de ski 3 pièces
  Avalanche, 3 pieces ski set
- Championne, tailleur, chapeau / Championne, suit and hat
- Marin, vareuse bicolore, jupe, béret américain
  Marin, two toned vest, skirt, wide-brimmed beret
- Parapluie / Umbrella
- Christmas, robe manteau, chapeau
  Christmas, dress, coat, hat
- Graziella, robe / Graziella, dress
- Turco, pull-over, chechia, jupe
  Turco (Turkish), pull-over, hat, skirt

Coquette, écharpe et béret / Coquette, scarf and bonnet
Iris, écharpe / Iris, scarf
Carton à chapeau en moleskine rouge ou bleu roy
Hat box made of red or royal blue oilskin

AVALANCHE - Culotte-guêtre, pull-over et bonnichon à pompon, en tricot souple, rose, ciel ou blanc. Cet ensemble d'inséparables n'est pas dessiné au catalogue, il a néanmoins pu être identifié dans sa version blanche.

AVALANCHE – Knitted ski set including a pull-over, a pant and a bonnet. It came in rose, sky blue and white. This model is not sketched in the catalogue but it was yet possible to identify the white version.

COQUETTE – «Petit ensemble de tricot souple comprenant un béret et une écharpe de laine blanche». Sans croquis cet article est difficile à identifier.
COQUETTE – Hand knitted white scarf and bonnet. Hard to identify.

MOLITOR - «Robe de patinage, en forme, velours bordé de fantaisie blanche, toquet assorti».
Inséparables.

MOLITOR - Skating ensemble including a velvet dress trimmed with white faux-fur and a matching hat. Sold as a set.

181

1933·1934

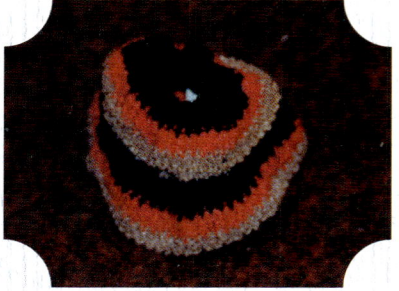

CHAMPIONNE - «Tailleur en lainage beige ou gris, agrémenté d'un galon. Chapeau moderne assorti». Les trois pièces sont vendues ensemble.

CHAMPIONNE (CHAMPION) – Beige or grey wool suit, braid trim. Modern matching hat. Sold as a set.

GRAZIELLA – «Robe plissée de nubienne bleue ou rose avec point glissé du ton, col de soie».

GRAZIELLA – Pleated wool dress, in blue or rose, trimmed with bright colored seams, silk collar and armholes.

TURCO - Pull-over et chéchia, tricotés main et portés sur une jupe plissée. Cet ensemble d'inséparables était proposé en blanc, rose, ou bleu.

TURCO (TURKISH) – Hand knitted pull-over and pompon hat to wear with a pleated skirt. Sold as a set in white, rose or blue.

1933 · 1934

CHRISTMAS – «Ravissant ensemble composé d'une robe de crêpe de Chine, froncée au corsage avec volant sur l'épaule, d'un manteau en beau velours de laine moelleux garni galon blanc et d'un chapeau feutre. Se fait en rose tendre et bleu lavande».

CHRISTMAS – This set includes a crepe de Chine dress with gathered bodice and flounces on the shoulders, a soft wool coat trimmed with white braid and matching hat. This set came in tender rose and lavender blue.

IRIS – «Echarpe de soie». Non répertoriée, probable reprise de l'article de l'hiver 1930/1931.

IRIS - Silk scarf, still unlisted but probably identical to the scarf of the winter of 1930-1931.

183

1933・1934

CAUSERIE - Robe de tissu écossais, plastron et col blanc, ceinture peau blanche.

CAUSERIE (CHAT) – Tartan dress with white front panel and leather belt.

MARIN - Marin rénové : «Vareuse rouge à col bleu et galons blancs. Jupe plissée bleue montée par-dessus» et tenue par des boutons blancs. L'ancien «béret simple avec nom gravé or» est toujours proposé en alternative au nouveau «béret belle confection de chapelier, forme américaine et ancre métal».

MARIN - New version of the mariner costume including a red and blue vest trimmed with white braid, a pleated blue skirt to button over the vest and a new blue and red wide-brimmed hat with metal anchor, alternative to the classic soft béret with golden inscription.

PARAPLUIE - Tom-pouce à la taille de Bleuette, tissu gris, marron ou marine, manche en galalithe.

PARAPLUIE (UMBRELLA) – called Tom-pouce, it came in grey, brown or navy blue with a galalith handle.

CATALOGUE ETE/SUMMER 1934

- Favori, manteau, chapeau / Favori (Favorite) , coat, hat
- Domino, tailleur, canotier / Domino, suit, boater
- Brise légère, robe / Brise légère (Light breeze) , dress
- Bain de soleil, maillot / Bain de soleil (Sun bath), swimsuit
- Hélios, robe, capeline / Helios (Sun), dress, wide-brimmed hat
- Bouquet, robe, cloche / Bouquet, dress, cloche
- Marin, vareuse, jupe, béret, version blanc et bleu
  Marin, vest, skirt, beret, white and blue version
- Canotier/ Boater
- Ombrelle / Parasol

Play-Ready, pull, toque / Play-Ready, pull-over, bonnet

DOMINO - Tailleur composé d'une jupe pied de poule noir et blanc, d'une jaquette rouge sur gilet blanc. Ceinture de ciré noir, boutons noirs. Canotier de picot bis, garni de ciré noir. Seul le canotier était vendu séparément.

DOMINO – Suit including a black and white dog's tooth check dress, a red jacket with black buttons, a white blouse, a black belt and a straw boater trimmed with a black braid. Sold as a set except for the boater.

FAVORI - Manteau de gros ottoman de soie, blanc à parements roses, ou rose à parements blancs. Chapeau cloche de Tagal blanc craie garni de ruban, facultatif.

FAVORI (FAVORITE) – White silk ottoman coat with pink facing, or reversed colors. White tagal hat trimmed with a matching ribbon sold separately.

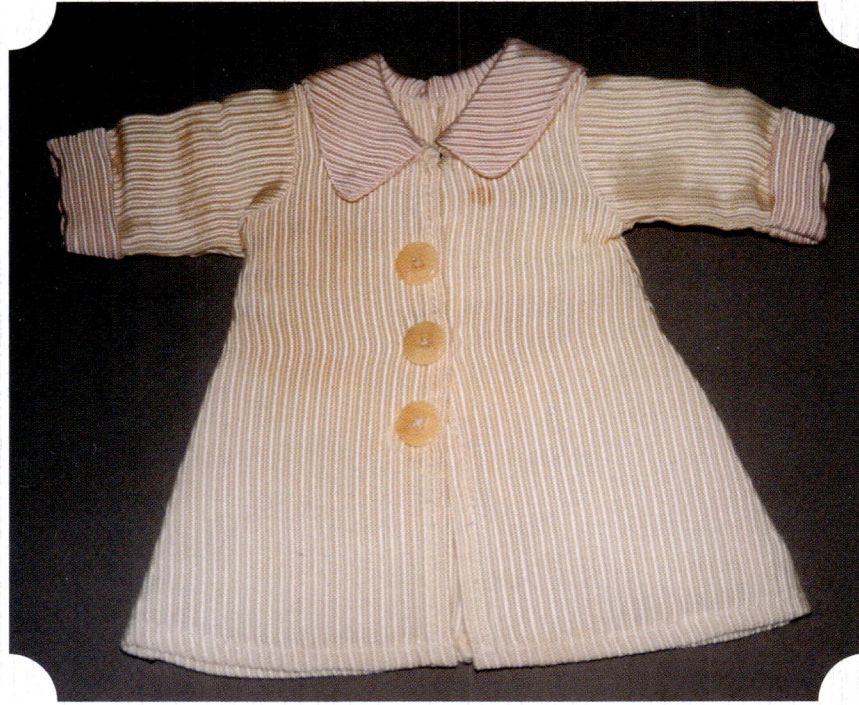

1934

1934

BOUQUET - Robe estivale en tissu à trois volants. Chapeau cloche en paille d'Italie garnie de ton. La cloche était vendue séparément.

BOUQUET – Summer dress with three flowered layers. Italian straw cloche trimmed with a matching scarf, also sold separately.

CANOTIER - Picot bis, garni ruban.
CANOTIER (BOATER) – Raw straw hat trimmed with a ribbon.

1934

BRISE LEGERE - Robe en crêpe de Chine broché. En rose, ou bleu ciel, plissés en garniture.
BRISE LEGERE (LIGHT BREEZE) – Sky blue or rose brocade crepe de Chine dress with pleated trimming.

OMBRELLE – tom-pouce à fleurettes, manche en simili bambou.

OMBRELLE (PARASOL) – Flowered cotton parasol with bambou-like handle.

MARIN d'ETE - Version en coutil blanc et bleu, toujours garni ancre dorée. Inséparables

MARIN d'ETE (SUMMER MARIN) – This version is white and blue with metal anchor decoration on the hat and sleeve. Sold as a set.

187

1934

BAIN DE SOLEIL - Maillot de bain, tricoté main, rouge et blanc, bleu et blanc, vert et blanc.

BAIN DE SOLEIL (SUN BATH) – Hand knitted swimsuit in red and white, blue and white or green and white.

HELIOS - Robe de plage tricotée à la main en coton ficelle, bretelles croisées, nœud de ruban. Grande capeline plate en coton ficelle tricotée main, facultative.

HELIOS (SUN) – Beach hand knitted cotton outfit including a crossed straps dress with a ribbon bow and a wide-brimmed hat. The hat could be bought separately.

PLAY-READY – «Un pull-over de sport, nouvelle forme, tons mode en celtamate ciel ou rose, entièrement tricoté main. La toque assortie tricot main». Ce set d'inséparables était conseillé avec une jupe plissée vendue séparément. Non répertorié.

PLAY-READY – A sport set including a hand knitted pull-over and bonnet in sky blue or rose, to match a pleated skirt sold separately. Still unlisted.

CATALOGUE HIVER/WINTER 1934/1935

- Bon Petit Diable, robe, guimpe, bonnet, bas /
- Bon Petit Diable (Good Little Devil), dress, blouse, bonnet, socks
- Préférée, robe, capeline / Préferée (My first choice), dress, hat
- Protegez-moi, tablier / Protegez-moi (My protection), apron
- Intimité, robe / Intimité (Familiar), dress
- Ping-Pong, robe / Ping-Pong, dress
- Sophie, robe / Sophie, dress
- Proprette, tablier / Proprette (Neat), apron
- Au matin, tailleur, breton / Au matin (In the morning), suit, hat
- Flânerie, manteau, toque / Flânerie (Stroll), coat, hat
- Paysanne Russe, déguisement
  Paysanne Russe (Russian paesent), fancy costume
  Capucin, paletot tricot / Capucin (Monk look) knitted coat
  Sur les cimes, ensemble de ski
  Sur les cimes (Down the slope), ski set
  L'angle droit, pointe
  L'angle droit (The straight angle) knitted scarf
  Couverture tricotée / Knitted blanket

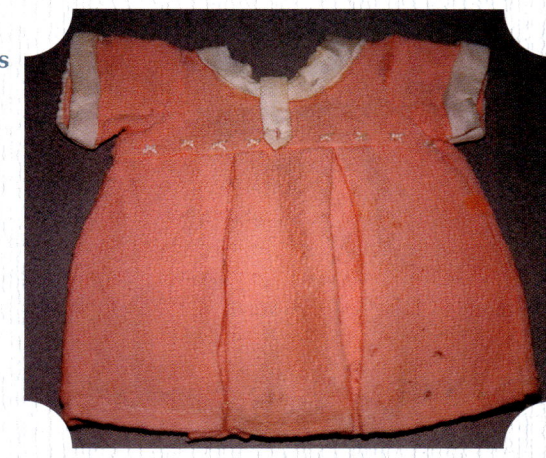

PING-PONG – «Robe en nubienne à col blanc», différents coloris.

PING-PONG – Light wool dress with a white collar and facing. It came in various colors.

INTIMITE - «Robe de velours fantaisie, garniture blanche». Une robe de chambre à été réalisée dans ce même tissu.

INTIMITE (FAMILIAR) – Fancy velvet dress with white trimming. A house coat was cut in the same fabric.

SOPHIE – «Robe de soieries riches, garnie col dentelle écrue» Exécutée également dans un tissu plus simple et non mentionné dans le descriptif du catalogue.

SOPHIE – Rich silk dress with a raw lace collar. It also came in a more simple fabric but the catalogue doesn't mention this variation.

1934 • 1935

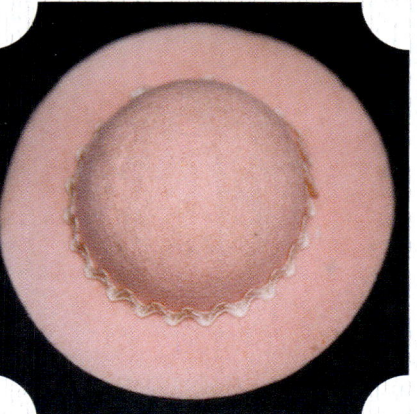

PREFEREE - «Robe de style crêpe de Chine rose ou bleu, froncée et longue. Capeline feutre souple garni».

PREFEREE (MY FIRST CHOICE) – Long and gathered rose or blue crepe de Chine dress. Matching felt wide-brimmed hat with trim.

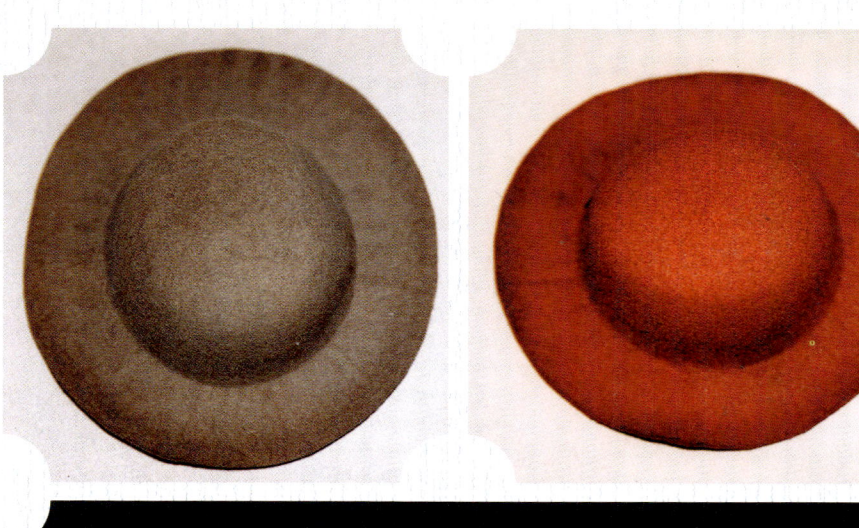

CAPELINE - En feutre de tons bleu, Nil, rose, brique ou blanc, garnie ou non garnie.

CAPELINE (WIDE-BRIMMED HAT) Made of blue, rose, Nil green, brick red or white felt, plain or trimmed.

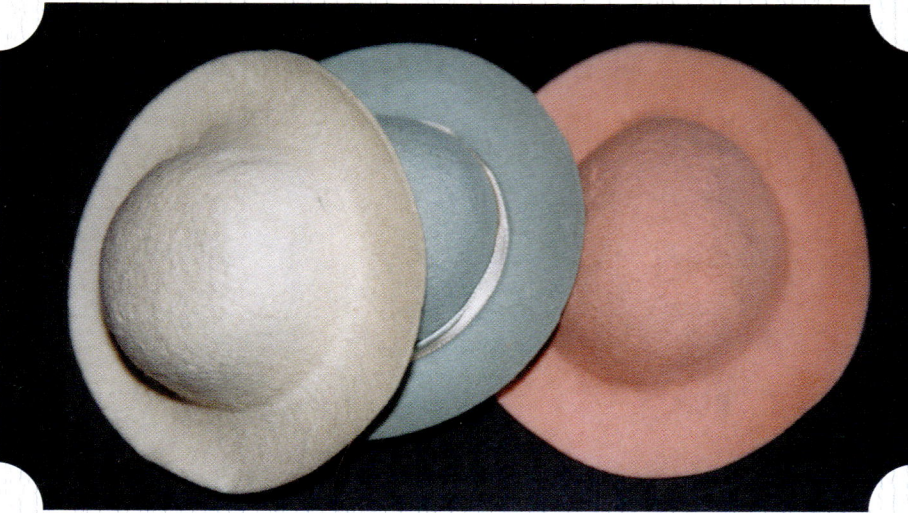

LE BON PETIT DIABLE - «Ensemble de costume écossais, robe et guimpe, bonnet police, bas à revers». Ces éléments, réalisés en différents coloris, étaient aussi vendus au détail et ce jusqu'à l'été 1940.

LE BON PETIT DIABLE (NICE LITTLE DEVIL)
Tartan dress and white blouse, matching police beret, hand knitted turned-down stockings. It came in various colors and sold until the summer of 1940.

1934 • 1935

191

1934 • 1935

PROPRETTE - «Tablier en fileté rose, bleu ou maïs, garni de galon blanc».
PROPRETTE (NEAT) – Threaded cotton apron in rose, blue ot corn yellow trimmed in white.

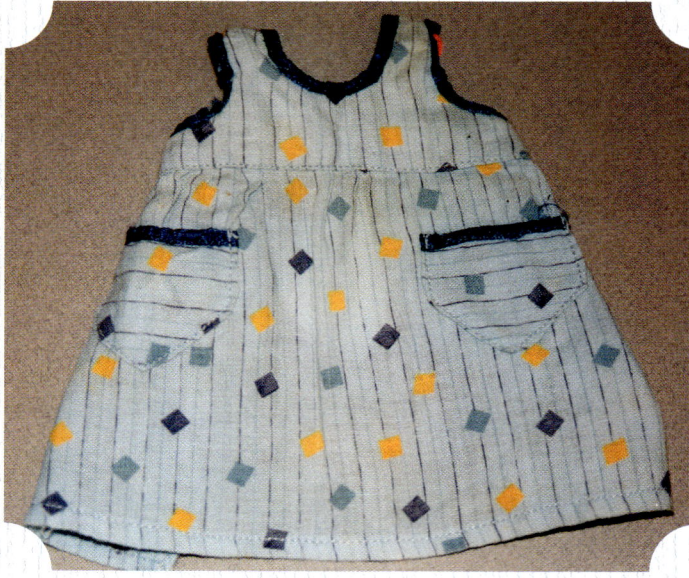

PROTEGEZ-MOI - «Un tablier fleurettes, formant petite robe». Coloris et motifs variés.
PROTEGEZ-MOI (MY PROTECTION) – A flowered apron made in various printed cottons.

192

AU MATIN – «Tailleur beau lainage deux tons, (uni et quadrillé). Se fait en beige ou bleu. Avec un breton feutre assorti garni plume». Le chapeau était aussi vendu séparément, avec ou sans la plume.

AU MATIN (IN THE MORNING) – Plain and check beige or blue wool suit with matching felt hat trimmed with a feather. The hat was sold separately with or without the feather.

FLANERIE - «Un manteau de teintes douces, étamine, vert ou brique. La toque est assortie. De beaux galons forment garniture». Inséparables.

FLANERIE (STROLL) – Soft colored muslin coat trimmed with braid and matching hat. It came in green and brick red. Sold as a set.

1934 • 1935

193

1934 • 1935

PAYSANNE RUSSE
Déguisement paru dans *La Semaine de Suzette* du 21 février 1935.

PAYSANNE RUSSE (RUSSIAN PAESENT)
Fancy costume advertised in *La Semaine de Suzette* dated February 21, 1935.

CAPUCIN – «Un très nouveau petit paletot-capuchon tricot main, en rouge spahi ou bleu roy». Modèle non répertorié.
CAPUCIN (MONK LOOK) – Hand knitted spahi red or royal blue hooded coat, still unlisted.

SUR LES CIMES – Variante aux tricots en «raies de biais multicolores», non répertoriée.
SUR LES CIMES (DOWN THE SLOPE) – Version of the classic snow suit with knitted pull-over and bonnet with multi-colored diagonal design. Still unlisted

COUVERTURE - Douillette en crochet main, en grosse laine mèche, bleue et rose, ou bleue et blanche ou rose et blanche. Article difficile à identifier.
COUVERTURE - (Knitted blanket) Item difficult to identify

L'ANGLE DROIT – «pointe à nouer, coloris variés, tricot main». Article difficile à identifier.
L'ANGLE DROIT – (The straight angle) knitted scarf. Item difficult to identify

194

CATALOGUE ETE/SUMMER 1935

- La bonne franquette, tailleur/ La bonne franquette (Without any fuss), suit
- Mademoiselle, robe, chapeau / Mademoiselle, dress, hat
  Chère amie, robe, capeline / Chère Amie, dress, hat
- Jeunesse, robe, capeline / Jeunesse (Youth), dress, hat
- Pastilles, robe, manteau, canotier / Pastilles (Small disks), dress, coat, hat
- Triton, short, jaquette / Triton, short, jacket
- Flots bleus, robe / Flots bleus (Blue waves), dress
- Sable fin, peignoir / Sable fin (Fine sand), bathrobe
- Doux sommeil, pyjama / Doux sommeil (Sweet sleep), pajama
- Timide, robe / Timide (Shy), dress
- Averse, capuchon / Averse, rain hood
- Picot, canotier / Picot, straw boater
- Capeline / Capeline, wide-brim hat

JEUNESSE - «Robe blanche en soie brochée de fantaisie et ceinturée d'un serpentin de soie, aux tons pastels. Avec une capeline paille soie garnie serpentin».

JEUNESSE (YOUTH) – White brocade silk with silk streamer belt, pastel tones, matching a silk straw wide-brim hat.

MADEMOISELLE – «Robe de lainette à dessins chevrons multicolores, garnie d'un beau shantung rouge bégonia. Avec un chapeau assorti».

MADEMOISELLE – Light multicolored wool dress trimmed with a begonia red shantung and matching a straw wide-brim hat.

1935

TIMIDE – «Robe de piqué fin bleu, rose ou vert, garnie col blanc, cravate ruban».

TIMIDE (SHY) – Thin piqué dress in blue, rose or green with white collar and ribbon bow.

PICOT – rouge ou bleu, garni. Même forme que le canotier de PASTILLES garni autrement.

PICOT – red or blue straw boater identical to the hat PASTILLES with a different trim.

AVERSE - «Très nouveau. Capuchon crêpe Chine caoutchouté marine ou rouge vieux».

AVERSE (SHOWER) – New rain rubberized crepe de Chine hood in navy blue or old red.

DOUX SOMMEIL – «Un pyjama de lit en zéphyr garni galon et un bouton».

DOUX SOMMEIL (SWEET SLEEP) – Light cotton pajama trimmed with braid and single button.

PASTILLES - Ravissant ensemble comprenant: un manteau uni de toile façon shantung, une robe à pois et un canotier picot de ton. Se fait en bleu ou en rouge ». Inséparables

PASTILLES (SMALL DISKS) – The set includes a shantung-like coat, a dotted dress and a straw boater. It came in red or blue. Sold as a set

1935

197

1935

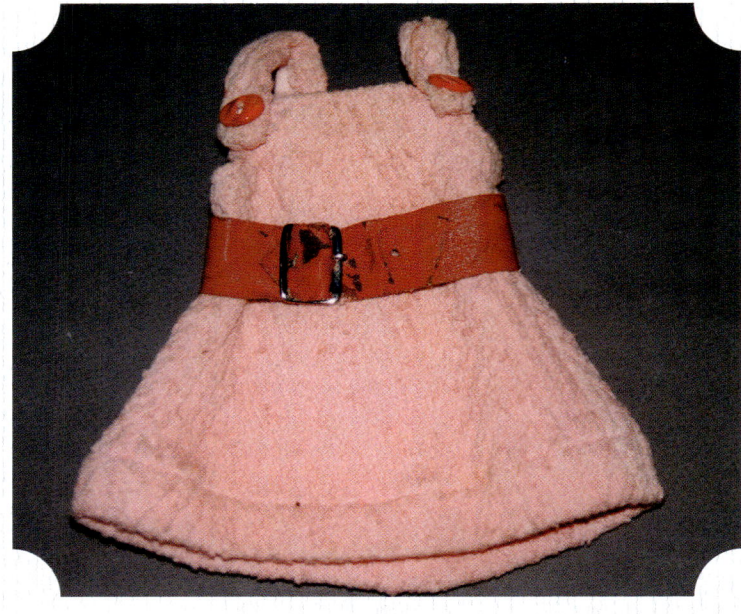

FLOTS BLEUS - «Robe de soleil en tissu éponge, chevrons de ton rose, grande ceinture moleskine rouge». Deux grands boutons ton assorti sur les épaules.

FLOTS BLEUS (BLUE WAVES)
Rose sponge sun dress with V shape motif, large red oilskin belt, matching buttons.

SABLE FIN - Peignoir de bain, flanelle à grands carreaux.
SABLE FIN (FINE SAND)
Big checks flannel bath robe.

TRITON – «Un short en tricot à la main d'un ton rouille très en vogue. Jaquette assortie, tricot main, entièrement boutonnée». La jaquette n'est pas répertoriée.

TRITON – Knitted rust colored short with matching jacket, buttoned on the front. The jacket is still unlisted.

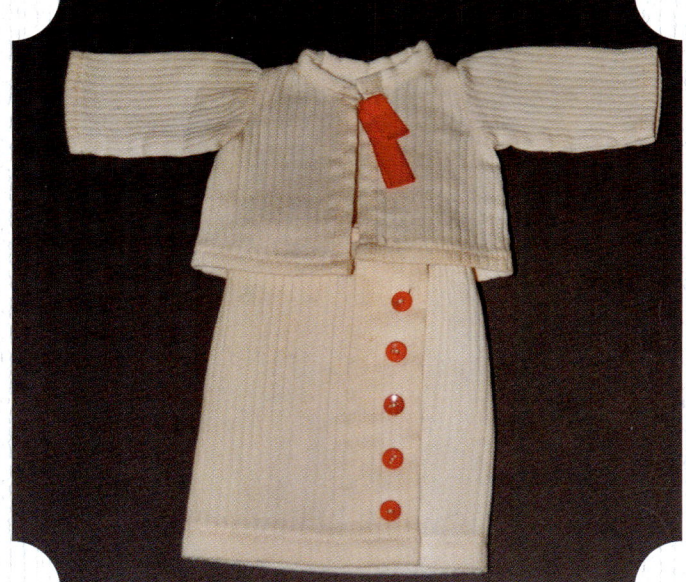

LA BONNE FRANQUETTE - «Deux pièces en beau piqué blanc côte de cheval, boléro et jupe porte-feuille». Garni boutons et cravate rouge.

LA BONNE FRANQUETTE (WITHOUT ANY FUSS) – Two pieces white piqué suit. The evst enhanced by a red ribbon bow, the skirt folded on the front with red buttons.

CAPELINE – «paille de soie garnie».
CAPELINE (WIDE-BRIM HAT) – trimmed silk straw.

1935

FINS DE SERIE - «Des Tagals cloche ou relevés, Paille d'Italie, Canotiers, garnitures fantaisie».

FINS DE SERIE (BARGAINS) – Tagal cloche or turned-up hats, Italian straw hats, Boaters, fancy trims.

199

HIVER 1935/1936

- Après-midi, robe / Après-midi (Afternoon), dress
- Au pesage, robe, toque / Au pesage (Weigh-in), dress, hat
- Promenade, robe, toquet / Promenade, dress, bonnet
- Convalescence, peignoir / Convalescence, house coat
- Normandie, robe, manteau, chapeau / Normandie, dress, coat, hat
- Fête, robe / Fête (Party), dress
  Giboulée, version en bleu et blanc / Giboulée (Showers), blue and white version
- Terre-neuve, imperméable et suroît / Terre-neuve, raincoat and hat
  Cartable / Schoolbag
- Au zoo, manteau, chapeau / Au zoo (At the zoo), coat, hat
- Sur les cimes, ensemble de ski / Sur les cimes (Down the slope), ski set
- Tablier élégant rénové / Elegant apron, new version

AU ZOO - «Manteau pratique à pèlerine, tissus variés. Un chapeau feutre assorti». La plume en photo n'est pas d'origine.

AO ZOO (AT THE ZOO) – Cape coat cut from various fabrics with a matching hat. The feather on the picture is not original.

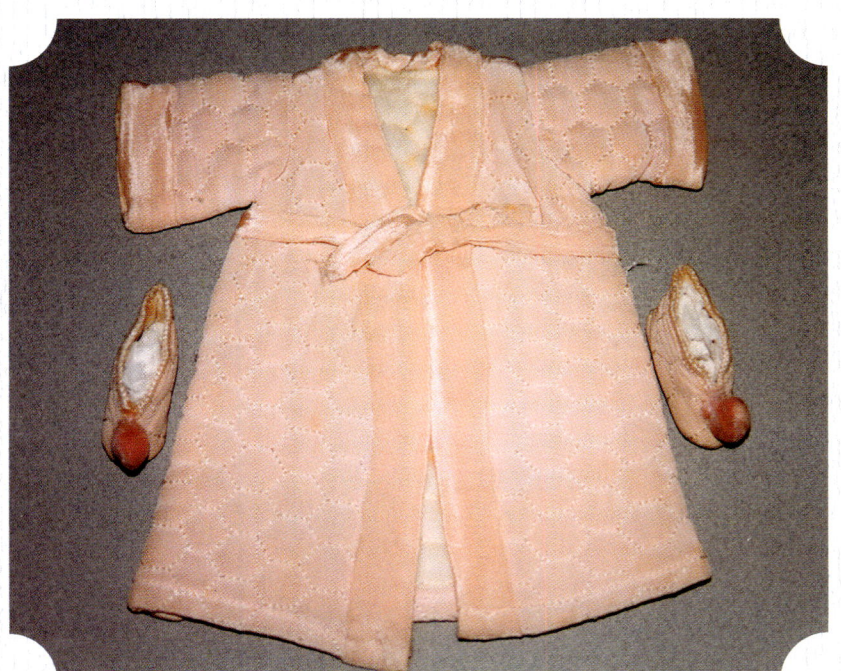

CONVALESCENCE - «Douillette en crêpe de chine piqué et ouatiné, garni crêpe uni, en bleu ciel, rose ou blanc. Avec des pantoufles assorties».

CONVALESCENCE – House coat cut from a rose, blue or white quilted crepe de Chine with matching pompon slippers.

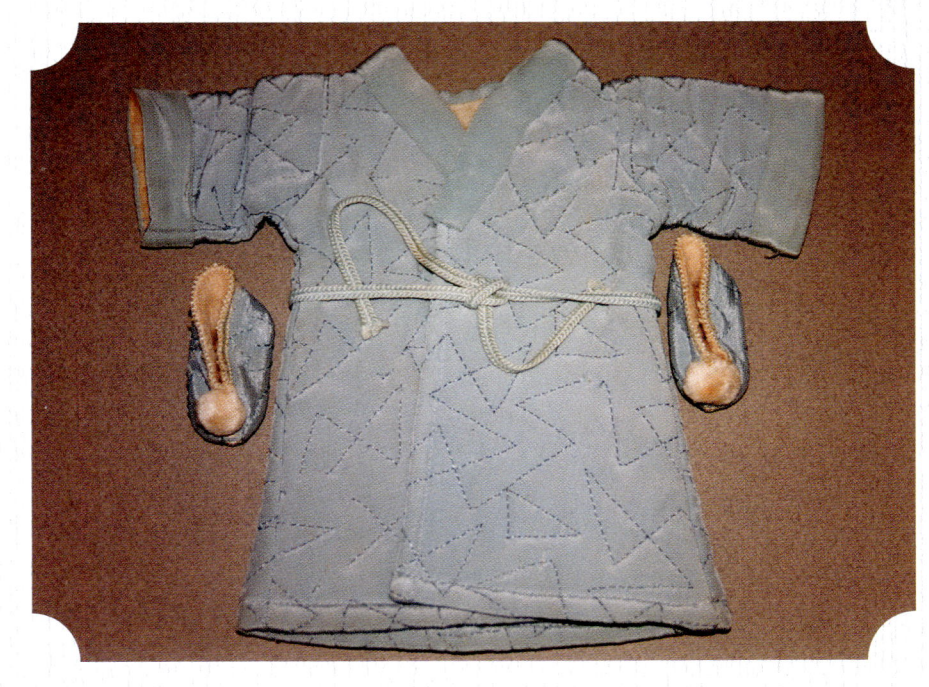

FETE – «Toilette crêpe de Chine uni, garni d'un fichu à volants. En rose ou ciel».

FETE (PARTY) – Pale rose or sky blue crepe de Chine party dress with flounce trimmed collar.

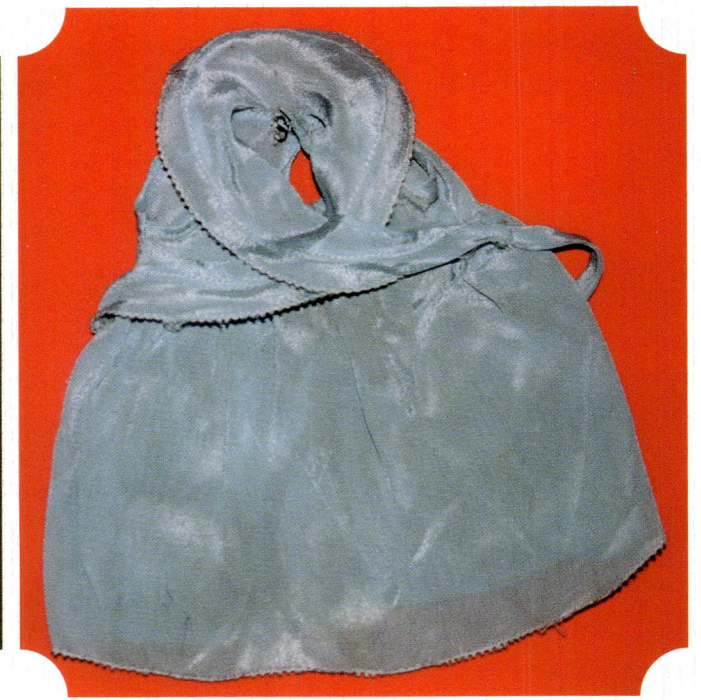

1935 • 1936

201

1935 • 1936

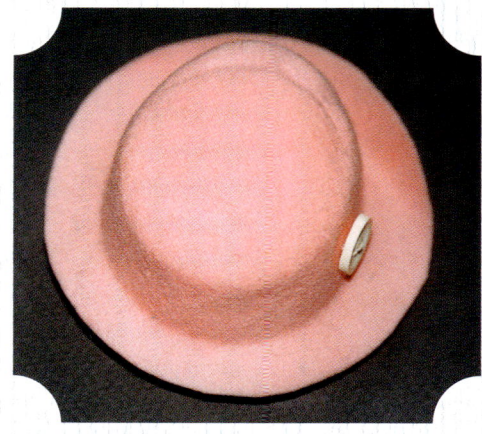

NORMANDIE - «Manteau de velours de laine, robe en crêpe de Chine, chapeau feutre. Se fait en rose, bleu pâle ou vert tendre». Inséparables.

NORMANDIE – Soft wool coat, crepe de Chine dress, felt hat. It came in rose, pale blue or tender green. Sold as a set.

PROMENADE - «Délicieuse robe en tricot fait main, bleu lin ou feu. Toque assortie».

PROMENADE (STROLL) – Hand knitted tender blue or flame red dress and matching hat.

APRES – MIDI - Robe en fin crêpon de laine, entièrement plissée, en bleu ou vert tendre, avec garniture opposition.

APRES-MIDI (AFTERNOON) – Light pleated woolen crepe dress in blue or tender green, contrasting color collar, armholes and skirt edge.

AU PESAGE - «Robe en lainage gris bouclé rouge, col blanc, ceinture rouge. Toque 4 côtes en blanc, garnie passementerie bouclée». Eléments vendus séparément.

AU PESAGE – (WEIGH-IN) – Grey wool dress treaded in red, white collar, red belt. White 4 slices hat trimmed fun fur. Sold separately.

1935 • 1936

203

1935 • 1936

TABLIER ELEGANT - «rénové», en plumetis à jours et dentelle. Modèle répertorié dans des tons variés.

TABLIER ELEGANT (ELEGANT APRON) – renovated model cut from a cut-work plumetis trimmed with lace. This model came in various colors.

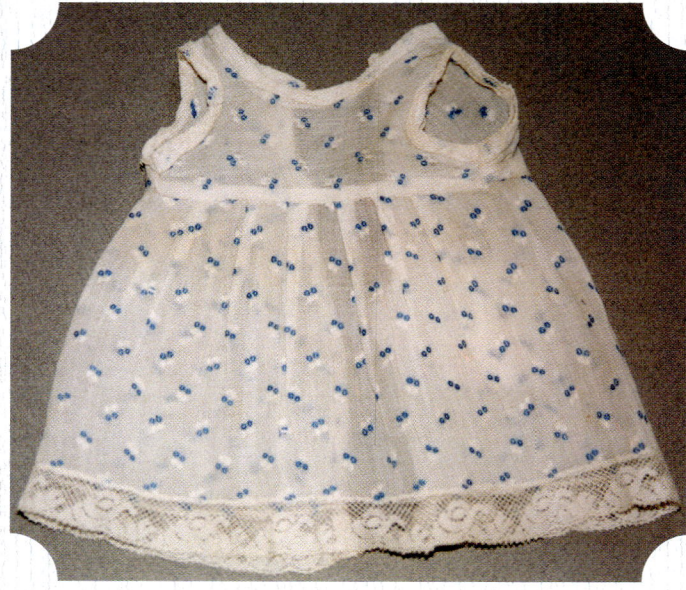

SUR LES CIMES - Nouveau modèle. Combinaison d'aviateur à fermeture glissière, draperie marine. Les tricots main de cette saison, comprenant pull-over et toquet, ne sont pas répertoriés.

SUR LES CIMES (DOWN THE SLOPE) – New ski set including an aviator overall with a zip and hand knitted pull-over and bonnet (still unlisted).

TERRE NEUVE – Renouvelé. Crêpe de Chine caoutchouté, blanc ou mastic, fermeture glissière à fine chaînette. Chapeau suroît assorti.

TERRE NEUVE - New version consisting in a white or off white crepe de Chine coat with a zip, ending in a short chain, and a matching rain hat.

CATALOGUE ETE/SUMMER 1936

Elégance, robe, cape, capeline / Elegance, dress cape, hat
- Fillette, robe / Fillette (Little girl), dress
- Classique, manteau, capeline / Classique (Classic), coat, hat
- Smocks, robe / Smocks, dress
- Sauterie, robe, capeline / Sauterie (Dance party), dress, hat
- Pastorale, robe, bob / Pastorale (Pastoral), dress, hat
- Sans façon, robe et bob / Sans façon (Without ceremony), dress, hat
- Loup de mer, pantalon / Loup de mer (Old sea dog), trousers
- A babord, maillot, polo / A babord (Port side), top, bonnet
- Bas sport / Sport stockings
- Capeline blanche / White wide-brim hat
- Capeline fantaisie / Fancy wide-brim hat
- Bob paille / Straw hat
- Sans prétention
  Sans prétention (Unpretentious), hat
- Sans reproche, culotte
  Sans reproche (Above reproach), slip
- Sac en peau blanche / White leather sac
- Chaudement, couverture crêpe de Chine piqué
  Chaudement (Warmly), quilted crepe blanket

CLASSIQUE - «Sobre manteau de belle gabardine blanche, soulignée d'une bande bleue ou rouge garnie de boutons blancs. Capeline de paille souple blanche». Capeline en deux tons assortis au manteau.

CLASSIQUE (CLASSIC) – White gabardine coat, blue or red band trimmed with buttons. Matchin two-toned soft straw wide-brim hat.

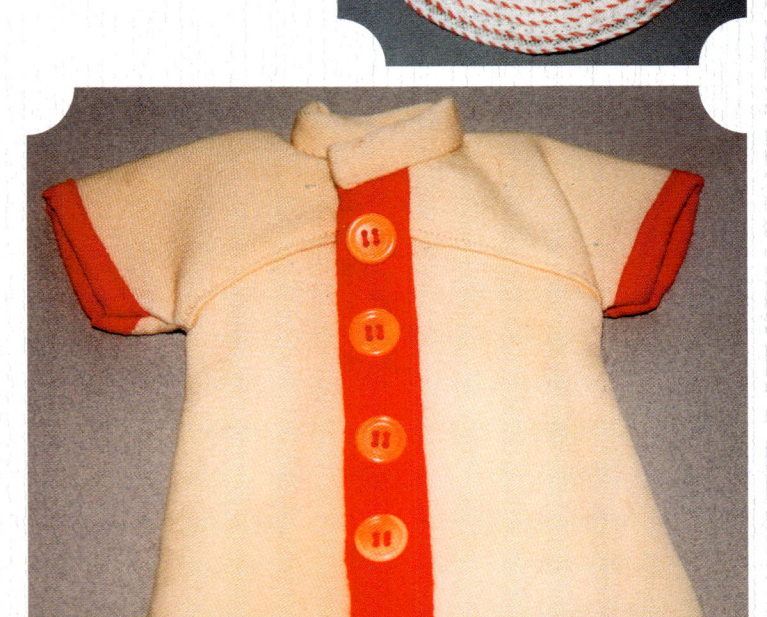

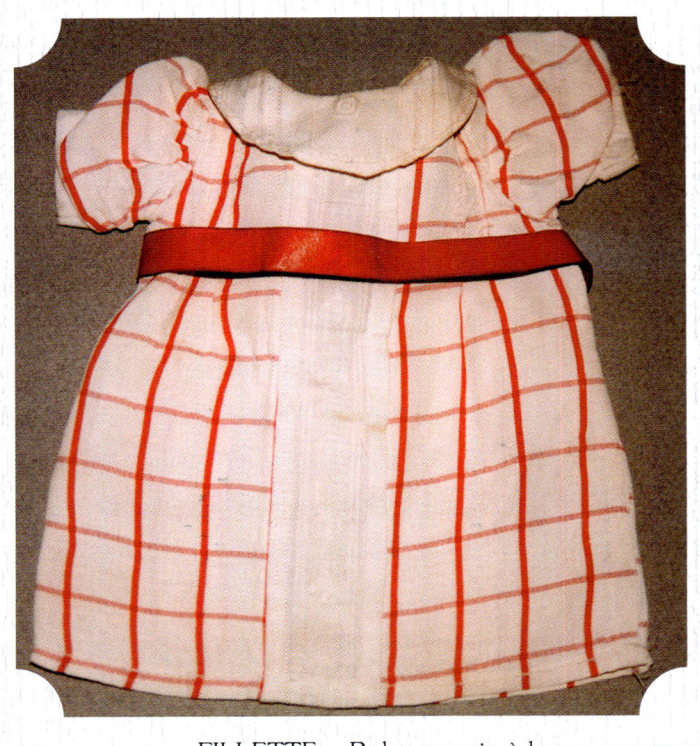

FILLETTE - Robe en soie à larges carreaux, gilet blanc, ceinture de cuir rouge ou blanc.
FILLETTE (LITTLE GIRL) – Silk dress with big checks, white vest, red or white leather belt.

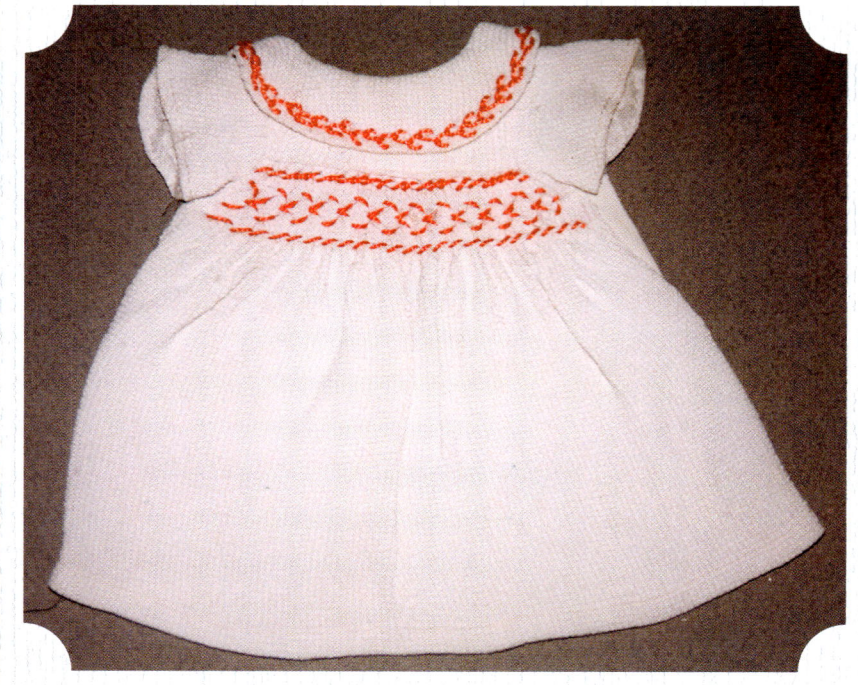

1936

CAPELINE – souple, paille blanche soyeuse.
CAPELINE – Soft white straw wide-brim hat.

SMOCKS - Robe blanche garnie de nids d'abeilles, points de couleurs variées.
SMOCKS – White dress trimmed with waffle cloth and colored seams.

SAUTERIE - «Robe légère d'organdi brodé, bleu, rouge ou vert. Capeline paille souple, ton assorti».

SAUTERIE (DANCE PARTY) – Light organdi embroidered in blue, red or green. Matching wide-brim hat.

ELEGANCE - «Ensemble tricoté main, 3 pièces: robe, pèlerine-cape, capeline, en lin rose». Modèle non répertorié.

ELEGANCE - Rose linen hand knitted set icluding a dress, a cape and a hat. Still unlisted.

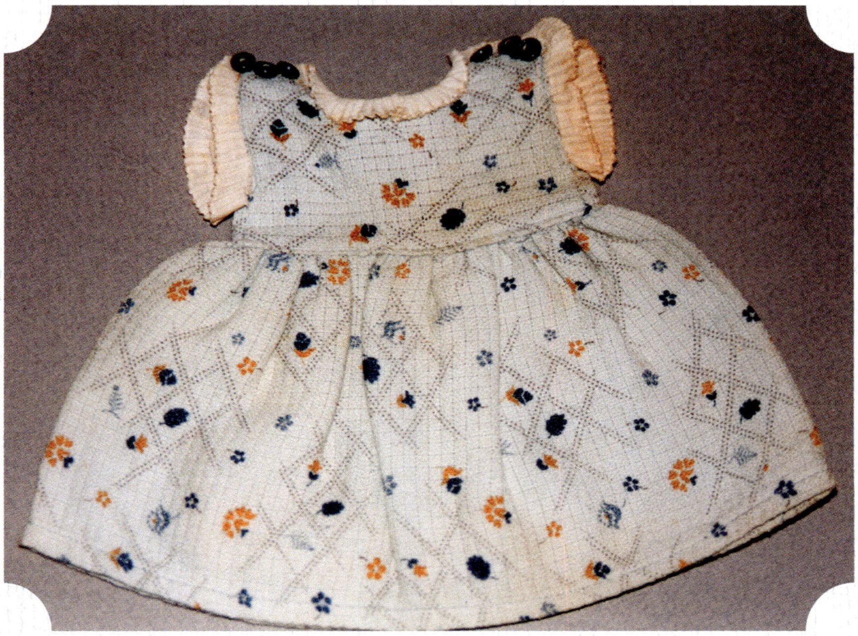

1936

PASTORALE - Robe d'indienne fleurie, plissé et boutons aux épaules. Conseillée avec un bob en paille relevé devant et orné d'un nœud de couleur.

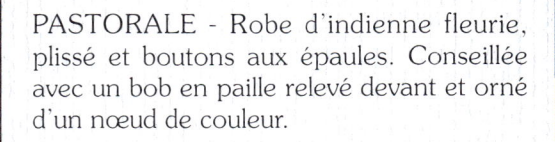

PASTORALE (PASTORAL) – Flowered printed calico pleated on the shoulders and trimmed with buttons. Suggested with a straw hat enhanced with a bright color ribbon bow.

SANS PRETENTION – «Petit canotier au crochet main, bis et ruban».

SANS PRETENTION (UNPRETENTIOUS) – Hand crocheted raw colored hat, ribbon trim.

207

LOUP DE MER et **A BABORD** - «Le pantalon-matelot, pattes d'éléphant en toile à voile rouille», porté avec un maillot et un polo tricotés main en coton mat blanc.

LOUP DE MER (OLD SEA DOG) and **A BABORD (PORT SIDE)** – Bell bottom trousers cut from a rust colored sail fabric to wear with a hand knitted white mat cotton top and bonnet.

BOB – «de paille, bis ou blanc».
BOB – plain white or raw straw hat.

CAPELINE - «Souple pailline fond blanc à fantaisie rouge, bleue ou verte».
CAPELINE – Soft white straw wide-brim hat, fancy red, blue or green ribbon trim.

DOUX SOMMEIL - Pyjama en zéphyr rayé
DOUX SOMMEIL (SWEET SLEEP) Striped light cotton pajama.

BAS SPORT – «beige ou gris à revers». Voir photo p. 221.
SPORT STOCKINGS – beige or grey machine knitted stockings with color top.

SANS FACON - «Une robe de tissu léger bis, à galon jaune». Conseillée avec un bob en paille assorti.
SANS FACON – Light raw fabric dress trimmed with yellow braid. Suggested with a matching straw hat.

1936-1939

1936 • 1939

La nouveauté, en ce milieu des années Trente, consiste en la première, et la seule, Bleuette à tête en composition.

Issue du moule UNIS FRANCE 301 en taille 1 1/2, elle est la plus jolie des poupées Bleuette incassables et porte les énigmatiques lettres «P C» gravées dans la nuque.

D'abord, ce modèle eut les yeux en verre au montage traditionnel. A la rentrée 1937/1938, la SFBJ testa un nouveau système d'assemblage des yeux dormeurs, qu'elle appliqua avec des globes oculaires en acétate de cellulose. Ce système connut une très courte exploitation, un an à peine. La Bleuette qui en est dotée, présentée à la page 211, peut ainsi être datée avec précision.

Les autres éléments constitutifs de Bleuette ne changent pas.

La perruque est toujours en cheveux naturels, avec une frange et des boucles autour de la nuque. Les catalogues du trousseau ne précisent plus de teinte de cheveux. La plupart ont un ton naturel allant du blond au châtain.

Le corps est inchangé dans sa taille et dans son marquage, son teint est plutôt jaune.

La chemise de présentation est la même que celle utilisée depuis le début des années Trente.

Telle est la Bleuette tant admirée à l'Exposition Internationale de 1937.

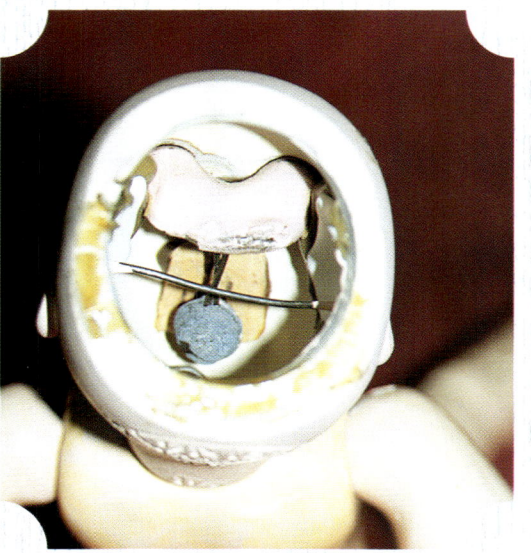

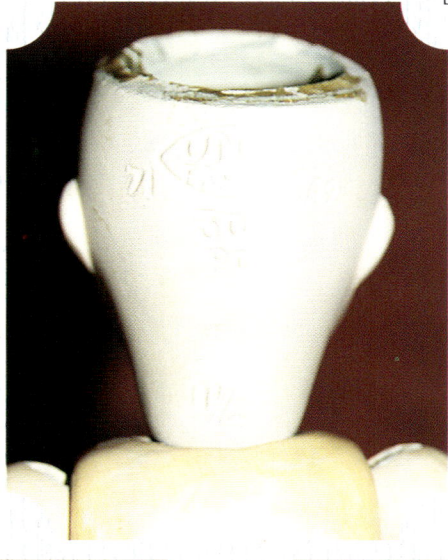

210

The new Bleuette doll issued in the mid-thirties is the first, and last, to have a composition head.

It is made using the classic UNIS FRANCE 301 mold il size 1 1/2 and also bears the enigmatic « PC » letters engraved in the neck.

At the beginning, this model had regular sleeping glass eyes fixed with the classic plaster on the sides and a pewter weigh to let them open and close. As soon as the fall of 1937/1938, the SFBJ tested a new sleeping eyes system applied to acetate eyeballs (Acetate is a synthetic material issued from cellulose). This mécanism was only used for a short time, one year at the most. The Bleuette doll bearing this type of sleeping eyes can certainly be precisely dated.

Otherwise, Bleuette didn't change. Her wig is normally made with human hair and has bangs as well as curls around the neck. The catalogues no longer explained the color of the wigs. We've listed blond to light brown tones.

Her body is unchanged in its size and markings and is painted with a yellowish finish.

Her presentation chemise is still the same that has been used since the early thirties.

This is what Bleuette looked like when she participated to the famous 1937 International Exhibit.

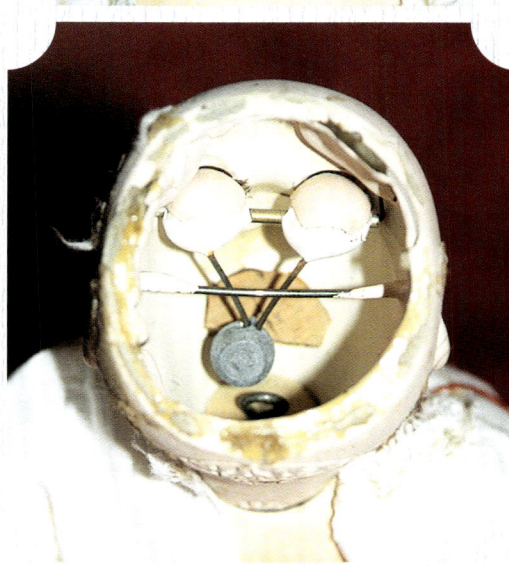

1936 • 1939

211

CATALOGUE HIVER/WINTER 1936/1937

1936·1937

- Repos, robe / Repos (Rest), dress
- Brodequins de ski / Ski boots
- La-Laï-Tou, ensemble de ski, / La-Laï-Tou, ski set
- Alba, robe / Alba, dress
- Junior, robe / Junior, dress
- Romance, robe / Romance, dress
- Trotteur, tailleur, chapeau / Trotteur (A walker), suit and hat
- Grand Chic, manteau, toque, manchon
  Grand chic, coat, hat, muff
- Averse, capuchon version mastic
  Averse (Showers), off-white cape
- Uniforme, robe, chapeau / Uniforme (Uniform), dress, hat
- Breton de feutre / Felt wide-brim hat

AVERSE - La pèlerine caoutchoutée de l'été 1935 est désormais proposée en couleur mastic.

AVERSE – The classic rain hood of 1935 is now offered in off-white color.

LA- LAÏ- TOU – Costume tyrolien, cinq pièces tricotées à la main, en blanc, rouge et vert. Pull-over, jupe, chapeau, moufles et socquettes vendues séparément. Ensemble conseillé avec la combinaison SUR LES CIMES, inchangée depuis l'hiver précédent (voir p. 204)

LA- LAÏ- TOU – Hand knitted tyrolean costume in white, red and green wool. Including: pull-over, skirt, hat, mittens and socks, each sol separately. This set is suggested with the ski overall SUR LES CIMES of the winter of 1935/1936 (see p. 204)

212

ROMANCE - Robe en crépon soyeux et fleuri.
ROMANCE – Silky and flowered crepe dress.

ALBA - Robe de cloqué blanc, garnie de serpentins de soie de couleur.

ALBA – White seersucker dress trimmed with colorful streamer.

REPOS - Robe simple en lainage beige garni galon assorti.
REPOS (REST) - Beige wool dress trimmed matching braid.

TROTTEUR - Tailleur de lainage, jupe à carreaux, jaquette unie, gilet blanc, se fait en blanc ou en bleu. Toque identique à celle de l'ensemble AU PESAGE de l'hiver 1935/1936.

TROTTEUR (A WALKER) – Woolen white or blue suit including a checkered skirt, a plain jacket, a white blouse and a hat trimmed with fun fur identical to the hat AU PESAGE of the winter1935/1936.

1936 • 1937

213

1936 • 1937

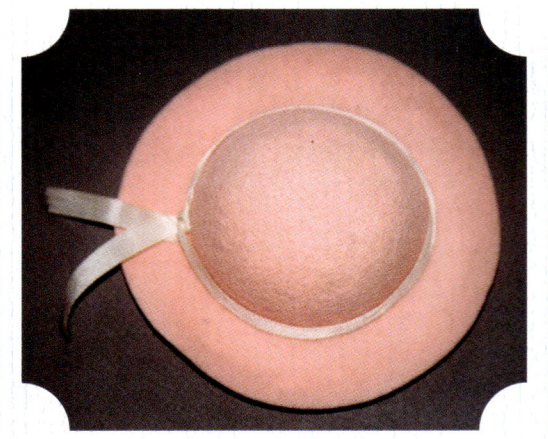

GRAND CHIC - «Manteau, beau lainage fantaisie, rose ou ciel, garni au col d'une herminette angora tricotée à la main. Breton feutre assorti». Conseillé avec un manchon assorti au col. Le manteau et le breton sont inséparables.

GRAND CHIC – Fancy rose or sky blue wool coat, trimmed with hand knitted angora collar. Matching felt hat. Suggested with a knitted hand warmer, sold separately.

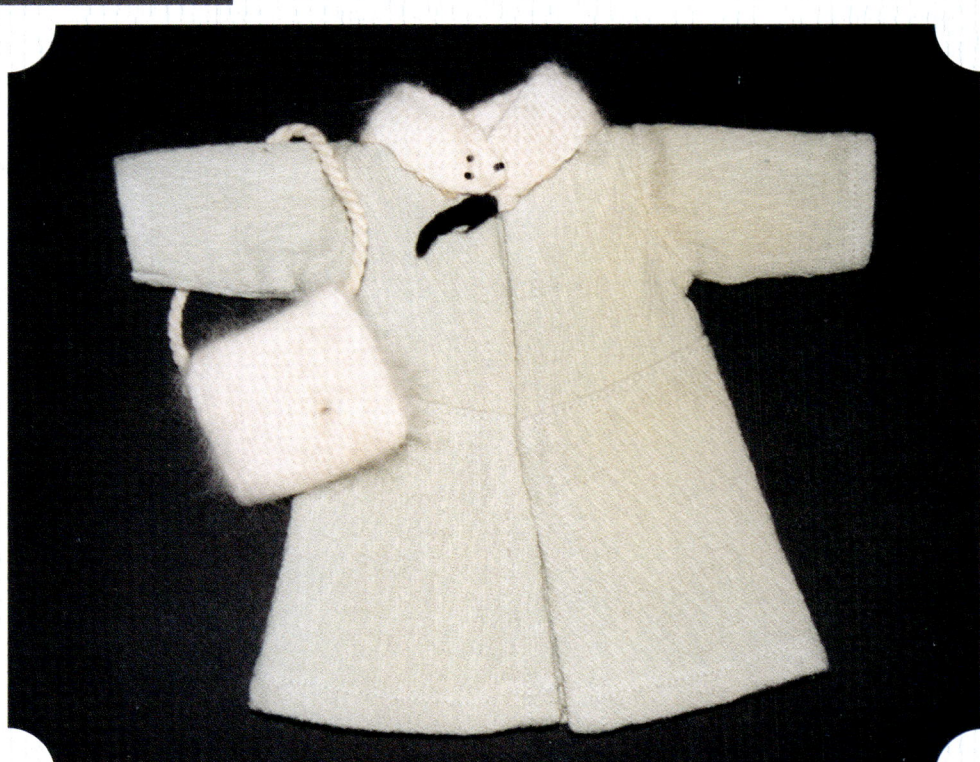

214

1936 · 1937

JUNIOR - «Robe de lainage bouclé, à fond bleu ou vert, collerette et manchettes d'organdi brodé».
JUNIOR – Curly wool dress with embroidered organdi collar and cuffs. It came in blue or green.

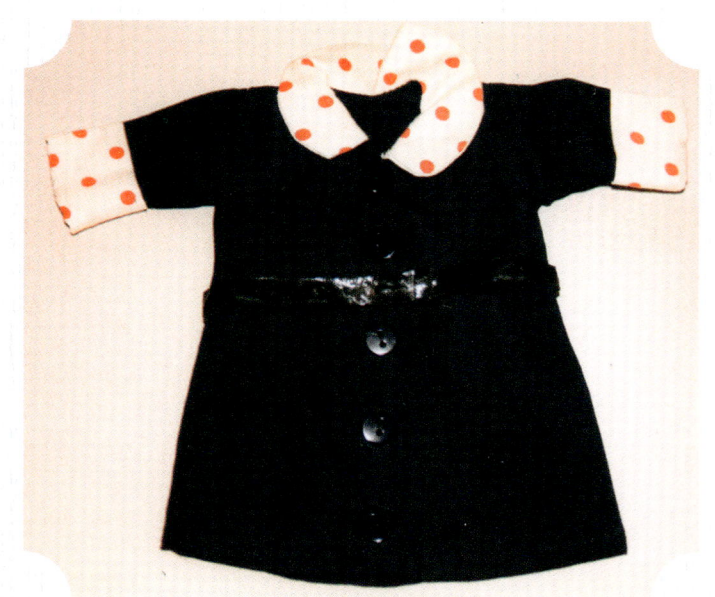

UNIFORME - Robe sobre, marine, ceinturée de moleskine, col et manchettes à pastilles sur fond blanc. Conseillée avec un breton de feutre marine, vendu séparément.

UNIFORME (UNIFORM) – Sober navy blue dress with an oilskin belt and dotted cuffs. Suggested with a navy blue felt hat, sold separately.

BRETON - En feutre blanc ou marine, la version bleue conseillée avec UNIFORME.

BRETON – White or navy blue felt hat. The blue version matches the dress UNIFORME.

215

CATALOGUE ETE/SUMMER 1937

Le beau jour, robe de communiante
Le beau jour (The special day), communion gown.
- **1937, manteau, chapeau / 1937, coat, hat**
- **Carrelage, robe, chapeau / Carrelage (Tiles), dress, hat**
- **Sur mon 31, robe / Sur mon 31 (Well dressed), dress**
  Succès, robe / Succès (Success), dress
- **Mise en plis, robe / Mise en plis (Set pleats), dress**
- **Au golf, pull-over, calot, ceinture, jupe**
  Au golf (Golf), pull-over, bonnet, belt, skirt
- **Vendanges en Champagne, robe, capote / Vendanges en Champagne (Grape harvest in Champagne), dress, bonnet**
- **Croisière, pantalon, maillot, jaquette, casquette / Croisière (Cruise), trousers, top, jacket, hat**
- **Pleine eau, maillot / Pleine eau (In the deep end), swimsuit**
- **Simplicité, robe / Simplicité (Simplicity), dress**
- **Breton paille bise garni / Raw straw hat, trimmed**
- **Breton paille bise non garni / Raw straw hat, plain**
- **Capeline souple et soyeuse, paille 2 tons, non garnie / Wide-brim silky and soft two colors hat, plain**
  Sac en peau blanche / White leather sac
  Chaussettes très fines tricot main / Hand knitted socks
  Chaussettes en albène mat / Mat artificial silk socks

LE BEAU JOUR - Robe, bonnet, voile, robe de dessous, accompagnés d'un petit sac en peau blanche. Première apparition de la classique tenue de communiante, qui évoluera jusqu'en 1960. Cette première version est identique à celle de la saison suivante, à l'exception de l'aumônière, pas encore proposée (voir p. 231). Un sac en peau blanche (non répertorié) était conseillé.

LE BEAU JOUR (THE SPECIAL DAY) – First appeareance of the communion gown including a long dress, a bonnet, a veil, a petticoat. This classic model evolved until 1960. This first version is identical to the next (pictured on p. 231) except for the lace purse, not sold yet as a white leather sac, still unlisted, was suggested.

SUCCES - Toilette de tons très doux tricotée de ruban rococo, capeline crochetée assortie. Modèle non répertorié.

SUCCES (SUCCESS) – This rococo knitted ribbon dress with matching crocheted wide-brim hat in tender colors is still unlisted.

SUR MON 31- Robe en belle soierie, garnie à la ceinture d'un point glissé de couleur.

SUR MON 31 (WELL DRESSED) – Rich silk dress with a belt trimmed with colored seams.

AU GOLF - «Pull-over tricoté main, grosse côte en câblé acier, rose platine ou bleu myosotis. Calot au crochet assorti. Ceinture peau blanche. Une jupe plissée blanche». Chaque élément était vendu séparément.

AU GOLF (GOLF) – Hand knitted platinum rose or myosotis blue steel threded wool pull-over and bonnet. Matching white leather belt and white pleated skirt. Each item sold separately.

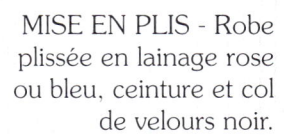

MISE EN PLIS - Robe plissée en lainage rose ou bleu, ceinture et col de velours noir.

MISE EN PLIS (SET PLEATS) – Pleated rose or blue wool dress with black velvet belt and collar.

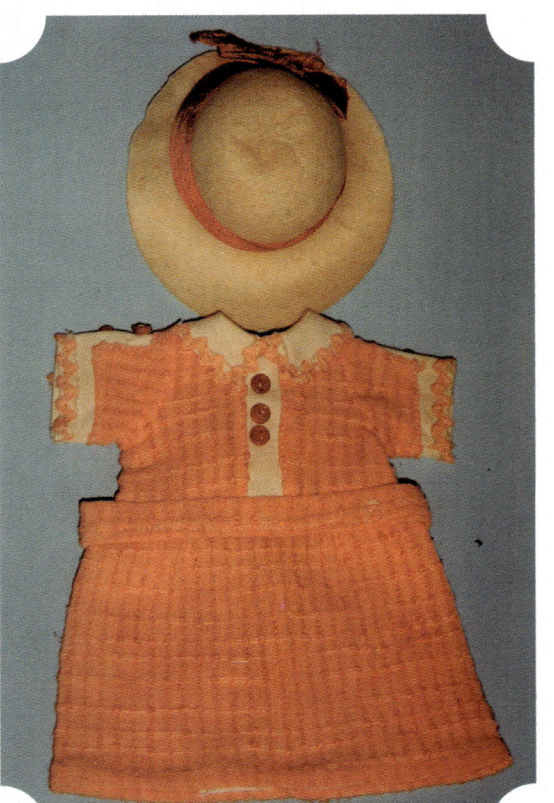

VENDANGES EN CHAMPAGNE - Robe campagnarde et sa grande capote. Coordonné d'inséparables proposé en rose ou en bleu.

VENDANGES EN CHAMPAGNE (GRAPE HARVEST IN CHAMPAGNE) – Rose or blue checkered cotton dress and matching wide bonnet.

SIMPLICITE – «Robe coton bouclé, garni piqué blanc et croquet. Se fait en rose ou banane». Conseillée avec un breton de paille bise, garni ruban». Le modèle photographié est assorti avec un breton de feutre d'origine. Variante ne figurant pas au catalogue?

SIMPLICITE (SIMPLICITY) – Curly rose or banana yellow cotton dress, trimmed with white piqué and croquet. Suggested with a matching straw hat. The model on the picture came with an original felt hat. A variation not listed in the catalogue?

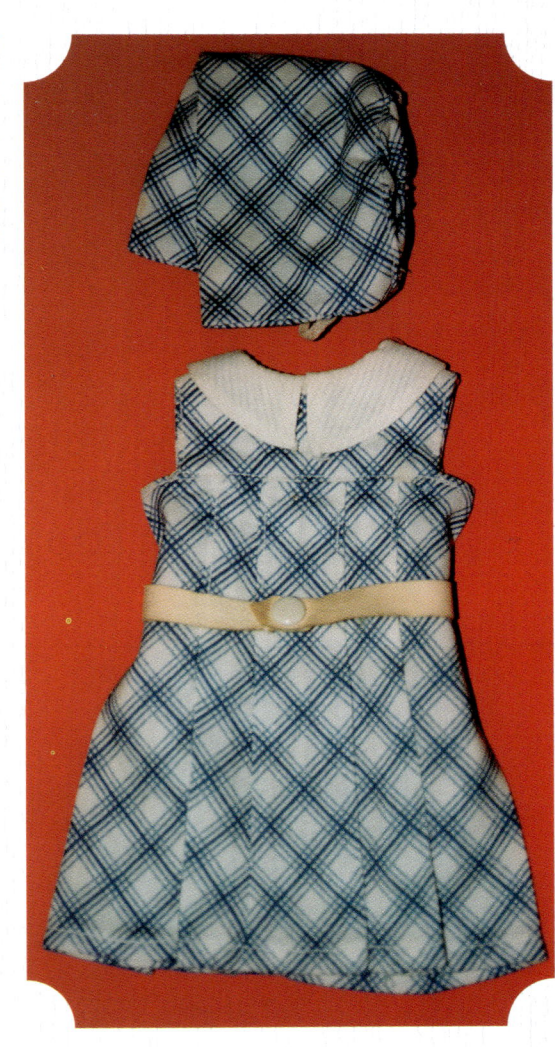

1937

217

1937

PLEINE EAU – «Costume de bain, grosse côte tricotée main. Se fait en bleu ou en rouge, à cordelière blanche, ou tout blanc avec cordelière nuances variées».

PLEINE EAU (IN THE DEEP END) – Hand knitted swimsuit in blue or red with white cord or white with colored cord.

CROISIERE - «Ensemble: long pantalon de flanelle blanche. Maillot rayures bleues et blanches. Jaquette bleue à boutons ancre. Casquette d'officier de marine». Seuls le pantalon et le maillot sont inséparables.

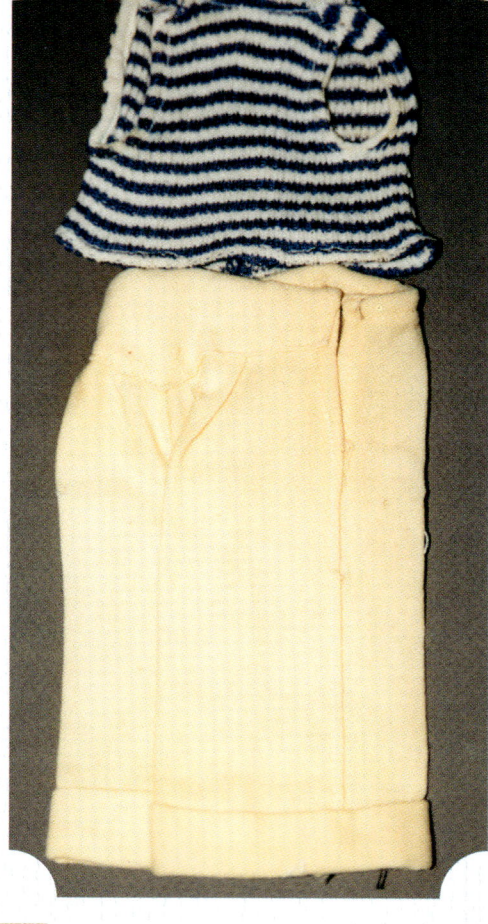

CROISIERE (CRUISE) – Boat set including long flannel trousers, a blue and white striped top, a blue jacket with anchor buttons and a navy officer's cap. Trousers and top were sold as a set.

218

CHAPEAUX - Des chapeaux de paille figurant dans «Le coin de la modiste» de l'été 1937.

CHAPEAUX (HATS) – 4 models featured in «Le coin de la modiste» of the summer of 1937.

1937

219

1937

CARRELAGE - «Robe charmante, tissu formant carreaux. Manches ballon et col d'organdi blanc». Un chapeau de paille deux tons, assorti, était vendu séparément.

CARRELAGE (TILES) – Checkered dress with white organdi puffy sleeves and collar, matching a straw hat, sold separately.

1937 - Redingote d'ottoman soyeux rose, parements blancs, bonnichon assorti. Ces inséparables se rapporte la célèbre exposition universelle de 1937.

1937 – Rose ottoman coat with white facing and matching bonnet. Sold as a set for the famous 1937 Universal Exhibition.

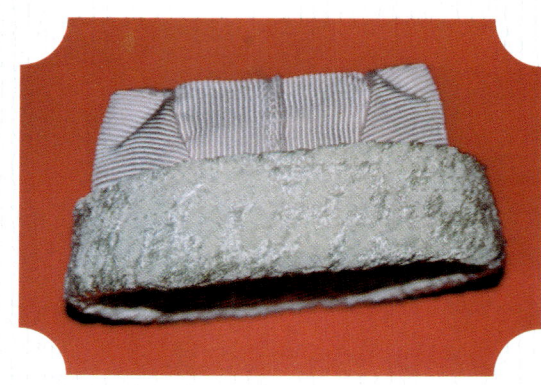

CATALOGUE HIVER/WINTER 1937/1938

- Parisienne, robe / Parisienne, dress
- Shirley, robe et cloche / Shirley, dress, hat
- Contraste, robe / Contraste (Contrast), dress
- Au thé, robe / Au the (Tea time), dress
- Le Beau jour, tenue de communiante avec aumônière / Le Beau jour, communion gown with lace purse
- Jeannette, tenue de scout / Jeannette, scout set
- Sur les cimes, tenue de ski version rouge et bleu / Sur les cimes (Down the slope), ski set, blue and red version
- Patins / Skates
  Cosaque, manteau et toque / Cosaque (Cossack) coat and hat
- Bottes moleskine noire, revers drap / Black oilskin boots with cloth top
- Bottes en peau blanche / White leather boots
- Flocons blancs, manteau et toque / Flocons blancs (White snow flakes), coat and hat
- Cloche feutre blanc, garnie ou pas / White felt cloche, trimmed or plain
- Gare aux taches, tablier / Gare aux taches (Mind the stains), apron
- Meubles rustiques / Rustic set of furniture

SHIRLEY – «Robe de soierie rose ou verte petits pointillés, garnie croquets de soie. Une cloche feutre rose pour les robes roses et blanche pour les robes vertes, garnie croquet». Hommage discret à l'actrice américaine Shirley Temple.

SHIRLEY – Rose or green dotted silk, dress with croquet trim. Matching felt hat, rose for the rose dress and white for the green dress. A discreet tribute to the movie star Shirley Temple.

PARISIENNE – «Robe de velours fantaisie, garni tissu uni assorti faisant plastron. Ceinture peau. Calot de velours assorti». Les calots répertoriés, garnis points lancés, ne correspondent pas au croquis du catalogue, dans le doute nous ne les présentons pas en photo.

PARISIENNE – Fancy velvet dress, white fabric front panel with buttons, leather belt, matching velvet cap. The caps we saw had seams decoration that do not appear on the original sketch, we prefer not to show their picture.

1937 • 1938

FLOCONS BLANCS - Ensemble d'hiver en beau lainage épais. Manteau droit garni imitation fourrure et toque assortie.

FLOCONS BLANCS (WHITE SNOW FLAKES) - Winter woolen coat with fun fur collar and matching hat.

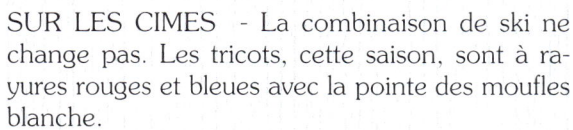

SUR LES CIMES - La combinaison de ski ne change pas. Les tricots, cette saison, sont à rayures rouges et bleues avec la pointe des moufles blanche.

SUL LES CIMES (DOWN THE SLOPE) – the ski overall is unchanged. All the knitted elements are striped in blue and red with the mittens tip in white.

PATINS - En cartonnage fort et lanières de cuir.

PATINS (SKATES) made of hard cardboard with leather bands.

CLOCHE de feutre blanc, non garnie.
CLOCHE – plain white felt hat.

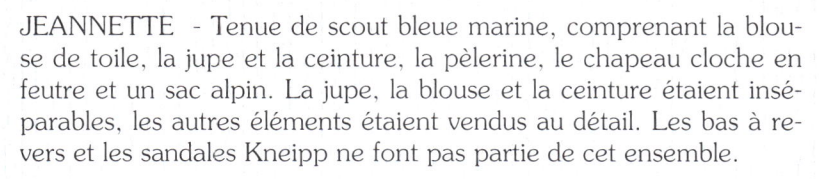

JEANNETTE - Tenue de scout bleue marine, comprenant la blouse de toile, la jupe et la ceinture, la pèlerine, le chapeau cloche en feutre et un sac alpin. La jupe, la blouse et la ceinture étaient inséparables, les autres éléments étaient vendus au détail. Les bas à revers et les sandales Kneipp ne font pas partie de cet ensemble.

JEANNETTE - Girl scout uniform including a navy blue skirt, a cotton blouse and a leather belt, sold as a set and extra items sold separately: a cape matching the skirt, a navy blue felt cloche hat and a mountain bag. The raw stockings and Kneipp shoes do not belong to this set.

1937 • 1938

223

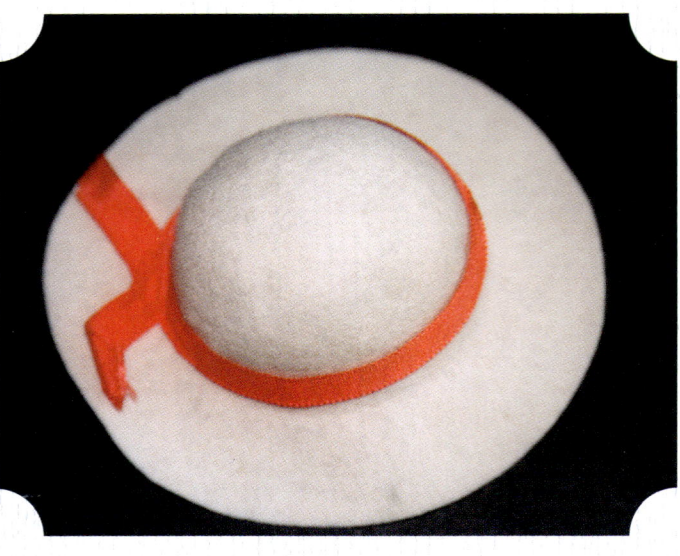

CLOCHE - De feutre blanc ou marine garnie ou non garnie
CLOCHE – Blue or white felt cloche hat, plain or trimmed with a ribbon

CONSTRATE – «Une robe de velours en relief, bleue ceinture rouge ou rouge ceinture bleue». En plus de la prévisible robe bleue à ruban rouge, nous avons répertorié une variante en velours rose sans reliefs, ceinturée d'origine en ruban rose et une autre en velours à damiers rose (et non rouge comme indiqué au catalogue) à ruban bleu.

CONTRASTE – Checkered velvet dress with contrasting ribbon belt and bow. We listed a regular blue and red version, a regular rose (not red) and blue one and an unusual plain rose dress with pink ribbon.

AU THE - «Robe de lainage fin, bleu pâle fileté de soie blanche, devant et manches ballon en mousseline ajourée».

AU THE (TEA TIME) – Pale blue light wool dress threaded in white, openwork muslin front panel and puffy sleeves.

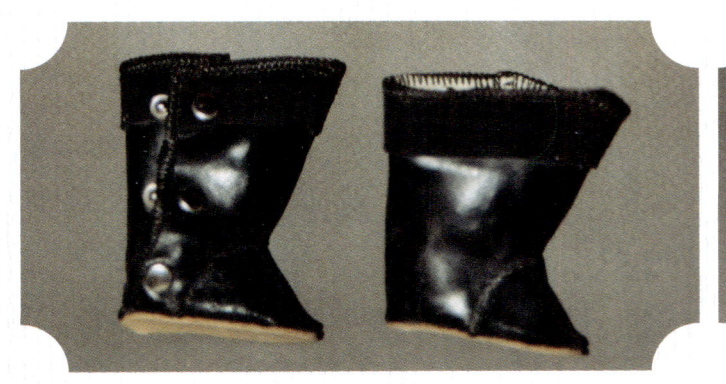

BOTTES – en moleskine noire, boutons pression, revers en drap.
BOTTES – Black oilskin boots with cloth top and snap buttons.

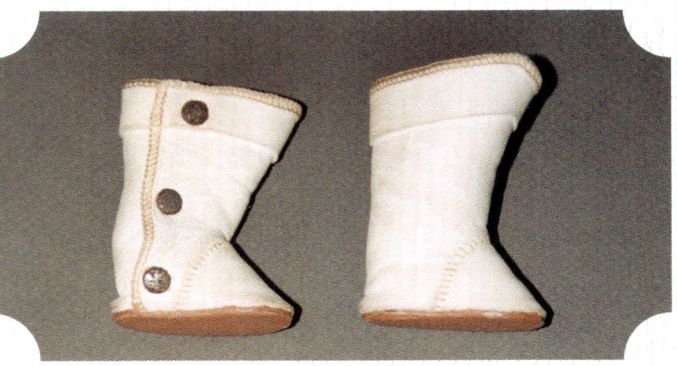

BOTTES – en peau blanche, reproposées cette saison.
BOTTES – White leather boots, available this season again.

GARE AUX TACHES
Tablier bleu pâle garni galons blancs.

GARE AUX TACHES (MIND THE STAINS)
Pale blue apron with white trimming.

COSAQUE – «Ravissant ensemble pour les frimas, manteau et toque entièrement tricotés à la main dans une grosse laine blanche, bouclée». Modèle non répertorié.

COSAQUE (COSSACK) – White curly wool knitted winter set including a coat and a hat. Still unlisted.

1937 • 1938

225

MEUBLES RUSTIQUES – «De jolis meubles rustiques peuvent être pris en commande. Choix considérable. Mais aucun envoi ne sera fait, même à Paris, les jouets sont à prendre uniquement à nos bureaux». La salle à manger que nous avons répertorié, photographiée ci-contre, porte l'étiquette d'origine Gautier-Languereau dateé d'AVRIL 1937.

MEUBLES RUSTIQUES (RUSTIC SET OF FURNITURE) – A wide variety of rustic pieces of furniture were sold directly from the Gautier-Languereau office. They couldn't be purchesad by order. The dining room we listed, pictured here bear the Gautier-Languereau sticker dated of APRIL 1937.

CATALOGUE ETE/SUMMER 1938

Plongeon, maillot / Plongeon (Plunge), swimsuit
- Proprette, tablier / Proprette (Spick and Span), apron
- Vingt-neuf à l'ombre, robe / Vingt-neuf à l'ombre (Eighty in the shade), dress
- Cloche Tagal / Tagal cloche
- Cloche paille / Straw cloche
- Etape, manteau, cloche / Etape (Stopover), coat, cloche
- Cloche paille grège / Raw straw cloche
- Greta, robe, cloche / Greta, dress, cloche
- Week-end, tailleur, cloche / Week-end, suit, cloche

Jeu de dames, robe / Jeu de dames (Checkers), dress
- Transatlantique, pliant / Transatlantique, deckchair
- Le Touquet, robe / Le Touquet, dress
- Dans mon jardin, robe / Dans mon jardin (In my garden), dress
- Sans crainte, culotte / Sans craine (No fear), slip

A Roland-Garros, pull, bonnichon, jupe /
A Roland Garros (In Roland Garros), sweater, bonnet, skirt
Farniente, short, bolero et capeline / Farniente, short, bolero, hat

1938

DANS MON JARDIN - Robe de crépon de laine plissée en jaune et blanc, bleu et blanc ou banane et blanc.

DANS MON JARDIN (IN MY GARDEN) – Pleated woollen crepe dress. It came in yellow and white, blue and white or banana and white.

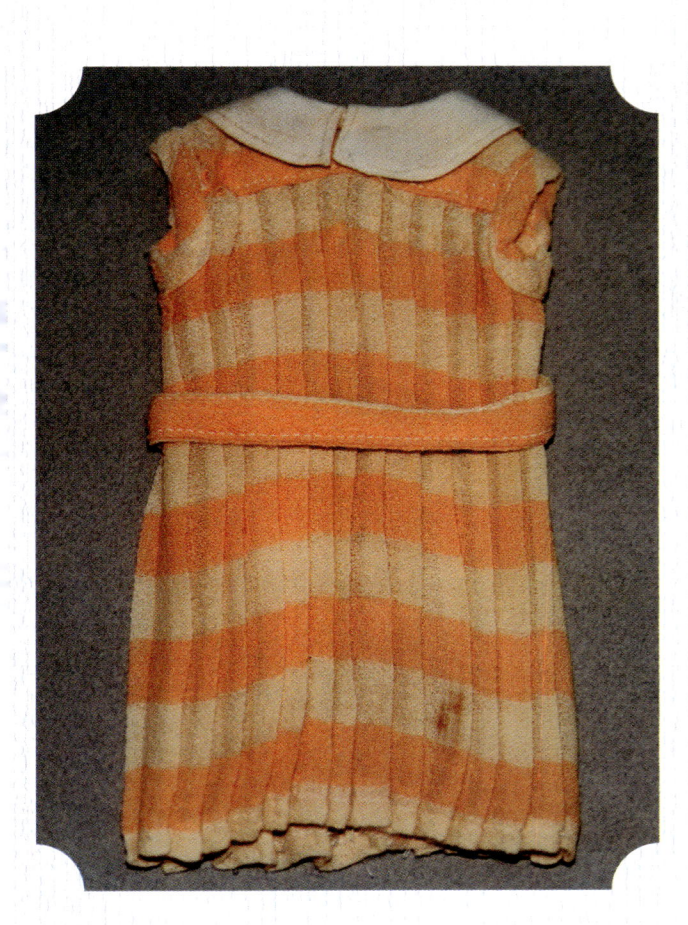

PLONGEON - Un maillot jersey, rayé bleu et blanc. Modéle non répertorié.

PLONGEON (PLUNGE) – Striped blue and white jersey swimsuit. Still unlisted.

1938

WEEK END - «Petit tailleur en coutil rayé bleu ou vert à fond grège. Blouse blanche, garniture de rubans, petit boléro». Conseillé avec une cloche de paille grège, garnie ruban.

WEEK-END – Blue or green striped suit with white blouse, ribbon trim, matching bolero. Suggested with a raw straw cloche with ribbon trim.

LE TOUQUET - Robe de gros piqué blanc, garniture de moleskine rouge, gros boutons. Le croquis présente un toquet pas précisé dans le texte et vraisemblablement imaginaire.

LE TOUQUET – White piqué dress with red oilskin and big buttons trim. The sketch represents this model with a hat but as the text doen't mention it, we think it doesn't exist.

228

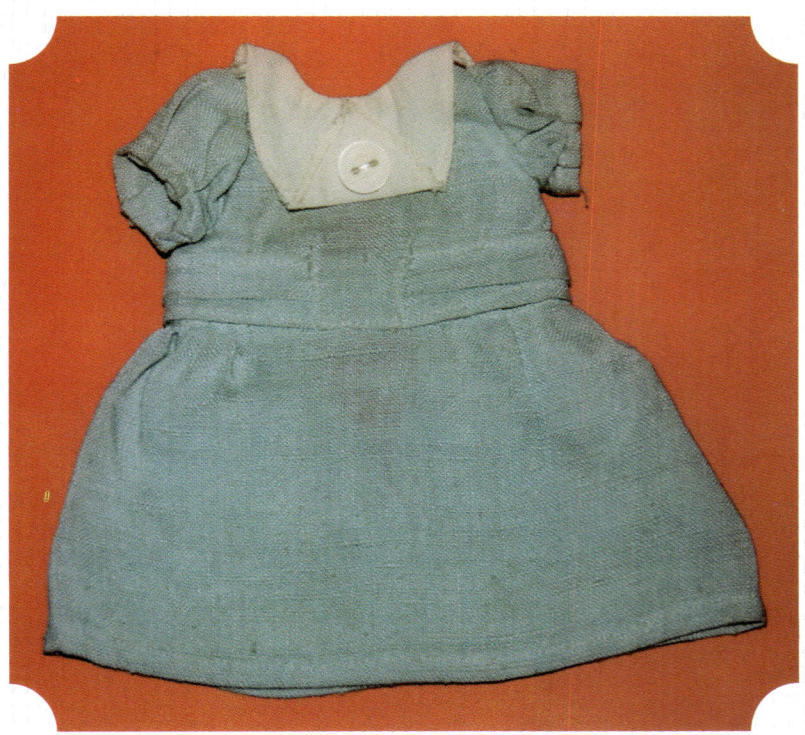

GRETA – «Une robe de fine toile de lin brique, ciel, pervenche ou rose, avec sa cloche de paille assortie». Inséparables. La cloche n'a pas été identifiée comme elle n'est pas représentée en croquis.

GRETA - Brick red, sky blue, periwinkle or rose linen dress with matching straw hat. As the hat is not sketched in the catalogue it is still not identified.

A ROLAND - GARROS - Ensemble tricoté main en lin porcelaine: pull et bonnichon. Conseillé avec une jupe plissée en lainage blanc. Modéle non répertorié.

A ROLAND – GARROS (IN ROLAND – GARROS) Hand knitted blue linen set including a sweater and a bonnet. Suggested with a pleated white wool skirt. Still unlisted.

CAPELINES – de Tagal écru ou rose.
CAPELINES (WIDE BRIM-HATS) in raw or rose Tagal

TRANSATLANTIQUE
Pliant de repos, toile rayée

TRANSATLANTIQUE (TRANSATLANTIC)
Deckchair, striped canvas.

1938

229

1938

ETAPE – «Un manteau de belle diagonale à fond bleu ou vert». Conseillé avec une cloche de paille grège.

ETAPE (STOPOVER) – Blue or green crosswise coat suggested with a raw straw cloche.

JEU DE DAMES – «Robe de soierie légère à damiers bleus et beiges. Manches ballon de dentelle écrue». Modèle non répertorié.

JEU DE DAMES (CHECKERS) Checked blue/beige silk dress with puffy ecru lace sleeves. Still unlisted.

CLOCHE – paille écrue
CLOCHE – raw straw hat

VINGT NEUF A L'OMBRE Robe en mousseline Saint Gall brodée, tulle aux épaules et à la ceinture, en rose ou bleu ciel.

VINGT NEUF A L'OMBRE (EIGHTY IN THE SHADE) Rose or blue Swiss cut-work dress with tulle bows on the shoulders and at the waist.

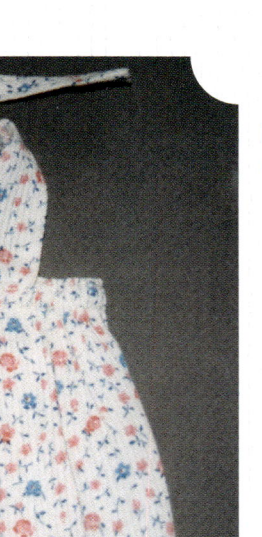

PROPRETTE - Tablier à fleurettes, pattes croisées

PROPRETTE (SPICK & SPAN) – Flowered apron with crossed straps.

LE BEAU JOUR - Nouveau modèle avec aumônière, en mousseline et dentelle, déjà proposé la saison précédente mais représenté en croquis pour la première fois dans ce catalogue.

LE BEAU JOUR - New version of the communion gown with a lace purse, already mentioned in the previous catalogue but sketched only this season.

SANS CRAINTE
«Culotte de tricot de coton à côtes».

SANS CRAINTE (NO WORRY)
Hand knitted cotton slip for Bleuette.

FARNIENTE - Ensemble tricoté main en lainage blanc: short et boléro inséparables, et grande capeline facultative. Modéle non répertorié.

FARNIENTE – Hand knitted white wool set including shorts, bolero and wide-brim hat sold separately. Still unlisted.

1938

231

CATALOGUE HIVER/WINTER 1938/1939

1938•1939

- Au concert, robe / Au concert, dress
- Margaret-Rose, robe / Margaret-Rose, dress
- Elisabeth, robe / Elisabeth, dress
- Footing, robe, manteau, chapeau / Footing, dress, coat, hat
- Feutre blanc auréole / White felt crown shaped hat
- Altitude, ensemble de ski / Altitude, ski set
  La tourmente, blouson / La tourmente (Gale), jacket
- Carré-fichu / Carré-fichu (Scarf)
- En classe, robe / En classe (In class), dress
- Jupe plissée (à bretelles) / Pleated skirt with straps
- Lavandou, tailleur, chapeau / Lavandou, suit, hat
- Averse, capuchon / Averse (Shower), hood
  Petite fille modèle, déguisement / Petite fille modèle, fancy costume
- Meubles rustiques / Rustic pieces of furniture

LAVANDOU - Tailleur lavande combiné uni et écossais. Chapeau auréole assorti en feutre. Inséparables. Une variante à veste et jupe en même lainage est aussi répertoriée

LAVANDOU – Plain and tartan lavender suit matching a crown shaped felt hat. Sold as a set. A version with the vest and skirt cut from the same wool is also listed.

AU CONCERT – «Robe blanche de soierie brochée avec ceinture velours chaudron. Petits boutons fantaisie».

AU CONCERT – White silk brocade dress, rust colored velvet belt and collar with tiny buttons.

EN CLASSE – «Robe de lainage fond vieux rouge ou vieux bleu, mouchetée. Garniture col et manchettes de broderie anglaise».

EN CLASSE (IN CLASS) – Old red or old blue flecked wool dress with Swiss cut-work collar and cuffs.

AVERSE – Version fantaisie correspondant au croquis sans mention claire dans le texte.

AVERSE (SHOWER) – Fancy version of the raincoat, corresponding to the sketch but not clearly mentioned in the text of the catalogue.

ALTITUDE - Un pantalon fuseau marine. Pull, bonnet, moufles en tricot main, vert et rouge. Seul le pull et le bonnet sont inséparables.

ALTITUDE – Set consists of a navy blue stretch ski pant, red and green hand knit pull-over, bonnet and mittens. Only the pull-over and bonnet were sold as a set.

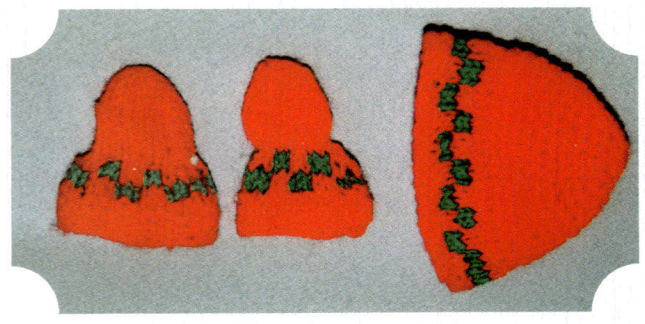

1938 • 1939

233

1938 • 1939

ELISABETH - «Robe de cérémonie, longue, en jersey d'albène rose ou bleu, garnie de petits galons or». En hommage à la future Reine d'Angleterre.

ELISABETH Long formal dress cut from rose or blue artificial jersey with golden trim. A tribute to the future British Queen.

MARGARET ROSE - «Robe courte habillée en cloqué de soie bleu pâle ou rose». Un hommage à la plus jeune princesse d'Angleterre.

MARGARET ROSE – This is a short, dressy frock in seersucker blue or rose silk. It was a tribute to the youngest British Princess.

PETITE FILLE MODELE - Déguisement annoncé dans le numéro du 9 février 1939 de *La Semaine de Suzette*. Non répertorié.

PETITE FILLE MODELE – Fancy costume advertised in La Semaine de Suzette February 9, 1939. Still unlited.

CARRE FICHU - «A mettre sur la tête». Les lunettes figurant sur le même croquis n'étaient pas proposées à la vente.

CARRE-FICHU (SCARF) - To wear on the head. The glasses sketched on the catalogue with this item were not for sale.

234

FEUTRE - Forme auréole, en blanc. Seul coloris vendu au détail. Les autres feutres même forme sont inséparables de leur tenue.

FEUTRE (FELT HAT)
This crown-shaped white felt hat was sold in other colors with various models of the season.

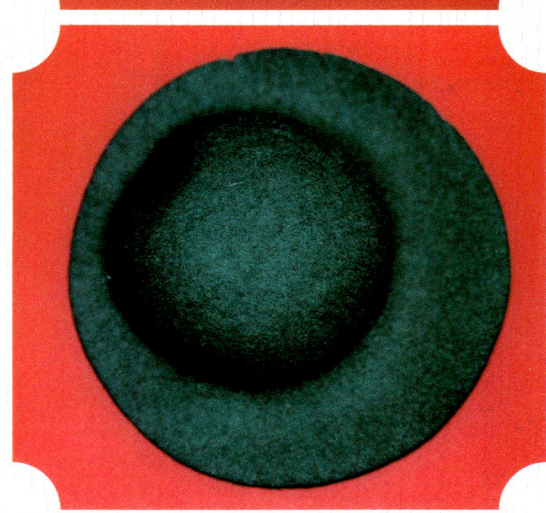

FOOTING – «Manteau de bure marron ou verte avec la robe écossaise du ton, garnie ceinture et boutons. Chapeau relevé en auréole du ton de l'ensemble et en feutre». Inséparables.

FOOTING – Brown or green frieze coat matching a tartan dress trimmed with belt and buttons and a crown shaped felt hat. Sold as a set.

1938 · 1939

235

1938 • 1939

«Nous avons dans nos bureaux un joli choix de meubles pour nos poupées, exécutés pas des artisans.
Venez les voir sur place. Nous ne les expédions pas. Aperçu de quelques meubles rustiques :
– Lit garni de cretonne
– Chaise
– Bureau cylindre
– Pupitre
– Vaisselier garni
– Fauteuil
– Desserte, etc.».

Depuis la première annonce de 1937, Gautier-Languereau a poursuivi la vente de mobilier rustique à l'échelle de Bleuette. L'ensemble de meubles présenté dans ces deux pages correspond à la liste citée ci-dessus. D'après leur provenance privée, nous savons qu'ils ont été offerts pour Noël 1943. Cette série de meubles a donc été commercialisée pendant quelques années. La vaisselle d'origine, citée au catalogue, porte, effectivement, les initiales G.L. peintes à la main à l'arrière de chaque assiette.

236

Gautier-Languereau, after their first ad of 1937, kept on selling pieces of furniture for Bleuette. In the 1938/39 catalogue they mention a list of available pieces of furniture that correspond to the pictures shown in these two pages. Their ad mentions : a bed with cretonne bedding, a chair, a roll-top desk, a school desk, a dresser with hand decorated dishes, bearing the Gautier-Languereau initials, an armchair, a sideboard etc.
According to the provenance of the set pictured here, the little girl had them as a gift for Christmas 1943.
This means that Gautier-Languereau sold this type of accessories for a few years.

CATALOGUE ETE/SUMMER 1939

- Mille raies, robe, chapeau / Mille raies (A thousand stripes), dress, hat
  Rayons ardents, bain de soleil, short / Rayons ardents (Scorching rays) top, short
- Triton, maillot / Triton, swimsuit
- Pluviôse, pèlerine à capuchon / Pluviôse (Rainy) – hooded cape
- Passe-partout, robe, chapeau / Passe-partout (All occasion) dress, hat
- Au revoir, manteau et chapeau / Au revoir, coat, hat
- A Bagatelle, robe et chapeau / A Bagatelle, dress, hat
  Joyeux Printemps, robe, chapeau / Joyeux Printemps (Gay Spring), dress, hat
- Grand Tralala, robe et capeline / Grand Tralala, dress, hat
- Zig-zag, robe, picot / Zig-zag, dress, hat
- Capeline lacet blanc craie garnie ruban / White braid wide-brim hat, ribbon trim
- Picot paille grège garni ruban / Raw straw hat, ribbon trim
- Ric, le Chien de Bleuette / Ric, Bleuette's dog

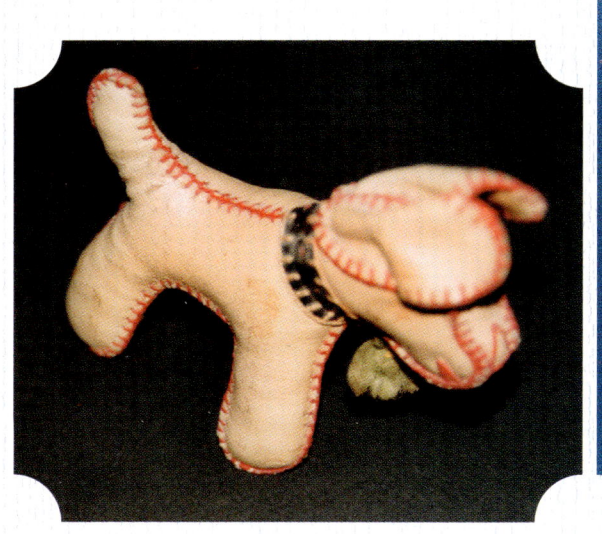

RIC le Chien de Bleuette en moleskine bleue, rouge ou blanche. Il apparaît en croquis pour la première fois dans le catalogue de l'hiver 1938/1939 mais son descriptif chiffré date de l'été 1939.

RIC – Bleuette's dog in blue, red or white oilskin. This item was sketched for the first time in the catalogue winter 1938/1939 but it is clearly mentioned and priced only during the summer of 1939.

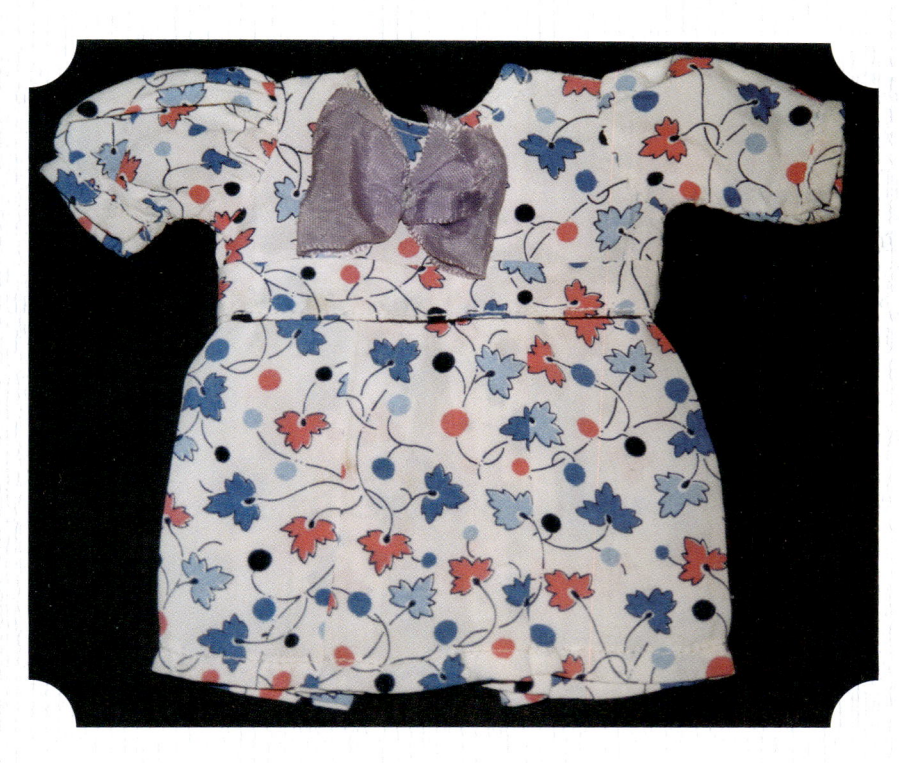

A BAGATELLE - Robe imprimée garnie de ruban du ton.
Chapeau de paille assorti. Inséparables.

A BAGATELLE – Printed fabric dress with matching ribbon. Sold as a set with a straw hat trimmed with identical ribbon.

GRAND TRALALA – Longue robe de cérémonie, en organdi, et sa capeline blanche. Inséparables.

GRAND TRALALA – Long formal organdy dress sold as a set with a white wide-brimmed hat.

1939

ZIG – ZAG - «Robe de lainette à dessins chevrons multicolores. Col et poches en tricot exécuté à la main dans les tons de la robe. Chapeau picot grège». Eléments vendus au détail.

ZIG-ZAG – V shaped multicolored printing on this light wool dress with knitted collar and pockets.
A matching raw straw hat, sold separately.

MILLE RAIES - Robe de crêpe de Chine à raies multicolores, garnie de ruban assorti. Conseillée avec un chapeau cloche grège en picot garni ruban, vendu séparément.

MILLES RAIES (A THOUSAND STRIPES) – Striped multicolored crepe de Chine dress with ribbon trimming. Suggested with a raw straw hat trimmed with matching ribbon.

240

PASSE PARTOUT – «Robe d'albène à grands carreaux, garnie boutons et ceinture». Conseillée avec un «Chapeau blanc craie en lacet».

PASSE-PARTOUT (ALL OCCASION) - Big checks artificial silk dress with buttons and belt. Matching white braid hat sold separately.

AU REVOIR - Manteau en shantung ciel ou rose. Chapeau de fine paille assorti. Inséparables.

AU REVOIR – Sky blue or rose shantung coat. Sold as a set with a matching soft straw hat.

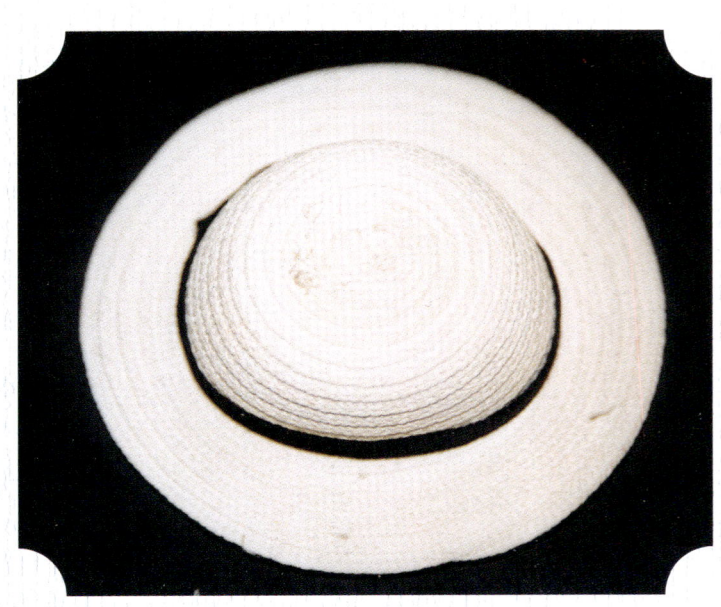

CAPELINE – «en lacet blanc craie garni ruban».
CAPELINE (WIDE-BRIM HAT) – Made of white braid with a ribbon trim.

PICOT – «de paille grège garnie ruban».
PICOT (STRAW HAT) – made of raw straw with ribbon trim.

1939

241

1939

PLUVIÔSE - «Grande Nouveauté. La pèlerine à capuchon pointu, en soie huilée. Se fait en rouge, en jaune, en vert». Reproposé la saison suivante. Répertorié avec ou sans fronces.

PLUVIÔSE (RAINY) – Pointed hood cape in red, yellow or green oilskin silk. Still available during the winter of 1939/1940.
Listed with or without gathers.

TRITON - Costume de bain tricoté main, combinaison de rouge de bleu et de blanc.

TRITON – Hand knitted swimsuit combining red, blue and white colors.

RAYONS ARDENTS - Bain de soleil tricot main, à rayures de ton délicats.

RAYONS ARDENTS (SCORCHING RAYS)
Hand knitted striped swimsuit in pale tones.

JOYEUX PRINTEMPS - Tissu blanc bouillonné et travaillé de points d'épine de couleur.

JOYEUX PRINTEMPS (FAY SPRING)
White ruffled fabric dress with colored seams.

1939-1946

1939 • 1946

Bleuette en état de grâce !
Paradoxalement, le début de la seconde guerre mondiale coïncide avec la plus jolie des poupées Bleuette de 29 cm.
Sa tête en biscuit, marquée UNIS France 301 1 1/4, est très finement maquillée avec un joli teint, ni trop pâle, ni trop soutenu.
Ses yeux dormeurs sont à nouveau en verre et, désormais, assemblés avec un système que la SFBJ a adopté avec succès, après la tentative insatisfaisante des premiers yeux en acétate. Il consiste, tout simplement, en un pont en fil métallique, retenant les yeux dormeurs par le haut de la cavité crânienne, le tout fixé par une couche de plâtre au caractéristique teint rosé.
Son corps est soigné, d'un joli teint naturel, sans modifications dans la taille, ni dans le marquage.
Sa perruque en cheveux naturels est toujours coquette, sans précisions quant à son teint.
Même dans sa version incassable, Bleuette tient la route. Abandonnée la composition, plus coûteuse et laborieuse, la SFBJ revient au carton pressé, en utilisant toujours le moule 301 mais en taille «1», le carton bouilli ne rétrécissant pas autant que la composition. Plus pâle que sa sœur en biscuit, cette Bleuette est charmante lorsqu'elle a gardé son état de fraîcheur initial.
Bleuette porte désormais la nouvelle chemise de présentation blanche garnie d'une tresse brillante, ton sur ton, avec un petit nœud sur le cœur.

Bleuette in state of grace!
Paradoxically, the beginning of WWII coincided with the nicest of all of the 29 cm. Bleuette dolls.

Her bisque head, marked UNIS FRANCE 301 1 1/4 was very well painted with a nice complexion.

Her sleeping eyes were made of glass again and open and close according to a new system that the SFBJ adopted successfully after the former unsatisfactory synthetic eyes system. It consisted of a metal bridge holding the eyeballs and fixed to the head by rose tinted plaster.
Her body is neat, nicely finished with no changes in the size and markings. Her human hair wig is blondish and very becoming.

Even in her unbreakable version, Bleuette is desirable. The head was made of paper maché, again, after SFBJ stopped using composition. This material was too complicated and expensive to produce.
Because paper mache doesn't retract as much as composition, Bleuette's head from this period was issued from the 301 mold is size 1 instead of size 1 1/2. Paler than her bisque-headed sister, this unbreakable doll is charming when mint and fresh.

Bleuette's presentation chemise was new. It was all white, with shiny white braiding, trimmed with a knot at the heart.

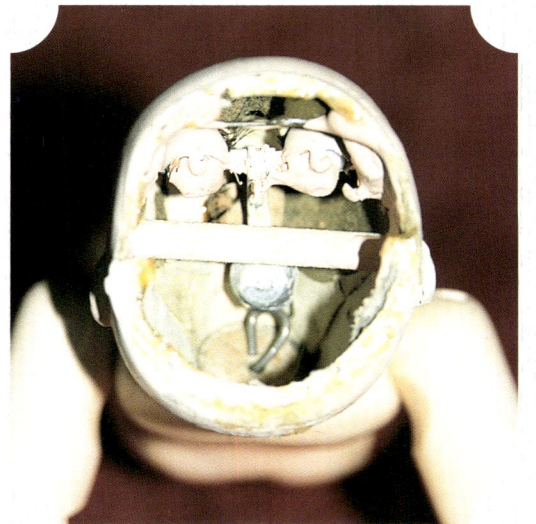

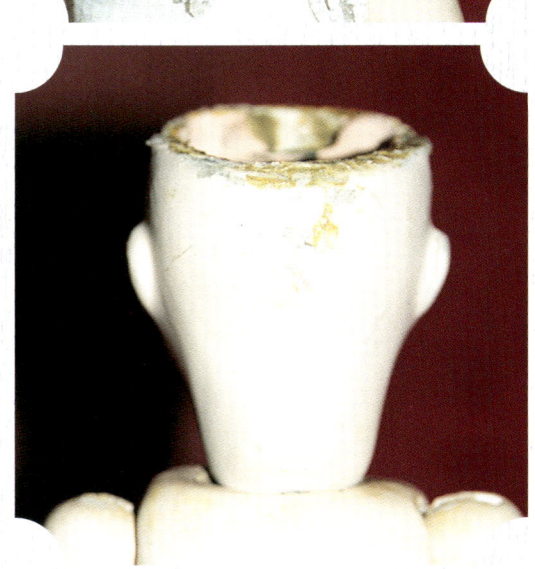

1939 • 1946

245

CATALOGUE HIVER/WINTER 1939/1940

- Elle, blouse et jupe / Elle (She) blouse, skirt
- Altitude, pull, bonnet et moufles / Altitude, pull-over, bonnet and mittens
- Sans façon, robe, niniche / Sans façon (Unaffected), dress, hat
- Réception, robe / Réception (Reception), dress
- Chapeau breton blanc / White felt hat
- Croix-Rouge, costume d'infirmière / Croix-Rouge (Red Cross), nurse outfit
- Spahi, robe, manteau, chéchia / Spahi, dress, coat, hat
- Croisillons, robe, niniche / Croisillons (Crisscross), dress, hat
- En visite, robe / En visite (A visit), dress
- Smocks, robe / Smocks, dress

SPAHI - Manteau de lainage et sa chéchia en même tissu. Robe en soierie d'albène. Ensemble répertorié en amande, vieux rose et banane. Inséparables.

SPAHI – Soft wool coat and pompon hat. Artificial silk dress. Sold as a set in almond green, old rose and banana yellow.

CROISILLONS - «Une petite robe très travaillée de points croisés sur un tissu gaufré. Se fait en rose, bleu ou vert. Chapeau NINICHE de tons assortis».

CROISILLONS – A very elaborate dress in goffered fabric trimmed with crisscross seams. It came in rose, blue or green. Matching felt hat.

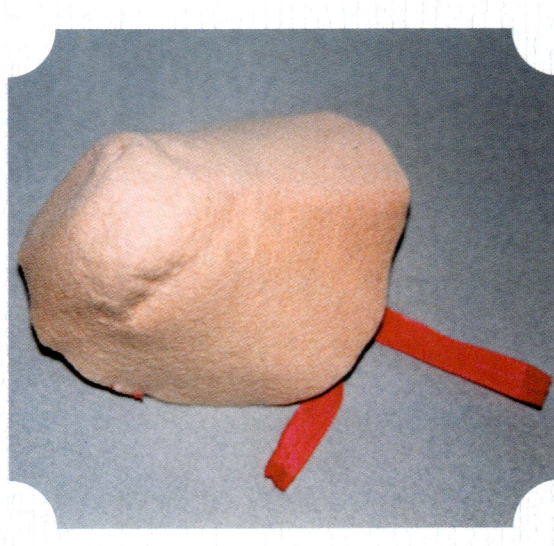

1939 • 1940

BRETON - Feutre blanc non garni, conseillé avec RECEPTION et EN VISITE.

BRETON – White felt hat suggested with RECEPTION and EN VISITE.

EN VISITE - Robe de Velmatine plissée, ceinture de peau blanche. Disponible en ciel, Nil, ou saumon. Un chapeau breton blanc est conseillé avec ce modèle, proposé en quantité limitée en raison de la pénurie de matière première au début du conflit mondial.

EN VISITE (A VISIT) – Pleated Velmatine (artificial cotton like fabric) dress with a white leather belt. Available in sky blue, Nile green or salmon rose but only in a limited quantity, due to the lack of fabric during the beginning of WWII. Suggested with a white felt hat.

RECEPTION - Robe en tissu granité soyeux avec devant de dentelle. Se fait en vert lumière ou rose corail. Conseillée avec un chapeau breton en feutre blanc. Ce modèle aussi était proposé en quantité limitée comme EN VISITE.

RECEPTION – This light green or coral red silk dress with lace front decoration was to have been worn with a white felt hat. This model was sold in limited quantities.

248

ELLE – «Blouse de soie albène blanche garnie dentelle et jupe de velours noir ». Inséparables. Un costume assorti pour Bambino, LUI, était également proposé.

ELLE (SHE) – Artificial white silk blouse with lace trim sold as a set with a black velvet skirt. Matching LUI, a dressy outfit for Bambino.

SANS FACON - «Robe en belle draperie écossaise de tons vert et havane, devant gilet blanc Chapeau NINICHE havane garni rubans».

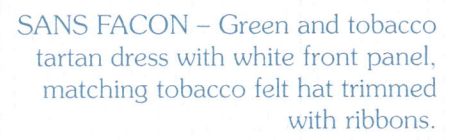

SANS FACON – Green and tobacco tartan dress with white front panel, matching tobacco felt hat trimmed with ribbons.

JUPE PLISSEE - en flanelle blanche, à bretelles.

JUPE PLISSEE (PLEATED SKIRT) white flannel skirt with straps.

1939 • 1940

249

1939 • 1940

ALTITUDE – Les tricots de cet ensemble de ski pour la saison sont à rayures rouges et bleues.
Le «Pantalon Competition» n'a pas changé.

ALTITUDE - This season's ski set includes a hand knitted striped blue and red pull-over and matching bonnet and mittens.
The stretch ski pants are unchanged.

LA TOURMENTE – «Petit blouson à capuchon, en crêpe de Chine caoutchouté, blanc, mastic ou marine». Modèle non répertorié

LA TOURMENTE (SNOWSTORM) – Hooded jacket cut from a rubberized white, off-white, or navy blue crepe de Chine.

AVERSE - Version en caoutchouc fantaisie, proposée en fin de série.

AVERSE (SHOWER) – Fancy navy blue polka-dot in white version, sold as end-of-line stock.

250

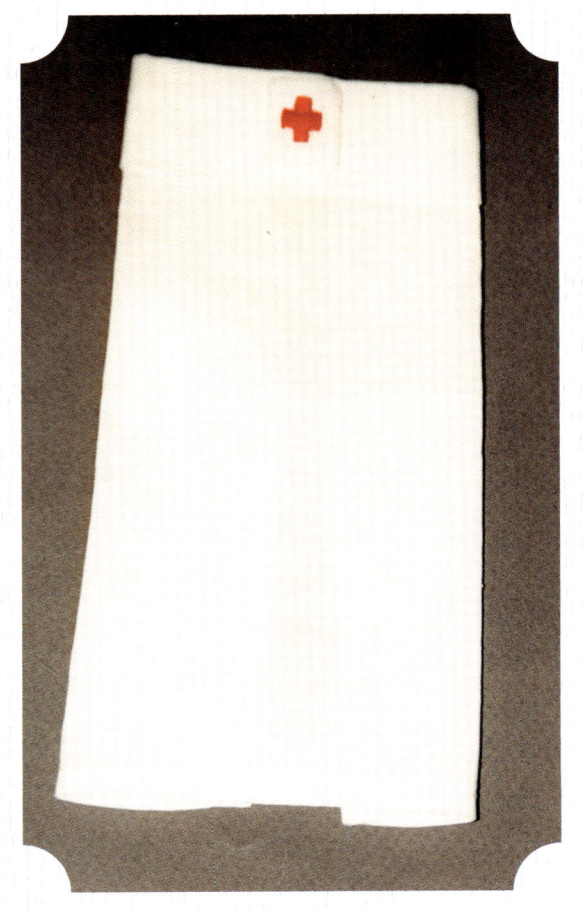

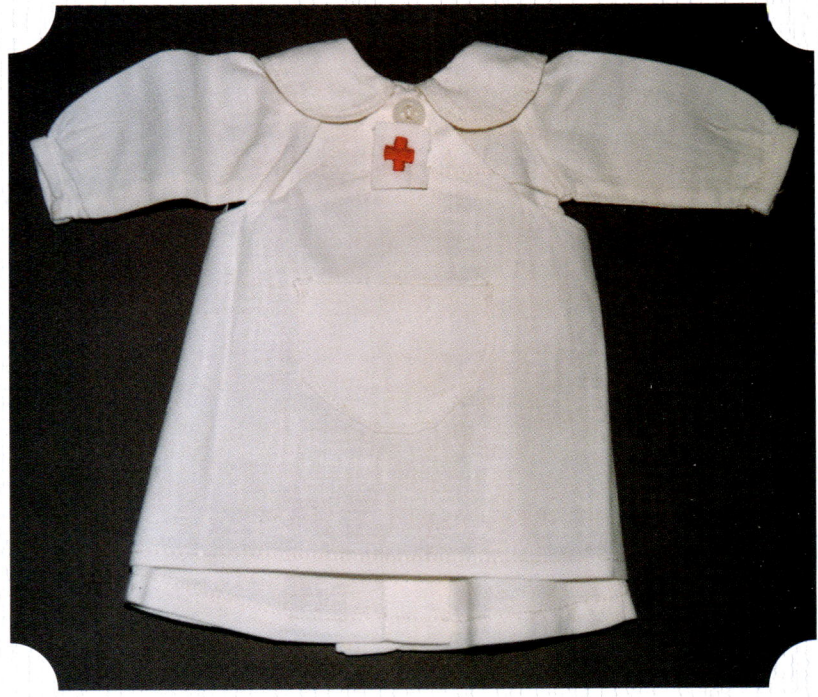

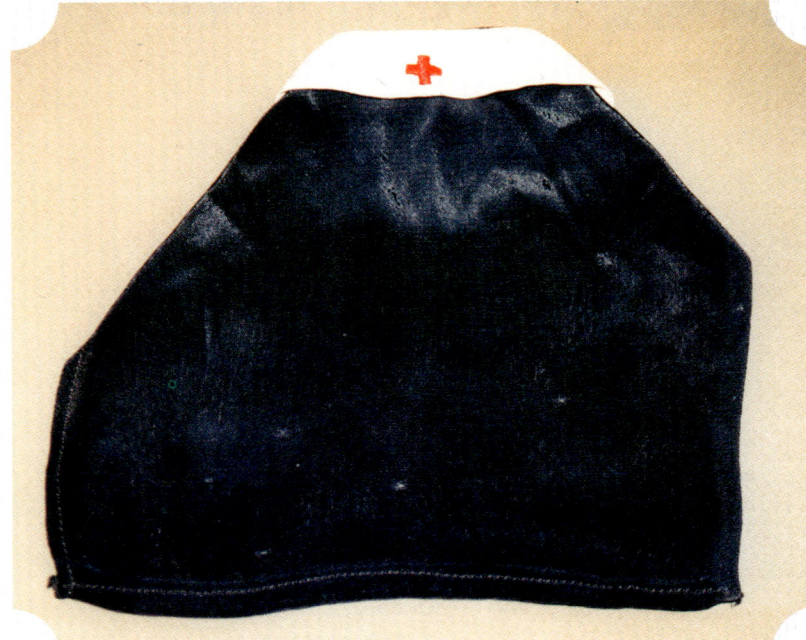

CROIX ROUGE - Costume complet d'infirmière tout blanc, composé de la robe, du tablier et du voile, inséparables. Un voile bleu, la cape-pèlerine du costume Jeannette et un insigne Croix Rouge à coudre sur la cape, étaient proposés séparément.

CROIX-ROUGE - Complete nurse's costume in white cotton including a dress, an apron, and a veil, sold as a set. Separately sold were: a blue veil, the blue cape of the girl-scout costume JEANNETTE, and a Red Cross badge.

1939 • 1940

Tous ces chapeaux sont de facture Gautier-Languereau et datent de la deuxième moitié des années Trente. Il est néanmoins difficile de les faire correspondre à des descriptifs précis dans les catalogues, nous les présentons donc ici réunis pour clore la décennie des années Trente.

1939.1940

All of these hats are original Gautier-Languereau and date from the second half of the Thirties. However, it is difficult to determine a correspondance to a particular description in the catalogues. This is the reason why we reproduce them here, to close the chapter of the Thirties.

253

1939 · 1940

Série de paires de chaussures et de chaussettes de la fin des années Trente.

Selection of pair of shoes and socks from the late Thirties.

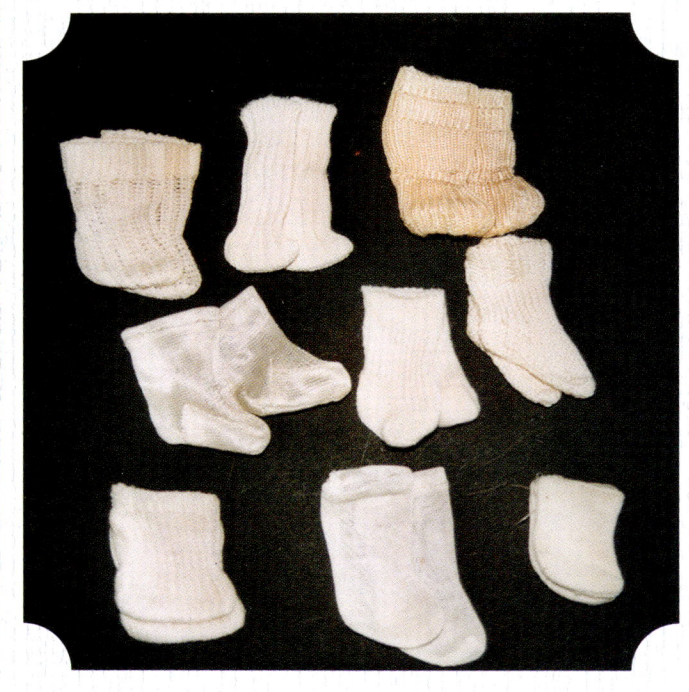

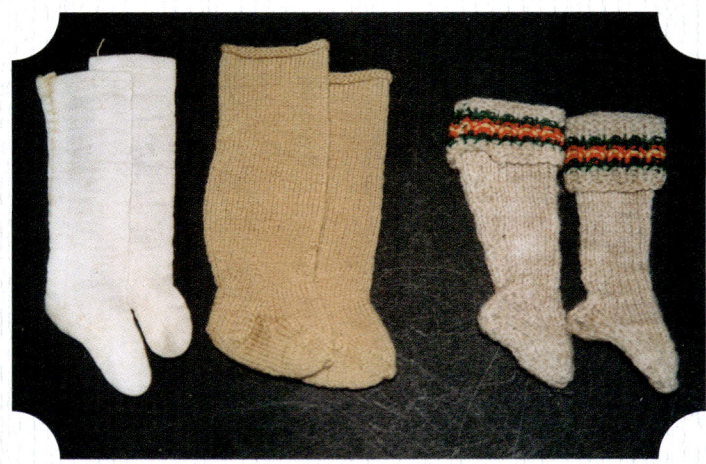

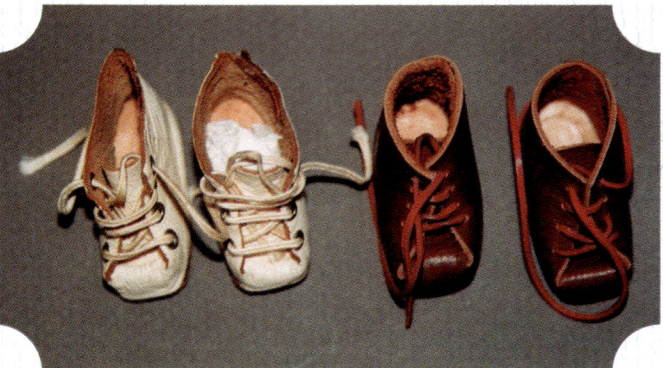

Série de sacs de la deuxième moitié des années Trente. / Selection of hand bags from the mid-Thirties.

1939 • 1940

CATALOGUE ETE/SUMMER 1940

- A croquer, robe / A croquer (Good enough to eat), dress
- Quadrille, robe / Quadrille (Square Dance), dress
- Les flots, short-jupe et pull-over / Les flots (Waves), short and pull-over
  Torsade pour cheveux, tricot main / Hand knitted twisted band for the hair
- Villégiature, manteau, chapeau / Villégiature (On vacation), coat, hat
- Sérieuse, robe / Sérieuse (Good girl), dress
- Tropicale, robe, toquet / Tropicale, dress, hat

LES FLOTS - Short-jupe en coutil rouille et pull-over rayé assorti, tricoté main. Vendus séparément. Avec ce modèle était conseillée une «torsade pour cheveux, tricot main», non photographiée.

LES FLOTS (WAVES) – Rust colored twill shorts with matching hand knitted striped top. These items were sold separately. A hand knitted twisted headband (not pictured) was suggested with this model.

VILLEGIATURE - Manteau de shantung de tons clairs, garni de galon et boutons blancs. Conseillé avec une cloche de paille blanche, photographiée à la p. 258.

VILLEFGIATURE (ON HOLIDAY) – Light colored shantung coat, with white braid and button trim was to have been worn with a white straw braided cloche, pictured on p. 258.

SERIEUSE - «Robe de lainage rose ou bleu pâle avec grand col lingerie blanc et boutons».

SERIEUSE (GOOD GIRL) – Rose or pale blue wool dress with wide white cotton collar and buttons.

A CROQUER - «Robe d'albène à fond blanc rayé de couleurs vives et garnie de croquet».

A CROQUER (GOOD ENOUGH TO EAT) Artificial white silk dress striped in bright colors with croquet trim.

QUADRILLE – «Robe à grands carreaux avec groupes de plis et ceinture de peau».

QUADRILLE (SQUARE DANCE) – Big checks on a front pleated dress with a leather belt.

1940

1940

TROPICALE - «Robe de mousseline Saint-Gall en rose ou bleu pâle garnie de ruban plus sombre, joli effet. Un toquet de paille assorti». Eléments vendus séparément. Nous avons répertorié une variante simplifiée sans ruban.

TROPICALE (TROPICAL) – Pale blue or rose Saint-Gall cut-work lace dress with darker ribbon trim had a matching knitted straw hat that sold separately. We also listed a simpler version with no ribbon trim.

CLOCHE – «de paille-lacet d'un joli blanc craie», conseillée avec VILLEGIATURE.

CLOCHE – Chalk white straw braid hat, suggested with VILLEGIATURE.

258

CATALOGUE HIVER/WINTER 1940/1941

- Sous l'uniforme, jupe, manteau, calot, blouse / Sous l'uniforme (Under the uniform), skirt, coat, bonnet, blouse
- Frimas, redingote, toque / Frimas, coat, hat
- Elégance, robe / Elegance, dress
- Grâce, robe / Grace, dress
- Cloche en chenille grège / Raw chenille cloche
- La plus simple, robe / La plus simple (Simple dress), dress
- Jupe simple en forme / Bell shaped skirt
- Chaussures à bout carré / Square-ended shoes
- Altitude, pull, bonnet, moufles / Altitude, pull-over, bonnet, mittens

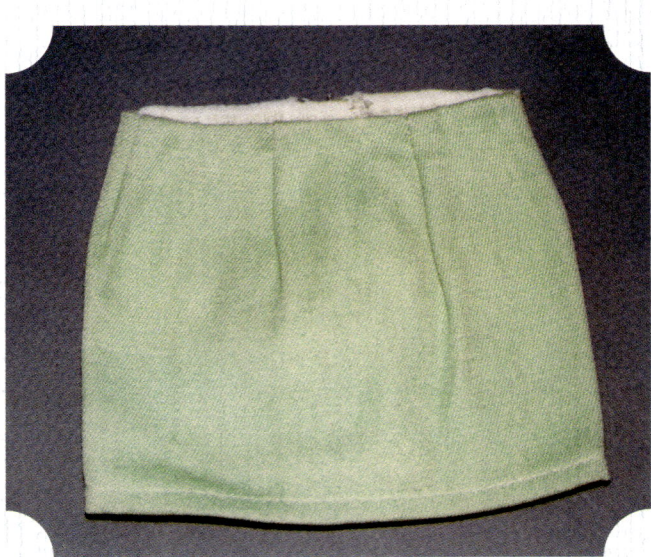

SOUS L'UNIFORME
Manteau à martingale et boutons or, jupe et calot même tissu. Inséparables. Conseillés avec une blouse en lainage ivoire, non répertoriée.

SOUS L'UNIFORME (UNDER THE UNIFORM)
Coat trimmed half belt and golden buttons, matching skirt and bonnet, sold as a set. Suggested with an ivory wool blouse.

1940·1941

259

1940·1941

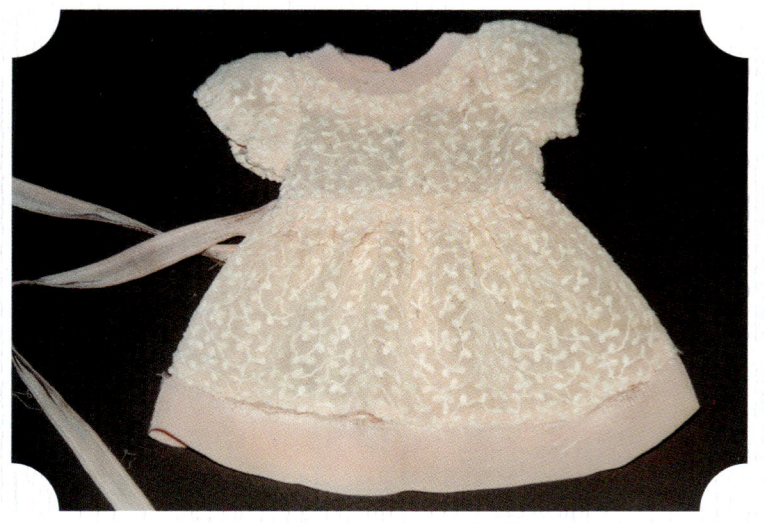

GRACE – «Robe en ravissant tissu georgette brodé, en rose pâle ou bleu pâle». Conseillée avec «Un chapeau cloche en chenille grège», vendu séparément.

GRACE – Charming embroidered georgette type fabric dress, in pale blue or pale rose, suggested with a raw chenille cloche, sold separately.

JUPE – «Simple en forme, de lainage ivoire».
SKIRT – Bell shaped skirt cut from an ivory wool.

ALTITUDE – Le costume de ski, comme chaque hiver propose des éléments tricotés de dessin et de couleur différents. De la variante de cette saison nous n'avons répertorié que le bonnet.

ALTITUDE – Every winter the knitted ski items were different to match the regular stretch ski pants. From this season's set we only listed the blue and red bonnet.

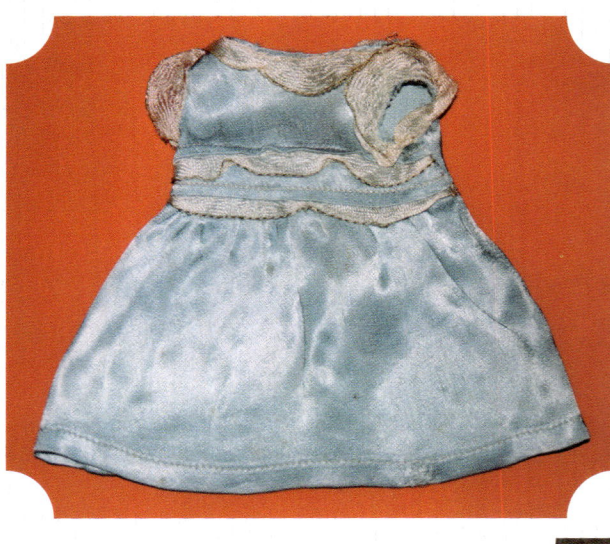

ELEGANCE - «Robe crêpe-satin ciel ou rose, garnie plis et rubans ondulés».

ELEGANCE – Sky blue or rose satin looking crepe dress with pleats and undulating ribbon trim.

CHAUSSURES A BOUTS CARRES
SQUARE-ENDED SHOES

LA PLUS SIMPLE - «Robe de broché soie blanche garnie de ruban fantaisie».

LA PLUS SIMPLE (SIMPLE DRESS) – White silk brocade dress, fancy ribbon trim.

1940 • 1941

261

1940 · 1941

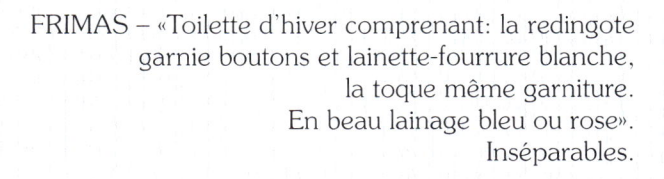

FRIMAS – «Toilette d'hiver comprenant: la redingote
garnie boutons et lainette-fourrure blanche,
la toque même garniture.
En beau lainage bleu ou rose».
Inséparables.

FRIMAS (FREEZING) – Winter set including:
a coat trimmed with buttons and woolen
fun fur and a matching hat,
cut from a blue or rose wool.

262

CATALOGUE ETE/SUMMER 1941

- La prairie, robe et bonnichon / La prairie (Prairie), dress, bonnet
  Un souffle, robe, toquet / Un souffle (A breath), dress, hat
- Restriction, robe / Restriction, dress
- Elle, version en bleu / Elle (She), blue version
- Les lignes droites, robe / Les lignes droites (Straight lines), dress
  Mouchoir-pochette / Pocket handkerchief
- Chapeau cloche en pailline / Soft straw cloche hat

CHAPEAU – «Cloche en pailline». Représenté en croquis avec la robe LES LIGNES DROITES.

CHAPEAU – Soft cloche hat sketched with the dress LES LIGNES DROITES.

LA PRAIRIE - Robe fleurie «genre Tobralco» avec un bonnichon très nouveau.

LA PRAIRIE (PRAIRIE)
Flowered Tobralco type dress with matching new shape bonnet.

RESTRICTION - Robe en indienne à lignes écossaises de biais, en rouge ou bleu.

RESTRICTION – Light blue or red tartan dress with bias printing.

1941

263

1941

ELLE - Version à jupe bleue pâle.
La blouse blanche inchangée.
ELLE (SHE) – Version with
a pale blue skirt and unchanged blouse.

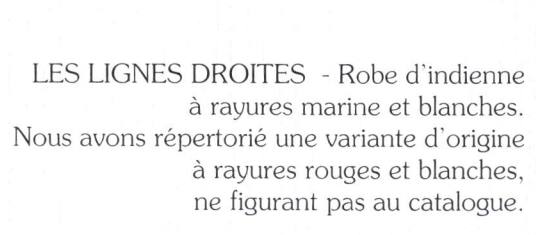

LES LIGNES DROITES - Robe d'indienne
à rayures marine et blanches.
Nous avons répertorié une variante d'origine
à rayures rouges et blanches,
ne figurant pas au catalogue.

LES LIGNES DROITES (STRAIGHT LINES)
Striped blue and white dress.
We also listed an original red and white version,
not mentioned in the catalogue.

UN SOUFFLE
«Très légère robe broderie
Saint-Gall garnie galon
de soie. En rose ou bleu
avec le toquet paille garni
du même galon».
Modèle non répertorié.

UN SOUFFLE – Light rose
or blue Swiss cut-work
dress with silk trim
and matching straw hat.
Still unlisted.

CATALOGUE HIVER/SUMMER 1941/1942

- Chemin faisant, robe, manteau, béguin / Chemin faisant (Walking ahead), dress, coat, hat
- Coup de vent, robe / Coup de vent (Gale), dress
- Cloche de veloutine garnie de ruban / Velvet cloche, ribbon trim
- Cloche chenille grège garnie ruban / Raw chenille, ribbon trim
- Leçon de musique, robe / Leçon de musique (Music lesson), dress
- Pensez-y, robe / Pensez-y (Ponder), dress
- Très net, tablier / Très net (Very neat), apron
- Convalescence en cloqué de coton / Convalescence, seersucker cotton version

CHEMIN FAISANT - Le très bel ensemble: robe de rayonne garnie de galons et boutons. Manteau beau lainage et col lainette blanche. Béguin assorti au manteau. Nous ne pouvons garantir dans quel ton nous l'enverrons ». Inséparables répertoriés en différents coloris.

CHEMIN FAISANT (WALKING AHEAD) – Elegant set including a rayon dress with braid and buttons trim, a woolen coat with white curly wool collar and a matching bonnet. This model came in various colors.

1941 • 1942

265

1941·1942

PENSEZ-Y - Robe en rayonne marine à pois blancs, garnitures de piqué blanc.

PENSEZ-Y (PONDER) – Navy blue rayon dress dotted in white having a white pique collar and belt.

CHAPEAU - Cloche de veloutine garnie de ruban. Modèle paru dans *Les Veillées des Chaumières* en 1941. Répertorié en bleu-ciel.

CHAPEAU – Velvet hat trimmed with a ribbon. This hat was advertised in *Les Veillées des Chaumières* in 1941. We listed a sky blue version.

COUP DE VENT - «En beau lainage écossais olive et châtaigne, plastron et col de piqué blanc».

COUP DE VENT (GALE) – Olive and chestnut tartan dress with white pique collar and front.

CHAPEAU CLOCHE - En chenille grège garnie ruban. En croquis avec la robe COUP DE VENT.

CHAPEAU CLOCHE – Raw chenille cloche hat, ribbon trim. Sketched with the dress COUP DE VENT.

LECON DE MUSIQUE - «En albène à rayures formant écossais: jolies fronces en garniture».

LECON DE MUSIQUE (MUSIC LESSON) – Artificial silk, tartan printing with decorative gathers.

CONVALESCENCE - Un peignoir en cloqué de coton à décor de fleurs bleues.

CONVALESCENCE – House coat cut from a seersucker cotton with blue flowers decoration.

TRES NET - Nouveau tablier croisé dans le dos et poche centrale. Certains modèles sont accompagnés d'un chapeau en même tissu, non mentionné au catalogue mais authentique.

TRES NET (VERY NEAT) – New apron, crossed in the back with single pocket on the front. We listed some matching bonnets cut from the same fabric. Even if they are not mentioned in the catalogue, they are authentic.

1941 • 1942

ETE/SUMMER 1942

- Retour à la terre, blouse, salopette et chapeau /
  Retour à la terre (Back to the land) blouse, overall and hat
- Paysannerie, jupe, blouse et bonnichon /
  Paysannerie (Peasantry), skirt, blouse and bonnet
- Savez-vous planter les choux?, robe et bloomer
  (Do you know how to grow cabbage?) – dress and bloomer
- La brise, robe / La brise (Breeze), dress
- Brillante, robe / Brillante (Shiny), dress
- Mille fleurs, robe / Mille fleurs (A thousand flowers), dress
- Les lignes croisées, robe / Les lignes croisées (Crossed lines), dress
- Marin, version béret Pétain / Marin, version with Pétain beret

1942

RETOUR A LA TERRE - Salopette marine et blouse écossaise, accompagnées d'un grand chapeau de crin. Modèle paru dans Les Veillées des Chaumières en 1942. Tous les chapeaux répertoriés ne sont pas en crin mais en paille bicolore, telle que représentée sur le croquis correspondant.

RETOUR A LA TERRE – Navy blue overall, tartan blouse, wide brim hat. The 1942 ad in Les Veillées des Chaumières mentions « horsehair hat » but all the original hats we listed are made of straw in two tones, as showed on the corresponding sketch.

MARIN - Classique version en coutil blanc à l'éloquente inscription sur le béret chapelier: PETAIN. Bleuette collaborationniste?

MARIN – this classic white cotton version of the mariner costume bears an eloquent golden inscription on the beret PETAIN. Has Bleuette been a collaborationist?

LA BRISE - Robe en organdi à volants, tons variés. Modèle paru dans *Les Veillées des Chaumières* en 1942.

LA BRIZE (BREEZE) – Flounced organdy dress printed in various colors. This model was advertised in *Les Veillées des Chaumières* in 1942.

MILLE FLEURS - Robe imprimée. A fleurettes garnie ruban. Modèle paru dans *Les Veillées des Chaumières* en 1942.

MILLE FLEURS (A THOUSAND FLOWERS) Simple dress with flowered printed motif and ribbon trim. This model was advertised in *Les Veillées des Chaumières* in 1942.

1942

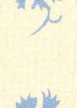

1942

BRILLANTE - Robe de rayonne à fleurs. Modèle paru dans *Les Veillées des Chaumières* en 1942.

BRILLANTE (SHINY) – Flowered rayon dress. This model was advertised in *Les Veillées des Chaumières* in 1942.

PAYSANNERIE - Jupe, boléro et bonnichon à carreaux. Modèle paru dans *Les Veillées des Chaumières* en 1942.

PAYSANNERIE (PEASANTRY) – Checkered skirt, bolero and bonnet. This model was advertised in *Les Veillées des Chaumières* in 1942.

SAVEZ VOUS PLANTER LES CHOUX?
Une petite robe de coton écossais avec culotte dessous «bloomers». Modèle paru dans *Les Veillées des Chaumières* en 1942.

SAVEZ VOUS PLANTER LES CHOUX?
(DO YOU KNOW HOW TO GROW CABBAGE?) Tartan dress with matching bloomer. This model was advertised in *Les Veillées des Chaumières* in 1942.

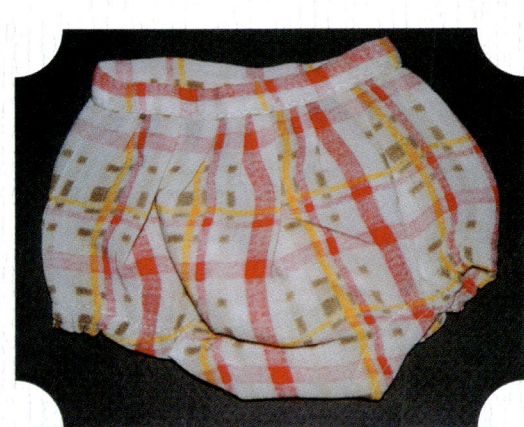

1942

LES LIGNES CROISEES - Robe en indienne à rayures contrariées. Modèle paru dans *Les Veillées des Chaumières* en 1942.

LES LIGNES CROISEES (CROSSED LINES) – Printed calico dress with contrasting stripes. This model was advertised in *Les Veillées des Chaumières* in 1942.

DOUX SOMMEIL – Pyjama, variante en même tissu que LES LIGNES CROISEES. Ce modèle ne figure dans aucune publicité connue, il est néanmoins de facture Gautier-Languereau.

DOUX SOMMEIL (SWEET SLEEP) – Pajama cut from the same fabric as LES LIGNES CROISEES. This model is not mentioned in any known ad but it was made by Gautier-Languereau.

ROBE - en albène à rayures multicolores, garnie galon et dentelle. Modèle non identifié.

DRESS - cut from an artificial multicolored silk with lace and braid trim. Unidentified model.

SALOPETTE - En même tissu que la robe LES LIGNES CROISEES. Ce modèle ne figure dans aucune publicité connue, il est néanmoins de facture Gautier-Languereau.

SALOPETTE (OVERALL) – Cut from the same fabric as LES LIGNES CROISEES. This model is not mentioned in any known ad but it was made by Gautier-Languereau.

1942

Les modèles suivants ne figurent dans aucune publicité mais, selon quelques témoignages concordants, nous pensons pouvoir les dater de l'année 1942.

TAILLEUR – en tissu fleurettes garniture et boutons de couleur.

TAILLEUR – Flowered fabric suit trimmed with colored buttons and braid.

JACKSON - Combinaison en tissu fleuri, bordé de dentelle.
JACKSON – Flowered fabric petticoat with lace trimming.

DEUX PIECES – jupe à bretelles en toile rouge et pull multicolore.
TWO-PIECES SET – a red cloth skirt with straps combined with a matching colorful top.

The following models, according to various corroborating pieces of evidence can be dated of 1942. They are not mentioned in any known ad from the period, though.

PEIGNOIR – en velours bleu garni revers ciel et bouton verre.

PEIGNOIR – Blue velvet housecoat trimmed with sky blue facing and glass button.

ROBE – en dentelle de couleur garnie ruban velours noir.

DRESS – cut from a colored lace and trimmed with a black velvet ribbon.

1942

ROBE - en voile rose garnie points lancés bleu lavande.
DRESS - cut from a rose veil with blue embroidered seams

ROBE - en léger tissu bleu ciel garnie points d'épine roses.
DRESS - cut from a light sky blue fabric with rose seams.

273

1942 • 1946

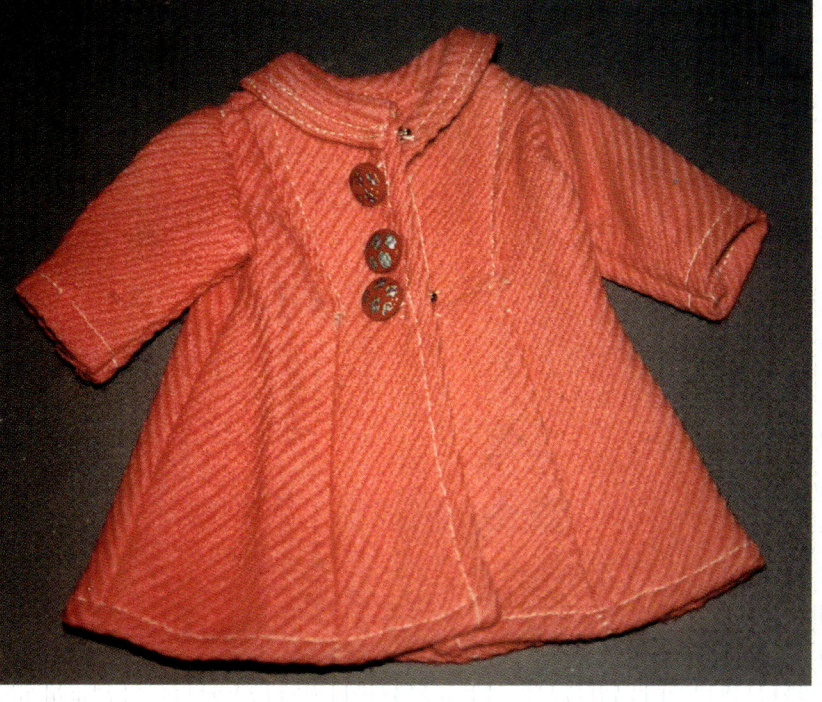

274

Manteaux,
avec ou sans
chapeaux assortis.

Coats
with or without
matching hats.

1942 • 1946

275

1942 • 1946

Robes habillées.
Elegant dresses.

1942 • 1946

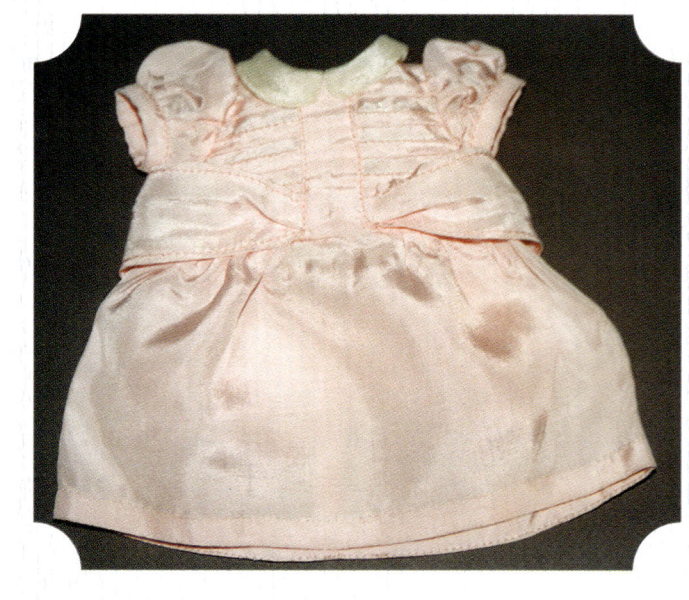

1942 • 1946

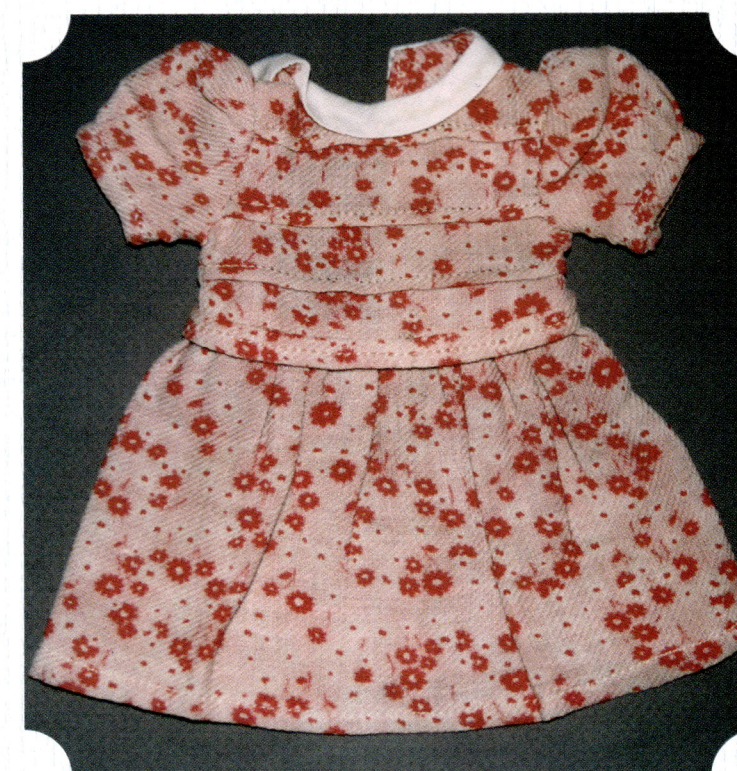

Robes fleuries.

Flowered dresses.

1942 • 1946

Robes légères / Light dresses.

279

1942 • 1946

Robes avec galons.
Braided dresses.

1942 • 1946

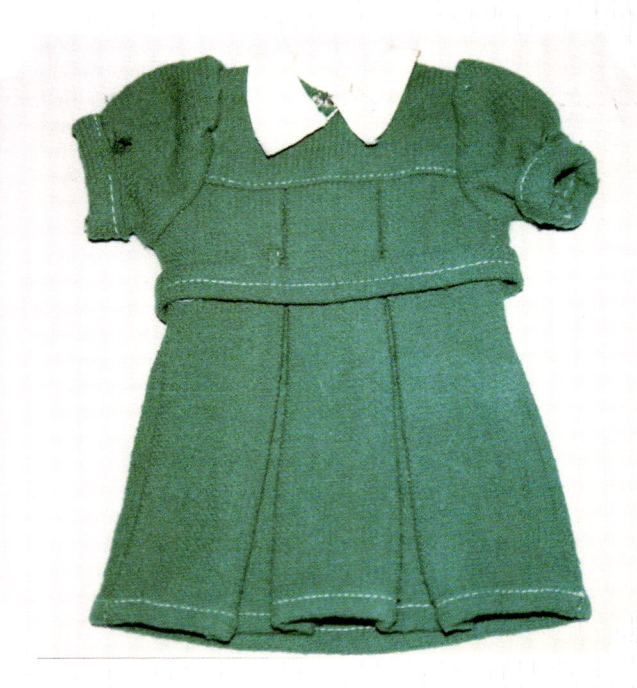

Robes d'hiver.
Winter dresses.

281

1942 • 1946

282

Cotonnades fantaisie.
Fancy printing.

1942 • 1946

1942 • 1946

Robes sans manches.
Sleeveless dresses.

Robes d'été avec leurs bonnets assortis.
Summer dresses with matching bonnets.

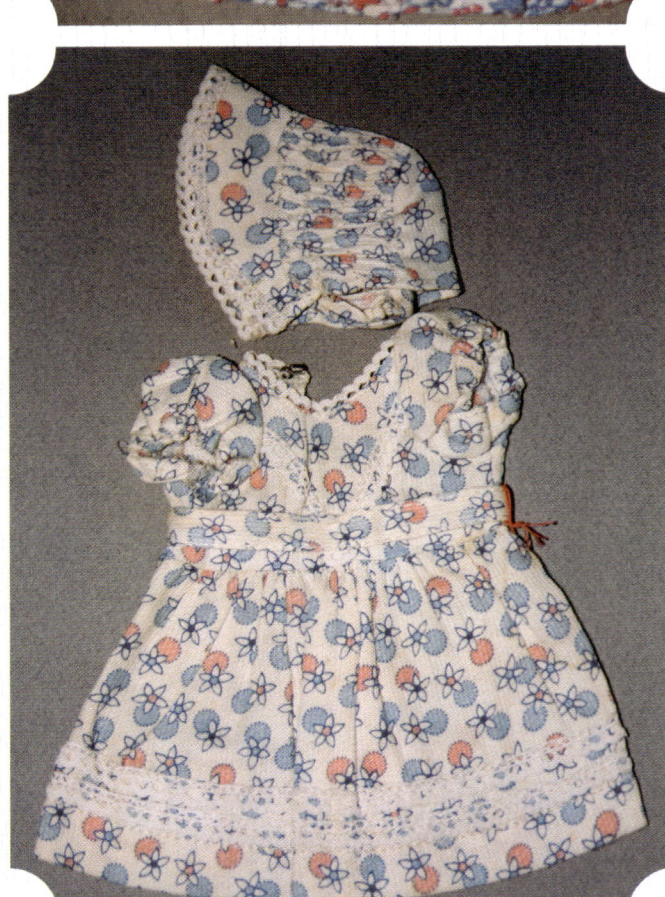

1942 • 1946

1942 • 1946

Reprises de tissus et garnitures anciennes.

Dresses cut from older fabrics and trims.

1942 • 1946

287

1942·1946

Tabliers.
Aprons.

1942 • 1946

Sac bandoulière.
Hand bag.

289

1942 • 1946

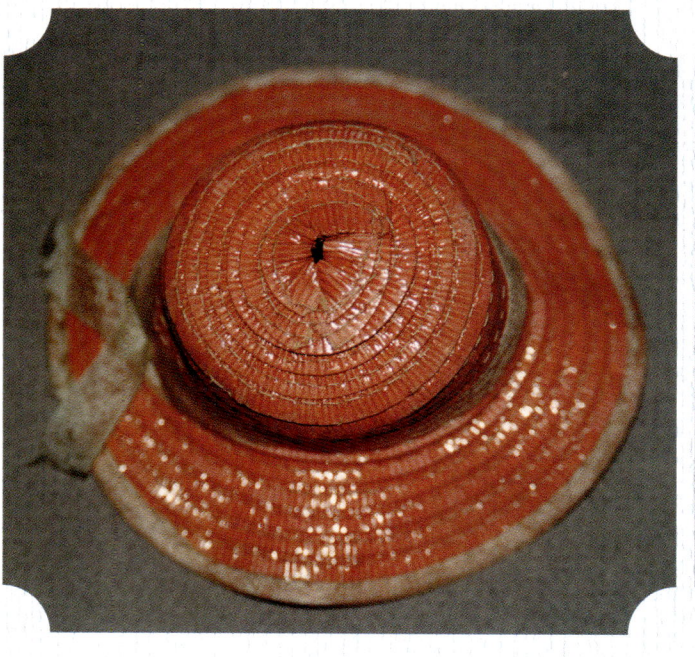

1942 • 1946

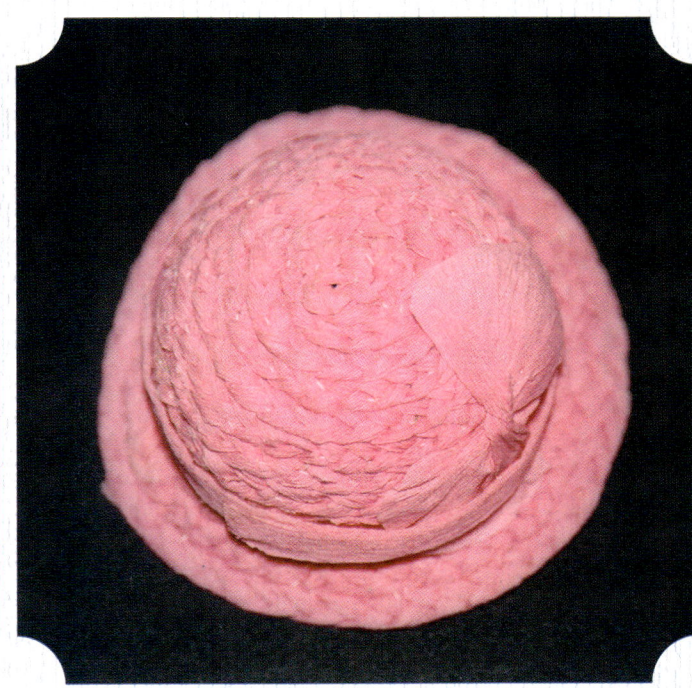

1942 • 1946

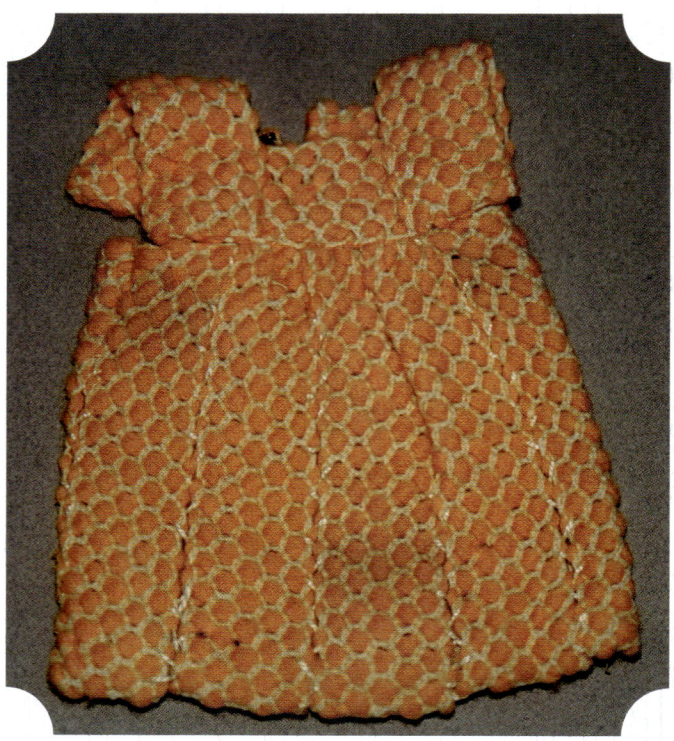

292

1946-1950

1946 • 1950

1946: l'année de la reprise après la pénurie.

Rue Jacob, on fait feu de tout bois. A la SFBJ aussi. Bleuette est ainsi fabriquée avec des matériaux de qualité médiocre.
Qu'elle ait la tête en biscuit, issue du moule 301 en taille 1 1/4, ou en carton bouilli en taille 1, Bleuette a des yeux dormeurs en verre bleu très intense, caractéristiques de cette époque, reliés à un balancier métallique de forme cylindrique.
Sa perruque est désormais en rayonne, blonde, noire ou rousse. Aucune Bleuette de cette période ne porte de perruque en cheveux naturels.
Son corps tout articulé est toujours marqué «2» dans le dos et «1» sous les pieds. Il est peint en rose foncé et, malheureusement, il s'écaille très facilement.
Sa tenue de présentation consiste, d'abord, en l'ensemble fleuri « Bloomers » et, très vite, en la parure de lingerie en jersey Valisère. Ensuite l'ancienne chemise blanche à tresse blanche fut réutilisée: Il faut attendre l'hiver 1952/1953 pour qu'une nouvelle chemise de présentation soit proposée.

1946 was a difficult period for Gautier-Languereau and for the SFBJ.
For, Bleuette suffers as well with poor material.
Her bisque or paper mache head was made out of mold 301 in size 1 1/4 for the classic head and in size 1 for the unbrakable version.
Her sleeping glass eyes were vivid blue, very typical of the period. They were connected with a metal cylindrical weight.
Her wig was made of rayon, in blond, red or black. None of the Bleuette dolls from this period have an original human hair wig.
Her fully articulated body was, as usual, marked 2 in the back and 1 under the feet. It was painted in a strong pink color that, unfortunately, peels very easily.
Her presentation outfit consisted, first, in the «Bloomer» model and immediately after in the rose jersey Valisère underwear set, followed by the white braided chemise from the late Thirties. A new presentation chemise only appeared during the winter of 1952/1953.

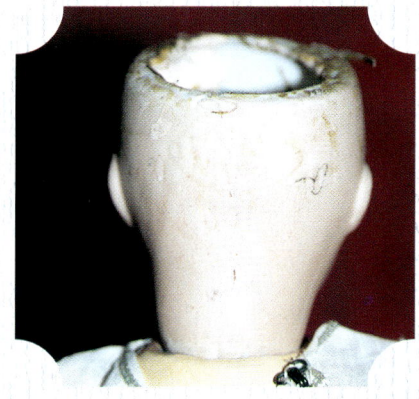

294

CATALOGUE ETE 1946

- Bloomer, robe et sa culotte bouffante / Bloomer, dress and puffy slip
- Parure Valisère / Valisère jersey underwear set
- Parure en lingerie / Light cotton underwear set
- Le Beau Jour, toilette de communiante en tulle
  Le Beau Jour (The Special Day), communion gown, tulle version
- Manteau et chapeau de teinte claire / Light colored coat and hat
- Smocks, variante au faux-col brodé / Smocks, embroidered collar version

BLOOMERS – robe et sa culotte bouffante. En tissu fleuri, cet ensemble, ainsi que le set de dessous Valisère, sert de tenue de présentation à la nouvelle Bleuette de 1946. Modèle proposé pour la première fois dans *La Semaine de Suzette* de Juillet 1946.

BLOOMERS – Flowered dress with matching puffy slip used as presentation outfit, as well as the Valisère jersey underwear set, for the new Bleuette doll in 1946. The sketch of this model appeared for the first time in *La Semaine de Suzette* of July 1946.

1946

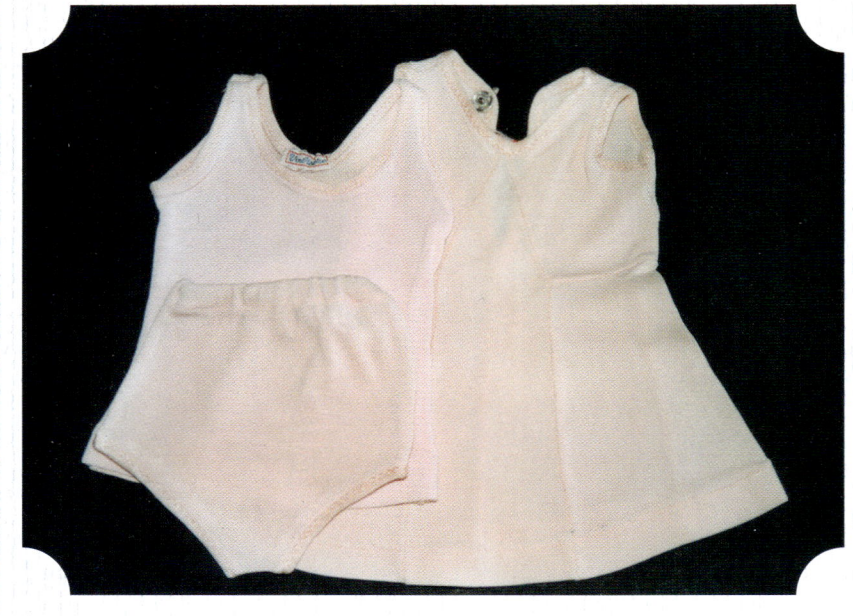

1946

DESSOUS VALISERE - Chemise, culotte, combinaison, en indémaillable. Cet ensemble a également servi de tenue de présentation pour la Bleuette de 1946.

DESSOUS VALISERE (VALISERE UNDERWEAR SET) three-piece Valisère jersey underwear set, used as presentation outfit for the Bleuette doll of 1946.

PARURE – en lingerie comprenant le Jackson et la culotte, la chemise de jour étant désormais supprimée.

PARURE – light white cotton underwear set including a petticoat and a pant. The chemise included in the former underwear set was no longer made.

LE BEAU JOUR - Dès cette saison, le costume de communiante est proposé dans sa variante en tulle. Cette matière n'est pas précisée dans les publicités mais trouve confirmation en la robe de baptême pour Bambino de la même époque, elle aussi réalisée tout en tulle.

LE BEAU JOUR (THE SPECIAL DAY) – This version of the classic communion gown was entirely made of tulle. None of the ads from the period explain this change of material but Bambino, during the same period, wore a christening gown that was cut from the same tulle.

1946

MANTEAU ET CHAPEAU – «de teinte claire». Comme l'indique la publicité parue en Juillet 1946 dans *La Semaine de Suzette*.

MANTEAU ET CHAPEAU (COAT AND HAT) – cut from a light colored fabric, as stated in the ad published by *La Semaine de Suzette* in July 1946.

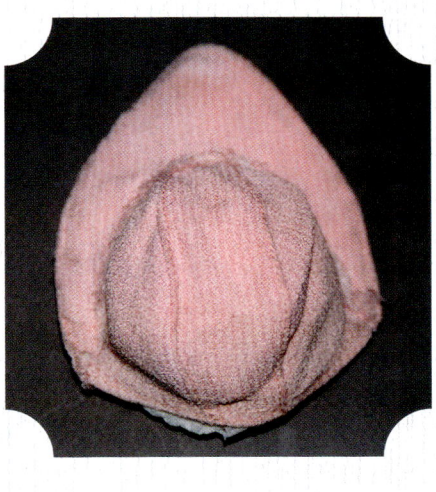

297

1946

SMOCKS - Le col de la robe est à présent indiqué par un simple dessin au point de chaînette. Grande variété de tissus différents.

SMOCKS – This new version of the classic smocks dress has a collar enhanced by embroidered seams. It came in a great variety of fabrics.

298

CATALOGUE HIVER 1948/1949

- Robe standard / Standard dress
- Tyrolienne, jupe, blouse / Tyrolienne (Tyrolean), skirt, blouse
- Bonsoir, pyjama sans bouton / Bonsoir, buttonless pajama
- Elle, version trois pièces / Elle (She) three pieces version
- Pratique, blouse, redingote, jupe et béret / Pratique (Practical), coat, skirt, blouse and beret
- Soigneuse, tablier / Soigneuse (Tidy), apron
- Averse, capuchon / Averse (Shower), rain hood
- Voici Paris, robe / Voici Paris, dress
- Gentillesse, robe / Gentillesse (Kindness), dress
- Chemise de nuit Valisère / Valisère jersey night gown

TYROLIENNE - Robe à bretelles et sa blouse d'organdi. Ce modèle, présenté ici, était déjà annoncé dans *La Semaine de Suzette* du 3 juin 1948. La variante à jupe verte a une blouse d'origine qui ne correspond pourtant pas exactement au descriptif.

TYROLIENNE (TYROLEAN) – Skirt with straps matching an organdy blouse. This model was already mentioned in an ad dated June 3, 1948. The version with a green skirt has an unusual original blouse in pinkish rayon that does not exactly correspond to the ad description.

1948 • 1949

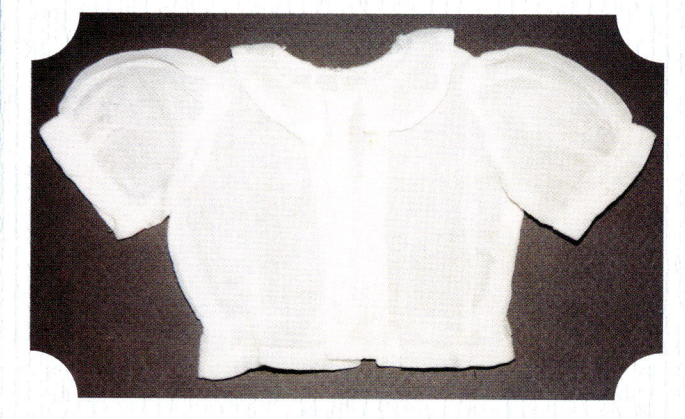

PRATIQUE - Ensemble trois pièces en lainage de coloris variés: redingote, jupe et béret. Ces trois éléments inséparables sont assortis à une blouse en organdi, annoncée dans *La Semaine de Suzette* du 2 Décembre 1948.

PRATIQUE (PRACTICAL) – Woolen set including a coat, a skirt and a bonnet. This ensemble came in various colors matching a white organdy blouse advertised in *La Semaine de Suzette* dated Décember 2, 1948.

VOICI PARIS- Robe en lavablaine de ton clair. Annoncé dans *La Semaine de Suzette* du 2 Décembre 1948.

VOICI PARIS – Soft colored washable wool dress advertised in *La Semaine de Suzette* dated Décember 2, 1948.

GENTILLESSE - Robe de coton fleuri. Annoncé dans *La Semaine de Suzette* du 2 Décembre 1948.

GENTILLESSE (KINDNESS) Flowered cotton dress, advertised in *La Semaine de Suzette* dated Décember 2, 1948.

1948 • 1949

1948 • 1949

ELLE - Ensemble composé d'une jupe en lainage et d'une blouse blanche garnie Valenciennes, comme par le passé, assortis désormais à un boléro de lainage. Annoncé dans *La Semaine de Suzette* du 2 Décembre 1948.

ELLE (SHE) – The classic model with woolen skirt and white blouse trimmed with Valenciennes lace has now a matching wool jacket. Sold as a set, according to the ad in *La Semaine de Suzette* dated Décember 2, 1948.

BONSOIR - Pyjama deux pièces. Annoncé dans *La Semaine de Suzette* du 2 Décembre 1948.

BONSOIR – Two-piece pajama advertised in *La Semaine de Suzette* dated Décember 2, 1948.

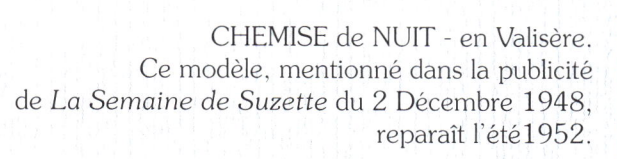

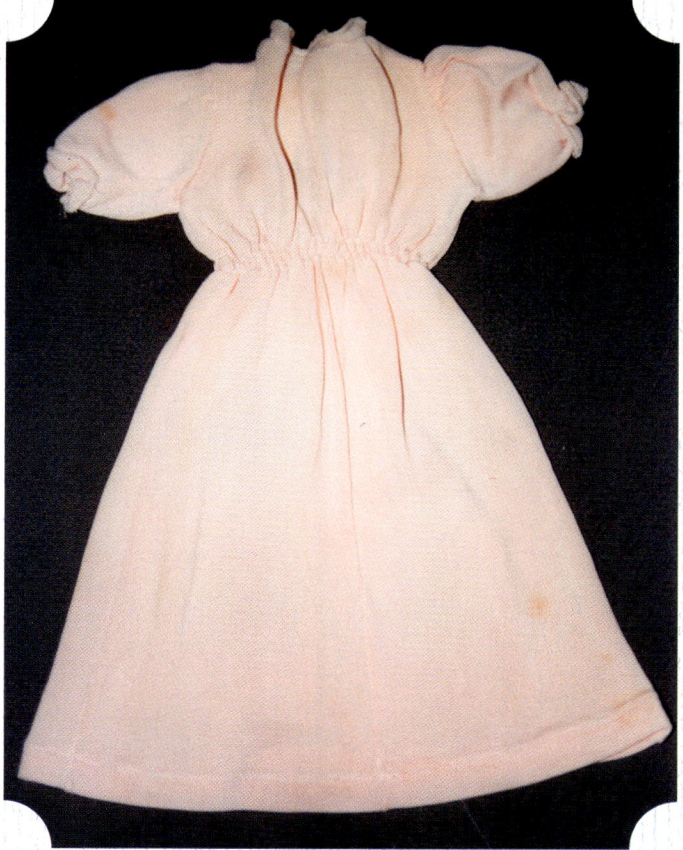

CHEMISE de NUIT - en Valisère. Ce modèle, mentionné dans la publicité de *La Semaine de Suzette* du 2 Décembre 1948, reparaît l'été 1952.

CHEMISE DE NUIT (NIGHT GOWN) cut from a Valisère jersey. This model was also mentioned in the ad of December 2, 1948.

ROBE STANDARD - Différents modèles, correspondant à cette appellation, sont proposés à cette époque. La plupart étaient néanmoins déjà commercialisés durant les années Quarante (voir le chapitre IX).

STANDARD DRESS
many models can correspond to this item. The majority of these dresses were already for sale during the fourties (see chapter IX).

SOIGNEUSE - Tablier élégant à pois garni de croquet. Annoncé dans *La Semaine de Suzette* du 2 Décembre 1948. Répertorié en rouge à pois blanc.

SOIGNEUSE (TIDY) - Elegant apron cut from a red and white dotted cotton and trimmed with white croquet. Advertised in *La Semaine de Suzette* dated Décember 2, 1948.

AVERSE - Capuchon en résine synthétique. Dans la publicité de *La Semaine de Suzette* du 2 Décembre 1948 la couleur de ce modèle n'est pas précisée mais un capuchon similaire pour Bambino était proposé en couleur «ivoire».

AVERSE (SHOWER) – Synthetic resin rain hood. In the ad in *La Semaine de Suzette* dated Décember 2, 1948, the color of this model is not mentioned but a similar item for Bambino was mentioned in ivory.

1948 • 1949

CATALOGUE ETE 1949

- Chez soi, peignoir / Chez soi (At home), house coat
- Mon beau village, jupe, corsage, chapeau / Mon beau village (My nice village), skirt, blouse, hat
- Les étoiles, robe / Les étoiles (Stars), dress
- Courant d'air, manteau / Courant d'air (Airstream), coat
- Le Beau Jour, costume de communiante / Le Beau Jour (The speacial day), communion gown
- L'enfant sage, tablier / L'enfant sage (Good girl), school apron
- Bonsoir, pyjama / Bonsoir, pajama

  Marin d'été, jupe, vareuse, béret / Marin, (summer mariner costume), skirt, vest, beret

MON BEAU VILLAGE - Un ensemble de trois pièces: jupe, corsage à basques et chapeau en cotonnade à carreaux. Annoncé dans *La Semaine de Suzette* du 31 mars 1949.

MON BEAU VILLAGE (MY NICE VILLAGE) A summer set including a skirt, a blouse and a bonnet, cut from a checkered cotton print. Advertised in *La Semaine de Suzette* dated March 31, 1949.

COURANT D'AIR
Un manteau trois quarts de lainage rouge. Annoncé dans *La Semaine de Suzette* du 31 mars 1949.

COURANT D'AIR (AIRSTREAM)
Red woolen three-quarter-lenght coat advertised in *La Semaine de Suzette* dated March 31, 1949.

1949

ENFANT SAGE – Le classique tablier d'écolière, jadis en Vichy rouge ou bleu ou fantaisie, est répertorié pour cette période en Vichy rose ou bleu.
ENFANT SAGE – The classic checkered school apron came in rose and white or blue and white Vichy cotton.

CHEZ SOI - Peignoir en cotonnade fleurie et cloquée. Annoncé dans La Semaine de Suzette du 7 avril 1949.
CHEZ SOI (AT HOME) – Flowered seersucker cotton house coat. Advertised in La Semaine de Suzette dated April 7, 1949.

305

1949

LES ETOILES - Robe gaie et fleurie avec sa guimpe d'organdi. Annoncé dans *La Semaine de Suzette* du 7 avril 1949.

LES ETOILES (STARS) – Gay flowered dress with an organdi blouse. Advertised in *La Semaine de Suzette* dated April 7, 1949.

MARIN - reprise du modèle d'été ancien sans boutons. Non photographié.

MARIN – Simplified version of the classic summer white cotton mariner costume without buttons trim. Not pictured.

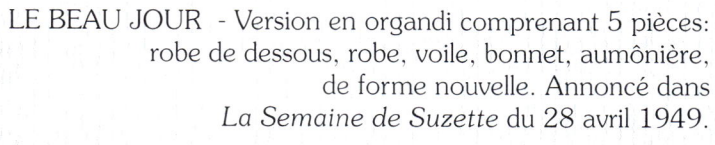

LE BEAU JOUR - Version en organdi comprenant 5 pièces: robe de dessous, robe, voile, bonnet, aumônière, de forme nouvelle. Annoncé dans *La Semaine de Suzette* du 28 avril 1949.

LE BEAU JOUR (THE SPECIAL DAY) The new communion gown is now cut from a white organdy. It includes: a petticoat, a dress, a veil, a bonnet and a purse newly patterned.

CATALOGUE HIVER/SUMMER 1949/1950

- Marin d'hiver, jupe, vareuse, béret / Marin (winter mariner costume), skirt, vest, beret
- Slalom, fuseau et pull col cheminée / Slalom, stretch ski pants, high round neck pull-over.
- Protégez-moi, tablier / Protegez-moi (Protect me), apron
- Giboulée, capuchon / Giboulée (Downpour), hood
- Postillon, manteau, chapeau / Postillon (Standing guard), coat, hat
- Escarpins blancs / White low-fronted shoe
- Chaussures en moleskine à brides / Oilskin straps shoes
- Morphée, chemise de nuit / Morphée (Morpheus), night gown
- Jeannette, costume complet de scout / Jeannette, scout complete uniform
- Parachutiste, béret / Parachutiste (Parachutist), beret
- Sur mon 31, robe / Sur mon 31 (Well dressed), dress
- Contraste, robe / Contraste, dress

1949 • 1950

POSTILLON - Manteau à pèlerine en lainage pied de poule, le chapeau assorti est relevé sur le front.

POSTILLON (STANDING GUARD)
Cape coat cut from a dog's tooth check wool matching a turned-up brim hat.

307

1949 • 1950

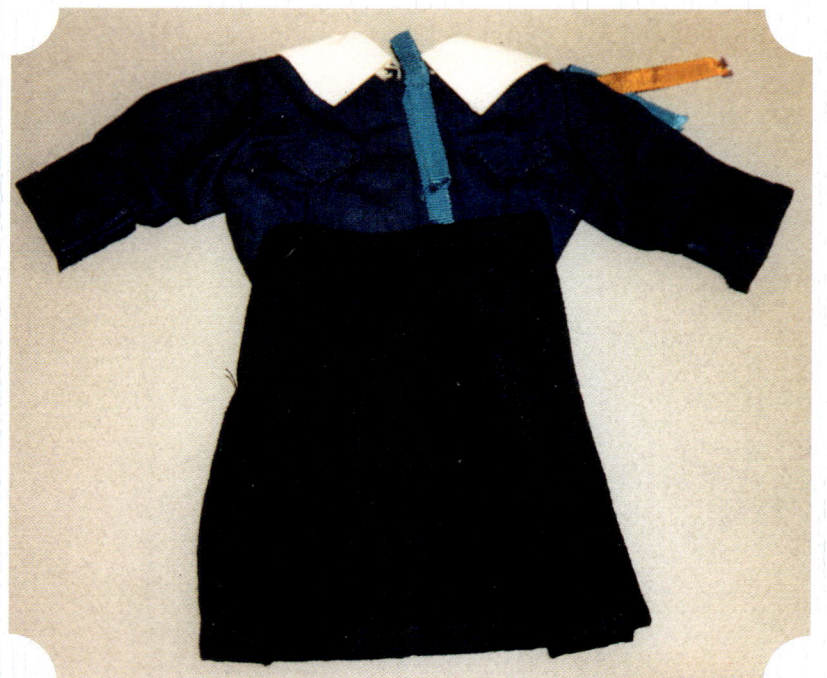

JEANNETTE - Costume complet: jupe, blouse, cape bleu marine, on peut ajouter à cet ensemble d'inséparables, soit le béret CHIQUITO, soit le béret PARACHUTISTE dernier cri. La ceinture de ce costume est en moleskine noire, alors que le modèle précédent était présenté avec une ceinture en cuir naturel.

JEANNETTE – Girl scout uniform including a skirt, a blouse and a cape, sold as a set, suggested with either a CHIQUITO beret or a new PARACHUTIST hat. The former leather belt is now replaced by a black oilskin one..

GIBOULEE - Capuchon de pluie en résine vinylique unie transparente, ancien AVERSE renommé.
GIBOULEE (DOWNPOUR) – The former AVERSE transparent vinyl rain hood is now called with a different name.

SLALOM - Pantalon fuseau en lainage bleu doux, pull rouge tricoté main.

SLALOM – Light blue stretch ski pants matching a hand knitted red wool pull-over.

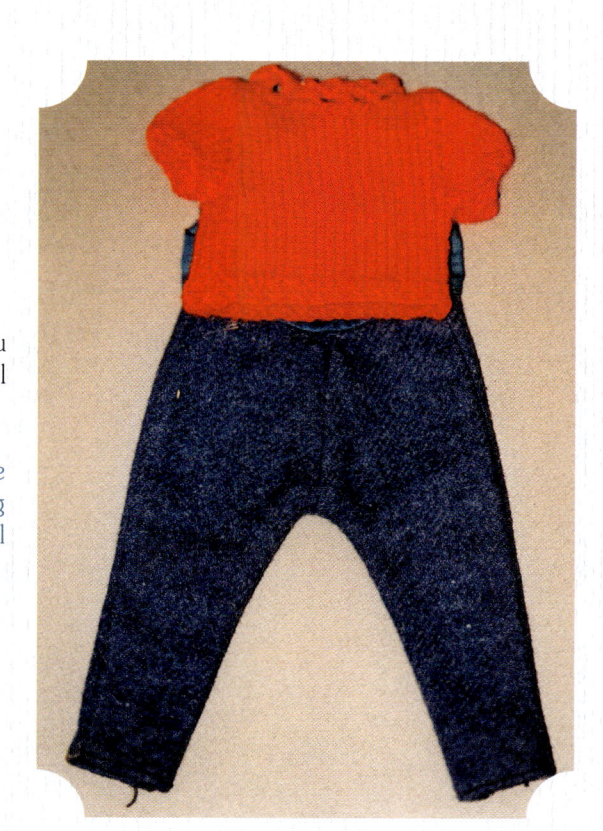

308

CONTRASTE - Robe en cotonnade rose garnie de bleu ou bleue garnie de rose.
CONTRASTE (CONTRAST) – Cotton dress in rose with blue trim or in blue with rose trim.

SUR MON 31 - Robe habillée de fin lainage, rose, bleu ou pervenche.
SUR MON 31 (WELL DRESSED) – Light wool dressy dress in rose, blue or periwinkle.

MARIN - En lainage, la jupe plissée est bleue, la veste garnie d'un col de coutil bleu à ganses blanches, est rouge, ainsi que le béret. Modèle simplifié sans boutons.
MARIN – Blue pleated wool skirt, red wool vest with white braid trim and matching beret. Simplified model with no buttons.

1949 • 1950

BONSOIR – «Pyjama de lit, cotonnade fleurie». Le galon fantaisie qui le garnit est répertorié dans différents coloris.

BONSOIR – Flowered cotton pajama trimmed with a fancy braid that came in various colors.

BONSOIR - Pyjama de cotonnade fleurie
BONSOIR – Flowered cotton pajama.

ESCARPINS – en mole skine blanche
ESCARPINS – White low-fronted oilskin shoes.

CHAUSSURES – en moleskine à bride. Dans le catalogue de l'été 1950 on précise qu'elles existent en blanc et en noir.
CHAUSSURES – Black or white oilskin straps shoes.

MORPHEE – «Chemise de nuit madapolam, fleurettes, garnie dentelle».

MORPHEE (MORPHEUS) – Flowered madapolam (= light closely woven cotton) night gown, trimmed with lace.

PROTEGEZ MOI – «Tablier en vinylique transparent, petits dessins».

PROTEGEZ-MOI (PROTECT ME) – Transparent vinyl apron with fancy white decorations.

1950-1955

1946 • 1946

Avec le baby boom des premières années Cinquante, Bleuette atteint à nouveau son rythme de croisière.

Toujours proposée avec une tête en porcelaine ou incassable, Bleuette porte une perruque en rayonne jusqu'à l'été 1950 pour la version en biscuit et jusqu'à l'hiver 1950/1951 pour celle à tête en carton bouilli. Ensuite, seules les perruques en cheveux naturels sont proposées, le signe d'une bonne santé retrouvée.

Les poupées à tête en biscuit de cette époque, identiques à leurs aînées de 1946, ont souvent le teint pâle, en harmonie avec la peinture du corps, moins rosée qu'après la guerre. Leur chemise de présentation est une reprise, légèrement raccourcie, du modèle de juste avant la guerre, avec le petit noeud sur le cœur.

La troublante nouveauté est du côté de la Bleuette à tête incassable. Longtemps, nous avons considéré ces poupées comme des remontages d'époque. Aujourd'hui, après avoir examiné plusieurs exemplaires de provenance certifiée, intactes, sans élastiques ni perruque changés, nous devons nous rendre à l'évidence que la Bleuette incassable de 1951 à 1954 a la bouche fermée ! Elle est toujours issue du moule 301 en taille 1 (très faiblement gravé dans la nuque), elle porte une perruque d'origine en cheveux naturels, elle a des yeux dormeurs en verre bleu, elle mesure 29 cm de hauteur et, dans son dos, est collée une étiquette qui indique clairement son origine. Elle porte, enfin, aussi bien la chemise de présentation blanche à tresse ton sur ton, que la toute nouvelle chemise simplifiée en coton imprimé, apparue dès l'hiver 1952/1953. Quoique ingrate et démotivante pour la plupart des collectionneurs, cette poupée mérite néanmoins le label de Bleuette authentique.

With the baby boom, Bleuette got back to her pole position.
As usual, the doll was available with the head made of porcelain or paper maché. Until the summer of 1950, both versions had a rayon wig. During the winter of 1950/1951, the bisque headed Bleuette had her good old human hair wig back. The paper mache version got hers as soon as the summer of 1951. This was a definite sign of Bleuette's good health.

The Bleuette doll with a bisque head of that period was identical to the 1946 one, except for much lighter complexion matched the lightly colored body finish. Her presentation chemise was the former late thirties white cloth, trimmed with white braid and a knot at the heart.

A surprising new change concerned the paper mache Bleuette. For a long time, we thought that these dolls were old put-togethers. Now, after studying several dolls with a certified provenance, in pristine original condition, we have to admit that the unbrakable Bleuette doll from 1951 to 1954 had a closed mouth. It is regularly made out of the 301 mold in size 1 and is very weakly engraved in the neck. It has an original human hair wig, sleeping blue glass eyes and stands 29 cm. tall. This Bleuette has a paper sticker glued on the back, that clearly states her origin.

Her presentation chemise is either the white braided one or the printed cotton simple, model made after the winter of 1952/1953. Even though this doll is ugly and uninspiring for the majority of the collectors, it is nevertheless worth the label of authentic Bleuette doll.

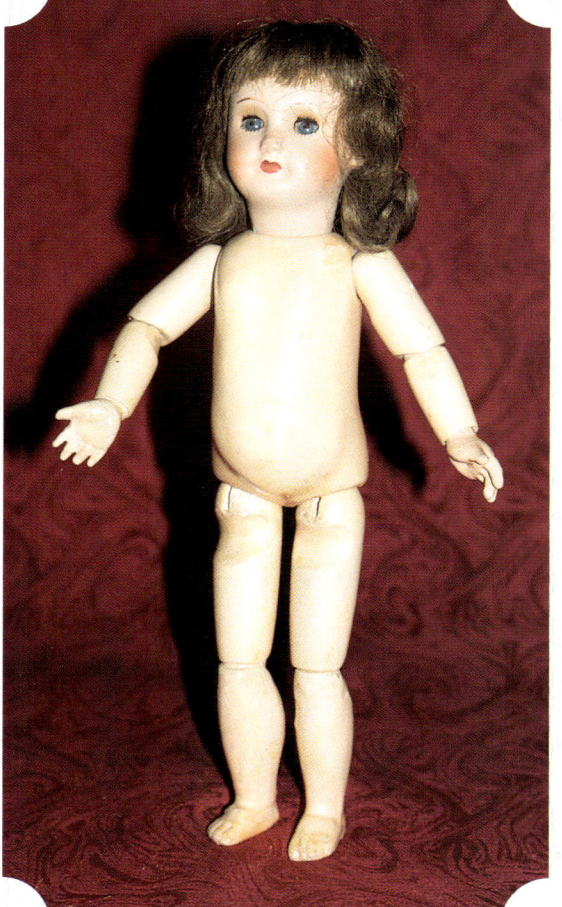

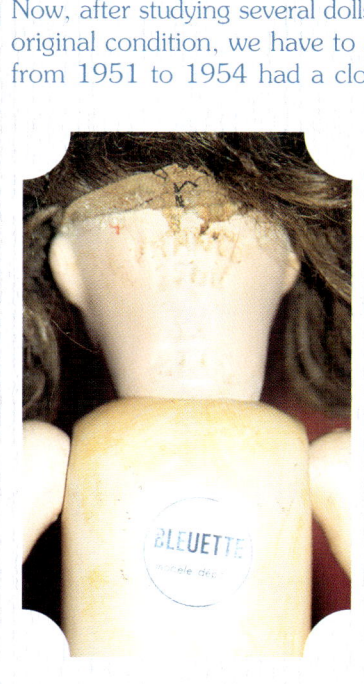

CATALOGUE ETE/SUMMER 1950

- Les flots, short et pull / Les flots (Waves), shorts and top
  Sac de plage / Beach bag
- Belle saison, robe / Belle saison (Pretty season), dress
- Tartare, manteau / Tartare, coat
- Scotland, jupe, béret, blouse / Scotland, skirt, beret, blouse
- Marin version en madapolam rayé / Marin, striped version of the mariner costume
- Kermesse, robe, chapeau / Kermesse (Village fair), dress, hat
- Double emploi, robe, pèlerine / Double emploi (Double use), dress, cape

SCOTLAND – «En lainage écossais, la jupe est plissée, le béret à pompons de même ton. Blouse blanche en rafi blanc». Reproposé jusqu'à l'hiver 1953/1954.

SCOTLAND – A tartan dress with a matching pompons beret and a white blouse. Sold until the winter of 1953/1954.

1950

313

1950

LES FLOTS – « Un short en beau coutil rouille ou marine avec un pull tricoté main à rayures assorties au short ». Ce nouveau modèle diffère de son homonyme de l'été 1940 par le short simplifié et le pull aux rayures horizontales. Conseillé avec un SAC DE PLAGE non répertorié car non représenté en croquis.

LES FLOTS (WAVES) – This new version of the beach set of the summer of 1940 has simplified shorts, now rust colored or blue, and a knitted top with horizontal stripes. It was suggested with a beach bag still unlisted as not sketched on the catalogue.

MARIN – « En beau madapolam blanc ou rayé bleu ». Reproposé jusqu'à l'été 1952.

MARIN – A new version of the classic mariner costume, now in striped white and blue closely woven cotton. Sold until the summer of 1952

314

BELLE SAISON – «Souple et légère à souhait, voici la robe floue à plis et très étoffée».
Modèle répertorié en cotonnade imprimée à fond rouge ou jaune.

BELLE SAISON (PRETTY SEASON) – Light and soft printed cotton dress with pleats on the sleeves and the skirt.
It is listed in red or yellow.

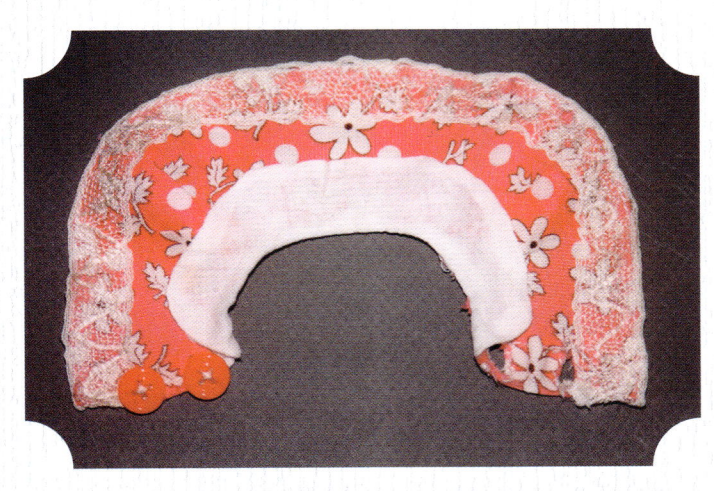

DOUBLE EMPLOI – «Robe-surprise d'une pièce et décolletée, elle devient, en ajoutant une pèlerine, une petite toilette de ville».
Modèle répertorié en rose fuchsia et en bleu tendre.

DOUBLE-EMPLOI (DOUBLE USE) – Low cut dress cut from a flowered printed rose or blue cotton, matching a short cape to form an elegant ensemble.

1950

315

1950

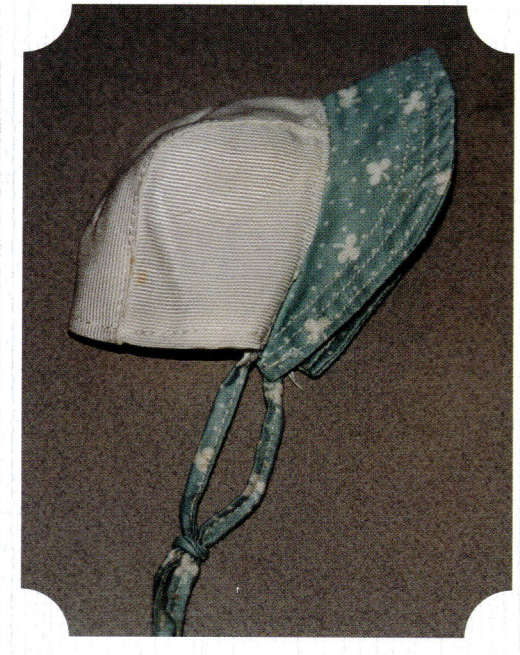

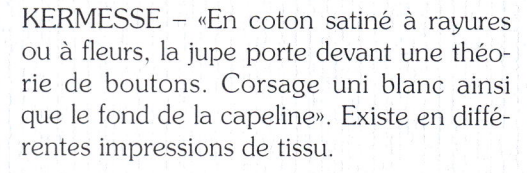

KERMESSE – «En coton satiné à rayures ou à fleurs, la jupe porte devant une théorie de boutons. Corsage uni blanc ainsi que le fond de la capeline». Existe en différentes impressions de tissu.

KERMESSE (VILLAGE FAIR) – A dress and bonnet cut from a satin-like cotton printed, with flowers, stripes or dots, with the skirt trimmed with buttons and a white top matching the crown of the bonnet.

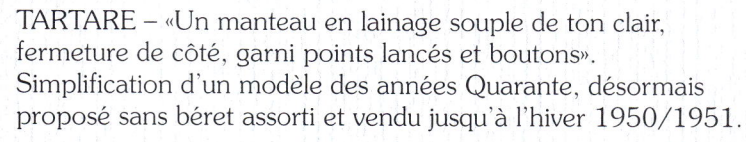

TARTARE – «Un manteau en lainage souple de ton clair, fermeture de côté, garni points lancés et boutons». Simplification d'un modèle des années Quarante, désormais proposé sans béret assorti et vendu jusqu'à l'hiver 1950/1951.

TARTARE – A soft light colored woolen coat, buttoned on the side and trimmed contrasting seams and buttons. This is a simplified version of a similar coat from the Fourties, now sold without the matching beret and until the winter of 1950/1951.

316

CATALOGUE HIVER/WINTER 1950/1951

- Invitation, robe / Invitation, dress
- Mondanités, robe / Mondanités (Social life), dress
- Confortable, manteau, béret / Confortable (Comfortable), coat, beret
- Croquignolette, robe / Croquignolette, dress
- Ecaille, jupe, bonnet, veste, blouse / Ecaille (Tortoiseshell), skirt, bonnet, vest, blouse
- Anorak, capuchon / Anorak, hooded vest
- Slalom, pull, fuseau / Slalom, pull-over, ski pants
- Chiquito, béret / Chiquito, beret
- Morphée, chemise de nuit / Morphée, night gown
- Bonsoir, pyjama / Bonsoir, pajama
- Au coin du feu, peignoir / Au coin du feu (By the fire-side), house coat
- Cartable cuir façon crocodile / Faux crocodile school bag
- Gare aux taches, tablier / Gare aux taches (Mind the stains), apron

CONFORTABLE - Manteau en velours de laine cuir, et béret assorti. Eléments inséparables conseillés avec la robe MONDANITES.

CONFORTABLE (COMFORTABLE)
Soft leather colored wool coat with matching beret. Sold as a set and suggested with the dress MONDANITES.

MONDANITES - Robe de satin saumon, s'harmonisant avec le manteau CONFORTABLE. Reproposée toute seule l'été 1951.

MONDANITES (SOCIAL LIFE)
Salmon satin dress suggested with th coat and hat CONFORTABLE. Sold alone during the summer of 1951.

1950·1951

317

1950 · 1951

INVITATION - Robe à pois ou à rayures, garnie croquet.
INVITATION – Dress printed with dots or stripes, croquet trim.

GARE AUX TACHES – «Tablier d'indienne à bretelles, garni boutons et poche centrale». Modèle répertorié en bleu et en rouge.

GARE AUX TACHES (MIND THE STAINS)
Printed calico straps apron trimmed with buttons and single front pocket.

ECAILLE - Ensemble quatre pièces inséparables: jupe plissée et bonnet écossais châtaigne et jaune, boléro lainage uni brun, blouse blanche.

ECAILLE (TORTOISESHELL) – Chestnut and yellow tartan skirt and bonnet matching a brown woolen vest and a white blouse. Sold as a set.

CROQUIGNOLETTE
Robe en toile rafi marine, garnie de croquets rouges et blancs.

CROQUIGNOLETTE
Navy blue dress with white and red croquet trim.

1950 · 1951

1950 · 1951

SLALOM - Fuseau de ski bleu marine ou marron, pull tricoté main rouge ou jaune avec le col noué.
Voir la photo du fuseau marron l'hiver 1952/1953.

SLALOM – Navy boue or brown stretch ski pants matching a red or yellow hand knitted pull-over with tied collar.
The brown pants are pictured in the winter of 1952/1953 catalogue.

CHIQUITO – Béret en feutre de couleur assortie au fuseau SLALOM.

CHIQUITO – Felt beret matching the color of the SLALOM pants.

ANORAK - Capuchon coulissé en rouge ou nattier. Modèle reproposé jusqu'à l'hiver 1952/1953.

ANOKAK – Zipped hooded vest. It came in red or light blue and sold until the winter of 1952/1953.

BONSOIR - Pyjama deux pièces en finette imprimée.

BONSOIR – Two-pieces pajama cut from a printed brushed cotton.

MORPHEE - «Chemise de nuit longue en madapolam à fleurettes». Non représentée en croquis. Identique au modèle de l'année précédente mais plus longue et sans dentelle dans le bas.

MORPHEE (MORPHEUS) – Long flowered cotton night gown. Identical the model of the previous year but longer and with no lace trimming at the bottom.

CARTABLE - Cuir façon crocodile. Vendu jusqu'à l'été 1952 et encore représenté en croquis l'hiver 1952/1953.

CARTABLE (SCHOOL BAG)
Faux crocodile leather bag sold until the summer of 1952 and still sketched in the catalogue of the winter of 1952/1953.

AU COIN DU FEU - Peignoir en lainage bayadère, garni boutons, col lingerie.

AU COIN DU FEU (BY THE FIRE-SIDE)
Colorfully striped house coat trimmed with buttons and white cotton collar.

1950 • 1951

CATALOGUE ETE/SUMMER 1951

1951

- En trottinant, manteau, breton / En trottinant (Trotting), coat, hat
- Clochette, robe / Clochette (Little bell), dress
- Sans façon, robe, bloomers / Sans façon (Without ant fuss), dress, bloomer
- Un souffle, robe, capeline / Un souffle (Breathing), dress, hat
- Mariage à la campagne, robe de cérémonie, capeline
  Mariage à la campagne (Country wedding), formal dress, wide-brim hat
- Capeline souple en crin mégaline / Soft horsehair wide-brim hat
- Breton simili-paille blanc craie / Chalk white straw-like hat
- Croquignolette, robe / Croquignolette, dress
- Corsaire, short, vareuse / Corsaire (Pirate), shorts, shirt
- Bonsoir, pyjama en coton fileté / Bonsoir, threaded cotton pajama
- Bien être, peignoir / Bien être, house coat

MARIAGE A LA CAMPAGNE - «Longue robe de cérémonie en vichy à carreaux rouges ou bleus, ceinture de velours noir avec capeline souple en pédalyne garnie de velours noir». Une faute de frappe pourrait être à l'origine de ce terme textile inconnu: pédalyne = mégalyne. Une CAPELINE «souple en crin mégalyne» est en effet proposé dans le COIN DE LA MODISTE de ce même catalogue.

MARIAGE A LA CAMPAGNE (COUNTRY WEDDING) – Long formal dress cut from a red and white or blue and white checkered gingham. Black velvet belt matching the velvet ribbon trimming the soft 'mégalyne' horsehair wide-brimmed hat, also sold separately.

UN SOUFFLE - Robe et capeline en tissu léger rose, ciel ou Nil. Reprise de l'ensemble DOUCE BRISE de l'été 1930, décliné en trois couleurs et réalisé avec des manches ballon et une taille plus élancée.

UN SOUFFLE (BREATHING) – Light cotton dress and matching hat in rose, sky blue or Nil green. This model is a revised version of DOUCE BRISE of the summer of 1930. It has puff sleeves and a longer waist-cut.

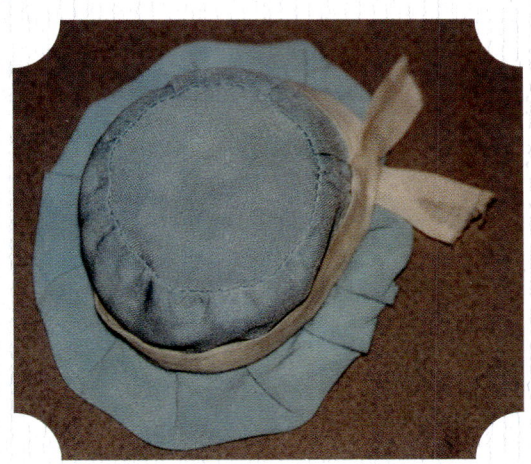

CLOCHETTE - Robe à volants en forme de cloche, petits pois sur fond couleurs diverses.

CLOCHETTE (LITTLE BELL) Flounced bell-chaped dress, printed with tiny dots on a differently colored background.

1951

1951

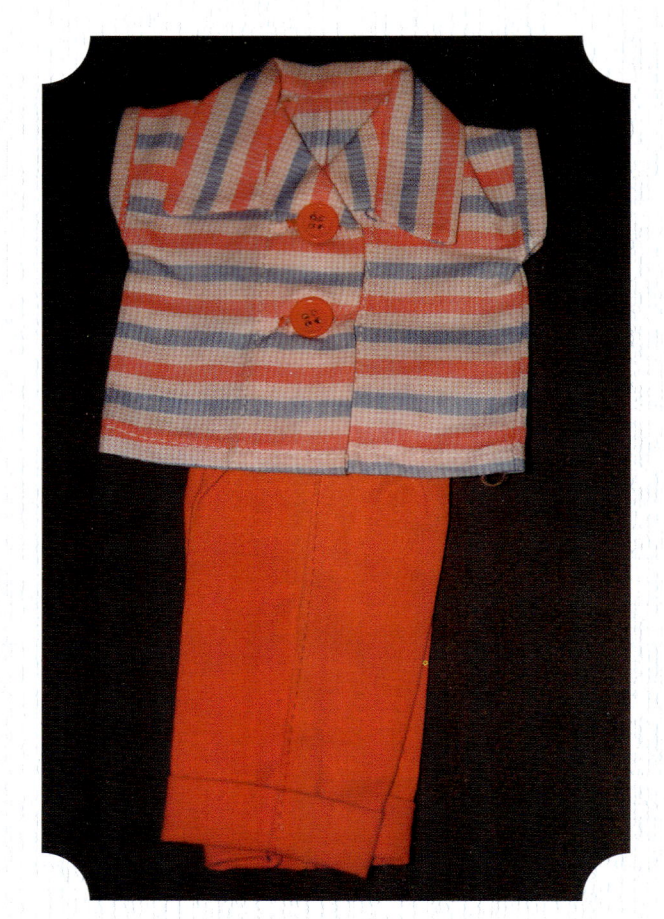

CORSAIRE - Short en coutil bleu ou rouge, vareuse à rayures assorties.

CORSAIRE (PIRATE) – Blue or red twill shorts matching a striped vest.

SAC DE PLAGE – «délicieuse fantaisie en moleskine bleu pâle». Modèle non croqués et difficile à identifier.

SAC DE PLAGE (BEACH BAG) – made of light blue oilskin. As it is not sketched it is hard to identify.

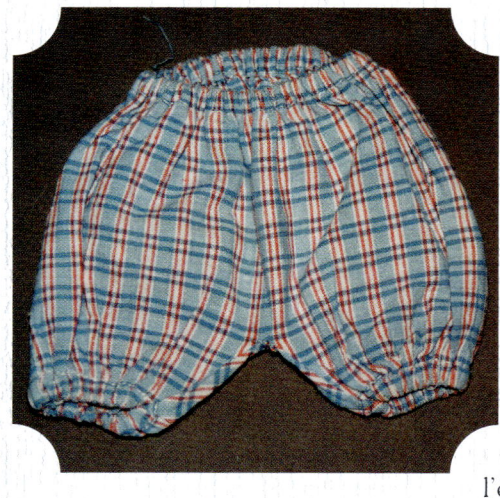

SANS FACON - Robe de cretonne écossaise, sur culotte bouffante assortie et inséparable. Modèle proposé jusqu'à l'été 1952.

SANS FACON (WITHOUT ANY FUSS) - Tartan cretonne dress with matching bloomer. Sold as a set until the summer of 1952.

1951

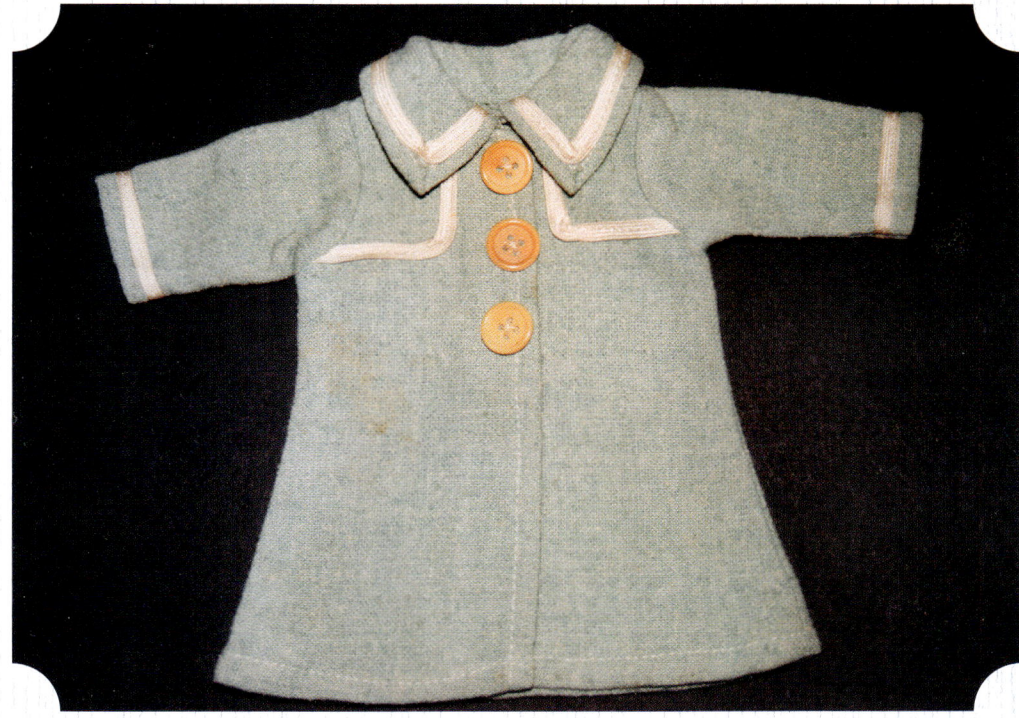

EN TROTTINANT – «Manteau de forme vague de teinte claire, garni de galons blancs et gros boutons blancs». Noter la différence d'avec les galons ornant le manteau VILLEGIATURE de l'été 1940.
Ce nouveau manteau est conseillé avec un BRETON en paille bise, vendu séparément.

EN TROTTINANT (TROTTING) – Wide coat cut from a light colored fabric, trimmed with white big buttons and braid and suggested with a raw straw hat.
Note the difference in the braiding with the coat VILLEGIATURE from the summer of 1940.

BIEN ETRE - Peignoir fond saumon ou bleu, à pois blancs.
BIEN ETRE (FEELING COMFORTABLE) – Salmon rose or light blue house coat dotted in white.

325

HIVER 1951/1952

- Hors série, robe / Hors série (Special issue), dress
- Terre-Neuve, manteau de pluie, suroît / Terre-Neuve, rain coat, hat
- C'est adorable, robe, manteau, chapeau / C'est adorable, dress, coat, hat
- Accordéon, robe / Accordéon, dress
- Bien être, robe de chambre / Bien être (Feeling comfortable), house coat
- Bonsoir, pyjama / Bonsoir, pajama
- Chemise et culotte / Chemise et culotte, underwear set
- Après ski, pantalon, blouse, veste, béret / Après ski (After skiing), pants, blouse, vest, beret
- Souliers à brides en peau blanche / White leather side buttoned shoes
- Chapeau breton en feutrine / Felt hat

C'EST ADORABLE - Ensemble deux pièces, manteau et breton bleu-vert, assorti avec une robe du même nom, imprimée, col organdi, ceinture moleskine, vendue séparément.

C'EST ADORABLE
Pale blue-green coat and hat, sold as a set, suggested with a printed dress bearing the same name with an organdi collar and an oilskin belt. This dress was sold separately.

APRES-SKI – Modèle constitué
de deux ensembles d'inséparables:
le pantalon écossais avec la blouse verte,
et la veste de velours côtelé rouge
avec le béret assorti.

APRES-SKI – This model consists
of two sets: tartan pants
and green blouse matching
a red corduroy velvet vest and bonnet.

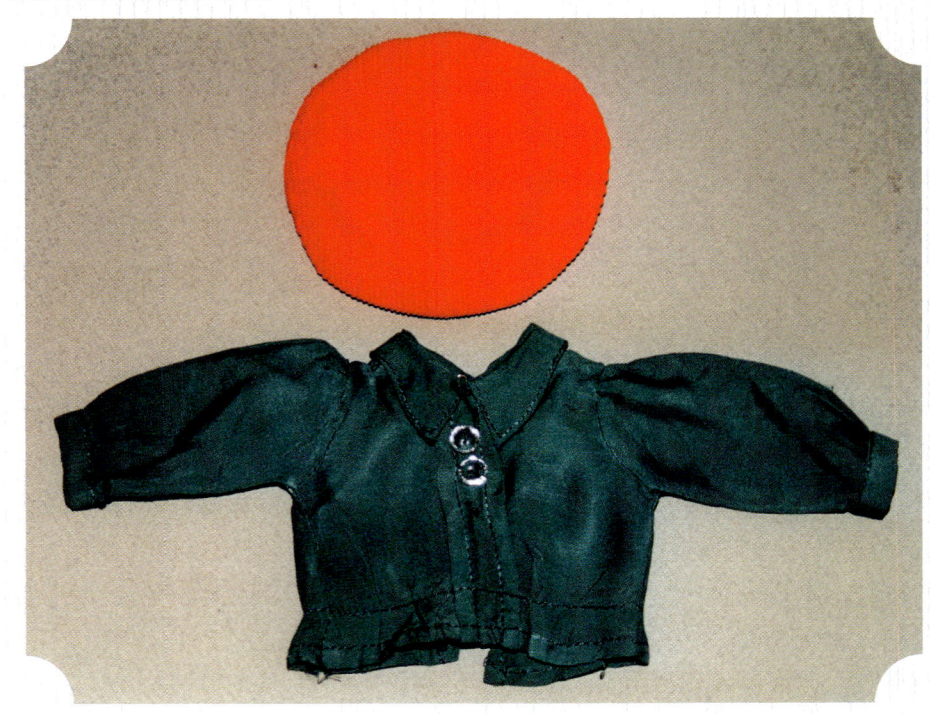

CHAPEAU BRETON - En feutrine
blanche, grège, ou marine.

**CHAPEAU BRETON
(BRETON HAT)**
made of white, raw or navy blue felt.

1951 • 1952

327

1951 • 1952

HORS SERIE - Robe en lainage à plastron, entouré de croquet.
HORS SERIE (SPECIAL ISSUE) – Wollen dress with a collar trimmed with croquet.

ACCORDEON - Robe de lainage, points lancés à la ceinture, col organdi. Par son col, on distingue ce modèle des robes plissées précédentes GRAZIELLA, de l'hiver 1933/1934 au col en soie, et MISE EN PLIS, de l'été 1937 au col en velours noir.

ACCORDEON – Woolen dress with decorative seams on the belt and a white organdi collar. This model reminds GRAZIELLA, from the winter of 1933/1934, distinguished by a silk collar, and MISE EN PLIS, from the summer of 1937, that had a black velvet collar.

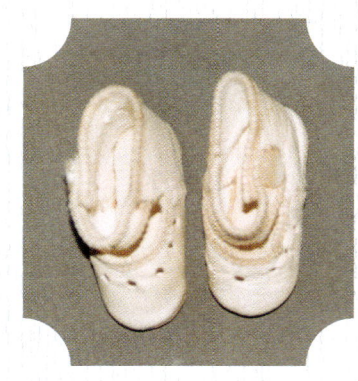

SOULIERS – «à bride en peau blanche».
SOULIERS – White leather shoes buttoned on the side.

1951 • 1952

TERRE-NEUVE – Manteau de pluie en percale caoutchoutée, avec suroît assorti.
TERRE-NEUVE – Rain coat cut from a rubberized percale, matching hat.

BIEN ETRE – «Un très joli peignoir à taille marquée en tissu cravate».

BIEN ETRE (FEELING COMFORTABLE) – Elegant house coat fitted at the waist and cut from a tie-type fancy silk.

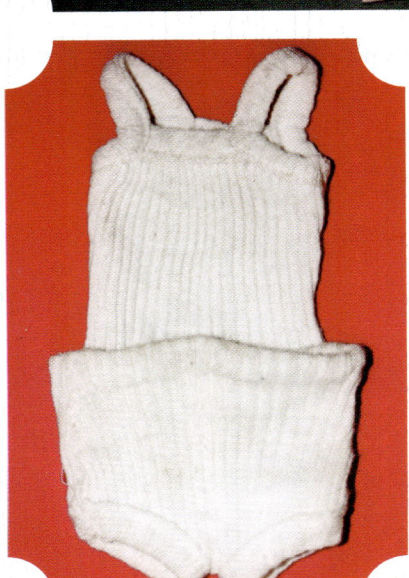

CHEMISE ET CULOTTE
En tricot machine blanc.

CHEMISE ET CULOTTE
Underwear set made of machine white knit.

MORPHEE – «Chemise de nuit en madapolam».

MORPHEE (MORPHEUS) – Flowered tightly woven cotton night gown.

329

CATALOGUE ETE/SUMMER 1952

- Côte d'azur, maillot / Côte d'azur, swimsuit
- Riviera, veste éponge / Riviera, sponge vest
- Sac de plage / Beach bag
- Farniente, transatlantique / Farniente, deckchair
- Week-end, jaquette / Week-end, jacket
- Printemps joli, manteau, breton / Printemps joli (Pretty Spring), coat, hat
  Marin, costume en piqué blanc/ Marin, white piqué version
- Coupe Davis, robe de tennis, visière / Coupe Davis, tennis dress, eyeshade
- Fraîcheur, robe / Fraîcheur (Fresh), dress
- Au fil de l'eau, robe / Au fil de l'eau (By the water), dress
- Tyrol, robe / Tyrol, dress
- En long, en large, robe
  En long, en large (Vertical/horizontal), dress
- Bien être, peignoir / Bien être (Feeling comfortable), house coat

PRINTEMPS JOLI - Manteau rose ou ciel garni galon, Chapeau breton en simili paille, assorti de ton. Vendus séparément.

PRINTEMPS JOLI (PRETTY SPRING) Rose or sky blue coat, trimmed with a braid. Suggested with a faux straw hat in a matching color.

BIEN-ETRE – «Un très joli peignoir à taille marquée en satinette fleurie». Encore vendu la saison suivante.

BIEN-ETRE – Nice version of the classic house coat, cut from a flowered satin with a white pique collar. It sold until the winter of 1952/1953.

COTE D'AZUR - maillot en tricot machine rayé rouge, vert ou bleu. Conseillé avec la veste RIVIERA. Vendu jusqu'à l'été 1954.

COTE D'AZUR – Machine knit swimsuit with red, green or blue stripes. Suggested with the sponge vest RIVIERA. Sold until the summer of 1954.

RIVIERA - «Le trois-quarts en tissu éponge». Formant un ensemble de plage avec le maillot COTE D'AZUR. Vendu jusqu'à l'été 1954.

RIVIERA – White sponge vest to match the swimsuit COTE D'AZUR. Sold until the summer of 1954.

MARIN – Cette saison est proposé un costume en piqué blanc, sans boutons, de coupe identique à celui de l'été 1951, répertorié mais non photographié.

MARIN – This season the mariner costume was also cut from a white pique, with no buttons. This model is listed but not pictured.

SAC DE PLAGE «en moleskine avec cordelière, rouge ou bleu» avec décor de barque comme le montre clairement le croquis. Le ton bleu est, en réalité, tendant au vert. Les deux sacs sur la photo du haut ne sont pas authentifiés.

SAC DE PLAGE (BEACH BAG) cut from a red or blue oilskin with boat decoration, as sketched. The blue tone is greenish. The two bags on the top photo are not authentified.

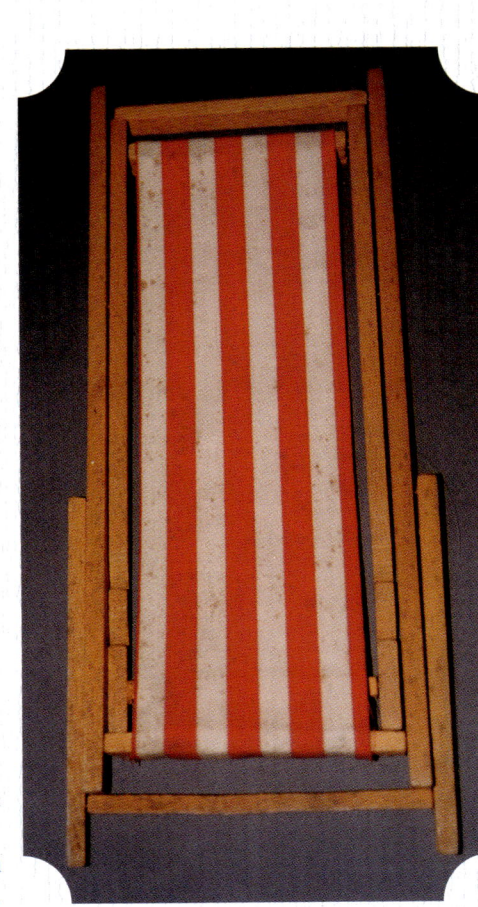

FARNIENTE – «Transatlantique pliable toile rayée».

FARNIENTE – Wooden deckchair with striped fabric.

1952

331

1952

WEEK END - Jaquette en lainage clair à martingale.
WEEK-END – Light-colored wool jacket with a half belt.

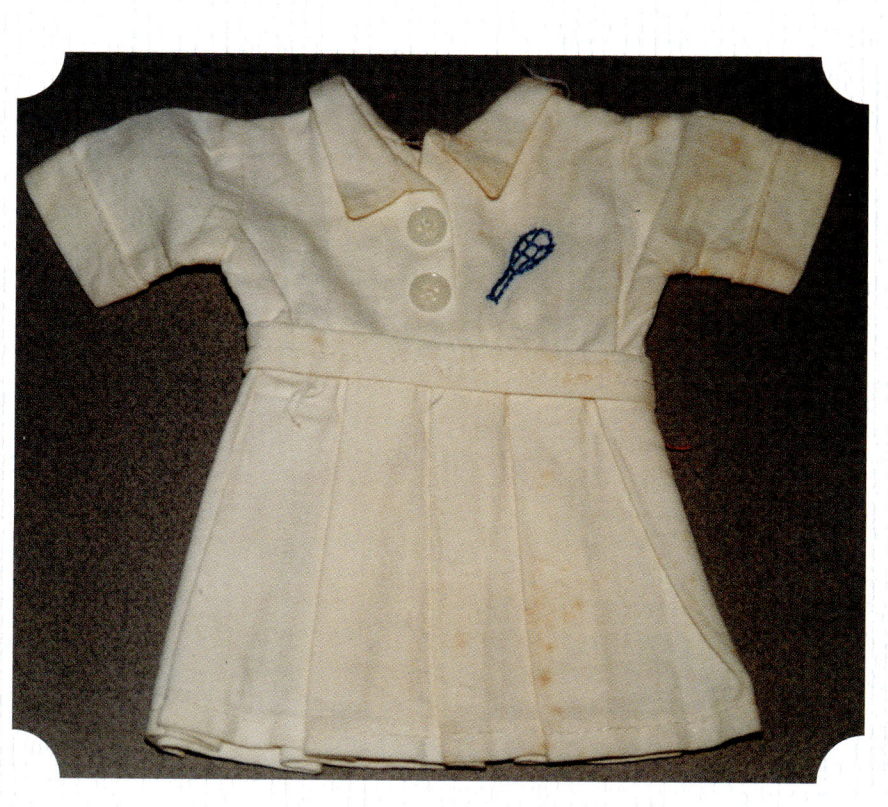

RAQUETTE DE TENNIS – Accessoire à la taille de Bleuette qui ne figure nominativement dans aucun catalogue Gautier-Languereau, mais qui apparait en croquis avec l'ensemble COUPE DAVIS.

TENNIS RACKET – This accessory is scaled to Bleuette but is not mentioned in any Gautier-Languereau catalogue. However the COUPE DAVIS ensemble is always sketched with a tennis racket and balls.

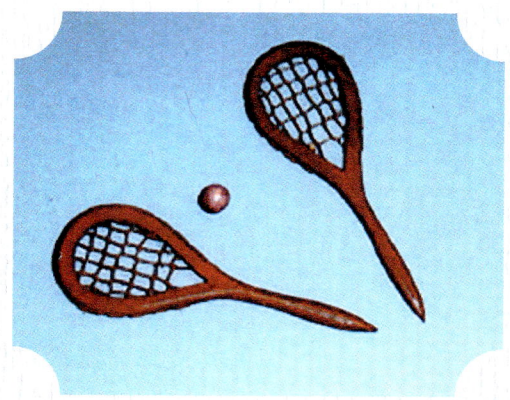

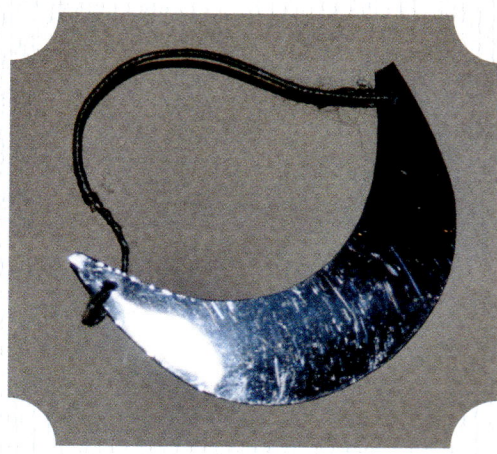

COUPE DAVIS - Robe de tennis, garniture raquette, conseillée avec une visière en rhodoïd bleuté, vendue séparément.
COUPE DAVIS – Tennis dress with an embroidered racket, suggested with a blue rhodoïd eyeshade, sold separately.

FRAÎCHEUR - Robe de toile, à passepoil blanc. Répertoriée en plusieurs coloris.

FRAÎCHEUR (FRESH) – Cloth dress trimmed with white piping. It came in various colors.

AU FIL DE L'EAU - Robe imprimée de canards, nœud de velours noir.

AU FIL DE L'EAU (BY THE WATER) – Light dress with ducks printed motif and black velvet knot.

TYROL - Jupe à corselet de ton vif et chemisette d'organdi blanc.

TYROL – Corselet skirt brightly colored matching a white organdi blouse.

EN LONG EN LARGE - Robe à plis et à rayures perpendiculaires dans les tons bleu et rose.

EN LONG EN LARGE – Pertpendicular stripes and pleats dress in blue or rose.

1952

333

CATALOGUE HIVER/WINTER 1952/1953

- Atlantic, costume marin / Atlantic, mariner costume
- Slalom, sweater et fuseau / Slalom, sweater and pants
- Croix-Rouge, tenue d'infirmière / Croix-Rouge (Red Cross), nurse uniform
- Valise tissu écossais / Tartan suitcase
  Carton à chapeau / Hat box
- Mes courses, sac à main / Mes courses, hand bag
- Parisienne, robe, manteau, chapeau
  Parisienne, dress, coat, hat
- Cortège, robe, calot / Cortège, dress, cap
- Au concert, robe / Au concert, dress
- Evelyne, jupe, corselet, chemisette
  Evelyne, skirt, corselet, blouse
- Dolly, robe, chemisette / Dolly, dress, blouse
- Proprette, tablier / Proprette (Neatly), apron
- Chaussettes en lastex / Synthetic fiber socks
- Sac de scout / Scout backpack

ATLANTIC - Marin blanc et marine avec nom gravé or sur le béret assorti. Proposé jusqu'à l'hiver 1959/1960.
ATLANTIC – White and navy blue mariner costume with golden letter inscription on the hat.

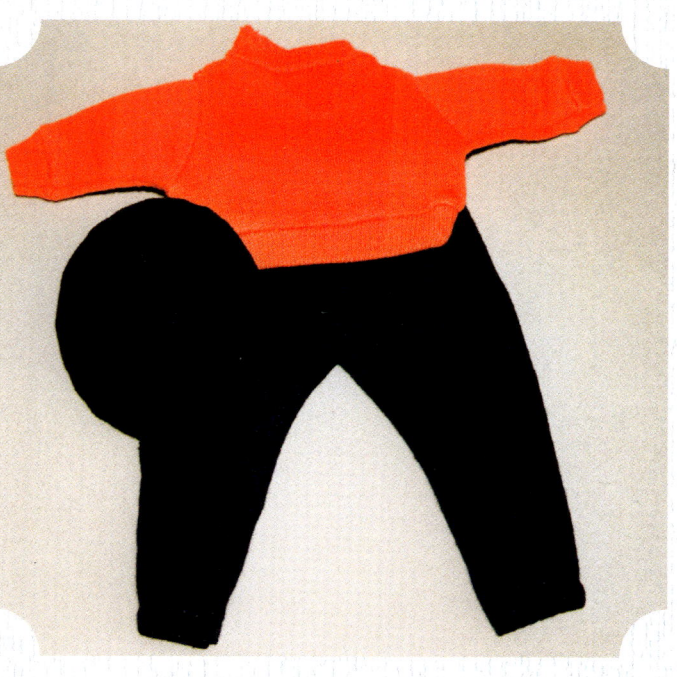

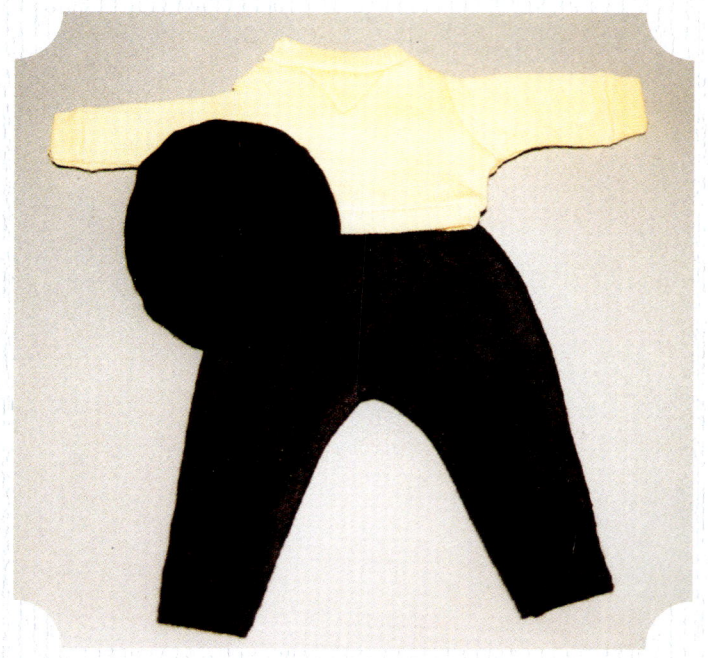

SLALOM - Classique fuseau marine ou marron assorti à un sweat-shirt en coton molletonné, appelé interlock, ciel (non photographié), chaudron ou jaune, vendu séparément.
La photo montre aussi les bérets chiquito de couleurs assorties de l'hiver 1950/1951.

SLALOM – This classic ski set includes navy blue or brown pants and a cotton fleece sweater that came in sky blue (not pictured), rust red or yellow, sold separately. On the picture we can also see the chiquito berets in matching colors from the winter of 1950/1951.

PARISIENNE - Ensemble comprenant un manteau à pattes croisées, un petit béguin assorti, une robe à pois, au col garni de croquet.

PARISIENNE – Elegant set including a coat with crossed straps, a matching bonnet and a dotted dress with the collar having a croquet trim.

PROPRETTE – «Tablier fil albène rose».

PROPRETTE – Artificial silk threaded rose apron.

CARTON A CHAPEAU
Assorti à MES COURSES, non répertorié.

HAT BOX – Matching MES COURSES. Still unlisted.

1952 • 1953

335

1952 • 1953

MES COURSES
Sac en tissu imperméable écossais, assorti aux bagages de la même saison.

MES COURSES
Hand bag made of rubberized tartan, matching the luggage of the season.

VALISE – Assortie à MES COURSES.

SUITCASE – Matching the hand bag MES COURSES.

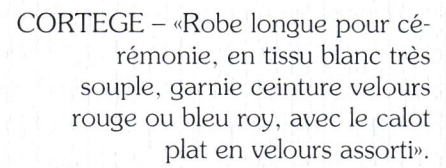

CORTEGE – «Robe longue pour cérémonie, en tissu blanc très souple, garnie ceinture velours rouge ou bleu roy, avec le calot plat en velours assorti».

CORTEGE – Ceremony long dress cut from a soft white fabric with a red or royal blue velvet belt and matching flat cap.

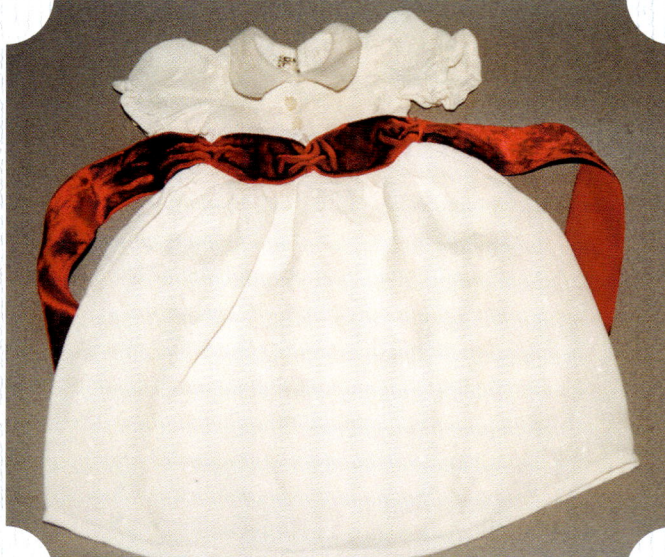

336

DOLLY - Robe de lainetex quadrillé vert et blanc sur chemisette blanche.

DOLLY – White and green checkered woolen dress and matching white blouse.

EVELYNE - Ce modèle comprend une jupe d'écossais clair, un corselet de velours rouge et une chemisette blanche, non précisée dans le descriptif mais dessinée sur le croquis.

EVELYNE – This model includes a light colored tartan pleated skirt, a red corduroy velvet corselet and a white blouse sketched on the catalogue but not mentioned in its description.

AU CONCERT - «L'élégante robe de velours rouge ou roy, garnie de tuyauté de mousseline blanche».

AU CONCERT – Elegant red or royal blue dress trimmed with pleated white muslin collar and cuffs.

1952 • 1953

337

1952 • 1953

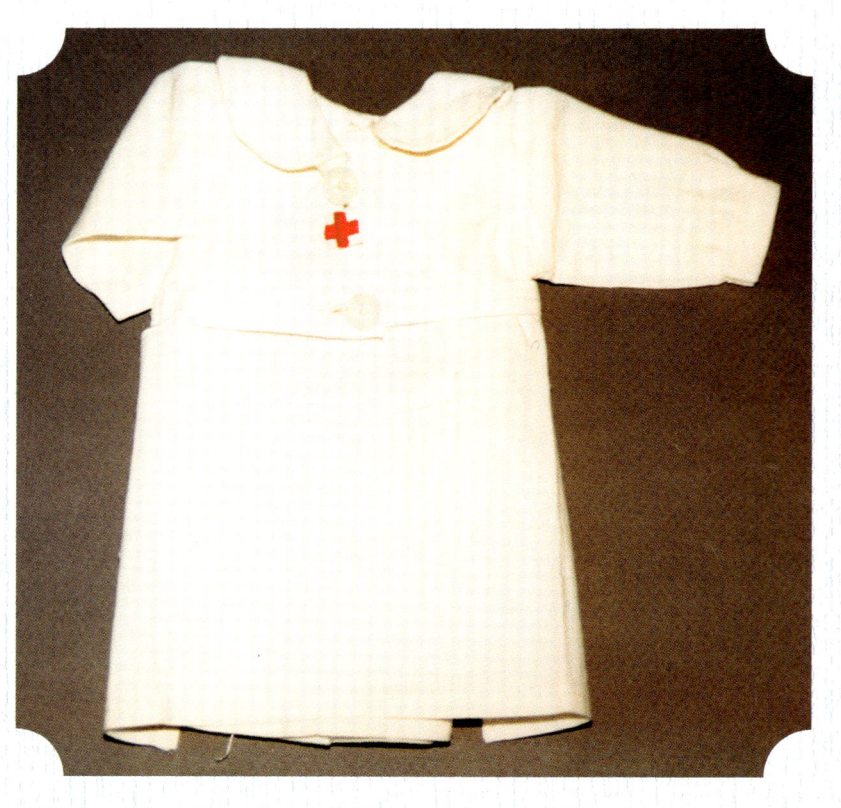

CROIX -ROUGE – «Le costume complet de l'infirmière comprenant: blouse de travail, tablier et voile orné d'une croix rouge. Le tout en shirting blanc».

CROIX-ROUGE (RED CROSS) – This new version of the classic nurse outfit is cut from a white cotton called shirting and includes a work blouse, an apron and a veil with the red cross badge.

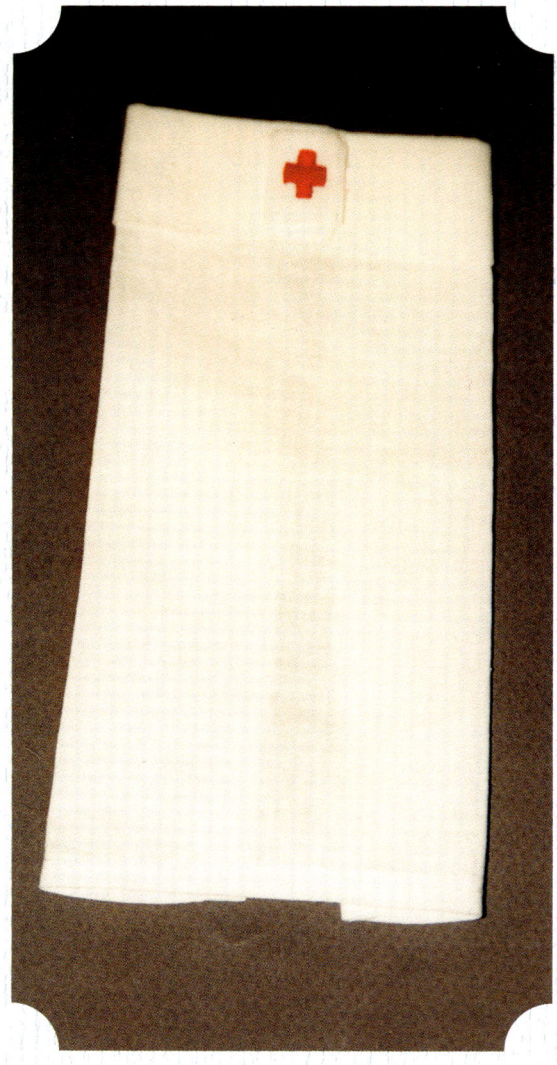

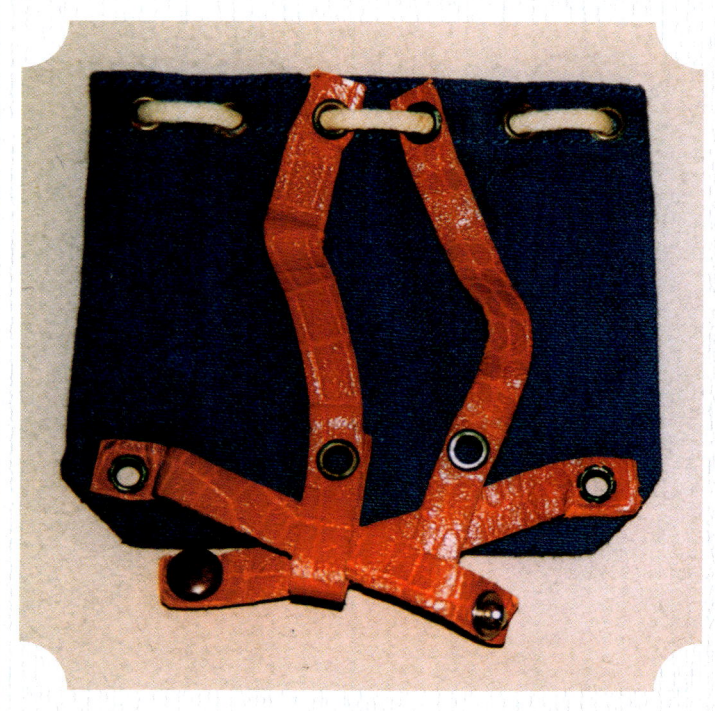

SAC DE SCOUT – en coutil havane ou marine. Appelé aussi SAC ALPIN et vendu jusqu' à l'hiver 1959/1960.

SCOUT BACKPACK - tobacco or blue twill bag with leather straps. This accessory sold until the winter of 1959/1960.

CATALOGUE ETE/SUMMER 1953

- Play-Ready, pull, jupe, béret, visière /
  Play-Ready, sweat-shirt, skirt, beret, eyeshade
- Paris-Plage short, boléro / Paris-Plage (Paris-Beach), shorts, bolero
- Sac de plage / Beach bag
- Ondée, capuchon / Ondée, hooded cape
- Randonnée, cache-poussière, chapeau
  Randonnée (Hike), summer coat, hat
- Convalescence, peignoir / Convalescence, house coat
- Paresseuse, chemise de nuit / Paresseuse (Lazy), night gown
- Grasse matinée, pyjama / Grasse matinée (Wake up late), pajama
- Passe-partout, robe / Passe-partout (All occasions), dress
- Pique-nique, robe / Picnic, dress
- Régates, jupe, pull et chiquito
  Régates (Regatta), skirt, pull-over, chiquito
- Vent du nord, jaquette / Vent du nord, jacket
- Garden-party, robe / Garden party, dress
- Estival, tailleur trois pièces et feutre auréole /
  Estival (Summer season), suit and felt hat
- Chapeau breton blanc ou grège / White or raw felt hat
- Espadrilles / Espadrilles
  Cartable cuir havane / Tobacco leather school bag

SAC DE PLAGE - «nouveau, en moleskine fantaisie bleu ou rouge».

BEACH BAG new blue or red dotted oilsking beach bag.

PLAY- READY - Ensemble de tennis : pull blanc en jersey et jupette plissée en albène, inséparables, conseillé avec le béret CHIQUITO en interlok blanc et la VISIERE en rhodoïd teinté, vendus séparément.

PLAY-READY - This new tennis set includes an artificial silk pleated short skirt and a white cotton fleece jersey sweat-shirt. This set is suggested with a white matching CHIQUITO and a colored rhodoïd eyeshade, sold separately.

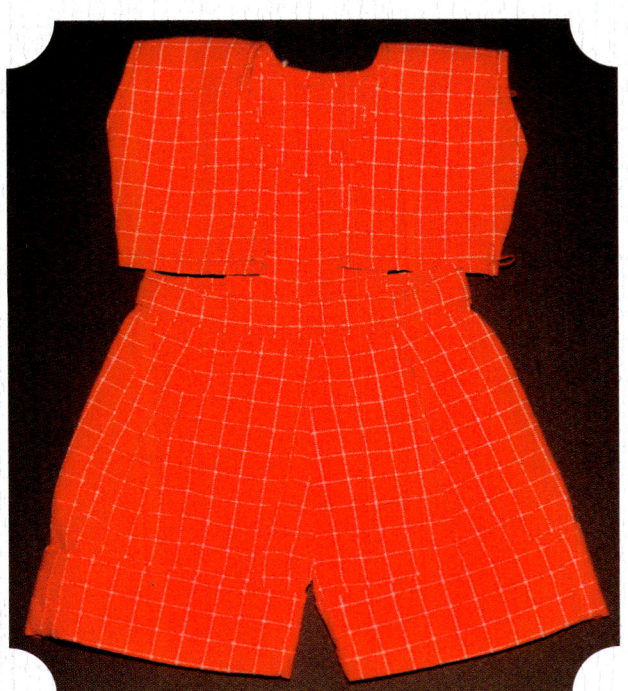

PARIS-PLAGE – «Le short bain de soleil et son boléro en zéphyr quadrillé bleu, rouge ou vert».

PARIS-PLAGE (PARIS BEACH) – Blue, red or green checks cotton shorts and matching bolero.

339

1953

ONDEE «Capuchon en vénilia imperméable opaque. Se fait en pétrole ou rouge».

ONDEE (WAVE)
Kerosene blue or red hood made in a waterproof, synthetic and opaque material.

GRASSE MATINEE
Pyjama en coton à petits pois rouges ou bleus sur fond blanc.

GRASSE MATINEE (WAKE UP LATE)
Red or blue dotted white cotton pajama.

RANDONNEE- «Cache poussière et chapeau, grande nouveauté, en everglaze cloqué blanc, roy, géranium».

RANDONNEE (HIKE) – Very new coat and hat cut from a white, royal blue or geranium red seersucker everglaze.

GARDEN-PARTY - Robe en mousseline imprimée, fichu Marie –Antoinette. Répertoriée en rouge et en vert.

GARDEN-PARTY – Summer dress cut from a light muslin printed with flowers with a Marie-Antoinette collar. Listed in red and in green.

REGATES - Chemisette tricot rayé marine ou rouge, jupe à plis en toile même ton et béret CHIQUITO, en couleur assortie.

REGATES (REGATTA) – Navy blue or red striped sweater, matching pleated skirt and CHIQUITO beret.

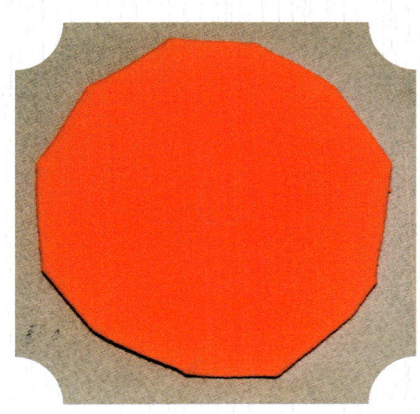

PARESSEUSE
Chemise de nuit en coton fleuri garni croquet.

PARESSEUSE (LAZY) – Flowered cotton night gown with croquet trim.

CONVALESCENCE
Peignoir en jersey indémaillable rose.

CONALESCENCE
Rose jersey house coat.

VENT DU NORD – «Jaquette beau lainage bleu roy garnie quatre boutons et poches mode».

VENT DU NORD (NORTH WIND) – Royal blue wool jacket with four buttons and trendy pockets.

1953

341

1953

PASSE-PARTOUT – «Robe simple et chic en cretonne fleurie garnie d'un plastron de piqué blanc, cinq boutons et ceinture de plastique blanc». Représentée en croquis avec le CHAPEAU « breton blanc ou grège », proposé dans LE COIN DE LA MODISTE.

PASSE PARTOUT (ALL OCCASIONS) – Flowered cretonne dress with a pique front panel, five buttons and a white plastic belt. This model is sketched to match a white or raw felt hat sold separately.

PIQUE-NIQUE - Robe en quadrillé bleu et blanc, col et ceinture coulissée.

PIQUE_NIQUE (PICNIC) – Checkered blue and white dress with a drawstring waist and collar.

ESTIVAL - Tailleur en toile cretonne rose, bleue ou Nil. Blouse en albène du ton. Trois pièces inséparables conseillées avec un chapeau auréole en feutre de couleur assortie.

ESTIVAL (SUMMER SEASON) – Rose, blue or green suit including a pleated skirt, a verst and a artificial silk blouse. Suggested with a felt crown-shaped hat in a matching color.

CHAPEAU AUREOLE – Nous avons répertorié ce modèle en simili paille de forme auréole. Il pourrait dater de cette saison, quoique le catalogue ne précise pas la matière de ce type de chapeau, aussi répertorié en feutre, comme celui conseillé avec ESTIVAL.

CHAPEAU AUREOLE (CROWN SHAPED HAT) – This model was also made in faux straw and even if the catalogue doesn't give any precise information about the material, we think this was an alternative to the felt hat suggested with ESTIVAL.

ESPADRILLES – blanches, rouges, bleues ou vertes.
ESPADRILLES – in white, red, blue or green.

CATALOGUE HIVER/WINTER 1953/1954

- Megève, ensemble de ski / Megève, ski set
- Skis et bâtons / Skis and sticks
- Brodequins / Ski boots
- Les études, robe / Les études (Studies), dress
- Arts ménagers, tablier / Arts ménagers (House keeping), apron
- Au lycée, tablier / Au lycée (High School), apron
- Temps incertain, imperméable, chapeau / Temps incertain (Uncertain weather), raincoat, hat
- Repos, peignoir / Repos (Repose), dressing gown

  Bonsoir Papa, pyjama / Bonsoir Papa (Good evening Dad), pajama
- Champs-Elysées, robe, redingote, chapeau/Champs-Elysées, dress, coat, hat
- Premier réveillon, robe de bal, bonnet / Premier réveillon (First New Year's Eve Party), ball gown, bonnet
- Plume au vent, robe / Plume au vent (Feather in the wind), dress
- Blanche neige, robe / Blanche neige (Snow White), dress
- Pastel, robe / Pastel, dress

  Housse transparente / Transparent hanging wardrobe
- Ceinture en cuir rouge / Red leather belt
- Berceau / Cradle

LES ETUDES - Robe en lainage marine, col et ceinture en toile cirée rouge à pois blancs.

LES ETUDES (STUDIES) – Navy blue wool dress with spotted red oilskin collar and belt.

ARTS MENAGERS – «Tablier coton à pois rouges ou bleus sur fond blanc».

ARTS MENAGERS (HOUSE KEEPING) – Blue or red polka dot cotton apron with white background.

1953 • 1954

343

1953 · 1954

MEGEVE - Ensemble de sport d'hiver comprenant la blouse et le bonnet, coupés dans un coton moelleux rouge, jaune ou ciel, et le pantalon en lainage marron ou marine, inséparables. Des MOUFLES assorties à la blouse et au bonnet, étaient vendues séparément, ainsi que les BRODEQUINS, désormais fabriqués sans œillets.

MEGEVE – A new ski set including a blouse and a bonnet cut from a soft red, yellow or sky blue cotton, together with navy blue or brown woolen stretch pants. A pair of MITTENS, matching the blouse and bonnet, was sold separatly, as well as the SKI BOOTS, now made with no eyelets.

SKI ET BATONS
Nouveau modèle qui diffère de l'ancien par les attaches en élastique blanc remplaçant la bande caoutchoutée et la moleskine noire.

SKIS AND STICKS
This new version differs from the former in the white elastic bands replacing the old black rubber and oilskin bands.

REPOS - Peignoir long de velours côtelé garni brandebourgs, ciel ou rose.

REPOS (REPOSE) - Long rose or sky blue corduroy velvet dressing gown trimmed with frogs.

AU LYCEE - «Le vrai tablier d'écolière, à patte boutonnée en bleu ou beige». Reproposé jusqu'à l'hiver 1956/1957.

AU LYCEE – The authentic shool apron buttoned on the side, in blue or beige. This model sold until the winter of 1956/1957.

CEINTURE
En cuir rouge façon sellier.

CEINTURE (BELT)
Elaborate red leather belt.

TEMPS INCERTAIN
Imperméable en coutil havane, et son chapeau.

TEMPS INCERTAIN
(UNCERTAIN WEATHER)
Tobacco brown raincoat and matching hat.

1953 • 1954

1953 • 1954

PASTEL – Simple robe
à bandes de couleur tendre,
garnie cravate même tissu.

**PASTEL – Simple dress
printed in soft colors
with a tie cut from
the same fabric.**

PREMIER REVEILLON - Robe
de cérémonie en satin rose,
garnie de ruban égayant
aussi le bonnet assorti.

**PREMIER REVEILLON
(FIRST NEW YEAR4S EVE PARTY)
Long formal dress cut from
a rose satin trimmed with ribbon
gathered also
on the matching bonnet.**

346

BLANCHE NEIGE
Robe en gros-grain blanc.

BLANCHE NEIGE (SNOW WHITE)
White petersham dress.

BONSOIR PAPA - Pyjama,
dessins fantaisie.
Modèle non répertorié.

**BONSOIR PAPA
(GOOD EVENING DAD)**
Fancy printing flannelette pajama,
still unlisted.

PLUME AU VENT
Robe en plumetis rose,
blanc ou ciel.

**PLUME AU VENT
(FEATHER IN THE WIND)**
Rose, white or
sky blue Swiss muslin dress.

1953 • 1954

1953 • 1954

CHAMPS-ELYSEES - Redingote en velours de laine, inséparable de son chapeau. Ensemble conseillé avec une robe assortie de ton en rayonne imprimée. Répertorié en rose et bleu.

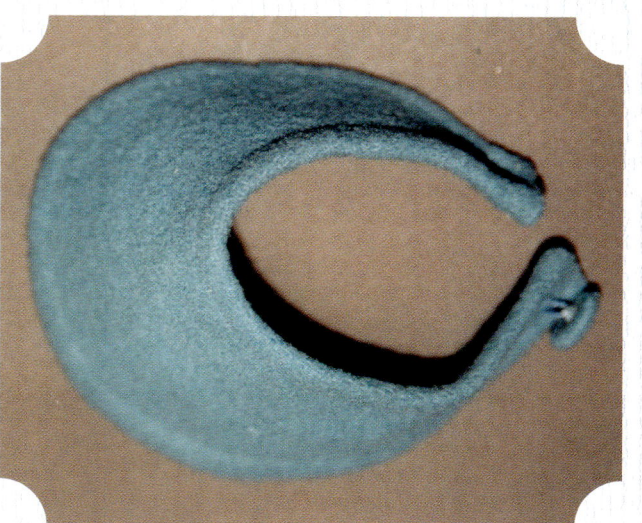

CHAMPS-ELYSEES
Soft wool coat sold as a set with a bonnet cut from the same fabric, suggested with a matching color printed rayon dress. Listed in rose or blue.

348

CATALOGUE ETE/SUMMER 1954

- Fenaison, robe, chapeau
  Fenaison (Mowing grass), dress, hat
- Maître Jacques, blouse / Maître Jacques, blouse
- Quel affreux temps, manteau à capuchon /
  Quel affreux temps (What a terrible weather), hooded coat
- Camping, tente / Camping, tent (voir/see p. 359)
- Cyclone, imperméable / Cyclone, rainhood
- Rose de France, robe / Rose de France, dress
- Préférée, robe / Préférée (Favorite), dress
- Un bouquet, robe / Un bouquet, dress
- Délassement, chemise de nuit
  Délassement (Relaxation), night gown
- Grasse matinée, pyjama
  Grasse matinée (Sleep in), pajama
- Le beau jour, tenue de communiante /
  Le beau jour (The spacial day), communion gown
- Gala, robe de cérémonie, béguin
  Gala, formal dress, bonnet
- Gai matin, tailleur, blouse
  Gai matin (Gay morning), suit, blouse
- Sac à main / Hand bag
- Le clan, jupe, blouse / Le clan (Clan), skirt, blouse
- Les alvéoles, robe / Les alvéoles (honeycomb), dress
- Le temps des cerises, robe
  Le temps des cerises (Cherry season), dress
- Capri, pantalon, T-shirt, chapeau
  Capri, pants, T-shirt, hat
- Clapotis, maillot
  Clapotis (The sound of lapping water), swimsuit

QUEL AFFREUX TEMPS - Manteau de pluie, en tissu quadrillé caoutchouté.

QUEL AFFREUX TEMPS (TERRIBLE WETHER)
Checkered rubberized raincoat.

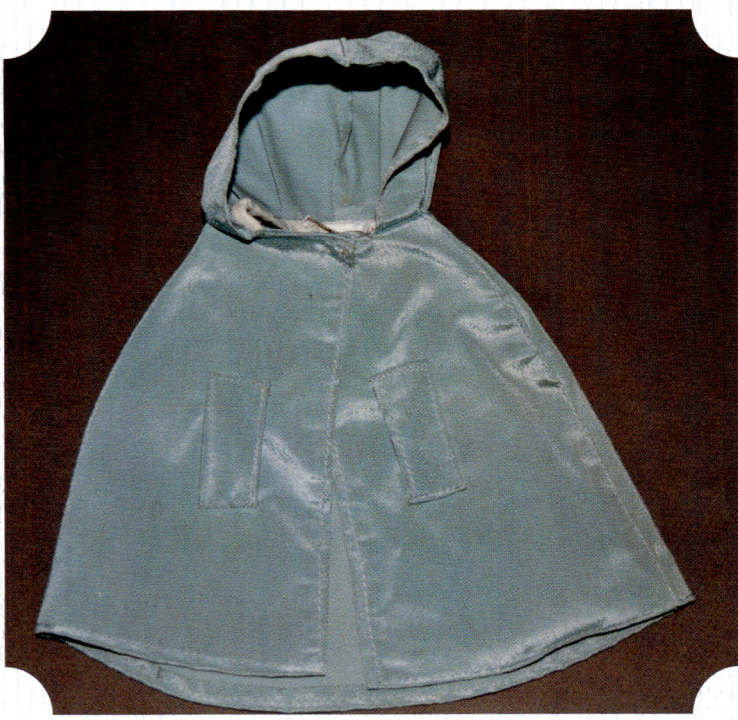

CYCLONE - Capuchon de soie imperméabilisée, en rose ou ciel
CYCLONE – Water-proof rose or sky blue hood.

1954

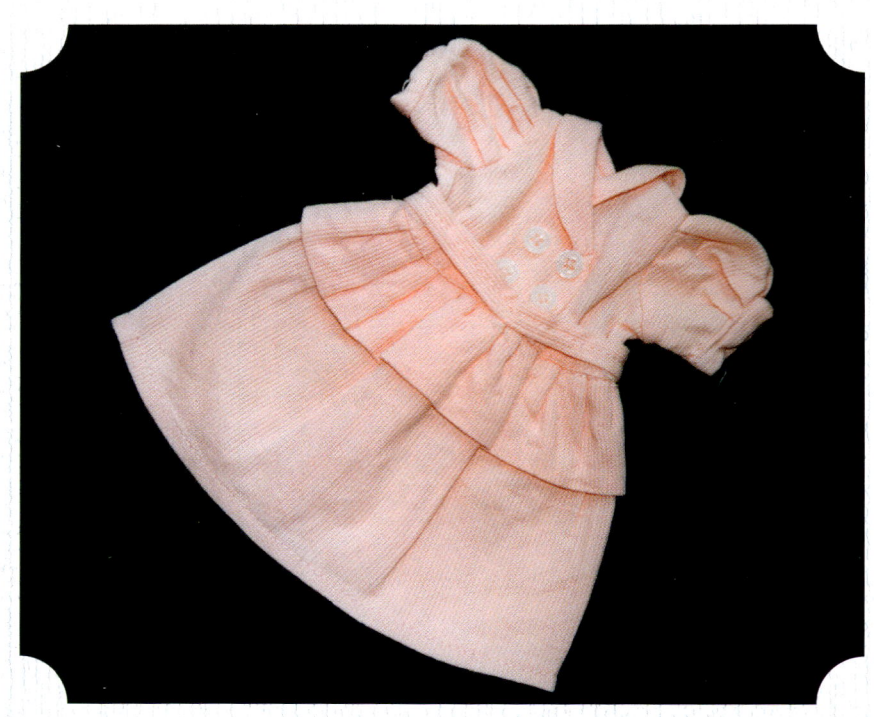

ROSE DE FRANCE
Robe de piqué rose
avec volant bouffant sur jupe

ROSE DE FRANCE
Rose piqué dress with
puffy flounce on the skirt.

PREFEREE – Robe rose ou bleu
à rayures contrariées,
garnie de croquet.

PREFEREE (FAVORITE)
Rose or blue striped cotton dress
with rickrack trim.

UN BOUQUET - Robe en piqué fleuri
garnie parements blancs
et boutons assortis.

UN BOUQUET – Flowered piqué dress
with white collar, sleeves
and front panel trimmed with button

FENAISON
Robe de cretonne fleurie
et son chapeau bavolet.

FENAISON (MOWING GRASS)
Fowered cretonne dress
with matching bonnet.

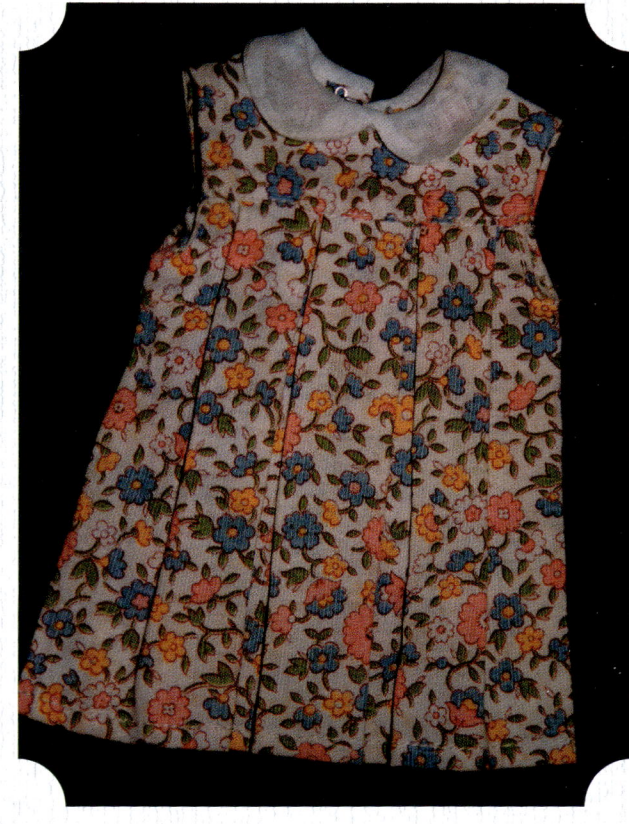

DELASSEMENT - Chemise de nuit
en indienne imprimée
de petites étoiles.

DELASSEMENT (RELAXATION)
Night gown with stars printed motif.

MAITRE JACQUES
Blouse paysanne trois quarts
en bleu soutenu, galons tyroliens.

MAITRE JACQUES
Peasent deep blue blouse
trimmed with tyrolean braid.

1954

1954

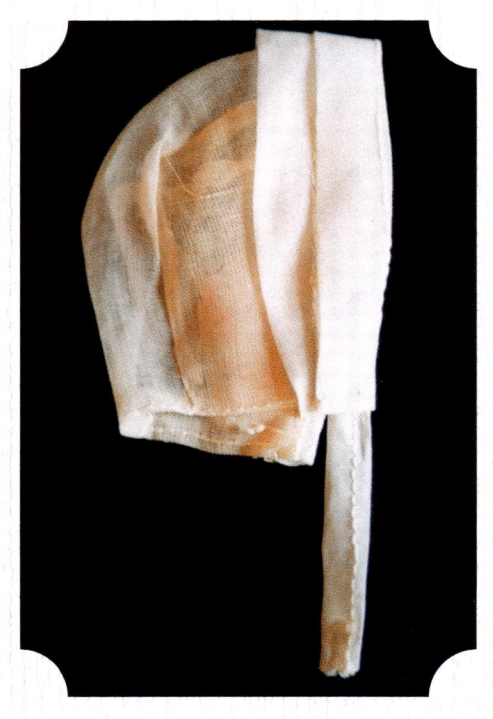

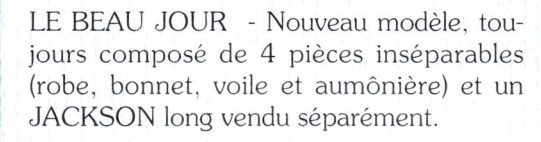

LE BEAU JOUR - Nouveau modèle, toujours composé de 4 pièces inséparables (robe, bonnet, voile et aumônière) et un JACKSON long vendu séparément.

LE BEAU JOUR (THE SPECIAL DAY) – New version of the classic communion gown, including 4 items sold as a set (dress, bonnet, veil and purse) and a long petticoat sold separately.

GALA - Robe longue en faille ciel ou rose, garnie galon avec fil d'or.

GALA – Formal dress cut from a sky blue or rose artificial silk trimmed with a golden braid.

GAI MATIN - Tailleur en lainage ciel, blouse en plumetis blanc.

GAI MATIN (GAY MORNING)
Sky blue wool suit with matching white Swiss muslin blouse.

1954

SAC A MAIN
En daim havane garni fantaisie animalière (éléphant, papillon…).

SAC A MAIN (HAND BAG) – Tobacco buckskin handbag with fancy animal decoration.

GRASSE MATINEE
Pyjama en tissu fantaisie.

GRASSE MATINEE (SLEEP IN)
Fancy printed cotton pajama.

353

1954

LE CLAN - Jupe en lainage écossais et blouse blanche. Succède à SCOTLAND et se fait jusqu'à l'été 1955.

LE CLAN (CLAN) – Pleated tartan skirt and matching white blouse. This model succeeded SCOTLAND and sold until the summer of 1955.

LES ALVEOLES - Robe en tissu nouveau en relief rouge sur fond blanc, ceinture plastique rouge et boutons assortis.

LES ALVEOLES (HONEYCOMB) New white seersucker fabric dress with red polka dots, red plastic belt and matching buttons.

LE TEMPS DES CERISES Robe en tissu fantaisie, fond bleu ou turquoise, ceinture velours.

LE TEMPS DES CERISES (CHERRY SEASON) Blue or turquoise fancy fabric dress with a velvet belt.

CAPRI - Pantalon en coutil bleu
ou rouge, loup de mer rayé bleu ou rouge.
Grand chapeau de paille assorti.

CAPRI – Red or blue pants sold as a set
with a striped red or blue T-shirt.
This model was suggested
with a two-toned wide-brim straw hat.

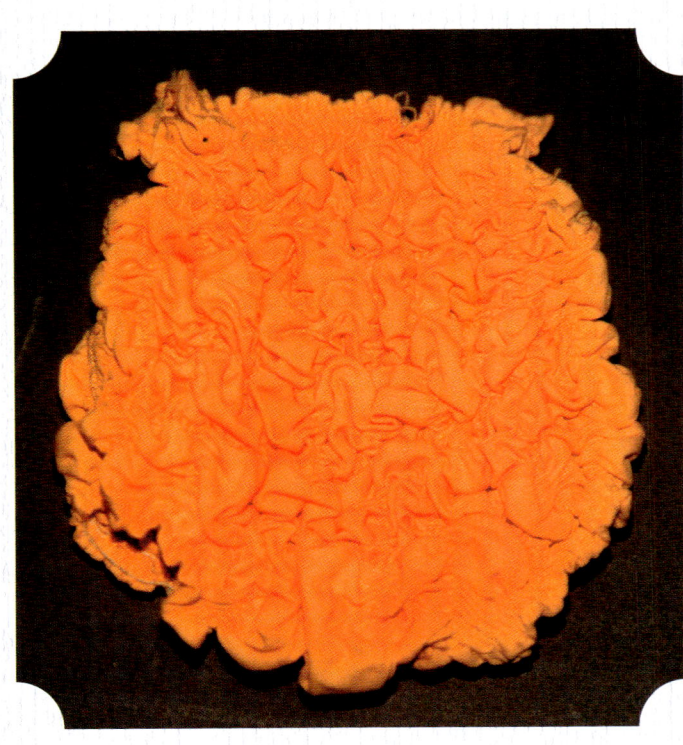

CLAPOTIS - Maillot de bain en popeline
froncée lastex en jaune ou ciel.

CLAPOTIS – Yellow or sky blue swimsuit cut
from a gathered poplin.

1954

CATALOGUE HIVER/WINTER 1954/1955

- Somnolence, pyjama, / Sonolence (Sleepiness), pajama
- Dolente, peignor / Dolente (Doleful), dressing gown
- Corset et culotte Petit Bateau / Petit Bateau underwear set
- Bulles de savon, tablier / Bulles de savon 5Soap bubbles), apron
- Mots croisés, tablier / Mots croisés (Crossword puzzle), school apron
- Silhouette, robe / Silhouette, dress
- Petite beauté, robe / Petite beauté (Little beauty) dress
- Cinq heures, robe / Cinq heures (Five O' clock), dress
- Canasta, robe / Canasta, dress
- Mondanités, robe de cérémonie, capeline
  Mondanités (Social life), formal dress and wide-brim hat
- Allure, robe / Allure (Look), dress
- Givre, ensemble de ski / Givre, ski set
- Départ, manteau, béret / Départ (Depart), coat, beret
- A la belle étoile, sac de couchage
  A la belle étoile (Under the stars), sleeping bag
  Vestiaire de bois, cintres / Wooden rack and coat hangers

MONDANITES
Robe longue, d'organdi fileté, ciel, rouge ou vert sur fond blanc, capeline de même tissu.

MONDANITES (SOCIAL LIFE)
White organdy formal dress threaded in sky blue, red or green with matching wide-brim hat.

ALLURE - Robe de velours uni rouge ou bleu roi, garnie d'un croquet blanc d'organdi.
La version en bleu a une garniture en organdi atypique mais authentique.

ALLURE – Red or royal blue velvet dress trimmed with a white organdy rickrack.
The blue version has an atypical yet authentic organdy trim.

BERCEAU - Pliable, garniture Pompadour, rose ou bleu et sa LITERIE: drap, taie, couverture. Cet article, proposé de l'hiver 1953/1954 à l'été 1958 a été garni de cotonnades de couleurs et d'impressions variées.

BERCEAU (CRADLE) Folding cradle trimmed with rose or blue Pompadour cretonne. This accessory was suggested with matching bedding including a blanket, a pillowslip and a sheet. Sold from the winter of 1953/1954 to the summer of 1958, it came in a variety of prints and colors.

1954 • 1955

357

1954 • 1955

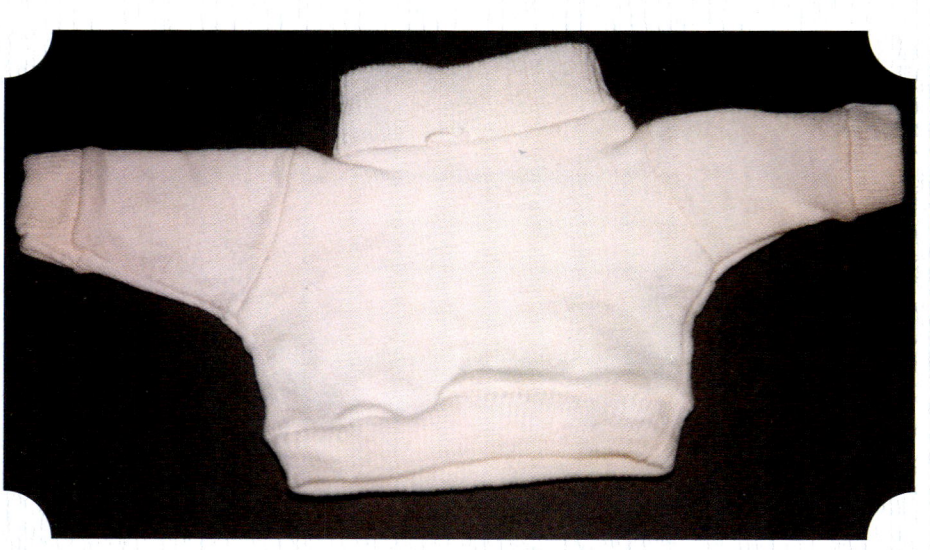

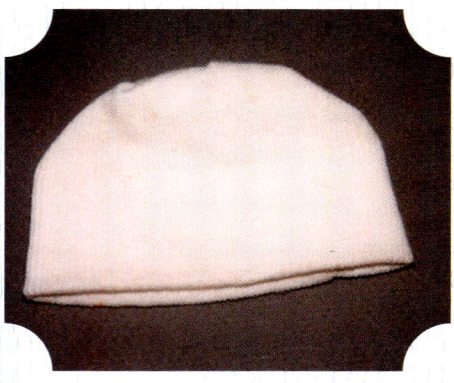

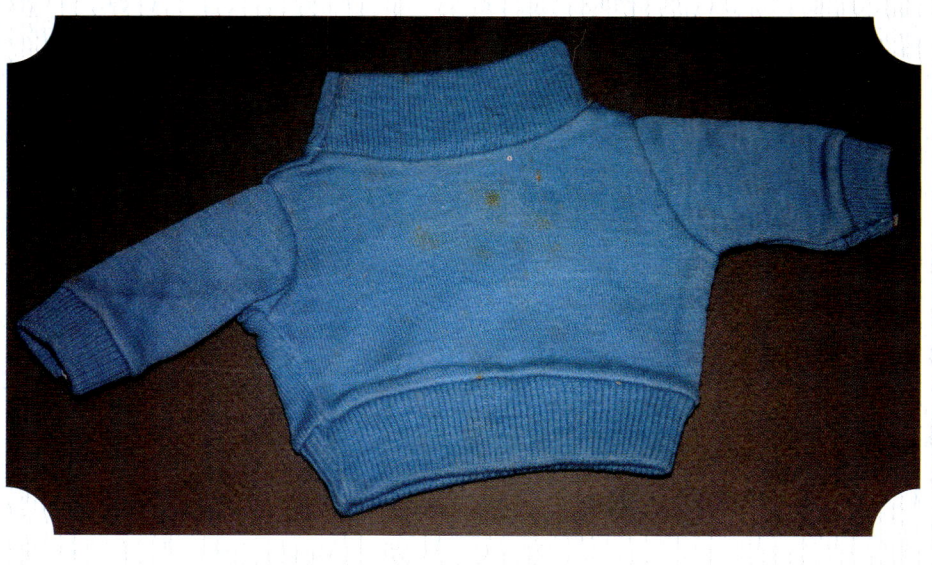

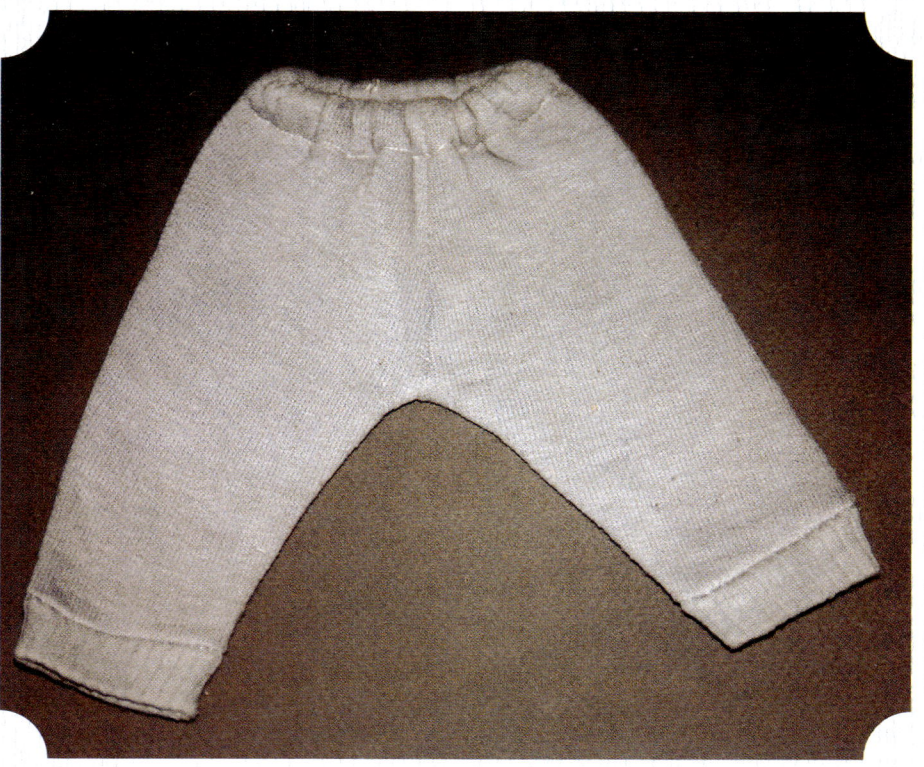

GIVRE - Fuseau gris, pull et bonnet ciel ou blanc en jersey interlock. Inséparables. Ensemble conseillé avec des MOUFLES «en tissu suédé rouges, jaunes, ciel ou blanches», non photographiées.

GIVRE (FROST) – Grey jersey pants, sky blue or white pull-over and bonnet. These items, sold as a set, were suggested with a pair of mittens cut from a red, yellow, blue or white suede.

A LA BELLE ETOILE
Sac de couchage marine.

A LA BELLE ETOILE
Navy blue sleeping bag.

CAMPING - «Très nouveau et amusant, voici la tente pliable des campeurs». Sortie l'été 1954, cette tente en toile bleue a été proposée au catalogue jusqu'à l'hiver 1959/1960.

CAMPING - A blue camping tent sold from the summer of 1954 to the winter of 1959/1960.

1954 • 1955

359

DEPART - Manteau et béret en lainage quadrillé gris et blanc, garniture de velours noir.

DEPART – Grey and white checkered wool coat and beret, trimmed with black velvet.

CINQ HEURES
Robe en lainage fond blanc, fileté vert ou bleu.

CINQ HEURES (FIVE O' CLOCK)
White wool dress threaded in green or blue.

CANASTA - Robe en foulard à petits trèfles sur fond bleu, jaune ou rouge.

CANASTA – Blue, yellow or red dress with clover prints.

1954 • 1955

361

1954 · 1955

SOMNOLENCE
Pyjama en finette,
chevrons roses ou bleus.

SOMNOLENCE (SLEEPINESS)
Rose or blue V-shaped
flannelette pajama

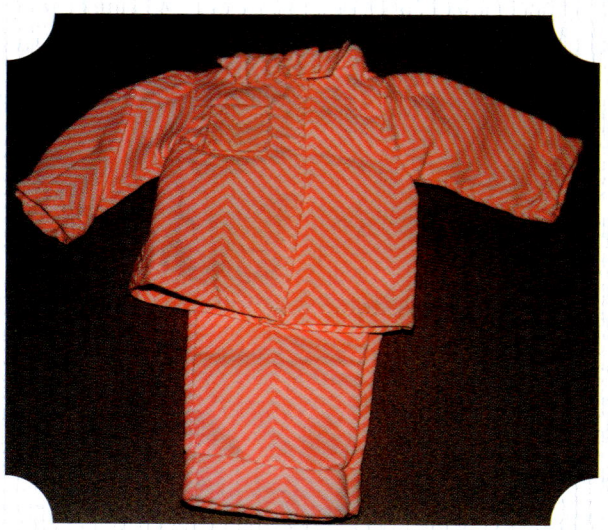

CORSET ET CULOTTE PETIT BATEAU
Répertorié mais
non photographié

PETIT BATEAU
marked underwear set.
Listed but not pictured.

DOLENTE
Peignoir de velours
côtelé rose.

DOLENTE (DOLEFUL),
rose corduroy velvet
dressing gown.

PETITE BEAUTE - Robe de taffetas écossais, pochette blanche.

PETITE BEAUTE – Checkered taffeta dress with decorative white hanky.

SILHOUETTE
Robe en lainage paille ou ciel, garniture galon ouvragé.

SILHOUETTE – Pale yellow or sky blue wool dress trimmed with fancy braid.

1954 • 1955

363

1954 • 1955

MOTS CROISES - Tablier en coton à damiers bleus, rouges, ou verts sur fond blanc. Ce nouveau modèle remplace l'ancien classique ENFANT SAGE.

MOTS CROISES (CROSSWORD PUZZLE) Blue and white, red and white or green and white checkered school apron replacing the classic ENFANT SAGE.

BULLES DE SAVON Tablier à poche centrale coulissée en imprimé de couleurs vives.

BULLES DE SAVON (SOAP BUBBLES) Colorful apron with central gathered pocket.

1955-1958

1955 • 1958

1955, l'année de nouveaux grands changements du côté de la rue Jacob.

C'est l'arrivée de Rosette... et des matières plastiques !

Bleuette, comme toujours, suit son temps. Pour rester à la page, elle abandonne ses bons yeux de verre au profit de globes oculaires en acétate de cellulose, cette fois-ci bien au point chez la SFBJ.

Sa perruque est toujours, et seulement, en cheveux naturels blonds, bruns ou châtains.

Sa taille est maintenue, mais son corps subit une modification considérable: le tronc est désormais fabriqué en matière plastique, peinte de la même couleur que les membres réalisés dans les matériaux traditionnels. Il est évidemment difficile de distinguer cette matière sous la couche de peinture, mais lorsqu'on examine les troncs des Bleuette de cette époque de l'intérieur, on voit bien qu'ils sont moulés dans une matière nouvelle.

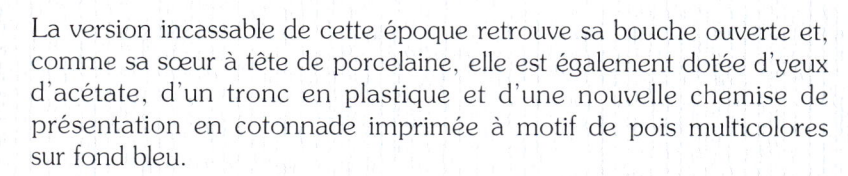

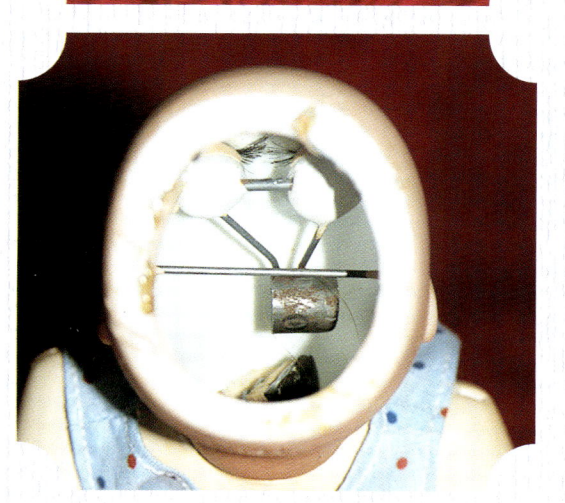

La version incassable de cette époque retrouve sa bouche ouverte et, comme sa sœur à tête de porcelaine, elle est également dotée d'yeux d'acétate, d'un tronc en plastique et d'une nouvelle chemise de présentation en cotonnade imprimée à motif de pois multicolores sur fond bleu.

Aussi bien la Bleuette classique que celle incassable ont été commercialisées jusqu'à l'hiver 1959/1960.

Les boîtes dans lesquelles Bleuette ou Rosette étaient vendues à cette époque sont en carton bleu aviateur décoré d'une chromolithographie charmante, représentant Bleuette en tenue estivale rouge et capeline blanche. Ces mêmes boîtes servaient aussi à contenir le trousseau.

1955 presented new, great changes at rue Jacob. Rosette and plastic arrived together.

Bleuette, as usual, evolved with her age. Her good glass eyes were discontinued and she got plastic eyes, from then on, but this time correctly produced by the SFBJ.

Her wig was always, and only, made with blonde, brown or chestnut human hair.

Her size didn't change but her torso did. It was made of hard plastic and painted with the same finish as the limbs making it difficult to recognize as being made of this new material. One can check from the inside of the torso to realize it is plastic.

The unbreakable Bleuette doll of that period had the open mouth back again and like her porcelain headed sister, she had plastic eyes and a plastic torso. She had a new multi-polka-dotted presentation chemise which was on a blue cotton background.

Both the classic and the unbreakable Bleuette dolls sold until the winter of 1959/1960.

The boxes in which Bleuette and Rosette were sold are beautifully decorated with a logo representing Bleuette dressed in a red summer dress with matching white hat. The same type of box was also used to pack the doll's wardrobe.

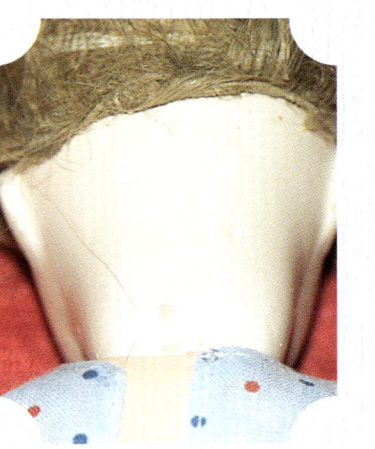

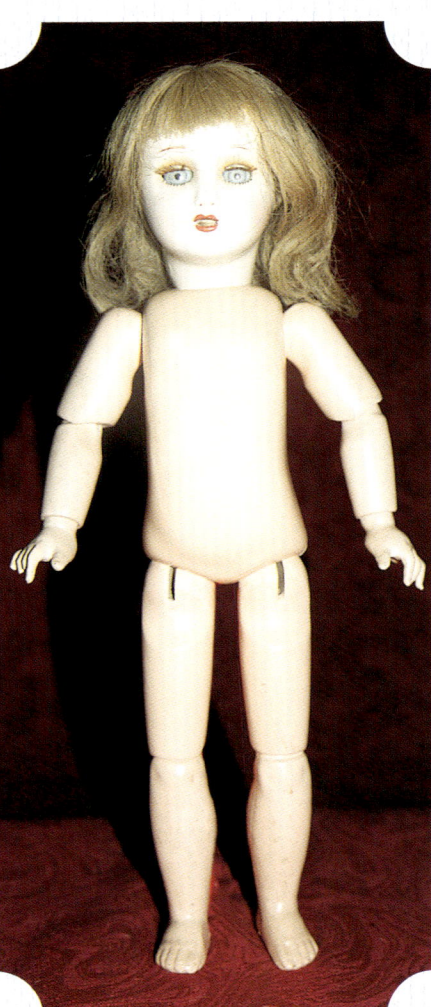

1955 • 1958

CATALOGUE ETE/SUMMER 1955

- Soigneuse, tablier / Soigneuse (Careful), apron
- Dans ma chambre, peignoir / Dans ma chambre (In my room), dressing gown
- La nuit en rose, pyjama / La nuit en rose (The night in pink), pajama
- Rêverie, chemise de nuit / Rêverie (Daydreaming), night gown
- Jeannette, costume de scout / Jeannette, scout uniform
- Petit Bob, manteau, polo / Petit Bob, coat, hat
- Croisière, short, marinière / Croisière (Cruise), shorts, blouse
- Sac de plage / Beach bag
- Evasion, veste / Evasion (Escape), vest
- Roland Garros, robe-short
  Roland Garros, shorts-dress
- Mosaïque, robe / Mosaïque (Mosaic), dress
- Orientale, robe / Orientale, dress
- Trio, jupe-chasuble, blouse
  Trio, bolero-skirt, blouse
- Les serpentins, robe
  Les serpentins (Streamer), dress
- Chapeau de paille / Straw hat
  Fauteuil pliant / Folding armchair
- Jeunesse, robe / Jeunesse (Youth), dress
- Fleurs des champs, robe
  Fleurs des champs (Common flower), dress
- Brise légère, robe
  Brise légère (Light breeze), dress
- La danse, robe / La danse (Let's dance), dress

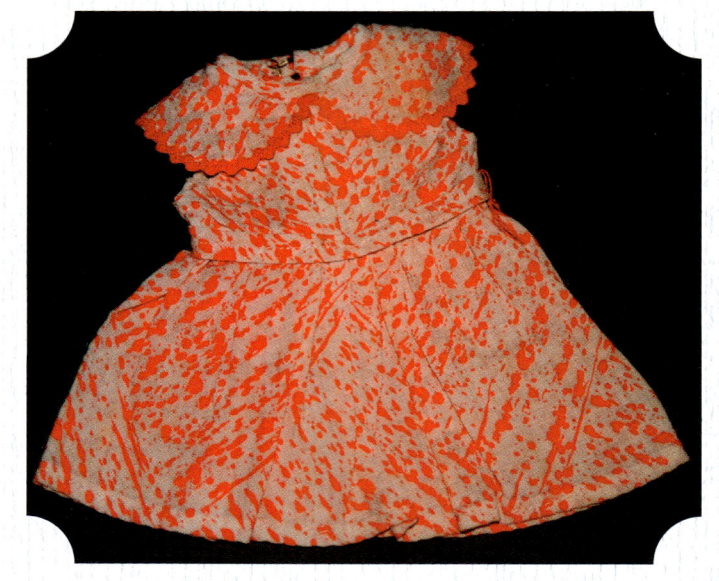

JEUNESSE - Robe à fond blanc, dessins roses ou rouges, col pèlerine bordé de croquet.

JEUNESSE – White dress with red or pink printed motifs, having a wide rickrack edged collar.

FLEUR DES CHAMPS - Robe champêtre en migaline, jupe en corolle, collerette d'organdi plissé. Tous les exemplaires répertoriés ont la collerette déplissée.

FLEUR DES CHAMPS (COMMON FLOWER)
Pastoral flowered dress with a bell skirt and a pleated organdy collar. All the dresses we listed from this model had no pleat accsent on the collar.

LES SERPENTINS - Robe de cotonnade aux frais coloris, col d'organdi.

LES SERPENTINS (STREAMER) - Freshly colored cotton dress with an organdy collar.

CROISIERE - Ensemble de plage, short à bavette et marinière en piqué rayé.

CROISIERE (CRUISE) – Beach set including a shorts with incorporated bib and a vest.

PETIT BOB - Modèle renouvelé, en ratine rouge ou roy, boutons ancre dorés, polo assorti.

PETIT BOB – Classic royal blue or red coat with anchor buttons and matching polo had.

CHAPEAU de PAILLE - «En paille naturelle, mouvement mode, il accompagnera toutes les toilettes d'été».

CHAPEAU DE PAILLE - Trendly wavy straw hat to match all the dresses of the season.

SAC de PLAGE En moleskine rouge, anses anneaux.

SAC DE PLAGE (BEACH BAG) – in red oilskin with handles.

EVASION - Veste de velours côtelé, martingale croisée.

EVASION (ESCAPE), Corduroy velvet coat with a half-belt.

1955

369

1955

ROLAND GARROS
Robe short en piqué blanc.

ROLAND GARROS
Zipped dress ending in shorts and cut from a white pique.

TRIO - Jupe et chasuble, bleues, blouse blanche.

TRIO – Blue bolero-skirt matching a white blouse.

MOSAIQUE - Robe à minuscules carreaux verts ou rouges sur fond blanc, garniture galons.

MOSAÏQUE (MOSAIC) – Green or red checkered pattern dress on white background with braid trimming.

ORIENTALE - Robe à large bande à dessins cachemire sur fond blanc.

ORIENTALE
Cachmire decorated white dress.

REVERIE - Chemise de nuit, fond blanc, fleurettes rouges ou bleues.

REVERIE (DAYDREAMING) - White night gown printed with red or blue little flowers.

SOIGNEUSE - Tablier en popeline à rayures fleuries

SOIGNEUSE (CAREFUL) – Poplin apron trimmed with flowered stripes.

DANS MA CHAMBRE - Robe de chambre en satin imprimé fond ciel.

DANS MA CHAMBRE (IN MY ROOM) Printed sky blue satin dressing gown.

LA NUIT EN ROSE - Pyjama en rafi rose, col et manches soulignés de bleu.

LA NUIT EN ROSE (THE NIGHT IN PINK) Rose cotton pajama with blue edged sleeves and collar.

1955

1955

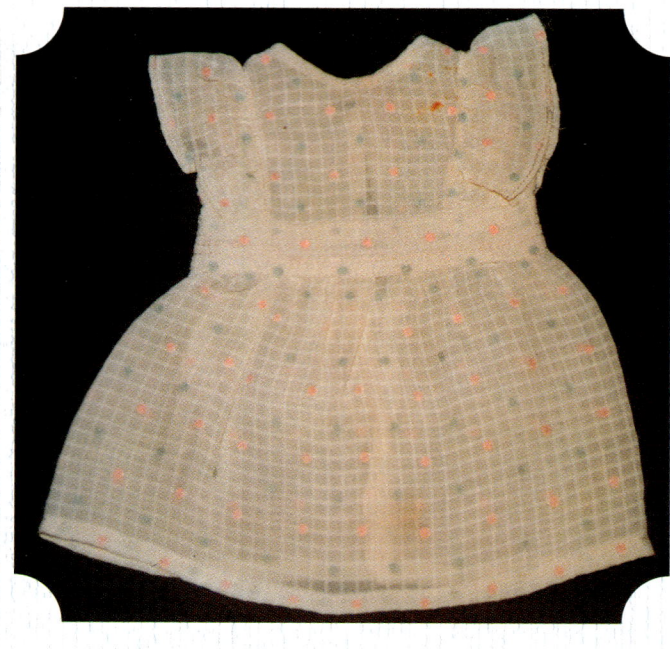

BRISE LEGERE - Robe en organdi rayé, fond lavande ou corail, double collerette ornée de trois boutons.

BRISE LEGERE – Striped organdy dress with a lavender blue or coral red background and a double collar trimmed with three buttons.

LA DANSE - Robe de mousseline blanche brodée de pois pastel, haute ceinture piquée.

LA DANSE (LET`S DANCE) – White muslin dress with embroidered dots and high sewn belt.

JEANNETTE - Entièrement renouvelée, jupe marine à six lés, bretelles croisées chemisier ciel, manches courtes, cravate, cape, béret CHIQUITO.

JEANNETTE – This girl scout costume is entirely renovated. The navy blue skirt has six wide pleats, crossed straps, and a sky blue short sleeved blouse with a tie, a cape, and a Chiquito beret.

CATALOGUE HIVER/WINTER 1955/1956

- Boutons de roses, pyjama / **Boutons de roses (Rosebuds), pajama**
  Divan-lit / Day bed
- Jupon et slip nylon / **Nylon slip and petticoat**
  Cordon bleu, tablier / Cordon bleu, apron
- Au coin du feu, peignoir / **Au coin du feu (By the fire), house coat**
- Chardon d'Ecosse, manteau, chapeau, jupe, gilet
  Chardon d'Ecosse (Scottish thistle), coat, hat, skirt, vest
- Mascotte, robe / **Mascotte, dress**
- Vedette, robe / **Vedette (Movie star), dress**
- Actualité, robe / **Actualité (Current event), dress**
- Récital, robe / **Recital, dress**
- Sur les cimes, ensemble de ski
  Sur les cimes (Down the slope), ski set
- Terre Neuve, imperméable, suroît
  Terre Neuve, raincoat, hat

MASCOTTE - Robe de lainetex écossais pastel, ciel ou rose.
MASCOTTE – Sky blue or rose light tartan woolen dress.

SUR LES CIMES - Anorak de popeline ciel, garniture de peluche blanche.

SUR LES CIMES – Sky blue poplin anorak trimmed with white plush.

VEDETTE - Robe en lainage rayé, bleu, corail ou vert.

**VEDETTE (MOVIE STAR)
Striped woolen dress.
It came in blue, coral red or green.**

1955 • 1956

373

1955 · 1956

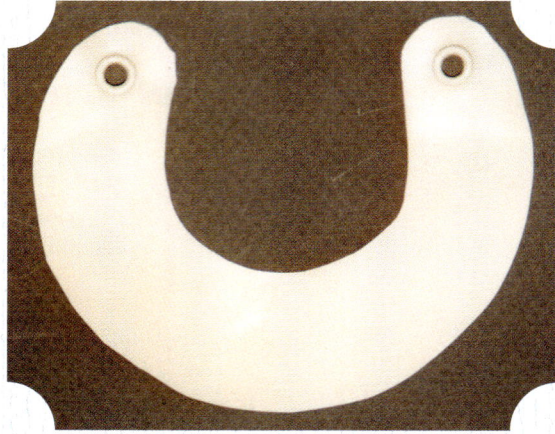

ACTUALITE - Robe de satin bleu dur, col en plastique blanc, cravate de soie (non d'origine sur la photo).

ACTUALITE – Royal blue satin dress with plastic white collar and silk bow (not original on the picture).

RECITAL - Robe de taffetas rose ou ciel, bordée d'un galon de ton soutenu, boutons de nacre.

RECITAL – Rose or sky blue taffeta dress trimmed with a vivid color braid and mother-of-pearls buttons.

DIVAN-LIT – «pliant 42 X 24 en contre-plaqué, matelas, traversin, dessus de lit en cretonne». Non répertorié.

DIVAN-LIT (DAY BED) – Wooden folding bed, 42 X 24 cm long, and large sold with a mattress, a bolster and a cretonne blanket. Still unlisted.

TERRE-NEUVE - «Ensemble crêpe de Chine blanc imperméabilisé, manteau garni fermeture à glissière et suroît de pêcheur».

TERRE-NEUVE - White waterproof crepe de Chine raincoat with a zipper and matching a fisherman hat.

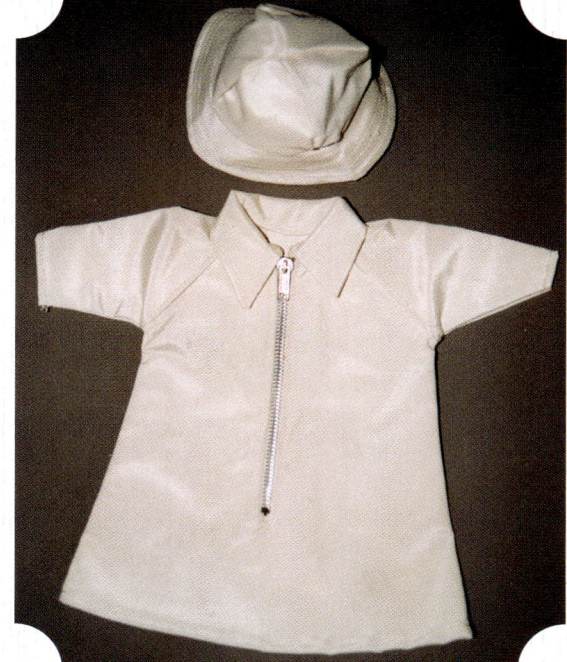

BOUTONS DE ROSES - Pyjama en finette, culotte unie blanche, marinière impressions boutons de roses.
BOUTONS DE ROSES (ROSEBUDS) – Flannelette pajama with white pants and rose prints on the jacket.

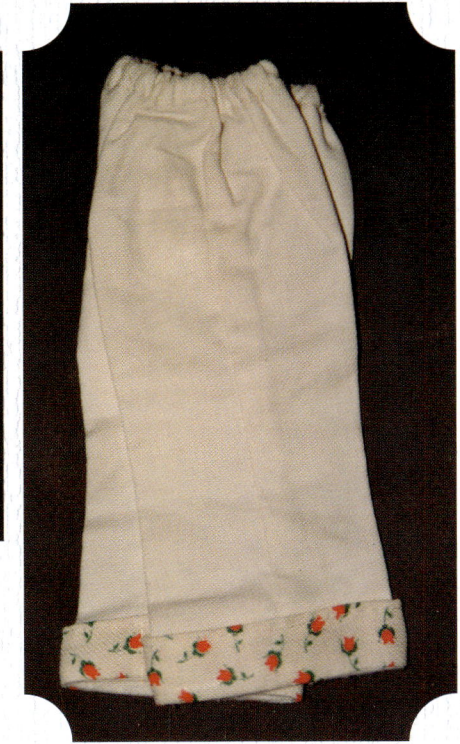

AU COIN DU FEU - Robe de chambre en satin fond bleu ou ciel, dessin «Watteau», galon.

AU COIN DU FEU (BY THE FIRE)
Satin housecoat with Watteau style drawings and braid trim.

CORDON BLEU – «Tablier enveloppant en percale à pois bleus, rouges ou verts sur fond rayé». Modèle non répertorié.

JUPON ET SLIP NYLON
Dernier cri deux pièces.

JUPON ET SLIP NYLON
Trendy nylon slip and petticoat.

1955 • 1956

375

1955 • 1956

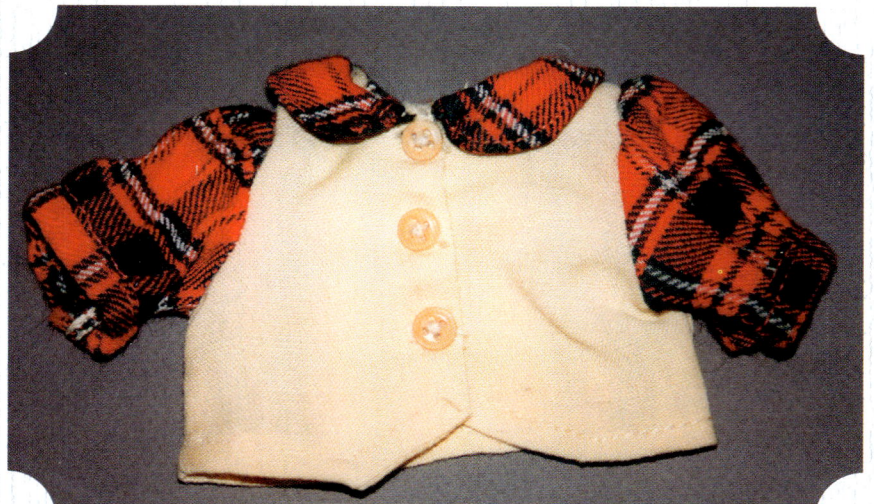

CHARDON D'ECOSSE
Manteau à pèlerine
et le chapeau en lainage
écossais, inséparables
conseillées avec une jupe
même tissu et son gilet unis
couleur paille avec col
et manches assorties
à l'ensemble.

CHARDON D'ECOSSE
Cape-coat sold as a set with a
hat cut from the same tartan.
Suggested with a pleated skirt
and matching yellow top with
tartan collar and sleeves.

376

CATALOGUE ETE/SUMMER 1956

- Bien être, robe de chambre / Bien être (Feeling well), dressing gown
- Nocturne, chemise de nuit / Nocturne (Nocturnal), night gown
- A poings fermés, pyjama / A poings fermés (Deep sleep), pajama
- Kayak, ensemble de plage / Kayak, beach set
- Ondine, maillot / Ondine, swimsuit
- Au grand air, jupe, chemisette
  Au grand air (In the open), skirt, blouse
- Armor, veste / Armor, vest
- 29° à l'ombre, robe
  29° à l'ombre (80° in the shade), dress
- Arlésienne, robe / Arlesienne, dress
- Cornemuse, robe / Cornemuse (Bagpipe), dress
- Poids plume, robe / Poids plume (Featherweight), dress
- La roseraie, robe / A la roseraie (Rose garden), dress

A POINGS FERMES - Pyjama en coton rayé bleu ou rouge, fond blanc.

A POINGS FERMES – White cotton pajama with red or blue stripes.

NOCTURNE - Chemise de nuit légère, fond rose ou ciel, dessins blancs, garnie dentelle et ruban.

NOCTURNE (NOCTURNAL) – Light night gown cut from a rose or sky blue fabric printed in white and trimmed with lace and ribbon.

BIEN ETRE - Robe de chambre en tissu léger, rayures torsadées, fond ciel ou rose.

BIEN ETRE (FEELING WELL) Light dressing gown with twisted stripes on a sky blue or rose background.

1956

377

1956

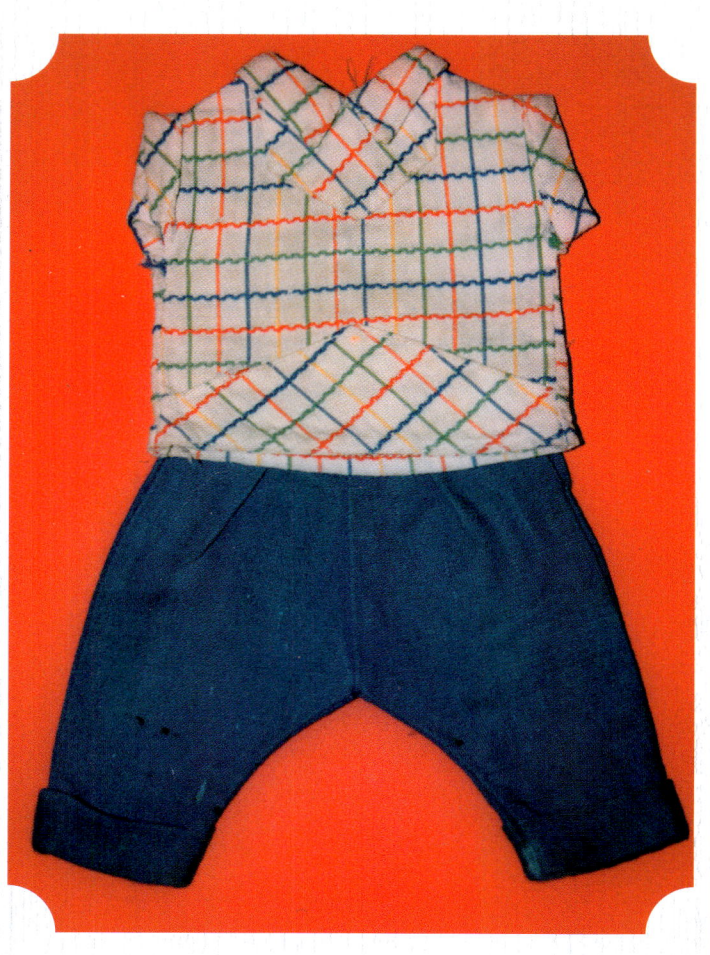

KAYAK - Pour la plage, corsaire en toile rouge ou bleue, marinière quadrillée multicolore.

KAYAK – Beach pants in blue or red cloth matching a multicolored checkered vest.

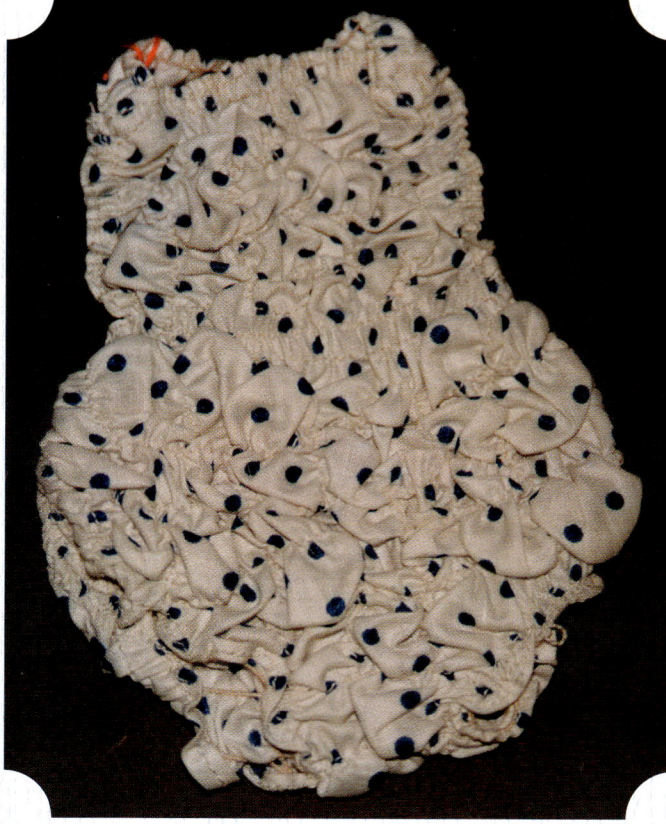

ONDINE - Maillot de bain en popeline froncée lastex, pois rouges ou bleus sur fond blanc.

ONDINE – Gathered white poplin swimsuit with blue or red polka dots.

AU GRAND AIR - Ensemble composé d'une jupe verte ou rouge et d'une chemisette quadrillée de ton.
AU GRAND AIR (IN THE OPEN) – Red or green skirt matching a checkered blouse.

ARMOR - Veste à capuchon
en feutrine ciel ou blanche.

ARMOR – Hooded white
or sky blue felt vest.

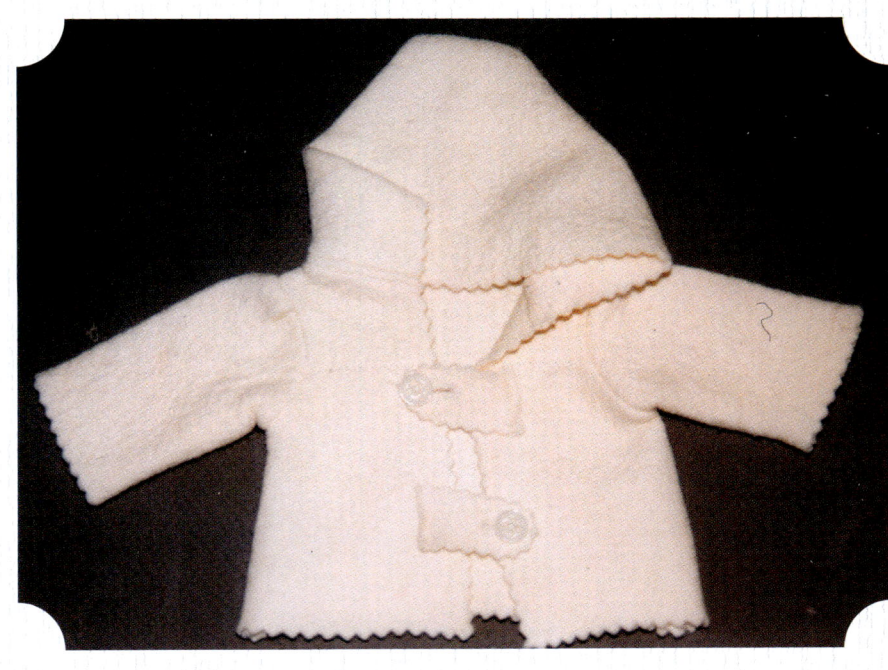

29° A L'OMBRE
Robe en cotonnade fleurie,
nœuds sur les épaules.

29° A L'OMBRE
(80° IN THE SHADE)
Flowered cotton dress
with bows on the shoulders.

ARLESIENNE
Robe de cotonnade
aux dessins provençaux
en jaune et vert ou bleu
et rouge sur fond blanc.

ARLESIENNE
Provence printed
white cotton dress in yellow
and green or blue and red.

1956

379

1956

CORNEMUSE - Robe en zéphyr écossais, plastron de piqué blanc.
CORNEMUSE (BAGPIPE) – Light tartan dress with a white pique collar.

POIDS PLUME
Robe de nylon imprimé rouge ou bleu sur fond blanc.

POIDS PLUME (FEATHERWEIGHT)
Seersucker nylon dress with red or blue printing.

LA ROSERAIE – «Très jolie robe de satin de coton imprimé, col et revers unis. Coloris rouge ou vert». Tous les exemplaires répertoriés n'ont que le col uni, les revers de manche étant, comme sur le croquis, coupés dans le même tissu fleuri.

LA ROSERAIE (ROSE GARDEN)
Printed cotton satin dress in red or green with plain colored collar. The catalogue description mentions plain colored facing but all the dresses we listed only had the collar cut from a contrasting fabric.

380

CATALOGUE HIVER/WINTER 1956/1957

Le réveil, robe de chambre / Le réveil (Waking up), dressing gown
- Au lit, pyjama / Au lit (Going to bed), pajama
- Sagesse, tablier / Sagesse (Careful), apron
- Matinée classique, robe / Matinée classique (Classic matinee), dress
- Présentation, robe / Présentation, dress
- Harmonie, tailleur 3 pièces / Harmonie (Harmony), 3-piece suit
- Place Vendôme, manteau, béguin / Place Vendôme, coat, bonnet
- Première Valse, robe de cortège, bonnichon / Première Valse (First Waltz), formal dress, bonnet
- A l'Opéra, robe / A l'Opera, dress
- Pluviôse, capuchon / Pluviôse, hood
- Val d'Isère, salopette, chemisier / Val d'Isère, overall, shirt

1956 · 1957

AU LIT - Pyjama en finette fantaisie, dessins rouges ou bleus, fond blanc.

AU LIT – Fancy flannelette pajama with red or blue printed motifs on white background.

SAGESSE - Tablier en vichy, carreaux bleus et blancs ou roses et blancs, égayé de points de croix.
SAGESSE – Blue and white or rose and white checkered apron with decorative crossed seams.

381

1956 • 1957

A L'OPERA - Robe de velours frisson, pervenche ou pavot, garnie d'un galon blanc.
A L'OPERA – Very soft periwinkle or poppy velvet dress trimmed with a white braid.

MATINEE CLASSIQUE
Robe de lainage bleu, découpe en triangle garnie 3 boutons.

MATINEE CLASSIQUE
(CLASSIC MATINEE)
Blue woolen dress with a triangular front panel trimmed with three buttons.

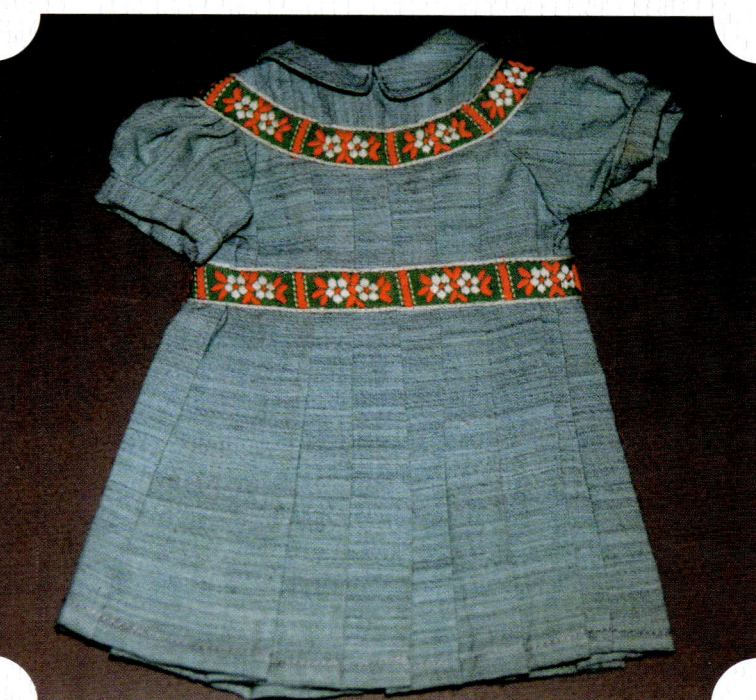

PRESENTATION
Robe de lainage vert, galon de couleurs

PRESENTATION
Green wool dress trimmed with a colorful braid.

HARMONIE - Ensemble en flanelle tennis, rayé rouge ou bleu sur fond blanc, comprenant : jupe plissée à bretelles, boléro orné galon, blouse blanche sans manches.

HARMONIE (HARMONY) – White lawn tennis suit, striped in red or in blue, including a pleated skirt with straps, a bolero trimmed with a braid and a sleeveless blouse.

VAL D'ISERE - Pantalon chasuble bleu-vert et chemisier en jersey blanc.

VAL D'ISERE – Blue and green overall pants with matching white jersey long-sleeved blouse.

LE REVEIL - «En satin douillet, fond rose ou ciel, dessin «Watteau», robe de chambre à empiècement rond, garnie de trois boutons».
Modèle non répertorié.

LE REVEIL (WAKING UP) – Soft satin dressing gown with rose or sky blue background and Watteau style prints with round collar and three buttons. Still unlisted.

PLUVIOSE - «Capuchon imperméable, en vénilex façon toile, rose ou ciel».

PLUVIOSE – Rose or sky blue waterproof hood.

1956 • 1957

383

1956 • 1957

PLACE VENDOME - Manteau en lainage ciel, rose ou vert, béguin assorti garni galon blanc.

PLACE VENDOME Rose, green or sky blue woolen coat with matching bonnet trimmed with a white braid.

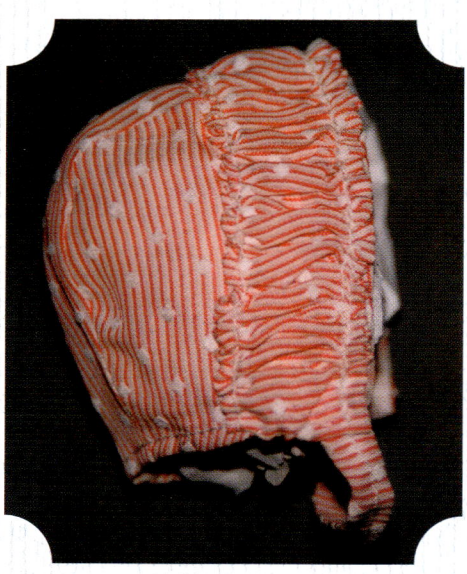

PREMIERE VALSE - Robe de cortège ciel ou framboise, grand nœud de velours, béguin assorti.

PREMIERE VALSE (FIRST WALTZ) – Sky blue or raspberry red formal dress trimmed with a wide velvet bow and matching a bonnet cut from the same fabric.

384

CATALOGUE ETE/SUMMER 1957

- Doux rêve, chemise de nuit / Doux rêve (Sweet dream), night gown
- Dînette, tablier / Dînette (Tea time), apron
  Sac à main en box / Leather hand bag
- Elisabeth, costume écossais / Elisabeth scottish ensemble
- Tornade, imperméable, suroît / Tornade, raincoat, hat
  L'heure du bain, veste éponge / L'heure du bain (Bath time), towelling vest
- Kermesse, robe / Kermesse (Fair), dress
- A l'ancre, maillot
  A l'ancre (Raise the anchor), swimsuit
  Sac de plage / Beach bag
- Footing, jpe, blouse / Footing, skirt, blouse
- Vendanges, salopette, blouse / Vendanges (Picking the grapes), overall, blouse
- Quatorze Juillet, robe, cape
  Juillet (July the 14th), dress, cape
- Festival, robe / Festival, dress
- Diabolo, robe / Diabolo, dress
- Papillon, robe / Papillon (Butterfly), dress

DOUX REVE - Chemise de nuit, fond blanc, dessins roses ou bleus, garniture croquet formant boléro.

DOUX REVE – Night gown cut from a white fabric printed in rose or blue with rickrack trimming, in the shape of a bolero.

BIEN ETRE - Robe de chambre d'été, rayures torsadées sur fond ciel ou rose.
Modèle non répertorié.

BIEN ETRE (FEELING WELL) – Summer dressing gown with printed twisted stripes on a sky blue or rose background. Still unlisted.

DINETTE - Tablier chasuble ciel, garniture croquet rouge.

DINETTE (TEA TIME) Sky blue apron trimmed with a red rickrack.

1957

SAC DE PLAGE
Nouveau modèle
toile bleue ou rouge.

SAC DE PLAGE
(BEACH BAG)
New model cut from
a blue or red cloth.

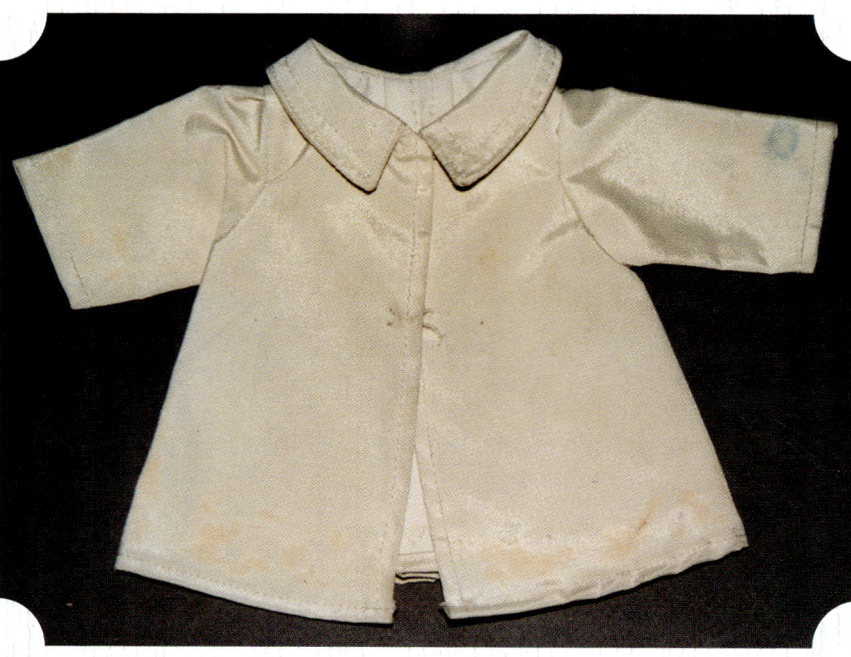

TORNADE - Nouvelle appellation
pour TERRE-NEUVE.

TORNADE – A new name
for the former TERRE-NEUVE
raincoat and hat.

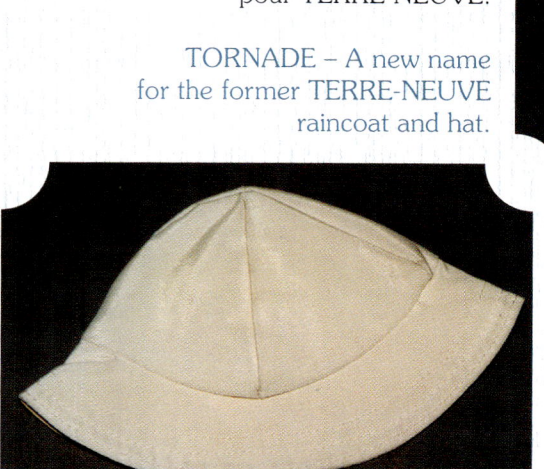

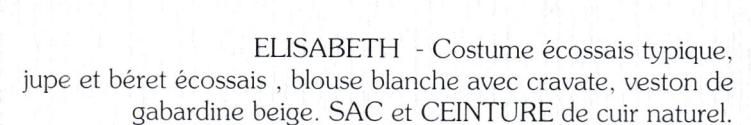

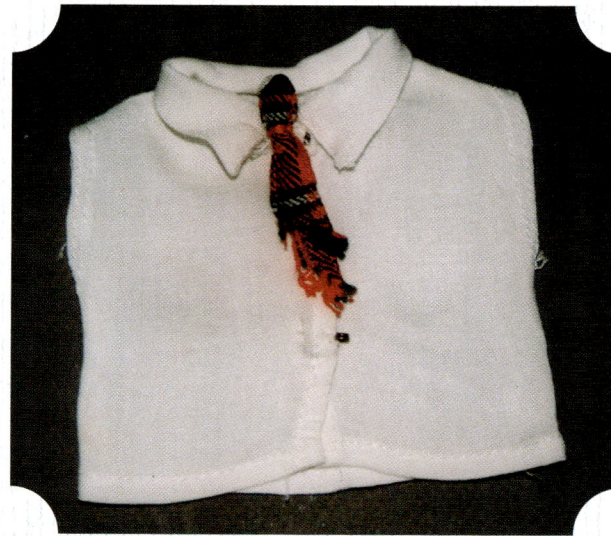

ELISABETH - Costume écossais typique,
jupe et béret écossais , blouse blanche avec cravate, veston de
gabardine beige. SAC et CEINTURE de cuir naturel.

ELISABETH – Typical scottish costume including
a tartan pleated skirt and matching bonnet,
a white blouse with a tie and a beige gabardine vest.
This set was suggested with a leather belt and matching sac.

386

A L'ANCRE - Maillot une pièce culotte rouge ou bleue corsage blanc, avec ancre.

A L'ANCRE (RAISE THE ANCHOR) – Red or blue swimsuit including a white bodice decorated with an anchor.

FOOTING - Jupe rayée bleu et blanc, blouse blanche, à plastron rayé incrusté.

FOOTING – Blue and white striped skirt to match a white blouse with a striped panel in the front.

L'HEURE DU BAIN - Sortie de bain en éponge bleue ou rouge, bordée de piqué blanc. Modèle non répertorié.

L'HEURE DU BAIN (BATH TIME) Red or blue towelling vest edged with white pique. Still unlisted.

KERMESSE - Robe à gros carreaux bleus et blancs, garnie de croquet rouge

KERMESSE (FAIR) – Blue and white checkered dress with red rickrack decoration.

VENDENGES - Salopette de toile bleu dur et blouse sans manches de jersey jaune.

VENDENGES – Blue overall matched with a sleeveless yellow jersey top.

1957

387

1957

DIABOLO - Robe manteau
«bleu fileté blanc» sur une guimpe
de piqué blanc.

DIABOLO – Blue dress
with white threads matching
the white piqué bodice.

PAPILLON - Robe de popeline rose ou lavande,
ceinture et noeud souligné d'une ganse blanche.

Rose or lavender blue poplin dress enhanced by a white
edged belt and bow.

QUATORZE JUILLET - Robe blanche
imprimée de bouquets multicolores,
petite cape de même tissu;

QUATORZE JUILLET (JULY THE 14th)
White dress with bouquet decorations
and matching little cape.

FESTIVAL - Robe imprimée de plumes roses ou bleues sur fond blanc, garnie de galon.
FESTIVAL – Rose or blue printed feathers on a white background enhance this dress trimmed with a braid.

CATALOGUE HIVER/WINTER 1957/1958

L'aurore, chemise e nuit / L'aurore (First light), night gown
- **Frileuse, robe de chambre**
  Frileuse (Chilly), dressing gown
  Huit heures, pyjama / Huit heures (Eight o'clock), pajama
- **Flânerie, liseuse / Flânerie (Stroll), bedjacket**
- **Croisillons, robe / Croisillons (Crisscross), dress**
- **Polka, robe / Polka, dress**
- **Théâtre français, robe**
  Théâtre français (French theater), dress
- **Salle Pleyel, robe / Salle Pleyel, dress**
- **Cagoule / Cagoule (Hood)**
- **Alaska, fuseau / Alaska, ski pants**
  Pull-over / Sweat-shirt
- **Orly, manteau, béguin / Orly, coat, bonnet**
- **Le Bourget, robe, blouse / Le Bourget, dress, blouse**
- **Clochette, jupon / Clochette (Little bell), petticoat**
  Parure nylon, chemise, pantalon
  Nylon underwear set, shirt, pants

FRILEUSE - Robe de chambre en finette fleurie, rose ou bleue, fond blanc.

FRILEUSE (CHILLY) – Flowered flannelette dressing gown, rose or blue print on white background.

PARURE NYLON - «La chemise et le pantalon en nylon blanc cloqué, garni de Valenciennes».

PARURE NYLON (NYLON UNDERWEAR SET)
White nylon shirt and pants, with Valenciennes lace.

CLOCHETTE - Jupon de nylon cloqué blanc assorti à la PARURE NYLON de la saison.

CLOCHETTE (LITTLE BELL),
White seersucker nylon petticoat, matching the PARURE NYLON of the season.

FLANERIE - «Ravissante liseuse de poult matelassée rose pâle, bordé de poult uni du même ton».

FLANERIE (STROLL) – Quilted pale rose silk bedjacket edged with matching plain silk.

1957 • 1958

389

1957 · 1958

CROISILLONS - Robe en lainage bleu clair, ornée de galons de soie blanche au corsage et au col.

CROISILLONS - Soft blue wool dress trimmed with white silk braid on the bodice and the collar.

HUIT HEURES – «Pyjama de belle finette, pois rouges ou bleus sur fond blanc, découpe faisant poche, rehaussée d'un galon vif». Modèle non répertorié.

HUIT HEURES (EIGHT O'CLOCK) – White flanellette pajama with red or blue polka dots, two front pockets trimmed with vivid color braid. Still unlisted.

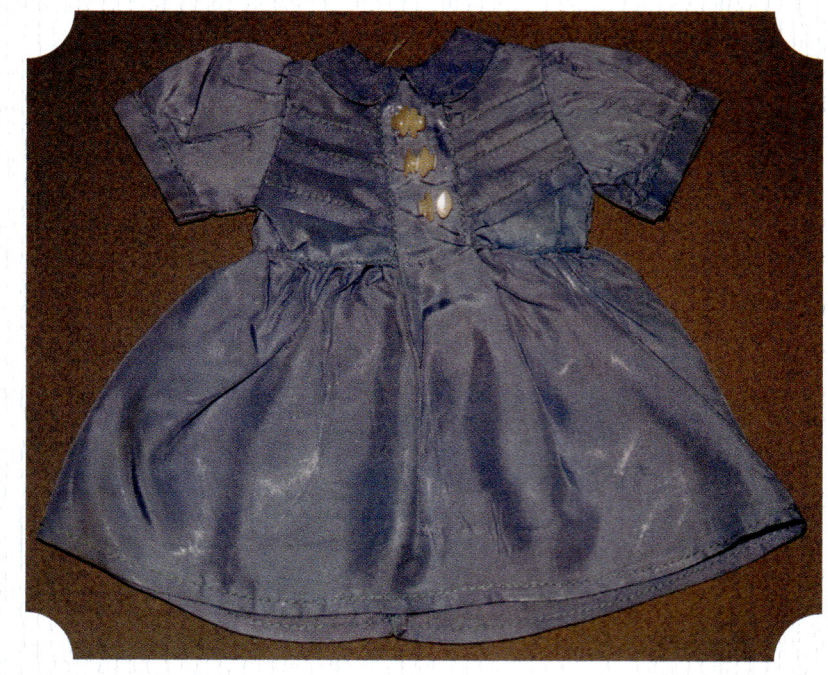

POLKA - Robe de soie, paille ou pervenche, ornée de jolis boutons.

POLKA – Straw yellow or periwinkle silk dress, trimmed with nice buttons.

L'AURORE – «Légère chemise de nuit en nansouk blanc, plastron égayé de point d'épine rose ou bleu». Modèle non répertorié.

L'AURORE (FIRST LIGHT) White cotton night gown with rose or blue embroidery on the front. Still unlisted.

THEATRE FRANÇAIS - Robe en mousseline blanche filetée rouge, bleu ou vert, jupe à volants. Reproposée la saison suivante.

THEATRE FRANÇAIS – White muslin dress threaded in red, blue or green with flounced skirt. Still sold during the summer of 1958.

SALLE PLEYEL - Robe en lainage quadrillé ciel ou vert tendre, ceinture boutonnée.

SALLE PLEYEL – Sky blue or soft green checkered wool dress with buttoned belt.

PULL-OVER - Sweat-shirt de coton molletonné blanc. Non répertorié.

PULL-OVER -White sweat-shirt with warm lining. Still unlisted.

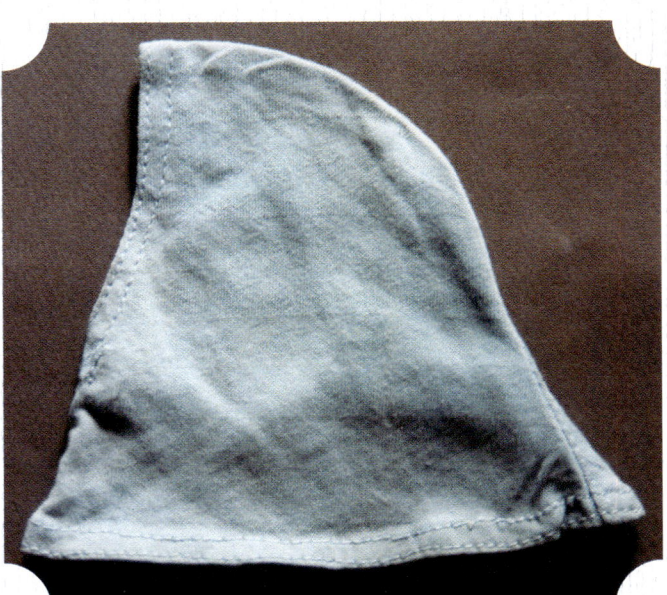

CAGOULE - En jersey rouge ou ciel.
CAGOULE –Red or sky blue jersey hood.

ALASKA - Fuseau en lainage marine. Représenté en croquis avec PULL-OVER et CAGOULE, vendus séparément.

ALASKA – Navy blue sky pants, sketched with PULL-OVER and CAGOULE. Each item was sold separately.

1957 • 1958

1957 · 1958

SUR LES CIMES - Anorak de popeline rouge, ciel, jaune ou vert, fermeture à glissière, garniture de peluche blanche.

SUR LES CIMES (DOWN THE SLOPE) Red, yellow, green or sky blue poplin zipped anorak trimmed with white plush.

LE BOURGET - Robe-chasuble en même tissu que le manteau ORLY, blouse chemisier en fileté blanc. Inséparables.

LE BOURGET – The dress is cut from the same wool as the ORLY coat. It is sold as a set with a white threaded blouse.

ORLY - Redingote en lainage bleuté, petit béguin assorti. Inséparables.

ORLY – Soft blue wool coat and matching hat. Sold as a set.

CATALOGUE ETE/SUMMER 1958

- Sirène, maillot / Sirène (Mermaid), swimsuit
- Le lido, ensemble de plage 3 pièces
  Le lido, beach 3-piece set
- Petit mousse, salopette / Petit mousse (Cabin boy), overall
- Tropique, robe / Tropique (Tropical), dress
- Sac de plage / Beach bag
- Chaque jour, jupe blouse
  Chaque jour (Every day), skirt, blouse
- Passe-partout, robe, veste / Passe-partout, dress, vest
- Porte documents / Briefcase
  Au saut du lit, pyjama / Au saut du lit (Hop out of bed), pajama
- Indispensable, imperméable et sa pointe
  Indispensable, raincoat and scarf
  Matin et soir, tablier / Matin et soir (Day and Night), apron
- Temps frais, veste / Temps frais (Refreshing weather), vest
- Plein soleil, robe / Plein soleil (Full sun), dress
- Trianon, robe / Trianon, dress
- La grande prairie, robe
  La grande prairie (The grand prairie), dress
- A croquer, robe / A croquer 5delectable rickrack, dress
- Recueillement, aube, calot et croix
  Recueillement (Meditation), alb, cap, cross
- Sac à main / Hand bag
- Parure lingerie, jackson et pantalon /
  Parure lingerie (Underwear set), petticoat and pants

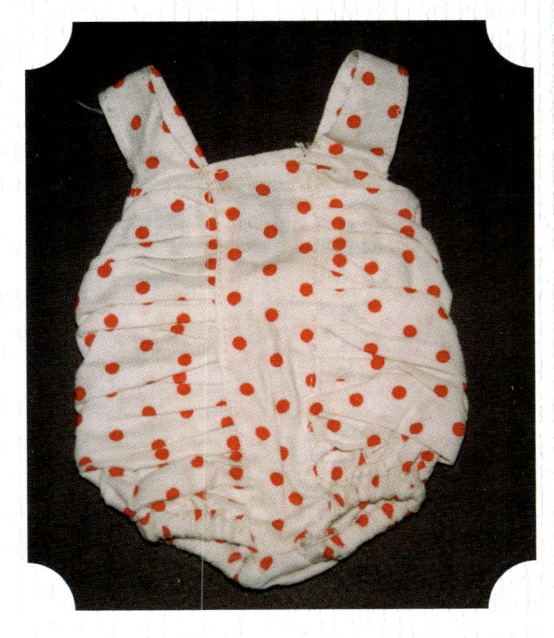

SIRENE - Maillot de bain en coton blanc froncé à pois rouges ou bleus, bretelles croisées.

SIRENE – White cotton swimsuit with gathers and crossed straps, blue or red polka dots decoration.

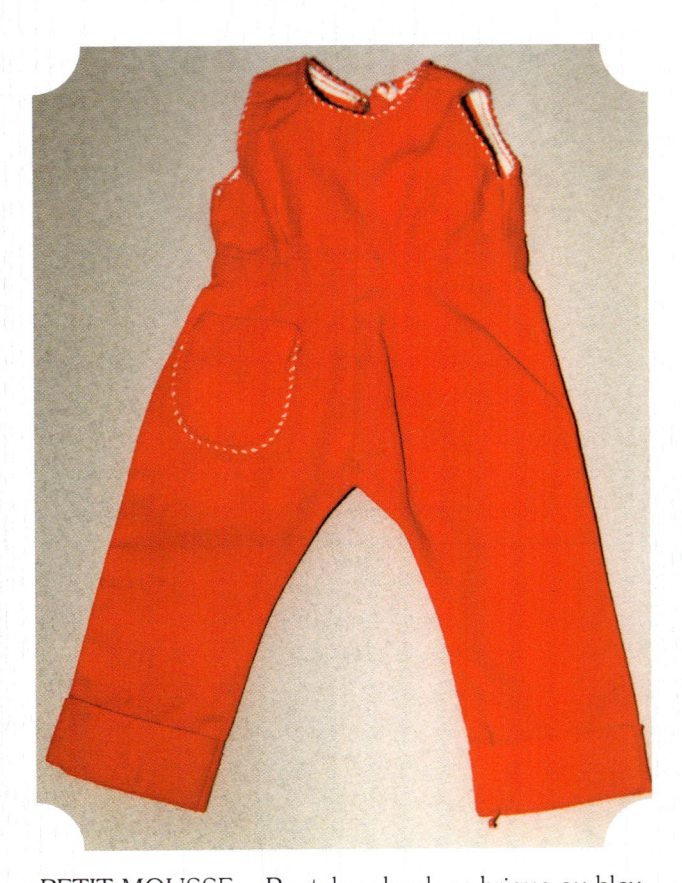

TROPIQUE - Robe de plage en piqué blanc côtes de cheval, boutons rouges.

TROPIQUE – Beach dress cut from a white pique with red buttons.

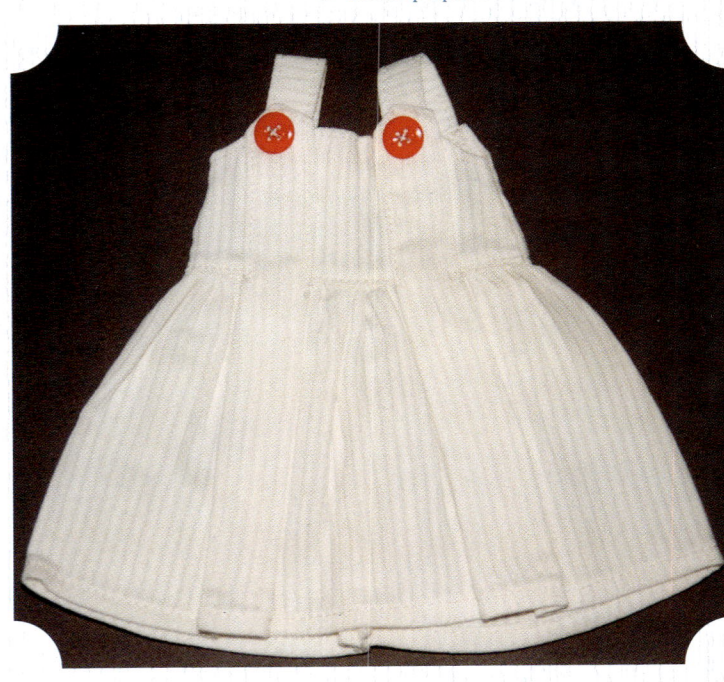

PETIT MOUSSE - Pantalon de plage brique ou bleu roy encolure et poches gansées.

PETIT MOUSSE – Beach overall in royal blue or brick red with braided pockets and neck.

1958

393

1958

LE LIDO - Ensemble de plage, trois pièces, en piqué côtelé, bleu et blanc, coquelicot et blanc ou gazon et blanc, boléro uni.

LE LIDO – Beach 3-piece set including a white bolero and striped pique pants and vest in blue and white, red and white or green and white.

SAC de PLAGE
Toile rouge ou bleue garnie de moleskine blanche.

SAC DE PLAGE (BEACH BAG)
Red or blue cloth decorated with white oilskin.

CHAQUE JOUR - Deux -pièces: jupe à gros carreaux, rose et blanc, bleu et blanc ou vert et blanc, blouse unie garnie de carreaux.

CHAQUE JOUR (EVERY DAY)
Two-piece set including a checkered skirt, in rose and white, blue and white or green and white, and a plain blouse trimmed with matching checkered cotton.

PLEIN SOLEIL - Robe de foulard bleu ou jaune imprimé fantaisie, col blanc, larges poches.

PLEIN SOLEIL – Blue or yellow printed foulard dress with white collar and wide pockets.

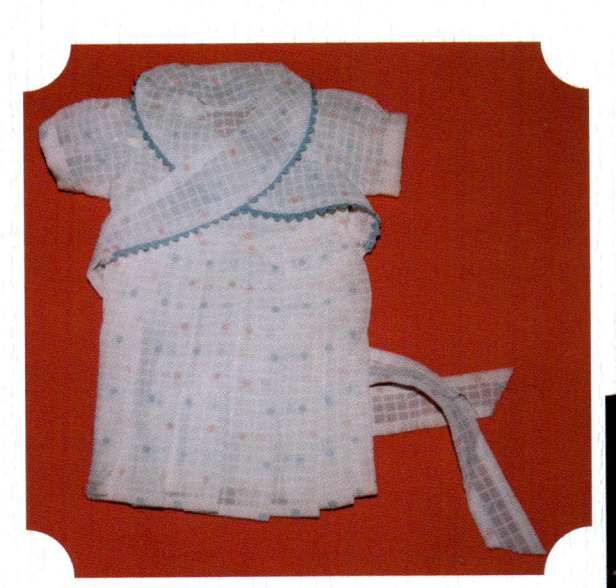

TRIANON - Robe en fileté blanc à pois roses et ciel, fichu Marie-Antoinette, bordé croquet.

TRIANON – White threaded cotton dress with rose or sky blue polka dots, Marie-Antoinette shaped collar edged with matching rickrack.

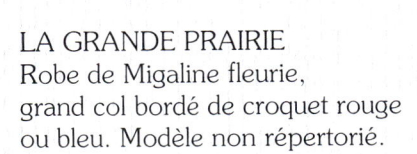

LA GRANDE PRAIRIE
Robe de Migaline fleurie, grand col bordé de croquet rouge ou bleu. Modèle non répertorié.

LA GRANDE PRAIRIE
Flowered light cotton (called Migaline) dress with wide collar edged with red or blue rickrack. Still unlisted.

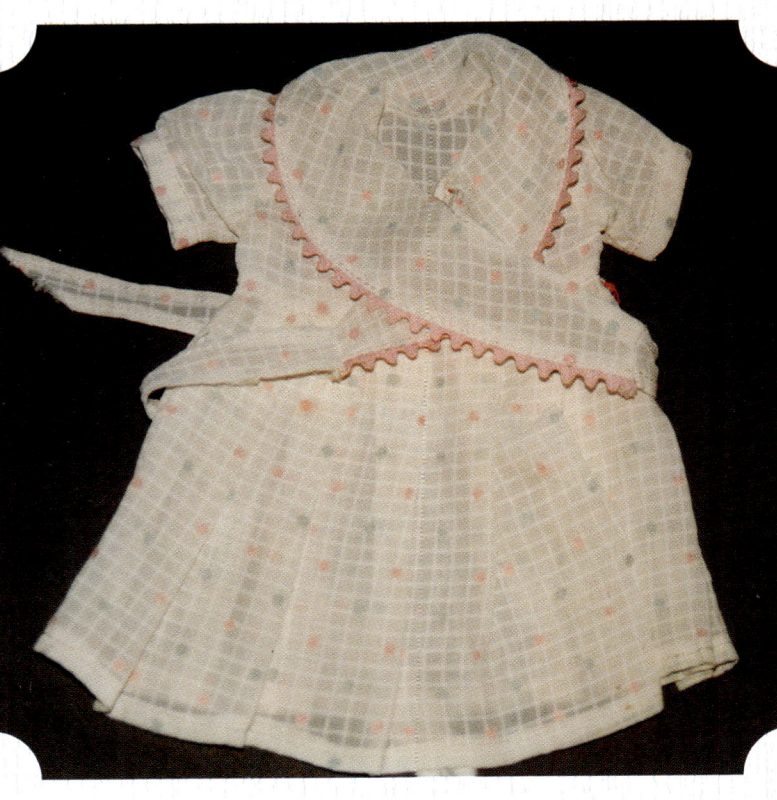

1958

A CROQUER – «Robe souple d'un bleu soutenu, égayée de croquet blanc et rouge».

A CROQUER – Soft vivid blue cotton dress trimmed with white and red rickrack.

MATIN ET SOIR
Tablier trois-quarts en vichy bleu et blanc. Modèle non répertorié.

MATIN ET SOIR
Blue and white checkered gingham school apron. Still unlisted.

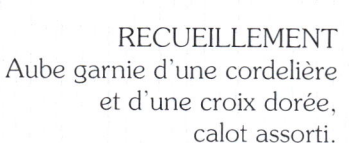

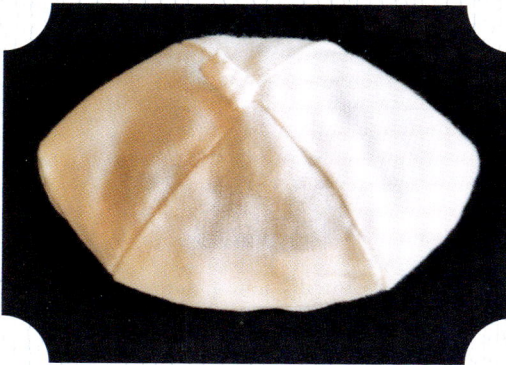

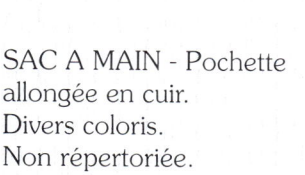

RECUEILLEMENT
Aube garnie d'une cordelière et d'une croix dorée, calot assorti.

RECUEILLEMENT
White cotton robe with cord belt, matching cap and golden cross.

SAC A MAIN - Pochette allongée en cuir. Divers coloris. Non répertoriée.

SAC A MAIN (HAND GAG)
Long shaped leather bag in various colors. Still unlisted.

396

1958

INDISPENSABLE
Imperméable cache poussière
en popeline ciel ou jaune,
avec une pointe assortie.

INDISPENSABLE
Sky blue or yellow poplin
water-proof coat and matching scarf.

TEMPS FRAIS
Veste de belle
diagonale bleue
ou rose.

**TEMPS FRAIS
(REFRESHING
WEATHER)**
Blue or rose vest
with diagonal lines.

1958

PASSE-PARTOUT - Robe en cotonnade pied de poule, rouge et blanc ou vert et blanc, complétée par une veste unie.

PASSE-PARTOUT – Red and white or green and white dog's tooth check dress matching a plain colored cotton vest.

PORTE-DOCUMENTS
En cuir naturel, fermeture à glissière.

PORTE-DOCUMENTS
Raw leather zipped briefcase.

1958-1960

1958 • 1960

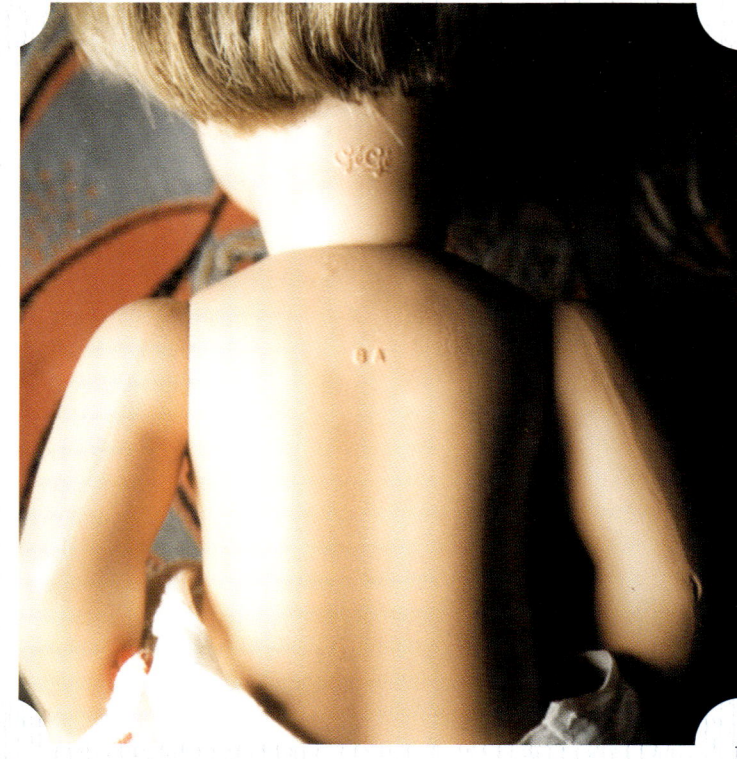

1958 : chronique d'une mort annoncée.

La SFBJ, devenue SUBITU s'était reconvertie dans la fabrication de stylos à bille, La Semaine de Suzette battait de l'aile, comme la plupart des anciennes revues enfantines en France, Maurice Languereau n'était plus et sa veuve, secondée par sa fille, faisait de son mieux avec une rédaction qui ne s'était pas renouvelée depuis la guerre.

Bleuette était toujours belle, sa garde-robe toujours aussi riche et soignée, mais le cœur n'y était plus. Une dernière tentative de pallier la défection de la SFBJ conduit Madame Languereau vers la société Gégé. La poupée qu'ils fabriquèrent pour La Semaine de Suzette fit un four… cuisant. Alors que la force de Bleuette était dans sa garde-robe légendaire, la Bleuette 58 de Gégé ne pouvait justement PAS porter les vêtements de sa célèbre sœur. Toute moderne qu'elle était, elle ne fit donc que de très rares émules et sa présence dans les catalogues du trousseau, entre l'hiver 1958/1959 et l'hiver 1959/1960, en devint presque anecdotique.

Cette poupée a néanmoins existé, elle mérite donc que les collectionneurs s'y intéressent, autant que faire se peut. Nous la décrivons dans ces pages en rappelant aux amateurs qu'à aucun moment Gégé n'a réservé de modèles particuliers à Gautier-Languereau. Comme cela avait été le cas pour la SFBJ, aucun des éléments constituant une poupée Bleuette n'était réservé en exclusivité à La Semaine de Suzette. Seul le produit obtenu de l'assemblage de ces différentes pièces génériques devenait un modèle déposé, mais à aucun moment Gautier-Languereau ne fit fabriquer des moules lui étant spécialement réservés.

Les caractéristiques de la Bleuette 58 sont les suivantes:
33 cm de hauteur
yeux dormeurs bleus ou marron
perruque courte en cheveux naturels
tête et corps semi-articulé en matière plastique dure, peinte, sans mécanisme parleur, avec les marquages suivants :
«Gégé 8PL» en relief dans la nuque
«8A» dans le dos, derrière les cuisses et au-dessus des bras

La poupée que nous présentons ici est incontestablement authentique et porte une tenue Gautier-Languereau confectionnée dans le même tissu cloqué que la robe POIDS PLUME pour la Bleuette traditionnelle de l'été 1956. Ses dessous aussi sont d'origine et correspondent exactement aux dessous de lingerie le plus soigné que Bleuette ait eu à la fin de son histoire.

Il est possible que des poupées Bleuette 58 aient eu la tête issue d'un autre moule plus souriant mais, à l'heure actuelle, la seule poupée que nous ayons répertoriée avec un corps identique à celui de la Bleuette 58 porte une perruque en rayonne qui se pose en contradiction avec le descriptif des catalogues. Dans le doute, nous ne la présentons pas dans ces pages.

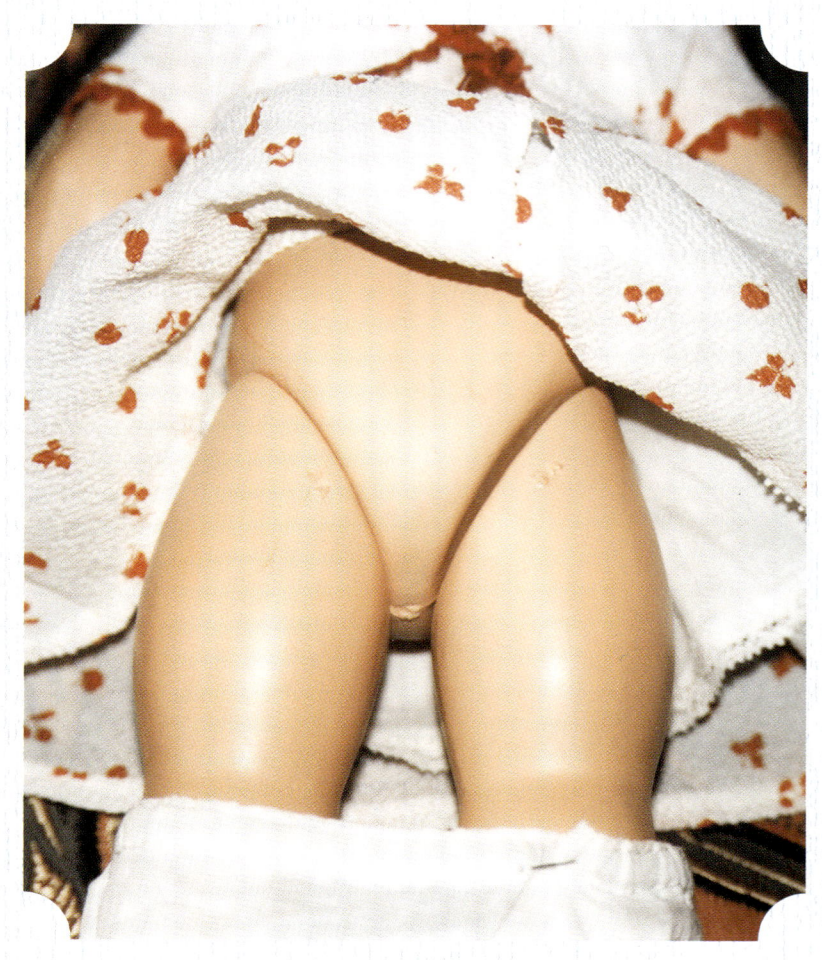

1958 is the very end for Bleuette.

When the SFBJ merged into a new firm called SOBITU, to make ballpoint pens, *La Semaine de Suzette* was already in big trouble, not unlike the majority of the French children magazines of that period. Maurice Languereau had died and his widow was running the business with a staff that hadn't changed since WWII.

Bleuette was always looking great at that time; her wardrobe was rich and varied, but her whole concept was old-fashioned for the new era. Madame Languereau, faced with the closure of the SFBJ, contacted the doll firm Gégé to have a new Bleuette made. It was a complete flop ! Of course, the major attraction of this doll was her legendary wardrobe and this new « Bleuette 58 », as they called it, couldn't even wear Bleuettes regular clothes. Her presence in the Gautier-Languereau catalogues from the winter of 1958/1959 to the winter of 1959/1960 was almost an anecdote.

Bleuette 58 existed, though, and this is enough to get present collectors interested in her. We describe this doll here, reminding to the readers that Gégé, like the SFBJ before, NEVER made exclusive dolls for *La Semaine de Suzette*. They simply elaborated on a product that was made with generic doll parts available on the regular market. What became a Patented model, was the final result of this amalgamation. Gautier-Languereau NEVER had these doll firms make a special mold for the dolls of La Semaine de Suzette.

The Bleuette 58 was made of hard plastic. It was 33 cm. tall, with sleeping blue or brown eyes, a human hair wig with a short cut, a five-articulations-type body with no voice box marked «Gégé 8PL» on the neck. «8A» was on the back, behind the legs and on the top of the arms.

The doll pictured here is undoubtedly authentic and wears a Gautier-Languereau dress cut from the same seersucker fabric used for the regular Bleuette dress of the summer of 1956, called POIDS PLUME. Her undies are also authentic and are identical to the elegant ones worn by the regular Bleuette doll in her very last years.

It is possible that some Bleuette 58 dolls also had the head made from a more smiling mold, but, today, the only doll we listed, with an identical body to the one pictured here, had a rayon wig. As this wig is in contradiction with the regular description of this doll in the original catalogues, we prefer not to include it in this book.

1958 • 1960

401

CATALOGUE HIVER/WINTER 1958/1959

- Banquise, pantalon, bonnet, blouson / Banquise (Ice floe), ski set
- Alaska, pantalon et pull / Alaska, pants, sweater
  Jeannette, version simplifiée / Jeannette, simplified version
  Béret / Beret
- Kabick, veste / Kabick, vest
- Petite nurse, blouse / Petite nurse, blouse
- Ménagère, tablier / Ménagère (Housekeeper), apron
  Valise / Suitcase
- Sleeping, pyjama / Sleeping, pajama
  Sommeil, chemise de nuit / Sommeil (Sleep), night gown
  Nationale 7, manteau / Nationale 7, coat
- Evasion, jupe, chemisier, veste, / Evasion (Escape), skirt, top, vest,
- Féerie, robe / Féerie, dress
- Rallye, robe / Rallye, dress
- Vient de paraître, robe / Vient de paraître (Just out), dress
- Bibelot, robe / Bibelot (Trinket), dress
- Pirouette, robe / Pirouette, dress

BERET – «Bleu marine à côtes très coiffant». Conseillé pour compléter la nouvelle tenue de Jeannette. Non répertorié.

BERET – Navy blue beret with lines, still unlisted. Suggested to complete the girl scout uniform JEANNETTE.

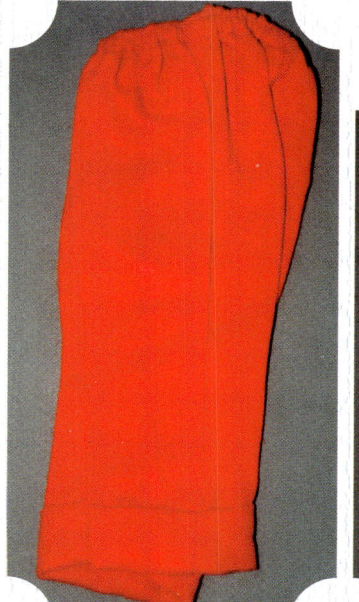

ALASKA - Fuseau marine.
ALASKA – Navy blue ski pants.

BANQUISE - Pantalon et bonnet de fin lainage rouge ou roy, blouson écossais de tons vifs.

BANQUISE – Red or royal blue woolen pants and bonnet matching a brightly colored tartan vest.

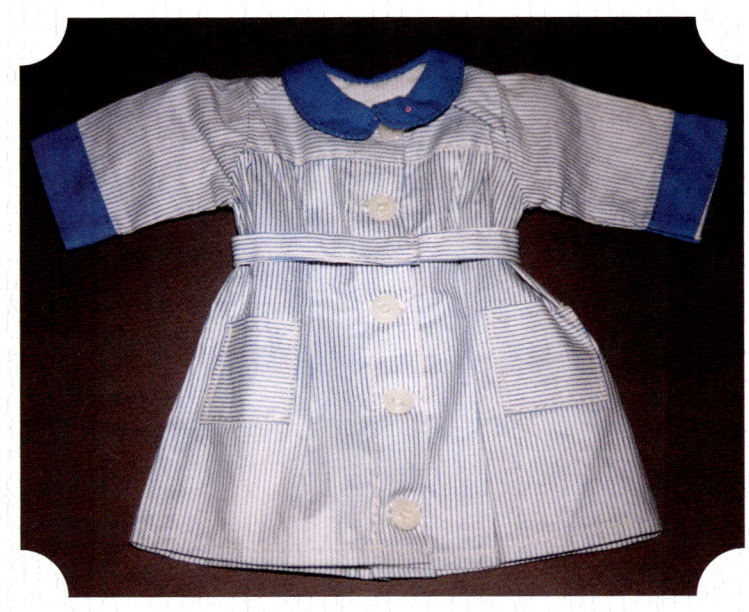

PETITE NURSE - Blouse rayée ciel et blanc, col et poignets unis.

PETITE NURSE – White and sky blue striped blouse with plain color collar and cuffs.

SLEEPING - Pyjama fleuri rouge et blanc ou bleu et blanc, garni croquet ciel ou rose.

SLEEPING – Blue and white or red and white flowered pajama trimmed with sky blue or rose rickrack.

MENAGERE - Robe-tablier en popeline ciel, garnie de croquet blanc.

MENAGERE (HOUSEKEEPER) Sky blue apron trimmed with white rickrack.

JEANNETTE – «Modèle renouvelé: jupe plissée à bretelles en beau lainage bleu marine, chemisier de popeline ciel garni d'une cravate». Non répertorié. Conseillé avec KABICK et le BERET assorti.

JEANNETTE – Girl scout uniform enterely renovated. It includes a navy blue pleated skirt with straps and a sky blue blouse with a tie. It is suggested with the KABICK vest and a matching BERET.

PULL - Tricot rayé rouge sur fond bleuté ou blanc. Modèle non répertorié.

PULL – Knitted sweater with red and blue or red and white stripes. Still unlisted.

KABICK - Veste trois-quarts à capuchon, en lainage bleu marine. Conseillé avec le nouveau costume de JEANNETTE.

KABICK – Navy blue wool hooded vest to match the JEANNETTE girl scout outfit.

1958 • 1959

403

1958 • 1959

EVASION - Ensemble trois pièces inséparables complétant NATIONALE 7: jupe plissée prince-de-Galles, veste de velours côtelé rouge, chemisier blanc. Dès la saison suivante on le conseillait aussi avec un béret en velours côtelé rouge assorti.

EVASION – 3-piece ensemble including a pleated woolen skirt, a red corduroy velvet jacket and a white blouse. As soon as the summer of 1959 a matching red corduroy beret was suggested to complete this set.

SOMMEIL - Chemise de nuit fantaisie rose ou ciel avec galon fleuri. Modèle non répertorié.

SOMMEIL (SLEEP) – Fancy rose or sky blue night gown trimmed with flowered braid. Still unlisted.

NATIONALE 7 - «Confortable manteau de beau lainage prince-de-Galles, fine rayure rouge sur fond gris clair; le col, original, forme capuchon ; boutons fantaisie». Conseillé avec l'ensemble EVASION, coupé dans le même tissu. Non répertorié.

NATIONALE 7 (ROUTE 7) – Prince-of-Wales woolen coat with incorporated hood to match the EVASION set, cut from the same fabric. Still unlisted

RALLYE - Robe de velours rouge ou bleu, empiècement et nœud en piqué blanc.
RALLYE – Red or blue velvet dress trimmed with white pique collar and bow.

404

VIENT DE PARAITRE – «Robe de joli pied-de-poule gris bleuté très doux; ampleur sur les côtés, retenue par des boutons». Nous avons répertorié aussi une variante en vert ne figurant pas au catalogue.

VIENT DE PARAÎTRE (JUST OUT) – Hound's tooth check tender blue dress trimmed with buttons and white collar. We also listed a green version not mentioned in the catalogue.

PIROUETTE
Robe en imprimé soyeux, fleurs bleues sur fond blanc, ceinture à boucle, jabot de dentelle.

PIROUETTE
Silky dress with printed flowers on a white background with buckled belt and lace jabot.

BIBELOT - Robe de lainage bleu, col et nœuds de tissu blanc à pois.

BIBELOT (TRINKET) – Blue woolen dress enhanced by polka dotted white collar and bows.

1958 • 1959

CATALOGUE ETE/SUMMER 1959

- Côte d'émeraude, robe / Côte d'émeraude (Emerald coast), dress
- Canicule, robe / Canicule (Heatwave), dress
- Volley-Ball, short / Volley-Ball, shorts
- Roulis, pantalon, marinière / Roulis (Rolling), pants and vest
- A toute heure, robe, veste / A toute heure (Every hour), dress, vest
- Réveille-matin, robe de chambre
  Réveille-matin (Alarm clock), dressing gown
- Lignes droites, robe / Lignes droites (Straight lines), dress
- Tour Eiffel, robe / Tour Eiffel, dress
- Bateau-mouche, jupe, blouse / Bateau-mouche, skirt, blouse
- Confetti, robe / Confetti, dress

COTE D'EMERAUDE
«Robe de plage popeline vert cru ou brique, bretelles piqué blanc».

COTE D'EMERAUDE (EMERAD COAST)
Beach dress cut from an acid green or brick red poplin with white pique straps.

CANICULE - Robe de plage, mélange d'uni blanc et rayures fleuries. Modèle non répertorié.

CANICULE – Beach dress matching a plain white fabric and flowered stripes. Still unlisted.

A TOUTE HEURE - Robe sans manches, pied de poule rouge et blanc, et veste unie, rouge.

A TOUT HEURE – Sleeveless dress cut from a red and white dog's tooth check fabric matching a plain red vest.

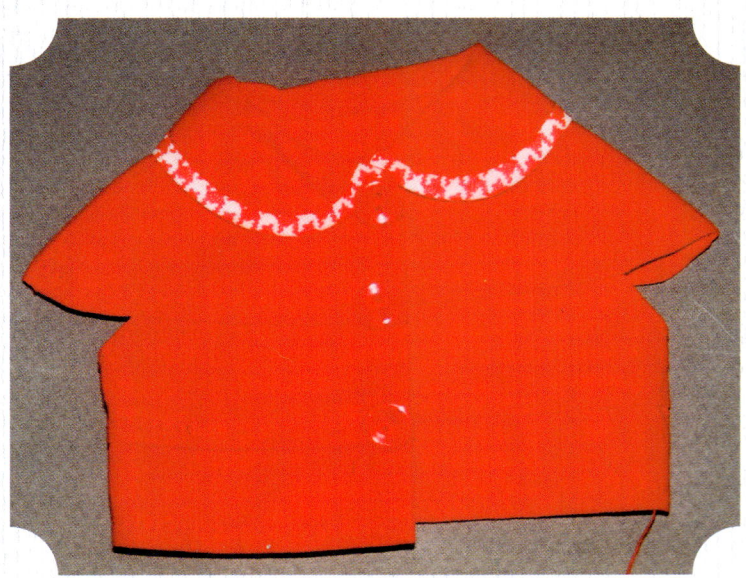

REVEILLE-MATIN
Robe de chambre en tissu fantaisie.

REVEILLE-MATIN (ALARM CLOCK)
Dressing gown cut from fancy printed fabric.

VOLLEY-BALL - Short de toile jaune ou fraise.

VOLLEY-BALL- Yellow or strawberry cloth shorts. Still unlisted.

ROULIS - Pantalon en flanelle blanche, marinière bleu dur à cordelière blanche.

ROULIS (ROLLING) – White flannel pants and vivid blue vest with white cord.

LIGNES DROITES - Robe rayée framboise et blanc, haute ceinture, bordure de croquet blanc.

LIGNES DROITES – Raspberry red and white striped dress with high belt and rickrack trim.

BATEAU-MOUCHE - Jupe à corselet bleu ou rouge, blouse blanche à pois.

BATEAU-MOUCHE – Blue or red skirt with a flap and matching white blouse with polka dots decoration.

1959

1959

TOUR EIFFEL - Robe en poult paille ou ciel corsage garni d'un petit nœud.

TOUR EIFFEL – Straw yellow or sky blue silk dress with a little bow trimming the bodice.

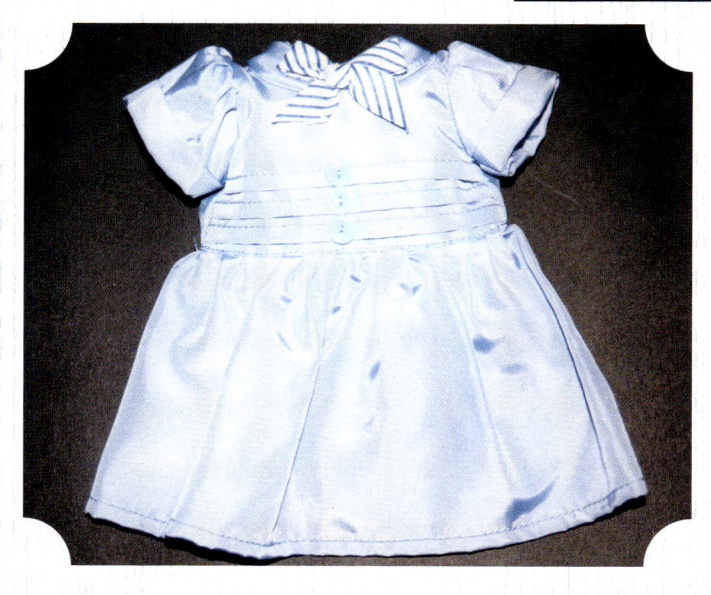

CONFETTI - «Ravissante robe en 'Flocktiss' bleu ou framboise, pointillé de blanc; un ruban marque la taille haute».

CONFETTI – This nice dress is cut from a Swiss muslin fabric called 'Flocktiss', in blue or raspberry red, with a ribbon trimming the high belt.

408

CATALOGUE HIVER/WINTER 1959/1960

Sérénade, chemise de nuit / Sérénade (Serenade), night gown
Aubade, pyjama / Aubade (Dawn serenade), pajama
- **Grieg, costume de ski / Grieg, ski set**
Mozart, robe / Mozart, dress
- **Beethoven, robe / Beethoven, dress**
- **Schubert, robe / Schubert, dress**
- **Schumann, tailleur / Schubert, suit**
Chopin, robe / Chopin, dress
Listz, robe / Listz, dress
- **Bach, redingote, béret / Bach, coat, beret**

GRIEG - Pantalon de ski bleu-vert, anorak blanc à capuchon orné de peluche.

GRIEG – Green-blue ski pants matching a white anorak with plush trimmed hood.

SERENADE - Chemise de nuit de popeline imprimée rose ou ciel. Non répertoriée.

SERENADE – Rose or sky blue poplin night gown with printed motif. Still unlisted.

AUBADE - Pyjama de finette fantaisie. Non répertorié.

AUBADE (DAWN SERENADE) Fancy flannelette pajama. Still unlisted.

BEETHOVEN - Robe de velours côtelé framboise, un grand V de piqué blanc.

BEETHOVEN – Raspberry red corduroy velvet dress with V-shaped white piqué collar.

1959 · 1960

BACH - Redingote de lainage ciel, rose ou vert, velours noir au col, béret assorti.

BACH – Sky blue, rose or green wool coat with black velvet collar and matching bonnet.

MOZART - Robe de broderie anglaise, grand nœud de velours bleu. Non répertorié.

MOZART – Broderie anglaise dress enhanced by a long blue velvet bow. Still unlisted.

CHOPIN - Robe longue de plumetis ciel ou rose, ceinture de velours noir. Non répertoriée.

CHOPIN – Long formal rose or sky blue Swiss muslin with a black velvet belt. Not listed.

LISZT - Robe de satin coton mat, galon fleuri à la jupe et au col. Modèle non répertorié.

LISTZ – Dull satin cotton dress with flowered braid at the collar and skirt. Still unlisted.

SCHUMANN - Deux pièces en pied-de-poule vert et blanc, piqué blanc égayant le col.

SCHUMANN - Two-piece suit cut from a green and white dog's tooth checkered wool trimmed with a white pique collar.

SCHUBERT - Robe de popeline rouge, bleue ou verte, triple rang de ganse blanche à la ceinture.

SCHUBERT – Red, blue or green poplin dress trimmed with a triple row of white braid.

410

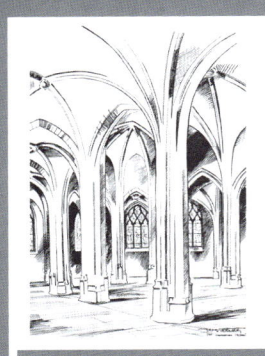

FRANCE CHARTRES
GALERIE DE CHARTRES Sarl

depuis plus de 30 ans
Le spécialiste français **des ventes aux enchères internationales**

The French Auctioneer for Dolls and Toys

6 VENTES CHAQUE ANNÉE

Poupées de collection

Ours - Bleuettes - Jeux
Jouets et chemin de fer
Automates

Expertises-partages :
Les commissaires priseurs sont à votre disposition pour toute expertise en vue de ventes, partages, succession, assurance...

La Galerie de Chartres lors de la vente de la Collection Lemarchand le 10 novembre 2000

Catalogues et abonnement sur demande
Sur internet 15 jours avant la vente **www.interencheres.com**

GALERIE DE CHARTRES sarl Société de ventes volontaires (2002 180)
Jean-Pierre LELIÈVRE - Pascal MAICHE - Alain PARIS
Commissaires priseurs habilités - Successeurs de Mᵉ Jean LELIÈVRE
10, rue Claude Bernard - ZA du Coudray BP 70129 - 28003 Chartres cedex
Tél. 02 37 88 28 28 - Fax : 02 37 88 28 20 - email : chartres@galeriedechartres.com

M. Jean-Claude CAZENAVE
EXPERT AGRÉÉ
By the Council of French Auctioneers

CONSTANTLY SEARCHING FOR AMERICAN, JAPANESE AND EUROPEAN COLLECORS

SPECIALIZING IN AUTOMATONS, TOYS FRENCH DOLLS (BLEUETTE) AND THEIR ACCESSORIES

16, rue de la Grange Batelière 75009 PARIS - FRANCE
Tel. 00 33 (1) 45 23 19 42 – Fax OO33 (1) 42 47 02 97
E-mail jcctoys@club-internet.fr

M. Jean-Claude CAZENAVE
EXPERT AGRÉÉ
Par le Conseil des ventes aux Enchères Publiques

NOUS RECHERCHONS POUR COLLECTIONNEURS FRANÇAIS ET ETRANGERS

JOUETS ANCIENS, POUPÉES DE COLLECTION, OBJETS AUTOMATES ENTRE 1850 ET 1950

16, rue de la Grange Batelière 75009 PARIS
Tel 01 45 23 19 42 – Port. 06 07 99 02 16
E-mail jcctoys@club-internet.fr

DAVID KAHN
& associés
Commissaire-Priseur habilité - Auctioneer and valuer
8, rue Drouot - 75009 PARIS - Tél. : 00 33 (0)1 47 70 82 66 - Fax : 00 33 (0)1 47 70 82 64

EXPERTISES GRATUITES*

VENTES AUX ENCHÈRES PUBLIQUES SPÉCIALISÉES

JOUETS ANCIENS
Bleuettes, Barbies, poupées, jouets en tôle, trains, figurines...

Vendues le 29 avril 2004 - Hôtel Drouot Paris

TOYS AND COLLECTOR'S AUCTION SALES
FREE VALUATIONS*

* sur rendez-vous / by appointment

E-mail : kahn.david@wanadoo.fr - SVV agrément n° 2002 449

Les Poupées Retrouvées

Achat - Vente - Restauration
de Poupées, Automates et Ours anciens

16, rue Bremontier – 75017 PARIS
(angle 130, avenue Wagram) – Métro Wagram
Tel. 01 48 88 98 77

De 14h à 19h, du lundi au vendredi

GEORGETTE BRAVOT

FABRIQUE DE PERRUQUES ET CHAUSSURES POUR POUPEES DEPUIS 1947
MANUFACTURER OF FINE DOLL WIGS AND SHOES SINCE 1947

Perruques 100% cheveux naturels et mohair, chaussures en cuir, robes, chapeaux, nombreux accessoires et vêtements pour Bleuette et Mignonnette

Human hair and mohair wigs, fine leather shoes, dresses, hats, many accessories and outfits for Bleuette and Mignonnette

13, rue de Brunoy, 94440 Villecresnes – France
Tel. 33 (0)1 45 69 27 60   Fax (0)1 45 99 10 12
info@bravot.com   www.bravot.com

VIENT DE PARAÎTRE

Une compilation par Doris Anderson Lechler reproduisant avec exactitude et grande lisibilité l'intégralité des catalogues du Trousseau de Bleuette ainsi qu'une sélection des publicités parues dans La Semaine de Suzette de 1905 à 1960, permettant de suivre chronologiquement l'évolution de la garde-robe de Bleuette.

Le complément indispensable du présent ouvrage.

Bleuette
Her Gautier - Languereau Ads and Catalogues of Fashions 1905-1960
Compiled by Doris Anderson Lechler

Disponible à la librairie du Musée de la Poupée-Paris, avec un très grand choix d'autres ouvrages spécialisés pour les passionnés de poupées anciennes et de collection.

Musée de la Poupée
Paris

impasse Berthaud, 75003 PARIS
Tel. 00 33 (0) 1 42 72 73 11 - Fax 00 33 (0) 1 44 54 04 48
boutique.musee@noos.fr   www.museedelapoupeeparis.com

ACKNOWLEDGEMENTS

The authors wish to express their gratitude to the various contributors to this book.

First of all, to Madam Jacques Canlorbe, who shared her family memories and her essential documentation, so helpful for our research.

A special acknowledgement to the Editions Gautier-Languereau, and especially to Frédérique de Buron, for their gracious authorization.

A big thank you to Philippe Couturier for his continuous support and for his essential help in the delicate phase of scanning all the documents.

A grateful thought also to Guido Odin and the staff of the Musée de la Poupée-Paris. They have been extremely flexible to let the complex editorial process of this book come to fruition.

We especially want to thank all the private owners, the collectors, the researchers who believed in our project and had the generosity of sharing their objects, their memories, their knowledge, or simply their enthusiasm for Bleuette and her wardrobe.

> Madam Bachelet
> Madam Anne-Marie Baudry
> Madam Colette Bauer
> Madam Besset
> Madam Cristiane Bréjart
> Madam Buffard
> Mister and Madam Daniel Bugat-Pujol
> Madam Elisabeth Chauveau
> Madam Nicole Denquin, remembering her dear mother
> Madam Colette Engel
> Madam Lydie Favre
> Madam Suzanne Gautrot
> Madam Marie Legoasduff
> Madam Colette Merlen
> Madam Sophie Péquignot
> Madam Anne-Marie Picot
> Madam Andrée Porté
> Mister and Madam André Sérée

A special tribute to Maître Jean-Pierre Lelièvre who honored us with his preface. He also contributes in promoting this book through the Galerie de Chartres's catalogues, what is greatly appreciated.

A big thank to Mathilde Héritier, She did the corrections of the French text respecting a very small time frame.

Thank you to Doris Lechler. Not only did she do the corrections of the English texts in a timely manner, but she contributed to the polishing of the translation in English in order to satisfy the growing Bleuette English speaking audience. We are pleased that she will be selling this book in the United States. We also appreciate most of all her enthusiasm in self-publishing the companion book Bleuette ~ Her Gautier-Languereau Ads and Catalogues of Fashions 1905-1960. It is the twin part of our in depth research book about Bleuette and her wardrobe.

Thank you to the professionals who supported this publication in putting an ad in our pages :
La Galerie de Chartres,
Jean-Claude Cazenave
L'Etude David Kahn
Les Poupées Retrouvées
La société Georgette Bravot

Thank you, at last, to Claudio Rubbi and Salvatore Pulina from the Impagina company and Bruno et Mauro Fornero from the company Eurografica, without their professional help this book wouldn't exist.

REMERCIEMENTS

Les auteurs souhaitent exprimer leur plus profonde gratitude aux nombreuses personnes qui ont contribué à la réalisation de cet ouvrage.

Tout d'abord, à Madame Jacques Canlorbe qui a bien voulu partager ses souvenirs de famille et son fonds documentaire, si précieux à cette étude.

Ensuite, aux Editions Gautier-Languereau, en la personne de Madame Frédérique de Buron, pour leur gracieuse autorisation.

Un grand merci à Philippe Couturier pour son soutien précieux et son aide efficace dans la délicate phase du flashage des documents.

Une pensée reconnaissante aussi à Guido Odin et à toute l'équipe du Musée de la Poupée-Paris, ils ont su s'adapter aux exigences souvent imprévisibles de l'édition de cet ouvrage.

Nos plus vifs remerciements vont aux particuliers, aux collectionneurs, aux chercheurs qui ont cru en notre projet et qui ont eu l'amabilité de partager avec nous leur vécu, leurs objets, leurs savoir ou, tout simplement, leur enthousiasme pour Bleuette et son trousseau.

    Madame Bachelet
    Madame Anne-Marie Baudry
    Madame Colette Bauer
    Madame Besset
    Madame Cristiane Bréjart
    Madame Buffard
    Monsieur et Madame Daniel Bugat-Pujol
    Mademoiselle Elisabeth Chauveau
    Mademoiselle Nicole Denquin, en souvenir de sa chère maman
    Madame Colette Engel
    Madame Lydie Favre
    Madame Suzanne Gautrot
    Mademoiselle Marie Legoasduff
    Madame Colette Merlen
    Madame Sophie Péquignot
    Madame Picot
    Mademoiselle Andrée Porté
    Monsieur et Madame André Sérée

Un merci tout particulier à Maître Jean-Pierre Lelièvre. Il nous a fait l'honneur d'écrire la préface et nous fait l'amitié de promouvoir cette publication sur les catalogues de la Galerie de Chartres.

Un bien grand merci aussi à Mathilde Héritier, qui a eu la gentillesse de relire les textes en français, sans nous tenir rigueur des délais très courts que nous lui accordions.

Merci aussi à Doris Lechler. Non seulement elle a eu l'amabilité de relire les textes en anglais, mais elle les a polis afin qu'ils puissent satisfaire l'exigeant lectorat anglo-saxon. Nous sommes très sensibles à ce qu'elle diffuse cet ouvrage aux Etats Unis et nous apprécions tout particulièrement l'enthousiasme dont elle a fait preuve en éditant, à son propre compte, le complément de notre livre, le deuxième volet d'une même étude approfondie de Bleuette et de son trousseau.

Merci aux professionnels qui ont soutenu cette initiative en achetant un encart publicitaire :
La Galerie de Chartres,
Jean-Claude Cazenave
L'Etude David Kahn
Les Poupées Retrouvées
La société Georgette Bravot

Merci enfin aux techniciens de l'édition: Claudio Rubbi et Salvatore Pulina de la société Impagina et Bruno et Mauro Fornero de la société Eurografica. Ce livre n'aurait pas vu le jour sans leur aide professionnelle.

Achevé d'imprimer en mars 2005
Par Carotecnica EUROGRAFICA
A Luserna San Giovanni (TO) ITALY